HISTOIRE
DE
CHARLES VII
ROI DE FRANCE
ET DE SON ÉPOQUE
1403 — 1461

PAR

M. A. VALLET

PROFESSEUR-ADJOINT A L'ÉCOLE DES CHARTES
MEMBRE DE LA SOCIÉTÉ DES ANTIQUAIRES DE FRANCE.

TOME SECOND

PARIS
Vᵛᵉ J. RENOUARD, ÉDITEUR
LIBRAIRE DE LA SOCIÉTÉ DE L'HISTOIRE DE FRANCE
6, rue de Tournon, 6
1863

Droits réservés.

HISTOIRE
DE
CHARLES VII

AVIS DE L'ÉDITEUR

L'auteur de cet ouvrage est connu depuis près de vingt-cinq ans sous le nom de Vallet de Viriville.

Par suite de la loi du 28 mai 1858, il s'est vu dans la nécessité de supprimer, sur un certain nombre d'exemplaires de ce livre, un complément de dénomination qui, avant lui, a été porté dans sa famille, et qui lui servait à se distinguer de ses homonymes.

AVANT-PROPOS

Le tome Ier de cet ouvrage a paru en novembre 1861, et s'étend de 1403 à 1428. Ce deuxième volume continue le récit des événements jusqu'en 1444. Le tome III doit poursuivre cette narration jusqu'à la fin : 1444-1461. J'espère l'offrir au public à un égal intervalle, par rapport aux deux premiers : c'est-à-dire, vers la fin de l'année prochaine 1863.

L'accueil favorable que le premier volume a reçu des juges les plus autorisés m'encourage à « hâter lentement » cette publication. Le tome II, actuellement soumis au lecteur, ne le cèdera pas, si je ne me trompe, au précédent, du moins quant à l'intérêt de la matière. Ce volume débute par deux chapitres qui achèvent l'exposition de la période critique. Un travail doublement aride forme la substance de ce commencement. L'historien de Charles VII y retrace, avec une douloureuse impartialité, les désastres et les humiliations que subit alors notre pays. Il débrouille en même temps une série de faits militaires, confus, multiples, transposés, enchevêtrés dans le désordre des chroniques.

Mais ce premier plan ne nuira pas, je l'espère, dans sa sévérité même, au reste de l'œuvre. D'après la loi des contrastes, il servira, par un secours naturel, à mettre ce qui suit en lumière. Or, ce qui suit, c'est l'affranchissement après la servitude; c'est, après la phase des revers, celle d'une lutte décisive, déjà glorieuse et bientôt triomphante; c'est, en un mot, la période de Jeanne Darc.

Ce nom suffit bien, à lui seul, pour dénommer cette période. Aussi lui avons-nous consacré un livre spécial ou division de cet ouvrage, le livre IV, et Jeanne Darc remplit ce livre tout entier.

On connaît ce mot, attribué à Puget, le grand sculpteur de Marseille : « Le marbre tremble devant moi. » En présence d'un sujet tel que Jeanne Darc, nous ne saurions affecter l'assurance de l'artiste méridional. J'avouerai sans peine, au contraire, que j'ai tremblé devant ce redoutable modèle, et je sens la même émotion renaître au moment d'abandonner ce livre à la publicité.

Comment, en effet, prendre la parole sur ce thème, amplifié si souvent, et après tant de voix éloquentes? Tout homme de sens, en pareil cas, voit se poser devant lui ce dilemme : ou justifier son entreprise par quelque nouveauté, ou se taire.

Au milieu de mes recherches sur Jeanne Darc, l'observation suivante m'a depuis longtemps frappé.

Dans le domaine des arts, ce modèle, ce sujet a tenté de nombreux concurrents, et parmi ceux-ci, des maîtres de premier ordre. Peintres, sculpteurs, graveurs, poëtes, dramaturges, romanciers, ont, de siècle en siècle, abordé cet immortel programme. Quel est cependant, en ces divers genres, le monument que l'on puisse citer?...

Cette impuissance relative tient sans doute à deux causes principales. La première me paraît consister dans la lutte de l'art lui-même contre l'idéal : cette colonne de feu, semblable à celle dont parle l'Écriture ; l'idéal, qui toujours illumine l'art, mais en le dépassant. La seconde provient, si je ne m'abuse, de l'insuffisance encore notable de nos renseignements historiques. Les types d'Homère, de Virgile ; Dante, Molière, qui nous sont familiers, remontent à des effigies authentiques ou consacrées par une adoption séculaire, tandis que personne jusqu'ici n'a montré un portrait incontestable de Jeanne Darc.

L'iconographie de l'héroïne a subi, à travers les siècles, les vicissitudes de sa légende. Longtemps on n'a connu d'elle qu'une image pleine de mignardise et d'afféterie ; image de théâtre, peinte du temps de Charles IX ou de Henri III. La dernière forme qui reste actuellement dans nos esprits est ce marbre chaste et pieux, mais vague, incertain pour les traits et le costume, que nous a légué le ciseau féminin de la princesse Marie.

Ce qui vient d'être dit du portrait physique, s'applique — de moins en moins — jusqu'à nos jours au portrait moral.

Or, l'histoire aussi est une œuvre de science et une œuvre d'art. De la science, les productions historiques tiennent la vérité, qui en est la propre vie : l'art peut y ajouter l'illusion et le prestige.

Instruit par ces exemples, nous nous sommes attaché, avec une modestie prudente et intéressée, à traiter la figure de la Pucelle en subordonnant l'art à l'exactitude. Nous avons contenu, chez nous, ces battements du cœur qui troublent la main : bien convaincu que, même sans interprète, l'émotion, dans un pareil sujet, se propage directement du fait au lecteur.

Nos efforts et notre constante application ont eu pour objet d'accroître l'étendue et la sûreté de nos informations.

Depuis longtemps nous avions ouvert sur Jeanne Darc, tant par des écrits successivement imprimés que dans le cercle privé de relations personnelles, une enquête spéciale. Ainsi ai-je fait pour divers autres personnages. Mais, en ce qui concerne celui-ci, l'enquête a été permanente. Aidé à cet égard par les labeurs incessants d'auxiliaires, les uns amis, les autres inconnus, des notions inédites sont venues nous enrichir durant l'impression même du présent volume. J'ai pu, de la sorte, après tant de moissonneurs, glaner pour le profit commun quelques nouveaux épis. Le lecteur qui, par ses études, est au courant de la question, distinguera sans peine, dans chacun de nos chapitres, ces acquisitions récentes ou successives.

Il est un point, toutefois, sur lequel je demande la permission d'insister.

L'histoire et le caractère de la Pucelle sont assurément extraordinaires et tout à fait propres à cette héroïne. Cependant, et c'est là le point que je désire éclairer, on se tromperait gravement, si l'on voyait, dans cette admirable figure, un personnage destitué de tout lien d'analogie avec ses devanciers et ses contemporains : *prolem sine matre creatam*.

En approfondissant mes recherches sur l'histoire

du quinzième siècle, j'ai retrouvé, avec un grand intérêt, plusieurs des attaches visibles qui unissent cette femme illustre, sans l'amoindrir, au milieu d'où elle a surgi. Ainsi j'ai signalé, peut-être le premier, dans ce livre, avec quelque précision, l'aide sensible que prêtèrent à la Pucelle certaines doctrines religieuses et populaires ; doctrines qui se propageaient alors, principalement au sein des ordres mendiants, puis, par eux, au sein de la société chrétienne. Mais ce que je n'ai pu dire avec une suffisante étendue, c'est le nombre et l'histoire de toute une série de personnages qui ont été directement, soit les précurseurs, soit les imitateurs (plus ou moins bien inspirés !) de la Pucelle.

L'idée que j'émets en ce moment n'est point absolument neuve ; car mes devanciers ont posé le principe, et je ne viens que développer une liste de faits et de noms déjà formée (1). On peut d'ailleurs disputer du terme où s'arrête, dans le temps et dans la similitude morale, cette série d'analogues. Mais *le groupe* me paraît incontestable. Un mémoire spécial et développé serait nécessaire pour réunir dans le même cadre ces divers personnages, pour les peindre et les comparer ainsi qu'il convient. Le loisir que réclame un pareil travail m'a manqué jusqu'à ce jour. Qu'il me soit permis, toutefois, d'en indiquer les éléments, à l'aide d'une nomenclature très-sommaire. La note qui va suivre, disposée à peu près par ordre chronologique, doit suffire à l'esquisse générale de ma proposition.

(1) Quicherat, *Aperçus nouveaux*, p. 72, 73. H. Martin, t. VI, p. 135, 136, etc.

PRÉCURSEURS ET IMITATEURS DE LA PUCELLE.

Guillemette de La Rochelle, conseillère de Charles V, qui la fit venir à Paris, florissait avant 1380.

Sainte Ermine, ou la bienheureuse Hermine de Reims, sous Charles V et Charles VI, née vers 1340, morte le 25 août 1396.

Sainte Jeanne-Marie de Maillé, née en 1331, morte le 28 mars 1414.

La Gasque d'Avignon, conseillère de Charles VI.

En 1413, le carme Pavilly réunit à Paris un conseil politique dans sa cellule ou chambre conventuelle de la place Maubert. Il y convoque des femmes et autres personnes renommées, parmi les *dévots contemplatifs* de la capitale.

Sainte Brigitte de Suède, morte en 1374. Ses prophéties sur la France sont approuvées par le concile de Constance, et sa canonisation confirmée en 1415.

Sainte Catherine de Sienne, morte en 1380 ; canonisée en 1460.

Catherine Sauve, recluse du port de Lates, à Montpellier : 1417 ; brûlée par l'évêque de Maguelonne.

Saint Vincent Ferrier, mort en 1419, et saint Bernardin de Sienne ; FF. Richard, Jean de Gand, Th. Couette, Didier, etc., etc., leurs disciples.

La Pucelle de Lyon : 1424.

La Pucelle de Schiedam, en Hollande.

La Pucelle de Rome.

Madame d'Or. Ces deux dernières mentionnées dans les écritures du procès de Jeanne Darc.

Les fausses Pucelles de France : Catherine de La Rochelle, Pierrone, Brigitte, pénitentes de F. Richard.

Le berger Guillaume.

La fausse Pucelle Claude, mariée à Robert des Armoises (1436-1441).

Sainte Colette (1380-1446).

Jeanne La Féronne, la Pucelle du Mans (1459-1461). Etc.

Dans l'*Histoire de Charles VII et de son époque*,

le principal sujet que j'ai voulu représenter, c'est l'époque elle-même, c'est la France au quinzième siècle. Mais un être collectif ne saurait offrir le corps saisissable que réclament les lois de toute composition littéraire ou historique. Le centre d'unité, nécessaire à cet ouvrage, m'a été fourni par le personnage de Charles VII. Après la période de la Pucelle, Charles VII se transforme et devient un prince ou un homme nouveau. La fin de notre deuxième volume contient l'exposé de cette métamorphose, que je me réserve d'apprécier, avec ses développements ultérieurs, dans le tome troisième.

Parmi les critiques, si bienveillantes d'ailleurs, qu'a obtenues le premier volume de cette *Histoire*, on m'a conseillé de me tenir en garde contre la sévérité de mes jugements. Après avoir lu ce tome I, de savants confrères, animés, en faveur de Charles VII, d'une certaine appréhension, ont redouté d'avance la note que j'attacherais publiquement à celui qui laissa prendre et qui laissa mourir la Pucelle. Ces voix amies, qu'on me pardonne l'expression, m'ont en quelque sorte crié grâce pour leur roi.

L'historien vraiment digne de ce titre n'accorde point de grâces, et, de même, il ne fulmine point d'anathèmes. Les *rois* et les *bergers* sont égaux devant son tribunal, que je place, en effet, très-haut, sans aucun orgueil personnel. Mais ses arrêts ne valent que par leurs considérants : c'est-à-dire les faits et les preuves. Ils n'ont d'autre sanction que l'assentiment du public éclairé, qui le juge à son tour, pièces en mains.

J'ai montré Charles VII vis-à-vis de Jeanne Darc,

dans cette merveilleuse épreuve de sa vie, tel qu'il m'est apparu à la lumière de l'histoire. J'ignore si cette image contentera la sollicitude ou la sympathie des critiques auxquels je réponds. Mais, pour tracer ce portrait comme tous les autres, j'ai constamment eu les yeux fixés sur le modèle, et non sur tel ou tel spectateur : à Platon, quelque cher qu'il me soit, j'ai toujours préféré la vérité. Que ces critiques, toutefois, ne révoquent en doute ni l'affectueuse déférence que m'inspirent leurs avis, ni mon vif désir de les satisfaire. A moins d'un parti pris bien dénaturé, chaque auteur subit ordinairement, comme Pygmalion, le charme de sa statue. Charles VII lui-même, dans le second volume de cet ouvrage, se charge de venger l'injure, — s'il y a lieu, — que l'on m'accuse de lui avoir faite dans le premier. C'est la seule réparation que le modèle et l'historien puissent offrir à ces honorables contradicteurs.

Je ne pense pas, en somme, que le portrait de Charles VII sorte de mes mains avec un rang moral moins favorable, désormais, dans notre histoire; ou que son caractère excite dans l'avenir une moindre estime que celle dont il a joui jusqu'ici, au jugement du public et de mes devanciers.

Je ne puis maintenant, à mon grand regret, terminer cet avant-propos sans m'expliquer sur un sujet qui m'est personnel et que j'aurais vivement souhaité de passer sous silence.

L'objet dont il me faut parler apparaît en quelque sorte de lui-même sur le titre de ce volume : il s'agit d'une question de nom et de l'application de la loi du 28 mai 1858, dans le domaine de la littérature (1).

Né à Paris, j'ai été inscrit sur les registres de l'état civil sous les seuls nom et prénom de : Auguste Vallet. Je m'en suis toujours et librement contenté pour les actes légaux de ma vie civile. Sous ces nom et prénom, j'ai débuté vers 1836 dans la carrière des lettres. De 1839 à 1841, comme archiviste-paléographe, je fus chargé par le Ministre de l'Instruction publique de classer les archives du département de l'Aube. M. Duchâtel, ministre de l'Intérieur, qui commençait alors la réforme de ce service public, voulut bien, de son côté, me nommer archiviste de ce département.

A cette époque j'avais pour collègue un de mes nombreux homonymes, M. Vallet, archiviste du département de la Haute-Marne. Plusieurs dépêches adressées de Paris et destinées à l'archiviste de Chaumont, parvinrent à celui de Troyes, et *vice versâ*.

Frappé de cet inconvénient, j'offris, dans l'une de mes lettres, à l'administration supérieure, un moyen bien simple de le faire cesser. J'étais instruit par tradition que mon grand-père paternel avait porté le nom de Vallet de Viriville (de son lieu de naissance) (2). Grâce à l'emploi de ce surnom, la confusion à laquelle il s'agissait de remédier devenait à l'avenir impossible.

A cette époque, il était généralement admis que

(1) Avant les révolutions de 1789 et de 1830, la censure s'est appliquée aux écrits, mais jamais, que je sache, au nom des auteurs.

(2) Voyez ci-après p. 259, note 2, et p. 260, note 1.

les noms propres sont faits pour distinguer les personnes.

En réponse à cet avis, la première dépêche qui me parvint du ministère de l'Instruction publique fut adressée à « M. Vallet de Viriville, archiviste-paléographe, en mission à Troyes. » Les Ministres de l'Intérieur, de la Marine, et autres autorités, avec lesquelles j'étais en relation pour cause de recherches historiques, suivirent cet exemple. Mes rapports furent insérés sous ce nom dans divers recueils officiels ou scientifiques. En 1841, ma mission était terminée. Je réunis ces rapports; j'y ajoutai quelques dissertations et le catalogue des documents que j'avais classés. Le tout parut en un volume in-8°, ainsi intitulé : *Les Archives historiques du département de l'Aube,* par A. Vallet de Viriville, archiviste, etc. Ce volume présenté, la même année, au concours des Antiquités nationales, obtint la première médaille d'or décernée à l'auteur par l'Académie des Inscriptions et Belles-lettres. Peu après, je fus attaché aux travaux historiques de la Bibliothèque royale; puis, en 1847, comme professeur à l'École des Chartes. Membre de plusieurs corps savants, chargé d'un enseignement public, le nom que je porte, inséré dans une multitude d'annuaires ou dictionnaires onomastiques, a été, par toutes ces voies, imprimé, propagé, accepté, répété et cité, en France et à l'étranger, à des milliers d'exemplaires : *nemine contradicente*.

Tel était l'état des choses lorsque survint la loi du 28 mai 1858.

Respectueusement soumis aux lois qui régissent

mon pays, j'ai tenté, pour employer une expression aujourd'hui consacrée, de *me mettre en règle*. Sur ma demande, adressée à S. Exc. M. le Garde des Sceaux, l'affaire fut instruite et traversa heureusement une première phase. L'enquête judiciaire confirma de point en point mes assertions, et ma demande fut renvoyée par le parquet à la Chancellerie. Mais, parvenue à ces hautes régions administratives, ma requête a rencontré des obstacles qui sont demeurés jusqu'ici insurmontables...

Octobre 1862.

HISTOIRE

DE

CHARLES VII

LIVRE III

(SUITE)

CHAPITRE VI

PÉRIODE CRITIQUE DU RÈGNE DE CHARLES VII
(1424-1429.)

DEUXIÈME PARTIE

Événements militaires. (De 1424 août 1427 septembre.

Après la bataille de Verneuil, la situation militaire du roi Charles n'était point encore désespérée. Les barons d'Auvergne et de Bourbonnais, au nombre de cinq ou six cents, vinrent alors lui offrir leurs services. Ceux de Guyenne et de Languedoc imitèrent cet exemple. Le sire d'Arpajon doit être signalé parmi ces derniers. Il accourut auprès du roi, lui disant que Charles VII restait assez puissant pour résister à ses ennemis. Ce seigneur ajouta que, dans les pays d'où il venait, le roi trouverait encore, pour sa défense, dix à douze mille arbalétriers, armés d'arbalètes d'acier (1).

Il est un point du sol français qui, dans l'histoire de ces guerres, se recommande par un intérêt spécial.

« A l'extrémité occidentale de la Normandie, une petite place, dit M. de Beaurepaire, fortement protégée par une ceinture de solides murailles, par le sable mouvant des grèves et la mer, qui chaque jour l'entoure de ses flots, restait invariablement fidèle à la cause nationale et bravait les menaces et les efforts de la puissance étrangère. Par un privilége admirable, pendant une domination d'une trentaine d'années, lorsque tout en Normandie avait passé sous le joug, ce fut la seule place qui sut se défendre, le seul point où il fut impossible aux ennemis de pénétrer (2). »

Cette petite place, aujourd'hui prison d'État, s'appelait le Mont-Saint-Michel-au-péril-de-la-Mer. Saint Aubert, en 708, suivant la légende locale, éleva sur ce rocher ou Mont de la Tombe, par le conseil de saint Michel, un monastère consacré à Dieu. Du haut du clocher de l'église, dédiée à *Saint-Sauveur*, le divin archange veillait, jour et nuit, sur le Mont. Armé de sa flamboyante épée, il le protégeait contre les malins esprits, contre les monstres qui hantent les bords de la mer, et contre les ennemis du dehors. Les papes, ainsi que les rois, s'étaient plu à doter l'abbaye de nombreux priviléges. Entre autres prérogatives, on peut noter celle-ci. L'abbé de Saint-Michel, depuis le quatorzième siècle, était en même temps, le capi-

(1) Montreuil, p. 232.
(2) *Administration*, etc., p. 48. Voyez aussi un très-bon mémoire de M. Puiseux : *Des insurrections populaires en Normandie*, etc. 1851, in-4, p. 7 et suiv.

taine du Mont. Inspirés par une piété qui se confondait avec la meilleure politique, les rois de France n'avaient pas voulu confier à d'autres mains la garde de cette importante forteresse (1).

Dès la première invasion de Henri V, le mont Saint-Michel fut tout d'abord en butte aux attaques des Anglais. Robert Jolivet, 32° abbé et 4° capitaine, occupait alors le siége du monastère. Mieux fait pour les calmes loisirs de l'opulence et de l'étude que pour les agitations de temps difficiles, l'abbé Robert, toutefois, commença par marcher sur les traces de ses prédécesseurs. Il garda fidèlement son poste, releva et agrandit les fortifications, mit la ville et le monastère dans un bon état d'approvisionnement et de défense. Mais bientôt il se fatigua de cette vie guerroyante. En 1419, au mépris de tous ses devoirs, il déserta l'abbaye et vint résider à Rouen (2).

Les meilleurs revenus de sa mense abbatiale étaient assis en Normandie. Robert fut circonvenu par le roi d'Angleterre. Pour jouir en paix des émoluments attachés à sa prélature, il se laissa gagner et se fit Anglais. Mais les religieux et les défenseurs de la place demeurèrent fermes et fidèles. L'un de ces religieux, nommé Jean Gonault, homme de tête, énergique, fut élu par le chapitre, vicaire général de l'abbaye et tous les pouvoirs du prélat, deux fois apostat, passèrent entre les mains du vicaire (3).

---

(1) Dom Huynes, *Histoire du mont Saint-Michel*, Ms. Saint-Germain, français, n° 924, 3. Sur les pèlerinages du mont Saint-Michel, voyez *Revue archéologique*, 1861, p. 380 et suiv. Dons royaux au mont Saint-Michel : J. 467, n° 96 (1423, avril 6) ; Ms. français 5024, f° 192.

(2) D. Huynes, p. 89 et suiv. *Gallia christiana*, t. XI, col. 527.

(3) Apostat politique et religieux. Mêmes autorités.

Dans ces temps d'extrêmes périls, le couvent s'adressa au prince Charles, dont il avait embrassé la cause. Sur la demande des religieux, et sans préjudice de leur privilége, le régent leur donna pour capitaine, en 1420, un véritable homme de guerre. Jean d'Harcourt, comte d'Aumale, remplit en premier lieu cet office. Ce jeune comte étant mort à la journée de Verneuil, Jean, bâtard d'Orléans, fut nommé, en sa place, capitaine de la forteresse (1).

Les Anglais, au mois d'avril 1424, essayèrent premièrement de se faire livrer l'abbaye par trahison, en achetant des intelligences à l'intérieur. N'ayant point réussi dans leur entreprise, ils vinrent poser le siége devant cette place, le 26 août de la même année, au lendemain, pour ainsi dire, de la bataille de Verneuil. Robert Jolivet, chancelier du duc de Bedford, membre du grand conseil d'Angleterre, et *capitaine du Mont*, fut préposé par le régent anglais pour diriger l'attaque. Passant les *revues aux armes*, l'abbé Robert, à sa honte et pour son châtiment, essuya toutes les fatigues de cette infructueuse campagne (2).

Nicol Burdett, sous ses ordres, commandait le siége de terre. Diverses caraques, venues de Normandie, d'Allemagne (villes hanséatiques) et d'Angleterre, investirent la place du côté de la mer. Une bastille avait été établie au village d'Ardevon. Laurent Haulden, autre capitaine anglais, occupait le roc fortifié de Tombelaine. Du côté des Français, le baron de Coulonces, capitaine de Mayenne,

---

(1) D. Huynes, Lettres du 28 mars 1425, p. 202, 206.
(2) Beaurepaire, lieu cité. Montreuil, p. 219. Jean Chartier, t. I, p. 38. *Abrégé bourguignon*, dans Godefroy, *Charles VII*, p. 329, 330.

appelé par Jean Gonault, vint prendre au Mont la charge de la défense (1).

D'autre part, une flottille bretonne avait été armée à Saint-Malo. Briand de Châteaubriand, seigneur de Beaufort, en fut l'amiral. Dans les premiers jours de mai 1425, Coulonces défit sur terre les Anglais devant Ardevon, et prit le capitaine Burdett. Battu le 16 juin, sur mer, l'ennemi abandonna le siége et se retira dans les bastilles environnantes. Le comte de Suffolk, successeur de Burdett, tenta de nouveaux efforts, sans obtenir plus de succès (2).

Par lettres du 10 février 1426, le roi nomma capitaine du Mont, pour succéder à Jean d'Orléans (3), Louis d'Estouteville, seigneur et baron d'Aussebosc en Normandie. Un accord survenu (juillet 1426), entre les parties, maintint les Français dans la possession de la forteresse. Le 9 septembre 1427, veille de Saint-Aubert, fut la date d'une mémorable bataille. Les Anglais, vaincus par le nouveau capitaine, y laissèrent deux mille morts (4).

Un tableau, peint à cette époque (1427), fut placé dans l'église du monastère, sur la muraille, devant l'autel de

---

(1) Les mêmes. D. Huynes, p. 204. Beaurepaire, *États*, p. 24. Catalogue Teulet, p. 369.

(2) Les mêmes. *Administration*, p. 54. Teulet, p. 372, D. Morice, t. I, p. 492.

(3) Le bâtard ne fut jamais que titulaire de cette charge militaire. Il s'était fait remplacer au Mont par Jean Paynel, son lieutenant.(D. Huynes.)

(4) D. Huynes, p. 217, 540 et suiv. Le Héricher, *Histoire du mont Saint-Michel*, p. 38. *Mémoires de la Société des Antiquaires de Normandie*, 2e série, t. V, p. 212. *Notice généalogique* (autographiée) *sur la maison de Sainte-Beuve*, en Normandie. On conserve au mont Saint-Michel deux canons du temps pris sur les Anglais. Voyez Carro, *Voyage chez les Celtes jusqu'au mont Saint-Michel*, 1857, in-8, planche lithographiée entre les pages 128 et 129. *Études sur le passé et l'avenir de l'artillerie*, t. III, 1862, p. 109, pl. v, fig. 1 et 2. Musée d'artillerie, nos 2798 à 2800.

Saint-Sauveur. Les armes de France ou de Charles VII, reproduites en tête de l'œuvre, précédaient celles d'Estouteville. A la suite de ces blasons, on y voit encore les noms et les armoiries de cent dix-neuf chevaliers et écuyers. Ce tableau consacrait ainsi le souvenir des hommes d'armes qui, sous le commandement du sire d'Aussebosc, avaient repoussé l'ennemi et défendu cette frontière du territoire national (1).

Jean Gonault régit heureusement l'abbaye et le Mont pendant toute la domination anglaise. Tant qu'il vécut, l'honorable dépôt qui lui était confié demeura intact. Aidé par les secours et la protection de Charles VII, il releva son église écroulée, compléta les fortifications de la ville et acheva le bâtiment du monastère. Ce fut lui qui mit la dernière main à cette ville monumentale, si attrayante pour le voyageur, au double point de vue de la beauté naturelle ou pittoresque, et des souvenirs historiques (2).

(1) Auteurs cités. Le tableau héraldique du mont Saint-Michel décore aujourd'hui l'hôtel de ville de de cette commune. *Mémoires de la Société des antiquaires de l'Ouest*, 1841, p. 143, 147. Grafton, p. 572. *Actes de Bretagne*, t. II, col. 1143, etc.

(2) Charles VI, en l'honneur de saint Michel, donna le nom de cet archange à l'une de ses filles. Frère de Michelle de France, Charles VII s'appropria ce culte et le transmit à son fils. En 1446, le roi fit construire à Amboise une chapelle de Saint-Michel dans l'église du château. Louis XI, en 1469, y institua l'ordre de Saint-Michel. (Voyez Lemaire, *Histoire d'Orléans*, p. 188, répété par Anselme, *Palais d'honneur*, p. 126, et les *Mémoires de la Société des antiquaires de l'Ouest*, 1841, p. 233.) Vers 1424, Charles VII, voulant subvenir aux nécessités des religieux, leur accorda l'autorisation de battre monnaie au coin du roi et à leur profit, en or, argent ou billon (D. Huynes, p. 213). Voir les belles planches de M. Bouet dans la monographie de M. Le Héricher sur le mont Saint-Michel. On trouvera une vue perspective de la ville et du mont Saint-Michel, peinte en miniature dans le manuscrit latin, 1159, f° 160. Ce manuscrit n'est autre que le livre

Dans la période que nous parcourons (1424-1429), la guerre comprit çà et là tout le théâtre dont l'étendue a été plus d'une fois indiquée. Le désordre le plus complet règne parmi les chroniques et récits contemporains. De là, une double et presque inextricable difficulté pour l'historien moderne, qui veut ramener à un ordre clair et suivi le tableau de ces épisodes.

L'Anjou et le Maine avaient pour duc et comte les héritiers de Louis II, dernier roi de Sicile, mineurs sous la tutelle d'Yolande. Des lettres, rendues à Paris, le 21 juin 1424, sous le nom de Henri VI, transportèrent, par voie de donation ou de confiscation, la seigneurie de l'Anjou et du Maine, à Jean duc de Bedford. L'acte, délibéré en présence et du consentement de Philippe le Bon, imposait au donataire la condition de conquérir ces domaines. Le même jour et dans le même conseil, un second diplôme, rendu au nom du roi et délibéré en présence de Bedford, accordait à Philippe le Bon les comtés d'Auxerre, Mâcon et Bar-sur-Seine, que la maison de Bourgogne convoitait depuis longues années (1).

En ce qui concerne le duc de Bedford, cette donation fut immédiatement suivie d'actes d'hostilités contre l'Anjou et le Maine. Des lettres rendues à Rouen le 25 août 1424, instituèrent des commissaires pour traiter de gré ou de force avec les populations. Olivier le Forestier, capitaine de Sillé-le-Guillaume, ca-

---

d'heures de Pierre II, duc de Bretagne, et l'œuvre d'un très-habile artiste. La miniature a été exécutée de 1455 à 1457.

(1) J. J. 172, pièce 315, f° 290. Dom Plancher, t. IV, *Preuves*, p. xlj.

pitula le 1ᵉʳ octobre suivant, avec ces commissaires (1).

Le 18 septembre 1424, la ville de Guise en Thiérache tomba, par capitulation, au pouvoir de Jean de Luxembourg. Cette place, capitale du comté de Guise, appartenait à la maison de Bar ou Lorraine-Anjou, sous la suzeraineté du roi de France. Après le mariage de René, comte de Guise, Jean de Luxembourg, par lettres du mois de février 1422, s'était fait donner ce comté au nom de Charles VI. Le terme ou délai stipulé, suivant l'usage, au traité de capitulation, expirait le 1ᵉʳ mars 1425. Guise, à cette date, n'ayant pas été secourue, demeura au lieutenant bourguignon (2).

Marchenoir, vers le même temps, fut également pris par les Bourguignons. Les Anglais s'emparèrent, le 17 octobre, de Senonches, puis de Nogent-le-Rotrou. Ainsi se passa l'année 1424 (3).

Le 11 février 1425, John Harpelay, « bailli d'Alençon et du pays conquis au Maine, » rassemblait des archers, pour opérer ou achever « la conquête du Maine et des environs. » Vers le mois de mai, de nouvelles recrues arrivèrent d'Angleterre. Ces forces comprenaient un total d'environ douze mille hommes, qui furent successivement dirigés, par divers points, vers l'Anjou et le Maine. Parmi

(1) Ms. Arundel, n° 26 du *British museum*, copie d'A. Salmon, bibliothèque de Tours. Voyez *Mémoires de la Société archéologique de Touraine*, 1859, t. XI, p. 327.

(2) Monstrelet d'Arcq, IV, 199 et s. Saint-Remi, p. 470 *b*. J. J. 172, f° 122, v°. Beaurepaire, *États*, p. 24. *Administration*, p. 46 et suiv. Cousinot, ch. ccxii. Fenin, p. 216. Delort, *Essai*, etc., 1824, p. 247. Claude Hémerée, *Augusta Viromanduorum*, etc., 1643, in-4, p. 311.

(3) *États*, ibid. *Administration*, p. 19, 48. Cousinot et suites, p. 198, 472, 475.

les capitaines qui les commandaient, on remarque les noms des principaux hommes de guerre de l'Angleterre. Tels étaient lord Scales ; sir John Falstaff, personnage très-sérieux, si étrangement défiguré par le poétique caprice de Shakspeare ; W. Old-Hall ; Lancelot de Lisle, John Montgomery, Thomas Popham, W. Glasdale, Mathieu Gough (le *Matago* des chroniques françaises), W. Kirkeby, etc. Les comtes de Suffolk et de Salisbury partageaient avec lord Scales le commandement supérieur (1).

Le gouvernement de Charles VII était alors en proie à ses dissensions intestines les plus vives; Salisbury s'empara en premier lieu d'Étampes et de Rambouillet. Durant ce temps, Falstaff prit par capitulation Tanis et autres châteaux du Maine. La jonction de ces deux chefs de guerre s'effectua vers le 15 juillet, sous les murs du Mans, capitale du comté. Baudouin de Champagne, seigneur de Tucé et deux autres capitaines, à la tête d'une faible garnison, occupaient cette ville au nom de la reine Yolande et du roi Charles. Le 17 juillet, Charles VII envoya, de Poitiers au Mans, quelques gendarmes de secours, sous la conduite de Jean Girard, écuyer (2).

Pierre-le-Porc, capitaine de Mayenne, fut instruit de la venue du comte anglais. Accompagné de cent soixante à

---

(1) Catalogue Teulet, p. 370 et suiv. *Journal de Paris*, p. 668 *a*. *Administration*, p. 9. Grafton, p. 559. *The names of the nobles sent with lord Scales*, etc. Ms. Harléien, n° 782, f° 49, v°; dans la *Revue d'Anjou*, 1853, t. II, p. 81 (article de M. Marchegay.)

(2) « ... Their capteynes named sir Baldwyn of Champaigne, lorde of Toisse, sir Guilliam de Marignie, and sir Hughe de Goos (?) ... invented all wayes possible, howe to defende themselves.. » Grafton, p. 558. Montreuil, ch. xi. Chartier, ch. xiii. Ms. Gaignières, 772, t. I, p. 545. *Journal*, p. 668 *a*. Berry, p. 373. Marchegay, *Archives d'Anjou*, II, 308.

deux cents combattants, il s'éloigna momentanément de sa garnison et vint se poster dans une embûche, près de Seez en Normandie, sur la route du général anglais. Lorsque l'avant-garde du comte parut, le capitaine Pierre fondit aussitôt sur cette troupe, à laquelle il tua et prit beaucoup de monde. Il retourna ensuite à Mayenne, chargé de butin (1).

Le comte de Salisbury, poursuivant sa route, posa le siége devant la ville du Mans le 20 juillet 1425. Jean Harboutelles, écuyer, maître de l'*artillerie* et des ordonnances du régent, était préposé à la surintendance de cette arme et du matériel de l'attaque. Philibert de Moleyns, son lieutenant, avait acheté entre autres munitions et moyennant le prix très-élevé de 1365 livres, à un marchand de Barcelone, deux cent soixante-cinq arbalètes de *Rouménie*. La poudre de guerre fut fabriquée ou du moins vendue à Paris. Jean Harboutelles dirigea aussi vers le Mans de grosses bombardes, sorte d'obusiers à boulets de pierre, d'un diamètre et d'une puissance explosive inusités. Le courage des assiégés et leurs faibles ressources ne résistèrent pas longtemps à de tels moyens d'agression (2).

Bientôt la ville, dépourvue de vivres, fut démantelée d'une partie notable de ses remparts. Les principaux ravages de l'artillerie anglaise avaient porté sur les murs de la place, du côté de l'hôtel de l'évêque. Dans ce péril, Adam Châtelain, évêque du Mans, se porta intermédiaire près des Anglais, au nom des Manceaux, pour capituler. Le 2 août, un traité fut signé, sous les auspices de ce pré-

---

(1) Montreuil, ch. xii. J. Chartier, ch. xiv.
(2) Grafton. Montreuil. Pesche, *Dictionnaire de la Sarthe*, t. III, p. 675. *Administration*, p. 42. Musée d'artillerie, n°s 2798 et suiv.

lat, dans le couvent des frères prêcheurs ou jacobins du Mans, hors la ville (1).

Suivant ce traité, qui fut célébré à Paris, le 9, par une procession des gens d'Église et du parlement, les Manceaux durent payer au vainqueur une indemnité de 1500 écus d'or, pour les frais du siége. Les défenseurs eurent le droit de se retirer, chaque homme d'armes avec son cheval et son harnais militaire de pied en cap, mais en laissant toute espèce d'autres objets ou munitions de guerre. Les bourgeois conservèrent corps et biens, à condition de reconnaître l'autorité du roi d'Angleterre. Le 10 août, jour du délai fixé, les clauses du traité furent exécutées. Le comte de Salisbury nomma capitaine de la place le comte de Suffolk et lui donna comme lieutenant sir John Falstalf. Après avoir établi garnison anglaise dans la ville, il se dirigea vers Rouen (2).

De septembre à décembre 1425, Rochefort-en-Yveline (Seine-et-Oise), fut pris et repris des deux parts, puis incendié par les Français. Salisbury ou ses lieutenants soumirent à la domination anglaise les villes de Sainte-Suzanne et de Mayenne. La première obéissait au capitaine Ambroise de Loré, la seconde à Pierre le Porc. Toutes deux succombèrent et payèrent deux mille écus d'or. Sir John Popham succéda, comme capitaine de Sainte-Suzanne, Ambroise de Loré. Mayenne se rendit le 31 octobre aux Anglais, qui, après l'avoir bombardée et ruinée par le ca-

---

(1) Les mêmes. Courteilles, *Évêques du Mans*, p. 681. Monstrelet, p. 247. S. Remi, p. 577 *b*. Dugdale, *Baronagium*, t. I, p. 652. Voir, pour l'intelligence du siége et des localités, le plan du Mans tiré de la collection Gaignières, cabinet des estampes : *Topographie*.

(2) Grafton. Monstrelet. Montreuil. S. Remi. X. X., 1480, f° 330.

non, emportèrent, dit-on, les titres les plus anciens et les plus précieux de la baronie. La ville fut remise en garde par le vainqueur à lord John Montgomery (1).

Le 15 octobre 1425, Richemont écrivait d'Angers aux autorités de Lyon une lettre qui nous a été conservée. Il expose dans cette dépêche que les gendarmes du roi sont aux frontières d'Anjou et du Maine. Le connétable ajoute que, depuis deux mois, ces troupes n'ont pas reçu un denier de solde et menacent de se débander. Le comte adjure en conséquence les Lyonnais de le secourir par quelque contribution pécuniaire. Raoul de Coëtquen, chevalier breton, assisté d'Olivier de Mauny, tenta, vers la fin de cette année, une irruption contre les Anglais. Ils se portèrent du côté de la Normandie, vers une châtellenie occupée par l'ennemi. Cette place, nommée le Parc-l'Évêque, appartenait à l'évêque d'Avranches. Mais ils furent taillés en pièces, et le sire de Mauny demeura prisonnier des Anglais (2).

Vers le 2 février 1426, le comte de Salisbury et lord Willoughby mirent le siége devant la Ferté-Bernard. Louis d'Avaugour résista pendant quatre mois dans cette forteresse et finit par capituler. Cependant la prise du Mans, opérée au préjudice de Louis III, mineur, gendre de

---

(1) *Journal de Paris*, p. 669 a. Montreuil, ch. xii. J. Chartier, ch. xvi et xvii. *Administration*, p. 42. *États*, p. 26. Grafton, p. 559. *Histoire des seigneurs de Mayenne*, par Guyard de la Fosse; Le Mans, 1850, in-12, p. xij et 81.

(2) Archives du Rhône : B. B. 1. Montreuil, ch. xvi. J. Chartier, ch. xx. « Le 29 novembre 1425, le duc de Bedford donne commission à sir J. Popham pour faire les montres (revues) de la garnison de Montsur (arrondissement de Laval, Mayenne) et des troupes destinées à la conqueste du Maine et de l'Anjou. » (Titre communiqué à Fontanieu par Dom Pernot, bibliothécaire de Saint-Martin-des-Champs. Ms. 4805, *Histoire de Charles VII*, f° 142, v°.)

Jean VI, duc de Bretagne, avait déterminé ce dernier à rompre la neutralité. A la suite de cette prise, le duc de Bedford s'empressa d'envoyer auprès de Jean VI, afin de prévenir les effets de son mécontentement. Ces négociations n'obtinrent point le résultat qu'il s'en promettait. Le duc de Bretagne, cédant à des influences que nous avons fait connaître, prit le parti de la guerre, et favorisa les mouvements militaires du connétable (1).

Lorsque l'armée ducale fut prête, Jean VI manda son frère pour lui en livrer le commandement. Arthur se rendit à Rennes et dirigea ses troupes vers la frontière de Normandie. Les soldats, après s'être réunis à Antrain, furent conduits devant une petite ville nommée Saint-James de Beuvron. C'était la première fois que le nouveau connétable exerçait sa haute charge militaire en présence de l'ennemi. D'après le témoignage unanime des historiens, les Anglais sous les ordres de Thomas Ramston, de sir Philipp Branch et de Nicol Burdett, ne comptaient pas plus de six à sept cents combattants. L'ensemble des forces placées sous le commandement du connétable s'élevait, pour le moins, au nombre d'environ quinze à seize mille hommes (2).

Les Anglais s'étaient fortifiés avec soin dans Saint-James, qui fut investi par Richemont vers les premiers jours de mars 1426. Le principal fonds de l'armée bretonne provenait de mauvaise milice, récemment levée ou créée

---

(1) Montreuil, ch. xiv. J. Chartier, ch. xviii. Grafton, p. 559. S. Remi, p. 469, b.
(2) Gruel, p. 363 b. Montreuil, p. 240. Monstrelet, p. 580. J. Chartier, t. I, p. 49, donne à Richemont *vingt* mille combattants et Grafton *quarante* mille, p. 561.

par le duc, et qu'il avait tirée de ses villages de Bretagne. Dans ce fonds de recrues sans valeur et inexpérimentées, le connétable avait à la hâte incorporé ou amalgamé ce que les favoris du roi lui laissaient d'Écossais et de Français disponibles. Soit enfin qu'il faille accuser le peu de capacité militaire de Richemont, soit qu'on doive apprécier par là toute la puissance du prestige moral que les Anglais exerçaient alors, le début du comte Arthur fut un échec des plus humiliants et des plus complets.

Le 6 mars, après diverses escarmouches, le connétable livra, contre la place, un assaut général, par deux côtés à la fois. Certaine poterne, voisine d'un étang, marquait le point qui séparait les deux lignes assiégeantes et la disposition des lieux ne leur permettait pas de communiquer entre elles. A l'aide de cette issue, les Anglais pratiquèrent, vers la nuit, une vigoureuse sortie. Ils vinrent à leur tour attaquer les assiégeants par derrière, aux cris de : *Salisbury et saint George!* Une panique *factice*, ou irréfléchie, s'empara de toute la ligne assaillie. Celle-ci crut voir survenir quelques corps de secours anglais formidables accourant du dehors (1).

Grâce à ce mouvement, un nombre considérable de Bretons, etc., fut noyé dans le vivier, fait prisonnier, ou passé au fil de l'épée. Le reste de la division prit la fuite. Dix-huit étendards et une bannière demeurèrent aux Anglais. Arthur de Bretagne, occupé sur l'autre front du siége, ignorait ce résultat. Lorsque le corps d'armée placé sous son commandement immédiat fut instruit de ce dé-

---

(1) Monstrelet. Gruel. Montreuil. Ms. Gaignières, n° 772, p. 549.

sastre, la déroute et la désorganisation y pénétrèrent en même temps. Vainement le connétable, désespéré, montra-t-il l'exemple de la fermeté unie au sang-froid et d'une courageuse persévérance. Les fuyards désertaient, en allumant l'incendie de leur propre campement. Bientôt on vint lui dire, ainsi qu'à son frère Richard de Bretagne, comte d'Étampes, que s'ils ne se sauvaient, ils seraient brûlés (1).

Les deux princes montèrent alors sur de petits chevaux, pensant barrer la fuite de leurs gens. Mais tous deux furent renversés dans la presse et foulés par les soldats, qui leur passèrent sur le corps. Jean de Malétroit, chancelier de Bretagne, fut notoirement accusé d'avoir machiné cette désertion, de concert avec les Anglais. Ceux-ci lui donnèrent, dit-on, des terres en Normandie et une pension. Arthur demeura sur le terrain jusqu'à minuit et ne partit que lorsqu'il se vit presque seul. Par Fougères, il retourna près de son frère le duc, à Rennes, avec les débris de son armée dissoute ou anéantie. De là, il se rendit à Chinon vers le roi de France, après avoir fait arrêter et mettre en justice le perfide chancelier. Indépendamment de la victoire et de cette grande perte d'hommes, Arthur laissait entre les mains de l'ennemi d'immenses munitions et un butin considérable (2).

La défaite de Saint-James fut le principal événement militaire qui eut lieu en 1426, durant l'absence du ré-

---

(1) Monstrelet. Gruel.
(2) Les mêmes. Grafton, p. 562. *Journal de Paris*, p. 669, *b.* Cousinot, ch. CCXIX. D. Morice, t. I, p. 498 ; *Preuves*, t. II, col. 1188, 1193. Dom Plancher, t. IV, p. 112. Le chancelier de Bretagne échappa aux poursuites du justicier à force d'excuses, de protestations et de promesses. (Gruel, p. 364 *b.*)

gent Bedford. Diverses autres forteresses du Maine tombèrent, dans la même période, au pouvoir des Anglais (1).

La Ferté-Bernard fut reprise par la compagnie de La Hire au nom du roi de France. Après l'insuccès du connétable, le duc de Bretagne obtint du comte de Suffolk, lieutenant pour les Anglais en basse Normandie, des trêves ou abstinence de guerre, valables pour trois mois. Ces trêves coûtèrent au duc 4,500 francs. Elles expirèrent en juin et ne furent point renouvelées, par le comte de Warwick, qui succéda, dans le même temps, au comte de Suffolk. Les hostilités se ranimèrent alors, mais sans résultat sensible. Le reste de l'année s'écoula dans un état d'observation armée, sauf quelques escarmouches aux environs de la capitale (2).

Vers le mois de mai 1427, Jean, duc de Bedford, était de retour à Paris. Le comte de Salisbury, de son côté, retourna chargé de richesses en Angleterre. Les comtes de Warwick et de Suffolk demeurèrent en France les principaux lieutenants chargés de la poursuite de la guerre (3).

Ces deux capitaines réunirent, au commencement du mois de juillet, quelques milliers d'hommes, et vinrent

---

(1) Grafton, p. 559, 560, désigne ces localités sous les dénominations suivantes : « Saint-Kalès (Saint-Calais), Chanceaux-Lermitage (Chanceaux ?), Guerlande, Malicorne, Lisle-Soubz-Boulton, Lowpelland, Mountseur (Monsur) and La Susze; and besides this, above ·XL· castels and pyles. » (Voyez, dans le même auteur, p. 558, une autre énumération analogue.)

(2) *Journal de Paris*, p. 669 b. Cousinot et suites, p. 471. Raoulet, p. 170. Gruel, p. 365. Montreuil, p. 237, ch. XVIII. Monstrelet, p. 284 et suiv. Catalogue Teulet, p. 376. Ms. 4770 français, acte du 19 nov. 1428. Le 6 janvier 1427, préparatifs de siége dirigés par le comte de Warwick contre Pontorson. Ms. Fontanieu 115, à la date.

(3) Cousinot, p. 201, ch. CCXXIV.

mettre le siége devant Montargis. Située sur une hauteur et entourée de divers cours d'eau, cette ville présentait un accès difficile. Les Anglais, suivant la tactique de siége qui leur était habituelle, firent leurs approches successives et investirent la ville de manière à l'étreindre le plus étroitement possible. La ceinture des assiégeants offrait trois sections de cercle ou de zone, interrompues par le Loing, l'Ouanne et le Vernisson (1).

Le comté de Warwick était logé, au midi de la ville, dans une abbaye de religieuses. A peu de distance se tenait le comte de Suffolk. Son frère, sir John Pole et sir Henry Biset, occupaient, au nord et du côté du château, les autres postes les plus importants. L'ensemble des approches présentait une série de tentes ou taudis de campement, couverts de chaume. Des fossés et des pieux obliques servaient de fortifications à ces ouvrages d'attaque (2).

La ville de Montargis, approvisionnée dès le mois d'octobre 1425, par les soins de Richemont, avait pour capitaine un gentilhomme gascon, nommé Bouzon de Failles. Un petit nombre de vaillants soldats l'accompagnaient et la population civile, animée d'un excellent esprit, avait toujours suivi le parti du roi Charles. La garnison fit une bonne contenance. Elle pratiqua même avec succès diverses irruptions. Mais, les ressources de la place diminuant

---

(1) Biographie Didot, article *Morhier*. Monstrelet, p. 271 et suiv. Gruel, p. 367. *Journal de Paris*, p. 672 *b*. Berry, p. 374.

(2) Topographie : cartes de Cassini et de la guerre. Du Cerceau, *Les plus excellents bastiments de France*, 1576, in-folio; texte p. 5 et quatre planches pour Montargis. Viollet-le-Duc, *Essai sur l'architecture militaire*, etc., p. 83 et 115.

de jour en jour, les assiégés envoyèrent auprès du roi demander assistance (1).

Le 17 juillet, Charles VII, par lettres données à Niort, chargea J. Girard, capitaine de gendarmes, de conduire hâtivement quelque renfort à Montargis. Une première expédition eut lieu en conséquence de cet ordre ; mais elle produisit peu d'effet. Cependant, sur les instances réitérées des assiégés, et sur les représentations de différents capitaines, une seconde tentative fut résolue. Le conseil de guerre se tint à Gergeau, sous la présidence du connétable. Bien que le comte Arthur se montrât défavorable à l'entreprise, des hommes et des munitions se réunirent promptement dans cette ville. L'expédition partit, sous la conduite de La Hire, consommé capitaine, et du jeune bâtard d'Orléans, qui allait inaugurer, par ce fait d'armes, son illustre carrière (2).

Des femmes de la campagne, à la solde des Anglais, observaient les environs. Cherchant à pénétrer les desseins des Français, ces espions féminins revenaient, de temps à autre, instruire les assiégeants, des notions qu'ils avaient pu recueillir. La Hire et le bâtard réussirent à tromper leur vigilance. Le 5 septembre 1427 au matin, la petite armée de secours arrivait sous les murs de Montargis, au moment où les « escoutes » des Anglais venaient d'y rentrer (3).

(1) Les mêmes. D. Morice, *Preuves*, t. II, col. 1183. Raoulet, p. 192. Bouzon de Failles ou de Fages, écuyer, est qualifié, la même année (probablement après le siége), bailli de Montargis. Ms. Gaignières, 772, t. 1, p. 549, 552.)

(2) Les mêmes. Cousinot, p. 201, ch. ccxxv. Jean Chartier, ch. xxvii. Ms. latin 6024. Baluze, f° 25. Ms. Gaignières 2772, 1, p. 546.

(3) Catalogue Joursanvault, t. II, p. 225, n° 3390 Raoulet, p. 192.

La Hire, après avoir rapidement exploré les abords, fit choix d'un point par lequel il lui sembla que l'attaque devait avoir lieu de préférence. Il mit alors sa salade ou heaume de combat, sur sa tête; et, la lance au poing, il se dirigea vers cet endroit. La Hire était suivi du seigneur de Graville, normand; de Brangonet ou Bérangeonnet d'Arpajon et autres hommes d'élite, chevaliers ou écuyers gascons, ses compatriotes. En ce moment, passait un chapelain, à qui La Hire demanda hâtivement l'absolution. Le prêtre, ainsi interpellé, lui prescrivit de se confesser. Mais La Hire objecta qu'il n'en aurait pas le temps; qu'il fallait sans retard frapper sur l'ennemi et qu'il avait fait, en matière de péché, tout ce que gens de guerre ont accoutumé de faire. « Sur quoy le chapelain luy bailla l'absolution telle quelle. Et lors La Hire fit sa prière à Dieu, en disant en son gascon, les mains jointes : « Dieu, je te prie que tu fasses « aujourd'hui pour La Hire autant que tu voudrois que « La Hire fît pour toi, s'il estoit Dieu et tu fusses La Hire. « Et il cuidoit, ajoute le chroniqueur, très-bien prier et « dire (1). »

Cependant le bâtard et La Hire s'étaient distribué les rôles. Tous tombèrent en même temps, avec la plus grande vigueur, sur les Anglais. Ceux-ci furent attaqués par divers points à la fois, avant que d'avoir eu le temps de se reconnaître. La lutte dura pendant tout le jour et fut accompagnée de brillantes passes d'armes (2).

Les habitants de Montargis déployèrent en cette journée un mémorable patriotisme. Des écluses, formées sur le

---

(1) Montreuil, p. 246. — (2) *Ibid*

Loing dans l'intérieur de la ville, avaient fait déborder cette rivière, jusqu'à la distance d'une lieue en amont de Montargis. Les assiégeants, de leur côté, construisirent des ponts pour communiquer d'un siége, ou section de zone, à l'autre. Mais lorsque, pressés par l'ennemi, ils voulurent s'aider de ces passages, les ponts submergés ne leur fournirent point de services. Beaucoup d'Anglais, en essayant ce mode de sauvetage, tombèrent à côté des parapets et se noyèrent. Un autre de ces ponts, sis au midi, était demeuré à sec : les assiégeants du nord, chassés de leurs cantonnements s'y précipitèrent à la fois, pour marcher au secours de Warwick. L'édifice s'écroula sous cette charge subite. Un grand nombre d'Anglais y périrent, ou tombèrent au pouvoir des Français (1).

La population tout entière se confondit avec les troupes françaises du dedans et du dehors, pour repousser vaillamment les ennemis. Suivi du comte de Suffofk, le comte de Warwick, sortit de la ligne du siége et vint s'adosser à une colline plantée de vignes, sur le territoire de Chalette, en un lieu nommé le *pâtis*. Après un combat infructueux, qui eut lieu sur ce point, il donna le signal du départ. En un mot, la déroute des Anglais fut complète. La bannière de Warwick conquise par les Montargiens, se conserva

---

(1) Gruel, 357. Monstrelet, *ibid*. Berry, 374. Les chroniqueurs originaux ne s'accordent pas entre eux sur l'appréciation numérique des forces exposées ou perdues de part et d'autre dans ce conflit. Voici les nombres fournis par l'un de ces chroniqueurs et qui nous paraissent les plus vraisemblables. Assiégeants anglais : de cinq à six mille hommes. Armée de secours française : de deux à trois mille. Anglais tués : de sept à huit cents. Prisonniers, plus de deux cents. « Tout le surplus tourna en fuie. » Parceval de Cagny, ch. LXXXIV.) Saint-Remi, p. 484, évalue, en morts, la perte des Anglais à *sept mille* hommes.

comme trophée, dans leur hôtel de ville jusqu'en 1792. Les Anglais, pendant la nuit, se retirèrent à Château-Landon, à Nemours, qu'ils occupaient; et d'autres, jusqu'à Paris (1).

Le siége de Montargis était levé : Jean d'Orléans et La Hire entrèrent le soir même dans la ville et furent accueillis en libérateurs. Des vivres, des munitions, une artillerie précieuse accompagnée d'un riche butin, dépouille des Anglais, restèrent en la possession des vainqueurs (2).

Le succès remporté à Montargis causa, sur les partisans de la cause française, une impression d'autant plus sensible, qu'ils étaient alors moins accoutumés à ces faveurs de la fortune. Charles VII récompensa la conduite exemplaire des habitants : par quatre diplomes successifs, rendus de 1430 à 1447, il leur accorda divers priviléges et exemptions. Dans une de ces chartes, le roi glorifie la levée du

---

(1) Monstrelet. Berry. Girardot (le baron de), *Documents relatifs à Montargis*, Montargis, 1853, in-4, p. 26, 29 et 30. La bannière de Warwick fut généreusement brûlée dans une fête de fédération dédiée à la fraternité des peuples.

(2) X. X. 1480, f° 384. Montreuil, p. 247. « Là mourut un seigneur d'Angleterre de qui le corps fut racheptépour porter en son pays. Et en portant cedit corps, ainsi comme les Anglois approchoyent de Dieppe pour passer en Angleterre, ceux de la ville issirent en procession au devant d'iceluy corps. Là y avoit un fol qui hayoit les Anglois et ainsi que les gens d'église chantoyent le *libera*, chacune fois qu'ils disoient *dùm veneris*, ce fol crioit : De Montargis ! de Montargis ! » *Chronique de Normandie*, f° 181. *Dùm* se prononçait *don*; en français du quinzième siècle *de ond*, en latin *de unde*; de là le jeu de mots macaronique rapporté par le chroniqueur normand « *dum veneris* : » *d'où* venez-vous ? — De Montargis !

1427, septembre 1, subside levé à Paris sur le clergé pour reprendre Montargis aux Français. (Actes capitulaires de Notre-Dame; *Varia monumenta*, de Sarrasin, L. L. 414, f° 73.)

siége de Montargis comme ayant été « le commencement et la cause de notre bonheur à l'encontre de nos dits ennemis. » La cité reçut le surnom de Montargis-le-Franc, avec cette prérogative, acquise à ses magistrats et représentants, « de porter pour devise, en tout temps, la lettre M, couronnée, en broderie, orfévrerie, ou autrement, ainsi qu'il leur plairoit. »

Ces titres historiques, renouvelés et confirmés, de règne en règne, jusqu'à Louis XVI, se conservent en original, dans les archives de cette ville. Un monument, détruit à la même époque et dans le même sentiment que la bannière de Warwick (1), perpétua durant des siècles le souvenir de cet événement. Tous les ans, une cérémonie militaire et religieuse s'accomplissait auprès de cet édifice nommé *la Croix aux Anglais*. Il s'élevait sur le lieu même où avait été vaincu le comte de Warwick (2).

---

(1) Ci-dessus, page 21, note 1.
(2) Girardot cité p. 26. *Recueil des priviléges de la ville de Montargis*, 1608, in-12. *Ordonnances*, t. XIII, p. 152, 154 ; t. XV, p. 105, 107.

CHAPITRE VII

Événements militaires. — Suite et fin. (1427-1429).

Les Français reconquirent, dans la même semaine que Montargis, les places de Marchenoir et de Montdoubleau. Une commission royale, promulguée en Angleterre au nom du roi Henri VI, le 19 mai 1427, enjoignit aux baillis et schérifs de mettre en défense les côtes du Devonshire. Il paraîtrait, d'après les termes de cet acte, que le duc de Bretagne menaçait, alors, d'envahir, à l'aide d'une flotte de débarquement, le littoral anglais. La place de Moymet en Champagne, fut spécialement le théâtre de vicissitudes nombreuses et d'hostilités acharnées. D'abord prise par les Français, elle tomba au pouvoir des Anglais, vers le printemps de 1427. Salisbury la rasa complétement. Dans le pays chartrain, Rochefort, Nogent-le-Rotrou, Montdoubleau et autres forteresses redevinrent aussi momentanément français (1).

Des succès, balancés entre les deux partis, eurent surtout pour objet l'agression et la défense des provinces d'Anjou et du Maine. Les châteaux de Garlande près La Flèche, Reineford, Malicorne, le Lude, Saint-Laurent des Mortiers, Saint-Ouen, La Gravelle, Laval, Pontorson, Am-

(1) Sur Moymet, voyez ci-dessus, t. I, p. 375; L. Paris, Lettres de Reims aux 12 décembre 1425 et 16 octobre 1426; Ms. Fontanieu, 115 : 25 septembre 1426, et Barthélemy, *Histoire de Châlons*, p. 176 à 124. — *Revue du Lyonnais*, p. 343. *Lettres des rois et reines*, t. II, p. 408, Cousinot, p. 200, 202. Raoulet, p. 193. *Journal de Paris*, p. 671 a. Monstrelet d'Arcq, t. IV, p. 270. Ms. Bréquigny, n° 81, f°s 49, 53.

brières et autres localités, situées dans ces parages, furent les témoins de ces diverses fortunes de la guerre (1).

Le 5 août 1427, une flotte anglaise de cent vingt voiles parut en vue de Chef-de-Baye, près La Rochelle. L'armée d'invasion qu'elle portait venait pour s'emparer de cette ville. Aussitôt les Rochelais s'imposèrent une taxe extraordinaire et se mirent en état de défense. Étienne Gilier, maire de la ville, prit la surintendance du commandement. Indépendamment de la milice urbaine, la cité menacée soudoya un corps d'auxiliaires. Cette armée de secours avait à sa tête Antoine de Clermont, gentilhomme du pays et seigneur de Surgères (2).

Durant quatorze jours, elle occupa les falaises, qui formaient vers l'Océan, les abords de La Rochelle. Dans le même temps, un hardi capitaine, appelé *Bernart de Karquaben* (3), Breton, se porta en mer, au-devant de l'ennemi. Il était monté sur un de ces navires armés pour la course, que les diverses marines du moyen âge désignaient sous le nom générique de *baleniers*, ou *ballengers* (4). Grâce à cette énergique attitude, l'ennemi se retira, le 19, après une vaine tentative, et Charles VII conserva le dernier port de mer qui restât à la monarchie (5).

(1) Le 8 mai 1427, procession générale ordonnée à Paris par le gouvernement anglais, afin que Pontorson ne tombe pas au pouvoir des Français. L. L. 414, f° 72. Pour les autres autorités, voy. ci-après p. 25, note 1.
(2) Près La Rochelle. Anselme et le cabinet des titres : *Clermont*.
(3) Kercabin, paroisse de Plouer, évêché de Tréguier. Voyez Guy-le-Borgne, *Armorial breton*, Rennes, 1681, in-4, p. 128.
(4) Jal, *Glossaire nautique. Archéologie navale*, 1840, in-8, t. II, p. 253 et suiv. au mot *ballener*.
(5) Ce grave épisode est demeuré inconnu de tous les historiens. Il a pour garant un document unique, mais authentique et original, provenant des comptes de la ville. Ms. Gaignières, 649, 5, pièce 47 et dernière. Voyez ci-dessus t. I, p. 347, note 3.

Le 26 décembre 1427, le régent duc de Bedford fit poser le siége devant Rambouillet (1).

La situation de la Champagne était pour les Anglais l'objet d'une sollicitude particulière. Sous la date du 3 février 1428, le duc de Bedford institua une sorte de haute commission gouvernementale, qu'il chargea spécialement d'avoir l'œil et la main sur les affaires de cette province. Cette commission était formée des hommes d'État et de guerre les plus habiles et les plus dévoués au régime anglais. Elle comptait dans son sein : Pierre Cauchon, évêque de Beauvais, président ; Jean de Luxembourg, Antoine de Vergy, Guillaume de Châtillon, Colard de Mailly et maître Jean Milet, notaire du roi et du régent, secrétaire (2).

« Le 20 mai 1428, le bailli de Troyes (pour les Anglais) avec les gens de sa compagnie et un grand nombre de Troyens, poursuivirent environ neuf cents combattants de cheval, enemys du roy (d'Angleterre) jusques au lieu de la rivière d'Yonne, vers Joigny, lesquels combattans avoient pillé la chastellenie d'Ervy. » Antoine de Vergy, comte de Dammartin, chevalier bourguignon, était alors gouverneur de Champagne (3).

---

(1) Catalogue Teulet, p. 378. Dans les lignes qui précèdent, nous avons tenté de débrouiller et de classer les événements, à cette époque la plus confuse du règne. Les faits militaires dont le théâtre vient d'être indiqué sont racontés plus en détail aux sources suivantes : Monstrelet, IV, 286, 288. Berry, 375. Montreuil, 237, 241, 248 à 254. J. Chartier et suites, I, 51 à 59 ; III, 194 et 200. Gruel, 365, 367 b. Bourdigné, II, 156. D. Morice, I, 501, 503. *Preuves*, II, 1166. Grafton, 572 à 574. Ms. fr. 4770, à la date du 9 avril 1428. Ms. Gaignières, 772, 1, p. 546. Ms. fr. 1081, *Chronique de Laval*, f° 1. Etc., etc.

(2) Ms. Fontanieu 115, à la date. Ms. 4805, s. fr., f° 154.

(3) Extrait des archives municipales de Troyes. Communication de M. Th. Boutiot.

Le 22 mai 1428, par l'entremise du duc de Savoie, les trêves furent renouvelées entre le duc de Bourgogne et le roi de France. Charles VII ratifia cette convention par lettres données à Loches en date du 22 juin. Le 25 mai, mardi de la pentecôte, les Français tentèrent de recouvrer la ville du Mans. Divers habitants, impatients de la domination anglaise, s'entendirent avec des capitaines du roi Charles, pour leur ouvrir les portes de la place. Guillaume d'Albret, sire d'Orval, et La Hire, prirent en main cette opération. Ils avaient pour compagnons les sires de Bueil, de Beaumanoir, de Tucé, de Saint-Aignan, Lavardin, Thouars; Roberton des Croix, et autres personnages de marque. Les gendarmes s'avancèrent le soir. Un feu, allumé par ceux de la ville qui partageaient le secret, parut en dehors du clocher de la cathédrale. C'était le signal convenu. L'évêque et le clergé adhéraient au mouvement (1).

Lord Talbot, gouverneur de la place, en ce moment se trouvait à Alençon. Les Français entrés au Mans s'en rendirent maîtres presque sans résistance. Mais les Anglais se retirèrent dans la tour de Ribendelle, près la porte Saint-Vincent, et s'y fortifièrent. Ils dépêchèrent aussitôt vers leur capitaine, pour lui mander ce qui se passait. Dans la nuit du 28 au 29, Talbot prit en toute hâte son chemin par La Guerche, accompagné d'un gros de forces. Mathieu Gough le précédait en éclaireur. Ce dernier arriva au Mans bien avant le jour. Les soldats d'Albret et de La Hire, avaient traité cette cité comme une ville gagnée : la garni-

---

(1) Ms. Fontanieu, 115. *Journal de Paris*, p. 675 *b*. Cousinot, ch. ccxxix. Bourdigné, t. II, p. 157. Grafton, p. 574.

son s'était endormie le 28 au soir dans l'orgie, avec une sécurité complète. Talbot, suivi de ses cavaliers, les surprit à son tour de grand matin. Réveillés en sursaut, les vainqueurs de la veille se défendirent mal et ne tardèrent pas à lâcher pied. Talbot, non content de poursuivre les combattants, fit exécuter à mort ceux des bourgeois qui avaient introduit les Français dans leurs murs. La ville du Mans retomba ainsi sous la domination de Henri VI (1).

Un témoignage contemporain, que nous devons encore citer, montrera dans quel état d'alarme les populations de la France étaient plongées sous les murs mêmes de la capitale. Jean de Fauquemberg, greffier civil du parlement, s'exprime ainsi dans son registre ou journal du conseil. Le 11 juin 1428, dit-il, « feste de Saint-Barnabé, vindrent en procession à l'église de Paris les povres laboureurs et habitants, femmes et petits enfants de Villejuifve et de quatre ou cinq villages voisins d'entour Paris; portans reliquiaires, croix et bannières d'église, moult dévotement, en la manière accoustumée; les autres portans ars, arbalestres, lances et bâtons de guerre, pour doubte des ennemis, qui continuellement couroient et s'embuschoient sur eulx pour les grever et destruire. Et ce jour yceulx habitans feirent, par les gens d'église estans en leur compagnie, dire une solempnelle messe de Nostre-Dame au grand autel de ladite église; et après fut dicte par les chanoines, chapellains et choriaulx d'icelle église la grand'messe de saint Barnabé, à la dévote prière desdits

---

(1) Les mêmes. Montreuil, ch. xxvii. J. Chartier, ch. xxx. Berry, p. 375.

habitans, qui exitèrent à grant dévocion ceulx qui véoient ladite procession ; tant que à peine les povoit-on regarder sans lacrymation (1). »

Le point où nous sommes parvenus marque le terme extrême de la période désastreuse, qui signala les premières années du règne de Charles VII. Jamais la France ne fut exposée à un plus imminent péril. Jusqu'alors, entre la frontière du nord et la Loire, quelques places avaient maintenu le drapeau de la dynastie nationale. Grâce à de vaillants défenseurs, la Meuse, notamment, servit jusque-là de rempart ou de fossé à son territoire. Cinq forteresses, situées sur cette ligne, ou comme des *ouvrages avancés* au sein de la Champagne, méritent une mention particulière. Ce furent, en partant du nord, les places de Mouzon, Beaumont-en-Argonne, Moymet (2), Passavant en Champagne et enfin, Vaucouleurs.

Moymet, comme on l'a dit, fut démoli avec les ressources coalisées des villes *bourguignonnes* de la Champagne. Passavant tenait encore au 10 septembre 1427, mais il ne tarda pas à tomber également au pouvoir de l'ennemi. Beaumont et Mouzon opposèrent une admirable résistance. Beaumont succomba en mai 1428. Les défenseurs de Mouzon convinrent avec Jean de Luxembourg d'une trêve qui s'étendit jusqu'au premier octobre. Dans ce délai, la gar-

---

(1) X. X. 1480, f° 404. *Journal de Paris*, p. 669 *b*. Voyez ci-dessus, t. I, p. 449, note 1.

(2) En 1814, ce même point de Moymet ou Montaymé a joué de nouveau un rôle historique, dans la mémorable campagne de Champagne.

nison devait obtenir de Charles VII un renfort, ou subir la loi du vainqueur (1).

Mouzon ne fut point secouru. Les Anglais pénétrèrent dans ces deux places : mais de véritables Français en sortirent. Préférant la misère et l'exil à la soumission, ils allèrent jusqu'à Liége, l'énergique cité, qui, elle aussi, avait, au commencement de ce siècle, combattu et souffert pour la liberté. Là, ils reçurent l'accueil secourable et sympathique dû à leur courage, ainsi qu'à leur infortune. Seul enfin, Vaucouleurs demeura intact au milieu du désastre général (2).

Ainsi, en 1428, au-dessus de la Loire, trois localités, situées aux trois points cardinaux d'un triangle, avaient seules inviolablement conservé le dépôt de la tradition nationale : Tournay au nord ; à l'ouest, le mont Saint-Michel, et à l'est, Vaucouleurs.

En ce moment, les querelles survenues entre les ducs de Bourgogne, de Glocester et Winchester, étaient assoupies ou terminées. Le duc de Bedford se voyait débarrassé des entraves qui précédemment avaient ainsi paralysé son activité. Vers la fin de juin 1428, le comte de Salisbury repassa la mer et vint de nouveau débarquer à Calais. Le parlement d'Angleterre lui avait accordé les subsides et les hommes nécessaires, en le chargeant d'achever, sous les ordres du régent, la conquête de la France (3).

(1) Monstrelet, éd. d'Arcq, liv. I, ch. LXXXIII ; liv. II, ch. XXXVII, p. 255 ; ch. XL, XLVII, LX, etc. Varin, *Archives de Reims*, t. VII, p. 676 à 732.
(2) Monstrelet, liv. II, ch. XLVII. Corn. Zantfliet, *Chronique de Liége*, *Amplissima collectio*, t. V, p. 500.
(3) Rymer, t. IV, part. IV, p. 135, 138. Stevenson, *Henri VI*, t. I, préface, p. lxi ; p. 403 et suiv. 1427, septembre 8, le duc de Bretagne et ses

Jean de Montaigu commandait une armée de six mille hommes, composée de noblesse anglaise et d'archers des bourgs, c'est-à-dire de troupes d'élite. Les recrues de France, prises dans les provinces qui obéissaient à Bedford, devaient un peu plus tard, porter ce nombre à dix mille. Aussitôt que Salisbury fut à Paris, le conseil anglais s'assembla et délibéra sur le sort de la France. La Loire était un Rubicon, que le régent avait résolu de franchir. Mais sur quel point devait s'opérer le passage? — Deux plans furent proposés (1).

Le premier, qui dominait dans la faveur ou l'esprit du régent, consistait à forcer ce fleuve, en s'emparant de la ville d'Angers. C'est de ce côté que s'était porté jusqu'ici le principal effort de la conquête. C'est là qu'en dernier lieu elle avait fait brèche de la manière la plus redoutable. Un autre plan consistait à marcher sur Orléans, la ville la plus forte qui restât à Charles VII, et le cœur du royaume.

Charles, duc d'Orléans, expiait dans une longue et dure captivité, les rigueurs de la fortune et les chances de la guerre. L'inexorable gouvernement anglais s'était toujours refusé à lui rendre à aucun prix sa liberté. Charles payait au roi d'Angleterre une forte somme annuelle, à titre de pension. Du sein de sa captivité, il avait entretenu avec le conseil de Henri VI, tant en son propre nom

---

barons acquiescent par serment au traité de Troyes. X. X. 8594, *Ordonnances barbines*, f°s 1 et suiv. 1428, juin 26, Ambassade de Charles VII au roi de Castille. Il lui demande des navires pour combattre le duc de Bretagne qui venait de se déclarer Anglais. Ms. Bal. lat. 6024, f° 23. Communication de M. Boutaric. Voy. ci-dessus, t. I, p. 481.

(1) Monstrelet, *ibid.*, ch. xlvii. Beaurepaire, *Administration*, p. 55.

que pour les affaires de la France, des négociations actives et suivies. Un traité formel et spécial avait été conclu à Blois, les 16 et 17 juillet de l'année précédente, entre Jean, bâtard d'Orléans pour le duc Charles, et le gouvernement anglais, représenté par le comte de Suffolk et le régent. Aux termes de ce traité, les domaines de Charles d'Orléans devaient être respectés, et exceptés de la guerre que les Anglais poursuivaient contre Charles VII. Le comte de Salisbury lui-même, avant de quitter l'Angleterre, avait pris le même engagement vis-à-vis du prince captif (1).

L'opinion publique, en effet, et les lois de l'honneur, autorité plus haute encore que les traités, défendaient au vainqueur d'attaquer dans ses États, un vaincu absent et prisonnier. Ces puissantes considérations ne prévalurent pas dans le conseil d'Angleterre. Le second programme fut adopté. Jean, duc de Bedford, commença par s'assurer de la Champagne, où la cause de Charles VII comptait encore quelques défenseurs. Il envoya dans cette province et mit de nouveau en mouvement la commission dont nous avons parlé ci-dessus. Les commissaires avaient pour instruction spéciale de dissoudre, par tous les moyens, ces dernières résistances, et d'obtenir au moins le concours pécuniaire de la province (2).

De son côté, le comte de Salisbury se porta d'abord à Nogent-le-Roi et s'en empara; puis à Chartres. Dans cette

(1) A. Champollion, *Louis et Charles d'Orléans*, p. 321 et *passim*. Ms. Gaignières 894, f° 45. Montreuil, p. 256, 269, 270.

(2) Le pape Pie II, dans ses mémoires, porte ce jugement sur l'invasion de l'Orléanais : « Id verè nobiles detestati sunt; tanquàm degeneris animi sit, ejus viri arces oppugnare, cujus corpus in potestate habeas; » p. 154. Ms, 4805, s. fr., f° 154. Ms. 9436, A, 3. Beaurepaire, *États*, p. 30 à 34.

ville, anglo-bourguignonne, se trouvait prisonnier de guerre, M⁰ Jean des Bouillons, astrologien, natif de Meung-sur-Loire : Salisbury le consulta. Maître Jean, dit-on, osa reprocher au comte anglais d'envahir l'héritage du roi Charles et surtout les domaines du prisonnier. L'astrologue prédit au comte qu'il mourrait devant Orléans, lui et les siens. Jean de Salisbury n'en continua pas moins sa marche, qui fut signalée par une suite de succès. Le Puiset, Rochefort et Châteauneuf-en-Thimerais, Marcheville, Patay, Béthencourt, Rouvray-Saint-Denis, Intreville, Thoury, Janville, etc., tombèrent, coup sur coup, au pouvoir de l'ennemi. Le 5 septembre 1428, Salisbury était maître de Meung-sur-Loire. Ce même jour, il écrivit, de Janville, à la commune de Londres, pour se glorifier de ses victoires et pour se recommander à la puissante cité. Il joignit à sa lettre une liste de quarante villes, châteaux ou forteresses qui, sur sa route, avaient reconnu sa puissance (1).

Un mois plus tard, Baugency, Marchenoir, Notre-Dame-de-Cléry, Gergeau, Sully, La Ferté-Hubert, Château-Neuf, Saint-Benoit-sur-Loire, Montpipeau, La Ferté-de-Gaules, Pluviers en Gâtinais avaient ouvert leurs portes. La Beauce, le Gâtinais, soumis au vainqueur, découvraient Orléans. L'avant-garde du comte de Salisbury s'empara le 7 octobre, d'Olivet, faubourg d'Orléans. Enfin le 12 oc-

(1) Raoulet, p. 197. *Chronique de Normandie*, f° 181, v°. Charles VII fit racheter M⁰ des Bouillons et le prit à son service. Ms. 7487, f° 148, v°. Cousinot, p. 203 et suiv. Montreuil, p. 255 et suiv. Saint-Remi, p. 487 et suiv. *Journal de Paris*, p. 676. Gaignières, Ms. 772, 1, p. 548. Beaurepaire, *Administration*, p. 55. Delpit, *Documents anglais*, p. 236; là se trouve cette liste de quarante noms, précieuse pour la géographie du quinzième siècle.

tobre 1428, le mémorable siége d'Orléans fut posé par les Anglais (1).

Un vieux et expérimenté chevalier, Raoul de Gaucourt, prisonnier des Anglais au siége d'Harfleur, depuis 1417, ami du duc Louis d'Orléans et tout récemment libéré, commandait la place comme gouverneur. Jean, bâtard d'Orléans, très-jeune encore, l'assistait pour défendre cette ville. Dès le premier jour, l'attitude et la conduite de la population furent héroïques. Une faible garnison, d'environ quatre à cinq cents hommes, composait dans le principe toute la force effective de ce poste militaire. La ville était principalement peuplée de bourgeois et d'étudiants en l'université ès lois d'Orléans. Les habitants des communes suburbaines ne tardèrent pas à se réfugier au sein de la cité assiégée (2).

L'antique ville d'Orléans s'étendait alors en forme de carré long, parallèlement à la rive de la Loire. Un pont de dix-sept arches traversait le fleuve, et se terminait sur la rive gauche, par un gros pavillon. Cet ouvrage, flanqué de deux tours, fut appelé, de là, le château ou bastille des *tourelles* ou *tournelles*. Dès le principe, les Orléanais rasèrent leurs faubourgs, qui faisaient l'orgueil

---

(1) Monstrelet. Cousinot. Monstreuil. *Journal de Paris*. Suites à J. Chartier, t. III, p. 208. Berry, p. 375. *États*, p. 34, etc. Le 18 septembre 1428, le roi, à Chinon, ordonne de réparer les fortifications d'Aigues-Mortes. D. Vaissette, livre XXXIV, ch. xxxv. Les états généraux, réunis à Chinon du 1er au 10 octobre, votent une aide de 500 mille livres. *Ibid.* Ms. Fontanieu 115, à la date du 12 novembre 1428.

(2) Les mêmes. Quicherat, *Histoire du siége d'Orléans*, 1854, in-16. L'effectif, en hommes, de la défense, s'augmenta successivement et la proportion numérique des parties belligérantes éprouva diverses modifications. Sur ce sujet on peut consulter, comme renseignement à éclaircir, les extraits publiés dans le *Bulletin du bouquiniste*, 1861, p. 20 et suiv.

de la ville et l'admiration de l'époque, par ses riches et nombreux édifices. Tous ces biens furent généreusement sacrifiés pour voir l'ennemi en face et pour assurer la défense. Les Anglais s'avançaient par la Sologne. En avant de la tête de pont, du côté d'Olivet, un boulevard ou retranchement bastionné fut élevé avec de la terre et des fascines(1).

Un premier engagement eut lieu, sur ce point, le 21 octobre. L'étroit espace du boulevard fut encombré de défenseurs de tout âge et de toute condition, qui se disputèrent l'honneur de recevoir les assiégeants. Les femmes, dans ce glorieux prélude, se distinguèrent, dès lors, par leur intrépidité. Mêlées aux hommes, elles apportaient des pierres, de la poix, des graisses qu'elles faisaient fondre et qu'elles jetaient sur la tête des assiégeants. On en vit, la lance à la main, repousser des Anglais dans le fossé. Oubliant la timidité de leur sexe, elles donnaient l'exemple aux soldats, qu'elles électrisaient. Après quatre heures d'un assaut impuissant, les Anglais se retirèrent et eurent recours à la mine (2).

Les Orléanais contre-minèrent pendant quelque temps ; puis ils abandonnèrent le boulevard et se replièrent sur le château, ou tête de pont des Tourelles. Le 24 octobre, cet ouvrage, battu presque à bout portant par des boulets qui pesaient quatre-vingts et jusqu'à cent seize livres,

(1) Les mêmes. Quicherat, p. 7. Pour suivre clairement et en détail les opérations militaires, on peut consulter avec fruit : Kausler, *Atlas des batailles* (en français et en allemand). Stuttgard, 1831, grand in-folio, texte in-4, p. 92, pl. XXIV, et l'*Histoire du siége d'Orléans*, par M. Jollois. 1834, gr. in-4, fig.

(2) *Journal du siége*, dans Quicherat, *Procès*, t. IV, p. 96 et suiv. Montreuil, p. 261.

fut démantelé. La défense, alors, coupa deux arches du pont et recula sur la troisième, après avoir établi en ce point un tablier mobile et un nouveau boulevard. Ce même jour, vers le soir, le comte de Salisbury, placé dans le château des Tourelles à une fenêtre, observait la ville. Entouré de quelques officiers, il étudiait les moyens de s'emparer de la cité, qui offrait à ses espérances cette proie assurée et prochaine. Tout à coup, un boulet de canon, tiré de la ville, traverse l'espace. L'artillerie des assiégés, en ce moment, avait cessé l'action. Mais un inconnu, quelque écolier, dit-on, trouvant sur son passage cette pièce chargée, y porta le feu encore allumé. Le coup part; Jean de Salisbury voit la lumière et se détourne. Mais ce fut en vain : le boulet de pierre vint briser l'angle de la muraille, qui frappa le comte au visage. L'un de ses compagnons fut tué à ses côtés du même coup. L'éclat de muraille avait enlevé au chef anglais l'œil et une partie du visage. On l'emporta secrètement jusqu'à Meung, où il expira le 3 novembre (1).

Le comte de Salisbury, commandant supérieur du siége, était le plus renommé capitaine des Anglais. Sa perte causa parmi ces derniers une profonde impression. Le duc de Bedford, à cette nouvelle, donna pour successeur à Salisbury le comte de Suffolk, avec les lords Scales et Talbot, comme lieutenants. Il envoya en même temps de nouvelles forces, qui portèrent le nombre des assiégeants à dix mille. Le duc commençait à s'alarmer de la tournure

---

(1) Les mêmes. *Chronique de Normandie*, f° 182, v°. *Journal du siége*, p. 100. *Chronique de Wyrcester*, p. 455. Dugdale, *Baronagium*, t. I, . 53.

que prenaient les événements. Le conseil d'Angleterre, convoqué à Mantes, se tenait comme en permanence. Bedford, le 10 novembre, quitta Paris et vint s'établir à Mantes, puis à Chartres, afin de suivre de plus près le siége d'Orléans (1).

Ces nouveaux chefs préposés au siége reçurent ordre de pousser les opérations, avec la plus grande activité. Salisbury n'avait opéré que d'un côté l'attaque de la ville : un nouveau plan fut élaboré par les assiégeants. Le 30 décembre, ayant franchi la Loire à Meung, ils revinrent attaquer la place, en se postant devant les abords de la rive droite. Cependant la ville n'était encore ceinte que sur les deux tiers de son périmètre. Cinq semaines se passèrent en escarmouches et en vicissitudes. Le gouvernement de Charles VII avait expédié successivement quelques renforts. La célèbre journée *des harengs* eut lieu le 12 février 1429 (2).

A force d'instances, les Orléanais avaient obtenu que

---

(1) *Administration*, p. 10. *Journal de Paris*, p. 676 *b*. Bedford écrivait, à peu de temps de là : « Alle thing there prospered... till the tyme of the siege of Orleans, *taken in hand God knoweth by what advis!* » (Rymer, t. IV, partie IV, p. 141.) Voyez ci-dessus, page 30, 2e alinéa. — Quittance du 13 novembre 1428 : « Par devant moy, Jehan Milet, notaire et secrétaire du roy N. S. est aujourd'hui venu et comparu en sa personne *Maine*, le hérault, lequel a confessé avoir eu et receu de P. Surreau, receveur général de Normandie, la somme de 12 livres tournois pour ung voiage à lui ordonné présentement et hastivement faire, de cette ville de Mantes, au siége devant Orléans, porter lettres closes de M. le régent le royaume de France, duc de Bedfort, à M. le comte de Suffolk; de laquelle somme, etc. — *Milet*. » (Cabinet des titres, dossier *Milet*.)

(2) Montreuil, p. 225. Quicherat, *Siége*, p. 14, etc. Quittance de W. Glasdale, datée *de la bastide du bout du pont* ou des Tourelles. Il reconnaît avoir reçu 843 livres tournois pour 30 lances et 80 archers de sa retenue, servant au siége depuis le 19 novembre. (British Museum, *Additionnal charters*, n° 3636 ; communiqué par le R. J. Stevenson.)

le roi envoyât à leur secours quelque noblesse d'Auvergne, sous la conduite de Charles de Bourbon, comte de Clermont. Ces auxiliaires devaient attaquer les Anglais à l'extérieur du siége et délivrer la ville. En ce moment, les Français furent informés qu'un convoi de vivres de carême allait être expédié de Paris, avec des renforts, aux assiégeants. Du 6 au 8 février, Philippe le Bon vint à Paris, toujours circonvenu par les caresses de Bedford. Violant d'une manière au moins indirecte les trêves qu'il avait jurées, il souffrit que des troupes bourguignonnes prissent part au siége d'Orléans. Le convoi, escorté d'environ deux mille soldats, partit le 9 février. Il était conduit par Falstalf et par un Beauceron de Chartres, Français renié, nommé Simon Morhier, prévôt de Paris pour les Anglais (1).

Instruits de cette entreprise, les défenseurs d'Orléans, de concert avec le comte de Clermont, résolurent de se porter préalablement à la rencontre du convoi.

Quinze cents hommes environ, sous les ordres du bâtard, se détachèrent de la garnison et s'avancèrent au-devant de Falstalf. De son côté, le comte de Clermont partit de Blois, dans la même direction, à la tête de 3 à 4 mille soldats. Les Orléanais et les Auvergnats se rencontrèrent près de Rouvray-Saint-Denis, en vue du convoi, qui sortait d'Angerville. Les deux corps auraient dû immédiatement opérer leur réunion et fondre ensemble sur les Anglais, pendant que ces derniers étaient en marche.

(1) Les mêmes. Dom Plancher, t. IV, p. 127. Monstrelet, ch. LVI. *Journal de Paris*, p. 677. Biographie Didot : *Morhier* (Simon). *Mémoires de la Société des antiquaires de France*, t. XXV ; notice sur S. Morhier.

Le comte de Clermont, arrêté à Rouvray sans utilité, donna ordre aux Orléanais de l'attendre. Falstalf employa ce temps précieux à construire, autour de lui, de formidables retranchements, formés par les charrettes du convoi et par ces pieux aigus, dont les Anglais se servaient habituellement pour cet usage (1).

Des Écossais faisaient partie du détachement qu'avait envoyé la ville assiégée. Impatients de combattre et fatigués de cette absurde expectative, ils attaquèrent le convoi fortifié, avant que le comte de Clermont eût rallié l'autre corps. Les troupes engagées furent cruellement battues, et les Auvergnats arrivèrent pour être les témoins insensibles de cette déroute. Le comte de Clermont et ses hommes tournèrent bride vers Orléans, sans combattre. Le connétable d'Écosse, Guillaume d'Albret, sire d'Orval, Jean de Lesgot, célèbre chevalier gascon, et quatre cents hommes d'armes périrent dans cette bataille. Falstalf, triomphant, amena devant les Français le convoi et le renfort destinés aux assiégeants. Le comte de Clermont, après s'être excusé par de belles paroles et avoir pris de pompeux engagements pour l'avenir, quitta la ville avec ses hommes et disparut, abandonnant les Orléanais dans cette détresse. Les Anglais complétèrent l'investissement de la place (2).

Alors le désespoir s'empara des assiégés. Une députation partit de ses murs et fut conduite par Poton de Saintrailles auprès de Jean de Luxembourg et de Philippe le Bon. Les envoyés devaient implorer la pitié du duc

---

(1) Les mêmes. Cagny, ch. LXXXVI. Holinshed, *History of England*, 1574, in-folio, t. II, p. 599.

(2) Les mêmes. Montreuil, p. 270. Le 22 février 1429, procession générale à Paris pour la victoire des *harengs*. (Sarrasin, L. L. 414, f° 76.)

de Bourgogne et demander son intervention miséricordieuse auprès du régent d'Angleterre (1).

Ceci se passait vers les derniers jours de février 1429. A cette époque, Charles VII habitait le château de Chinon. Une tradition rapporte que, durant le siége d'Orléans, La Hire étant allé trouver le roi dans ce château, pour lui demander du secours en ce péril extrême, le trouva *répétant un ballet!* Nous ne saurions, il est vrai, en remontant au delà du seizième siècle, montrer la source historique et authentique de ce dicton. Cette tradition, toutefois, ne s'accorde que trop avec les notions historiques les plus positives, qui nous sont parvenues sur l'état moral où végétait encore, à cette époque, le roi de France (2).

Cependant, quelque zèle que missent les favoris du prince à maintenir sur ses yeux ce bandeau, tissu de soie et de plaisirs, ils ne pouvaient soustraire absolument ses sens à la triste lumière de la réalité. Régnier de Bouligny, receveur général, possédait en tout, dans le trésor royal, tant au compte du roi que de ses propres deniers, la somme de quatre écus. Charles VII avait consacré au siége d'Orléans, ses dernières ressources et sa dernière espérance. Le régent Bedford, de son côté, laissait deviner les plus sérieuses alarmes. Pour tenter cet effort, l'Angleterre s'était imposé des sacrifices extrêmes. Le siége d'Orléans coûtait aux Anglais mensuellement quarante mille livres. Or, les trésoriers du roi *de France et d'Angleterre*, à Paris, comme à Londres, étaient également aux abois (3).

(1) Les mêmes. Dutillet, *Recueil des traités*, etc., p. 221.
(2) *Itinéraire*. Ms. s. fr. 4805, qui cite Baptista Egnatius. Biographie Didot, article *La Hire*. Voyez note (*A*) à la fin du présent chapitre.
(3) Quicherat, *Procès*, t. III, p. 85. Monstrelet, p. 52, 55. Ms. de D. de

A ce coup de dés, appartenait la fortune de deux couronnes. Des deux parts, l'enjeu final était engagé. Vaincu devant Orléans, il n'y avait plus de France pour Bedford ; car celui-ci ne pouvait tenir le pays conquis précédemment, qu'en poursuivant et en achevant la conquête. Vaincu dans Orléans, il n'y avait plus de France pour Charles VII. Déjà, antérieurement, il avait fixé ses yeux sur La Rochelle, résolu à s'embarquer dans ce port et à chercher un asile en Écosse. Déjà ses ambassadeurs étaient partis auprès de Don Juan, roi de Castille et de Léon, pour implorer de lui, au nom de Charles VII, son allié, un autre coin de terre, où il pût vivre en sûreté (1).

Le 1er novembre 1428, jour de la Toussaint, Charles VII célébrait cette fête en sa chapelle royale de Loches. Il venait d'apprendre que les Anglais assiégeaient Orléans. Écrasé par la main divine et voyant approcher quelque finale adversité, il s'examina, devant Dieu, dans le secret de la prière et de la pénitence. Un doute horrible, infamant, troublait sa conscience. La honte de sa mère Isabeau, le déshonneur de la royale épouse, pesait sur le cœur de ce prince. Charles fit cette oraison mentale : il demanda au Tout-Puissant que, s'il était bien le *légitime* héritier du trône de France, le Dieu de saint Charlemagne et de saint

---

Vic, n° 89, p. 70. Beaurepaire, *Administration*, p. 10, 21, 48 et suiv. *États*, p. 37. Le 3 mars 1429, ordonnance du roi « d'Angleterre et de France, » qui soumet à un emprunt forcé tous ses officiers pour contribuer au siége d'Orléans. Ms. Fontanieu 115, à la date.

(1) Ci-dessus, t. I, p. 485, note 1, et t. II, p. 29-30, fin de la note 3. Quicherat, *Procès*, t. IV, p. 127, 509 ; t. V, p. 340. Basin, t. I, p. 4. L'Angleterre, de son côté, négociait avec le roi de Castille. Voyez, à la date du 15 février 1429, *Proceedings and ordinances of the privy council of England*, t. III, p. 319.

Louis se manifestât enfin clairement en sa faveur (1).

La cause qui se plaidait dans cette prière n'était point seulement celle d'un fils de roi, c'était la cause d'une nation, la cause de la France. De merveilleux événements allaient s'accomplir. Ils se rattachent, au moins chronologiquement, à ce monologue, qui agita le timide Charles VII au fond de son oratoire.

(1) Quicherat. *procès*, t. IV, p. 258.
(A) *Sur l'indolence de Charles VII à l'époque du siége d'Orléans.* (Voyez ci-dessus, p. 39, note 2.) — L'extrait suivant de la chambre des comptes, entre autres témoignages analogues, n'est point inconciliable avec cette anecdote traditionnelle. « A Estienne de Vignolles, dit La Hire, la somme de cent escus d'or... à Chinon au mois de novembre 1428, pour deffrayer luy et aucuns autres gentilshommes qu'il avait amenés en sa compagnie, de la ville d'Orléans audit lieu de Chinon, pour remonstrer et faire savoir l'estat de ladite ville et d'aucunes places et forteresses d'environ ; des frais et despens que ou dit voyage faire leur avoit convenu, tant en venant par devers ledit seigneur, comme séjournant, en attendant son bon plaisir et ordonnance sur les choses à luy de leur part dites et remonstrées... et aussi en retournant audit lieu d'Orléans. » (Ms. s. fr. 2342, f° 42.)

LIVRE IV

JEANNE DARC (1429-1431)

CHAPITRE I

Carrière de Jeanne Darc. Depuis sa naissance jusqu'à la levée du siége d'Orléans (6 janvier 1412-8 mai 1429).

L'historien qui accomplit le pèlerinage de Domremy-la-Pucelle, trouve en quelque sorte dans les communications de la nature, le commentaire du personnage. C'est un riant vallon, où la Meuse s'écoule. Les dernières pentes des Vosges, viennent s'y adoucir et mourir. Par d'imposants couchers du soleil d'automne, ces collines ont des échos harmonieux, pour la trompe des pâtres, qui, le soir, s'y fait encore entendre.

Cette terre, au quinzième siècle, formait l'extrémité orientale de la France et de la Champagne. En 1328, cent ans avant le siége d'Orléans, elle avait été réunie, avec l'ensemble de cette province, au domaine propre de la couronne.

Le sentiment patriotique ou national semble avoir son siége principal au centre des États. Là, il puise immédiatement au cœur ses premiers éléments de vie. Parfois, cependant, c'est aux extrémités que l'on sent battre, pour aussi dire, ses plus énergiques pulsations.

Tel fut politiquement le berceau de Jeanne Darc. Ici,

dans la contrée qui la vit naître, la France, du côté de l'orient, commençait avec cette vallée de mœurs et d'un parler plus doux. A quelque distance, au sud, c'était le duché ou la comté de Bourgogne. A l'est et au nord, se dressaient l'Alsace et la Lorraine, c'est-à-dire l'Empire et l'Allemagne. Comme pour rendre cette opposition, par le rapprochement, plus sensible, le village même (1) où naquit la Pucelle était mi-parti. Ainsi, la chaumière natale de Jeanne relevait directement du royaume et faisait partie de la prévôté d'Andelot, bailliage de Chaumont en Bassigny. Puis, à deux pas de là, d'autres chaumières et d'autres habitants de la même paroisse appartenaient au duché de Bar et à la Lorraine. Ici, le génie de la France devait apparaître dans l'histoire et se personnifier sous les traits de cette jeune fille.

Parmi les habitants de ce village, il y avait une famille composée du père, de la mère et successivement de cinq enfants : trois frères et deux sœurs. Le père s'appelait Jacques ou Jacob, et, en y joignant son surnom (genre de désignation, qui, même pour les gens de la campagne, commençait à se répandre) : Jacques Darc. La mère, native de Vouton, hameau voisin, s'appelait Isabelle ou Zabillet Romée. Jeanne, l'aînée des deux filles, naquit en ce lieu, dans la nuit de l'Épiphanie, le 6 janvier 1412 (2).

(1) Domremy et Greux (annexe), aujourd'hui canton de Coussey, arrondissement d'Épinal, Vosges.
(2) Les autorités sur lesquelles se fonde tout le commencement de ce chapitre sont réunies dans le mémoire intitulé : *Nouvelles recherches sur la famille*, etc., *de Jeanne Darc*. 1854, in-8. *Romée* au féminin, ou, dans le midi et au masculin, *Romieu*, signifiait : qui a fait le grand pèlerinage, qui a été à *Rome*. Isabelle s'appelait ainsi héréditairement.

A cette époque, le droit reconnaissait trois classes de personnes : 1° les *nobles*, 2° les *francs* ou *libres*, 3° les *non-libres*. Un acte irrécusable déclare que les parents de Jeanne n'étaient point *nobles;* il ajoute que « peut-être même sont-ils de condition autre que libre. » Le servage, en effet, dans ces contrées, touchait à sa période la plus atténuée. C'est pourquoi des nuances inappréciables (même pour les juristes), distinguaient seules, entre eux, les hommes ou les âmes de deuxième et de troisième catégories. Depuis le dix-septième siècle, des descendants de cette famille, ou des érudits, ont tenté de remonter, au delà du père et de la mère de la Pucelle, le cours de cette généalogie. De vaines conjectures ont été l'unique résultat de ces recherches. Jeanne, comme tous les individus réellement grands dans l'humanité, commence et finit à elle-même.

Une seule circonstance digne d'être notée se rapporte à sa naissance. Les registres de l'état civil, alors, n'étaient point encore en usage. Pour l'âge et la filiation des personnes, la preuve testimoniale suppléait à la preuve légale par écrit. Le prêtre qui avait baptisé l'enfant, la sage-femme, la nourrice, les *parrains* et *marraines* surtout, devaient conserver dans leur souvenir et administrer, au besoin, cette preuve. Aussi les parrains et marraines étaient-ils, pour chaque nouveau-né, plus nombreux que de nos jours. Jeanne, sur la désignation de sa mère, honora au moins huit femmes, ou compatriotes, du titre de *marraines*. Comme si l'histoire, afin de garantir l'authenticité de cette naissance, avait pris dès lors le soin d'en multiplier les preuves ou témoignages !

Les parents de la Pucelle, au dire de l'un de ses plus anciens historiens, « étoient de fort gens de bien, craignant et aimant Dieu, mais qui avoient peu de moyens et vivoient d'un peu de labourage et de bestial qu'ils nourrissoient. » Les calamités du temps et sept personnes à faire vivre ne les rendaient pas *bien riches* (1). Jeanne apprit le *Pater*, l'*Ave*, le *Credo*, et ne sut jamais « ni *a* ni *b* ». On lui montra encore à filer et à coudre. Toute jeune, elle fut employée à conduire aux champs les brebis de ses parents. Elle gardait aussi et à tour de rôle, pour son père, le troupeau de la commune. Le reste du temps, elle s'occupait aux travaux du ménage (2).

Chacun l'appelait Jeannette, dans son village, et jusqu'à son départ elle ne porta point d'autre nom. La chaumière paternelle était située près de l'église. De là se voyait, à peu de distance, la *Fontaine des groseilliers* sur le coteau. Cette source recevait l'ombrage d'un hêtre archiséculaire, objet de traditions romanesques et immémoriales, appelé l'*Arbre aux fées*. Plus loin s'étendait le *Bois chesnu* ou des chênes. Tous les ans, le dimanche de *Lætare*, quatrième du carême, la jeunesse allait y manger des gâteaux, que les mères préparaient. On chantait, on dansait autour de l'arbre ancien, couronné, ce jour-là, de fleurs et de guirlandes. Jeanne se rendait, avec les autres jeune filles, à ces solennités. Mais elle n'était pas *danseuse* : bonne du reste et bien aimée de toutes et de tous (3).

(1) *Non multum divites*. Quicherat, *Procès*, t. II, p. 385 et suiv. Ce recueil est la principale source qui nous sert d'autorité pour toute la partie connue de la carrière de Jeanne.

(2) *Procès*, t. III, p. 74. A Rouen, Jeanne, interrogée sur ce chapitre, répondit que pour ce qui est de coudre et de filer, elle ne *craignait* aucune dame de cette grande ville ; quant à avoir gardé les bestiaux, elle dit qu'elle *ne s'en souvenait plus*. — (3) *Procès*, t. II, p. 391 et suiv.

On la voyait réfléchir ; elle aimait la solitude et tenait parfois ses yeux comme cloués vers le ciel. La foi du christianisme, sa poésie, furent la source où se désaltéra sa jeune âme. Elle montra de bonne heure une piété avide. L'iconographie des saints peupla de divins hôtes un empyrée plein, disait-elle, de suaves senteurs ; un monde enchanté, qu'elle portait en elle. Jeanne fréquentait assidûment l'église, se confessait et communiait souvent ; mais elle rougissait avec bonne grâce, lorsque ses amies la taxaient d'être *trop dévote*. Il y avait auprès de Domremy un oratoire, l'ermitage de Notre-Dame de Beaumont, où elle aimait à s'écarter, emmenant avec elle sa jeune sœur. Le son des cloches lui causait une joie infinie. Pour stimuler le zèle, parfois négligent, du marguillier chargé de sonner celle de la paroisse, elle le subventionnait de ses caresses enfantines, accompagnées de petits présents (1).

La guerre civile épargna cette contrée jusqu'au mariage de René, qui devint duc de Bar ; mais, en 1421, elle y pénétra : Jeanne avait alors neuf ans. Les Anglo-Bourguignons, conduits par le comte de Saint-Pol, arrivèrent jusqu'à Gondrecourt, à trois lieues de Domremy. Ils s'emparaient des châteaux, mettant les villages à feu et à sang. Domremy ressortissait militairement à la châtellenie de Vaucouleurs. Il demeura constamment français : ce petit village, lui aussi, devait être un canton sacré de la patrie. Mais la lutte et la division régnaient dans la contrée. Domremy était *armagnac*, tandis que Maxey, village tout proche, était *bourguignon*. Dans les rixes fréquentes qui éclataient entre les deux communes, Jeanne vit sou-

(1) *Procès*, t. I, p. 186 ; t. II, p. 413, etc.

vent, avec larmes, revenir, sanglants et meurtris, les jeunes garçons de sa paroisse (1).

De 1424 à 1428, diverses alarmes, éclatant coup sur coup, signalèrent l'invasion des gendarmes ennemis. Les habitants furent contraints de se réfugier, tantôt au château de l'Ile comprise dans le village, entre deux bras de la Meuse, et tantôt à celui de Neuchâteau. Ils trouvèrent au retour leurs demeures dévastées par le pillage et l'incendie. Toutes ces circonstances exaltèrent progressivement l'âme rêveuse et tendre de la jeune enfant. Elle se dit, dans son cœur, que Dieu ne voulait pas la perpétuité de ces désastres. Peu à peu, dessein candide et sublime! elle conçut l'ambition de devenir elle-même le ministre ou l'instrument de la divine justice (2).

A l'âge de treize ans, pendant l'été de 1425, Jeanne se trouvait au jardin de son père. Elle entendit une voix, accompagnée d'une grande clarté, qui l'appelait, à droite, du côté de l'église. Bientôt, elle reconnut dans cette voix celle d'un ange, qui lui prescrivait d'être bonne, pieuse, et d'aller *en France* pour délivrer le royaume. Cette époque marquait l'âge de formation de la jeune fille, et correspondit aussi avec quelque recrudescence des hostilités. En effet, à peu de temps de là, Robert de Baudricourt, capitaine de Vaucouleurs, et le maréchal de Bourgogne, signaient ensemble une de ces courtes trêves qui servaient aux partis à reprendre haleine entre deux campagnes (3).

(1) Ci-dessus, t. I, p. 272, note 1. *Procès*, t. I, 66.
(2) *Procès*, t. I, p. 51, 214, etc.
(3) *Ibid.*, D. Plancher, t. IV, p. lv et lvj des *Preuves*, convention du 18 mars 1426.

Ces apparitions se renouvelèrent, de plus en plus nettes et fréquentes, et s'emparèrent absolument de ses facultés. Dès ce moment, elle devint songeuse, concentrée, absorbée dans son unique préoccupation, qu'elle laissait, par instants, déborder, en quelque sorte, à travers les fissures de son âme. Enfin, ainsi qu'elle le dit plus tard, elle *ne pouvait plus durer* et le temps lui pesa *comme à une femme enceinte*. Son père, homme simple, accueillit ses ouvertures, d'abord timides, avec une inquiétude, qu'il finit par exprimer sur le ton de l'autorité, puis de la colère (1).

Il rêva, la nuit, que sa fille suivait en France les gendarmes du roi. Dès lors il retint Jeanne sous une étroite discipline et dit à ses fils : « Si je savois que votre sœur partît, je voudrois que la noyassiez, et, si vous ne le faisiez, je la noyeroie moy-mesme. » Jeanne se soumit à tout pour temporiser. Mais elle tenta de se conquérir l'intervention de son oncle, nommé Laxart, qui habitait un village voisin. La femme de Laxart était en couche. Jeanne se fit demander. Elle obtint le consentement de ses parents pour se rendre auprès de sa tante et l'assister. Arrivée là, elle sut persuader à son oncle de se rendre en parlementaire auprès du bailli-capitaine (2) ; disant qu'elle voulait aller vers le roi, lui porter secours.

Baudricourt répondit à l'envoyé qu'il donnât à Jeanne de bons soufflets et de la ramener à ses parents (3).

---

(1) *Procès*, t. I, p. 132, etc.
(2) Chaumont, chef-lieu du bailliage, était au pouvoir de Bedford. Jean de Torcenay y remplissait le siége du bailliage pour Henri VI. Robert de Baudricourt cumulait avec la capitainerie de Vaucouleurs la charge de bailli de Chaumont pour Charles VII. *Procès*, t. II, p. 411 ; t. IV, p. 326.
(3) *Ibid.*, p. 436, etc.

Ces derniers voulurent aussi, vis-à-vis de leur fille, déjouer par stratagème, le destin, qui était écrit. Un jeune homme avait recherché Jeanne par amour. D'intelligence avec la famille de Jeanne, ce jeune homme cita devant l'official de Toul sa fiancée, ou prétendue telle. Affirmant qu'il avait d'elle parole de mariage, il la somma de l'accomplir. Mais Jeanne se présenta devant le juge d'église, expliqua qu'elle n'avait rien promis, plaida son procès, et le gagna. Deux fois, elle s'échappa de nouveau, arriva jusqu'au capitaine et le fatigua vainement de ses interpellations (1).

Cependant, la force prodigieuse que portait en elle la sublime enfant, peu à peu, faisait expansion.

Cette crise du quinzième siècle était de celles qui ouvrent aux esprits les plus durs les portes de l'extraordinaire et du merveilleux. De vagues prophéties couraient le peuple, qui chaque jour les interprétait avec plus de précision. Les poëtes faisaient entendre leur voix. Robert Blondel, dans la *complainte des bons Français*, invoquait, après tant de larmes, l'ange de la victoire et le montrait à la France, sous les traits d'une vierge pudique et tutélaire. Des pronostics, accrédités sous le nom celtique de Merlin, annonçaient que, des marches de Lorraine, proche du *Bois chesnu,* sortirait une jeune fille qui subjuguerait les *archers bretons* (2).

La dernière invasion de Domremy, suivie de l'émigration à Neuchâteau, eut lieu en juillet 1428. Antoine de Vergy commandait cette invasion. Membre de la commission

---

(1) *Procès,* t. I, p. 128, 215, etc.
(2) *Ibid.,* t. I, 68, 213 ; t. III, 341, 429 ; t. IV, 481.

que présidait Cauchon, il fut chargé, par lettres du 22 juin, enregistrées le 1ᵉʳ juillet au bureau des comptes, de « mettre sous son obéissance les ville et châtellenie de Vaucouleurs et autres places environ. » Ce mouvement, comme on sait, fut le prélude de l'expédition contre l'Orléanais. Lorsque le siége d'Orléans fut connu à Domremy, cette nouvelle y causa une consternation extrême et mit le comble à l'enthousiaste exaltation de Jeanne (1).

Au mois de février 1429, instruite de la bataille des Harengs, elle retourna une troisième fois à Vaucouleurs. C'était l'époque du carême. Jeanne dit à Baudricourt qu'il fallait impérieusement qu'elle partît « pour faire lever le siége d'Orléans, » et qu'elle irait, « dussé-je, ajoutait-elle, *user mes jambes jusqu'aux genoux!* » Plusieurs indices donnent à penser que Baudricourt référa de cet incident à la cour, ou du moins à quelque autorité supérieure, et qu'il reçut ordre de ne plus s'opposer au départ de la jeune inspirée (2).

De Vaucouleurs, Jeanne se dirigea vers Nancy. Le duc Charles de Lorraine, conservateur des trèves précédemment signées entre Baudricourt et le maréchal de Bourgogne, avait mandé lui-même la jeune fille auprès de lui.

---

(1) Lettre du 22 juin ; l'original aux archives municipales de Reims. Il en existe une copie (faite par Fontanieu ?) à la direction générale des Archives : K, carton 69, n° 43, 3.

(2) *Procès*, t. II, 411 ; t. III, 115 et *pass*. Une version française de la chronique Antonine, version inédite et datée de 1485 à 1509, atteste et précise l'allégation de ce concert entre Baudricourt et le gouvernement. Ms. fr. 1371, f° 265. Communication de M. Paulin Paris. M. Michelet a très-ingénieusement remarqué l'influence que la reine Yolande dut exercer, à cet égard, en Lorraine, et la part qui lui revient dans l'accueil *favorable* que reçut Jeanne Darc à la cour. (*Hist. de France*, t. V, p. 61.)

Déjà, on le voit, Jeanne n'était plus, pour ceux qui l'entouraient, une enfant vulgaire. Le duc Charles, vieux et malade, se sentait troublé dans sa conscience. Il avait délaissé la duchesse, une sainte, et vivait publiquement en concubinage avec la bâtarde d'un prêtre, nommée Alison du Mai. Charles II de Lorraine voulut consulter la Pucelle et lui recommanda l'état de sa santé, mortellement atteinte. La jeune fille lui conseilla de reprendre sa compagne légitime, ajoutant qu'elle, Jeanne, n'avait pas la puissance de le guérir. Elle l'exhorta du reste à l'aider dans la mission qu'elle avait entreprise. Le duc lui fit remettre quatre francs d'or. Jeanne, après s'être arrêtée en pèlerinage à Saint-Nicolas-du-Port, revint alors à Vaucouleurs. Elle prépara son départ sous les yeux de Baudricourt (1).

La jeune fille avait toujours sur elle les seuls vêtements qu'elle possédât : ses pauvres habits rouges de paysanne. Jean de Nouillompont ou Novelompont, chevalier de la garnison de Vaucouleurs, fut chargé de l'accompagner. La voyant ainsi vêtue, il lui demanda si elle comptait voyager dans cet équipage. Jeanne répondit que volontiers elle s'habillerait en homme, et que tel était son ferme dessein. Là-dessus, Nouillompont la vêtit et la chaussa des dépouilles d'un de ses valets (2).

Quelques jours après, les habitants de Vaucouleurs, de concert avec le capitaine, se cotisèrent pour l'habiller à neuf. Ses cheveux alors furent coupés court et *en sébile*, selon la mode des jeunes gens. On lui fit un gippon ou pourpoint et des chausses, qui se liaient ensemble, par le

---

(1) *Procès*, t. I, p. 54, etc. Biographie Didot : *Mai* (Alison du).
(2) *Recherches iconographiques sur Jeanne Darc*, p. 2 et suiv.

moyen de vingt aiguillettes. Elle eut aussi une huque ou robe courte; pour coiffure, un chaperon de laine découpé; elle fut chaussée de houseaux, armés de longs éperons. On lui fournit en outre un cheval, un haubert ou plastron qui protégeait le buste; lance, épée, dague, c'est-à-dire l'équipement complet du cavalier d'armes (1).

Son costume était celui de gens de *bien simple manière*. Elle partit ainsi escortée de Nouillompont, chevalier; de Bertrand de Poulengey, écuyer; de deux sergents d'armes ou coustilliers, de Colet de Vienne, messager royal, et d'un archer nommé Richard. Baudricourt leur fit jurer de la conduire bien et sûrement. Sa propre foi cependant n'était pas bien vive, car au moment où Jeanne allait sauver la France et mourir, il la salua, pour tout adieu, de ces paroles: « Va donc, Jeanne, et advienne que pourra (2) ! »

Le petit cortége quitta Vaucouleurs vers le 25 février 1429. Pour arriver jusqu'au roi, qui résidait au château de Chinon, il fallait traverser environ cent cinquante lieues, y compris les détours, sur un territoire en guerre, coupé de cours d'eau, hérissé de garnisons, et la moitié en pays ennemi. Jean de Nouillompont, chef de l'escorte, ainsi que ses compagnons, étaient des jeunes gens. Jeanne venait d'atteindre sa dix-huitième année. Brune, assez

---

(1) Voir la tapisserie d'Azeglio, conservée au *Musée Jeanne Darc* d'Orléans. Cette image a été gravée : *Illustration*, 1858, octobre, p. 286; et reproduite par MM. Bordier et Charton, *Histoire de France*, etc., t. I, p. 518. Vallet de Viriville, *Recherches iconographiques*, 1855, in-8.

(2) *Recherches iconographiques sur Jeanne Darc*, p. 2. Colet de Vienne est sans doute le même que Jean Colez, *chevaucheur de l'écurie du roi*, etc. Voyez *Procès*, t. V, p. 260, et Lebrun des Charmettes, *Histoire de Jeanne d'Arc*, t. I, p. 404, note 2.

grande, forte, bien prise ; la voix assez grêle, très-féminine et d'une grande douceur, elle avait reçu de la nature tous les attraits propres à séduire. Mais une égide morale toute-puissante l'avait prémunie et la protégea contre ce péril. Chaque nuit lorsqu'elle le put, elle avait coutume de s'arrêter dans quelque abbaye, ville ou village. Elle faisait choix aussi de quelque femme respectable, qui se prêtait à cet honneur et partageait sa couche hospitalière (1).

En cas de bivac et lorsque plus tard, elle se désarmait au milieu de ses compagnons, ce qui lui arriva rarement, Jeanne demeurait vêtue. Ainsi fit-elle dans ce voyage, où elle conserva jour et nuit ses chausses et son pourpoint, étroitement liés « à foison d'aiguillettes ». D'ailleurs le sentiment qu'elle inspirait, souverainement, tout d'abord était celui d'un profond respect. L'abandon tempérait, chez elle, un ascendant dont la puissance insinuante était irrésistible. Dès le principe, Jeanne, *conduite* matériellement par ces hommes, n'en prit pas moins sur eux l'autorité réelle, comme elle avait pris l'initiative de l'expédition (2).

La petite troupe se dirigea par Saint-Urbain, abbaye où elle coucha la première nuit. Puis on se remit en marche, presque sans débrider, évitant les grands chemins, avançant le moins en vue possible, et de préférence après le jour. La Pucelle ayant traversé Auxerre, gagna Gien, et là, trouva le premier poste français. Puis, côtoyant la Loire, elle se rendit à Sainte-Catherine-de-Fierbois, en Touraine. Ce lieu de pèlerinage célèbre était consacré

---

(1) Montreuil, p. 314. *Procès*, t. I, p. 75 ; t. III, p. 70, etc.
(2) *Procès*, t. II, p. 435 ; t. III, p. 87.

à l'une de ses saintes. Elle y entendit trois messes consécutivement. De Sainte-Catherine, elle écrivit au roi pour lui annoncer sa venue (1). Enfin le 6 mars, le cortège, sain et sauf, mit pied à terre sous les murs de la résidence royale à Chinon. Le trajet avait été franchi en onze jours (2).

La carrière de Jeanne Darc est la merveille de notre histoire et de toutes les histoires. En eux-mêmes, les faits dont elle se compose, offrent un caractère extraordinaire et surprenant. Ces faits, peu à peu enveloppés dans l'ombre redoublée des siècles, ont été en outre et dès le principe, obscurcis par des mensonges, des calomnies, des erreurs successives et accumulées. Cependant la postérité n'a point voulu demeurer trompée. Ce souvenir a pris dans ses préoccupations une place définitive et essentielle. Le demi-jour de la légende, bon pour certaines traditions lointaines et secondaires, ne convient pas au sérieux intérêt qui s'attache exceptionnellement à ce personnage. Les générations se succèdent, et la figure de Jeanne Darc, monte, monte sans cesse au zénith des esprits ; plus belle chaque jour, à mesure que la science dépouille un à un tous ces voiles. Des hommes du premier mérite ont consacré à ce travail d'éclaircissement leurs éminentes facultés. Venu après eux, j'essayerai de continuer leur œuvre, en profitant de la somme de leurs lumières et en remontant, à mon tour, aux sources vives de la vérité.

(1) *Procès*, I, 75, 222 ; IV, 313.
(2) Au moment où Jeanne et ses compagnons arrivaient à Chinon, des hommes d'armes français dressèrent une embuscade sur sa route. Leur but était de dévaliser les survenants et de les rançonner. (*Procès*, III, 203.) Nous n'avons pas besoin d'insister sur un trait aussi caractéristique.

On a donné du génie cette définition : le bon sens élevé à sa plus haute puissance. Cette définition que l'on a souvent appliquée à Christophe Colomb, nous paraît convenir spécialement à Jeanne Darc. L'héroïne du quinzième siècle nous apparaît comme une femme supérieure par la droiture de son esprit et de son cœur. Les problèmes les plus ardus de la politique ainsi que de la science humaine, se résument, en définitive, dans des notions claires et simples, qui contiennent la solution de ces problèmes. Ceux qui trouvent et appliquent ces solutions, obtiennent les applaudissements légitimes de la multitude. La France appartenait-elle à la France ou à l'Angleterre ? Telle était toute la question qui se débattait au quinzième siècle. Des incidents, des malentendus, des catastrophes inouïes, avaient compliqué ou embrouillé ce litige. Des circonstances analogues en empêchaient le dénoûment.

« Une femme (Isabeau de Bavière), a perdu le royaume : une fille le sauvera ! » Ainsi s'était exprimée Jeanne avant de quitter son village (1). On pourrait citer d'elle, divers autres mots, nobles et fiers, équivalents de celui-ci. La Pucelle avait donc une intelligence très-lucide et très-vive de la question politique de son temps. Quant à l'exécution, il s'agissait de marcher : elle donna l'exemple. L'héroïne subvint, dans le détail, aux nécessités de sa tâche, avec cette même simplicité lumineuse de vue, qui présidait à sa mission.

Arrivée à Chinon, la Pucelle se logea premièrement

1) Voyez *Procès*, t. II, p. 447.

chez une femme de bien, proche le château. Elle fut ensuite admise dans un appendice ou dépendance de la résidence royale. Charles VII habitait, à Chinon, le *château du milieu*. Jeanne eut pour demeure provisoire une chambre de la tour du *Coudray*, grand corps de logis annexé au manoir. Elle habita cette tour, dont les vestiges subsistent encore, jusqu'à ce qu'elle fût autorisée à paraître devant le roi (1).

Les propositions qu'apportait la nouvelle venue n'avaient rien assurément de commun, ni d'ordinaire. Il était juste et naturel, en présence de cet incident, que les conseillers de la couronne fissent usage de circonspection, ainsi que de prudence. Charles VII, pendant toute sa vie, eut pour trait dominant de son caractère, écrit sur sa figure et dans ses yeux, la défiance. Quoique jeune encore, cette affection de l'âme était déjà, chez lui, très-prononcée. Ses ministres, par divers motifs, que nous analyserons plus tard, secondèrent particulièrement en ce sens la disposition morale du prince. Jeanne fut accueillie et gardée à distance avec un luxe de précautions extrême (2).

Pendant trois jours, on mit en délibération si elle serait reçue à l'audience royale. Charles VII questionna d'abord, sur son compte, les gentilshommes qui l'avaient amenée. La Pucelle conférait quotidiennement, dans sa tour du Coudray, avec des hommes de diverses conditions, que la curiosité attirait auprès d'elle. Jeanne recevait également

---

(1) Montreuil, p. 273. *Procès*, t. I. p. 143 ; t. III, p. 66. G. de Cougny, *Notice sur le château de Chinon*, Chinon, 1860, in-8, fig. ; p. 14, 19, 61. La tour du Coudray est figurée pl. I, au point A, 2.

(2) *Procès*, t. III, p. 115.

des femmes, qui, la nuit demeuraient en sa compagnie. Sur les rapports chaque jour plus favorables, dont elle était l'objet, il fut décidé que le roi lui accorderait audience (1).

Suivant le témoignage de Jeanne, cette audience fut publique. La nuit était venue. Il y avait au château, éclairé par plus de cinquante flambeaux ou torches de cire, près de trois cents chevaliers et hommes d'armes. Le comte de Vendôme, grand maître de l'hôtel, introduisit la jeune fille. Cette réception eut lieu, d'après la tradition locale, dans la grande salle du premier étage, longue de quatre-vingt-dix pieds sur cinquante, dont on voit encore, de nos jours, un pan de mur et la cheminée (2).

Charles VII, pour éprouver l'inconnue, se mit à l'écart. Plusieurs de ses familiers le masquaient, vêtus d'un riche costume, qui pût donner le change à la visiteuse inexpérimentée. Mais celle-ci distingua parfaitement le roi, et lui dit : « Gentil *daulphin*, j'ay nom Jehanne la Pucelle, et vous mande le roy des cieux, par moi, que vous serez sacré et couronné dans la ville de Reims. » Après diverses questions du prince, Jeanne insista en lui répétant : « Je vous dis, de la part de Messire (de Dieu), que vous êtes *vray héritier de France et fils du roy.* » Cette parole, qui répondait aux plus intimes préoccupations du

---

(1) *Procès*, t. V, p. 118. Montreuil, p. 273.
(2) *Procès*, t. I, p. 75; t. III, p. 103. A. Vallet, *Charles VII et ses conseillers*, p. 37. Cougny, *Notice sur Chinon*, p. 15, 61. Voyez pl. I, le plan, et pl. II le point A. Aquarelle de 1699, portefeuille Gaignières, cabinet des estampes (*topographie*), Chinon, feuillet marqué 54. J'ai sous les yeux un dessin dans lequel j'ai constaté l'état de ces lieux en 1843.

prince Charles, produisit sur lui une très-vive impression (1).

Si l'on en croit le concert de témoignages très-notables, la Pucelle ne se serait point bornée à cette assurance, si frappante et si opportune. Dans un entretien particulier qui eut lieu en présence de Charles VII et de quelques intimes, Jeanne aurait retracé au roi, en détail la circonstance advenue le 1er novembre 1428 dans l'oratoire de Loches et que nous avons rapportée ci-dessus (2).

Gérard Machet, confesseur du roi, assistait à cet entretien. Ce digne et pieux docteur fut des premiers à se déclarer en faveur de l'héroïne. Touché par tout ce qui se révélait devant ses yeux, par le charme sympathique et religieux qui s'exhalait de cette jeune fille, il déclara qu'elle était bien l'envoyée dont les prophéties annonçaient la venue, ainsi qu'il l'avait lu dans les livres. Cet appui du saint prêtre exerça une grande influence sur la détermination de Charles VII. Philippe de Coetquis, archevêque de Tours et conseiller du roi, fut également consulté. Ce prélat se montra également favorable à la Pucelle. Jeanne fut provisoirement admise ou accueillie auprès du prince. On n'en décida pas moins qu'il serait procédé vis-à-vis d'elle à une enquête minutieuse et approfondie (3).

---

(1) *Procès*, t. I, p. 75; t. III, p. 103. Vallet de Viriville, *Charles VII et ses conseillers*, Paris, Dumoulin, 1859, in-8, p. 37.

(2) Page 40. La Pucelle avait pu être guidée sur ce point par le confesseur du roi.

(3) *Procès*, t. III, p. 75; t. IV, p. 128, 208. Launoy, *Histoire du collége de Navarre*, t. II, p. 524. *Mémoires de Pie II*, liv. VI, p. 154. Montreuil, p. 274. Déposition de frère Pâquerel, confesseur et aumônier de la Pucelle ; *Procès*, t. III, p. 103, etc. Cf. Quicherat, *Aperçus nouveaux*, etc., p. 73. Maan, *Sancta et metropolitana ecclesia Turonensis*, 1667, in-folio,

Jeanne fut alors soumise à certaine inspection physique, dont l'idée seule nous choque sensiblement, et qui semble insulter à la fois tout bon sens ainsi que toute pudeur. Il importe, cependant, d'apprécier cette circonstance en connaissance de cause.

Les croyances publiques du moyen âge attachaient ou attribuaient à la femme, et surtout à la jeune fille, à la vierge, un idéal, qui touchait sans doute à la superstition, mais qui ne manquait pas toutefois d'élévation, ni de poésie. D'après ces croyances, la *sainte douceur* de la vierge communiquait à celle-ci une puissance, supérieure à la force, et au pouvoir du mal. Au dire des *bestiaires*, la licorne est un cheval-chèvre, de couleur blanche et sans tache. Cette bête intrépide porte au front, en guise de corne, une merveilleuse et redoutable épée. Douée en même temps de pieds rapides, elle défie ainsi à la fois les atteintes meurtrières et les poursuites du veneur. Mais si, dans la clairière des bois, quelque jeune fille se rencontre sur son passage, soudain la licorne s'arrête : elle obéit à la voix de la vierge ; incline humblement sur

---

p. 163. Gérard Machet est sans doute le personnage désigné en ces termes dans le poëme latin anonyme (*Procès*, t. V, p. 32) :

.... Vir unus,
Inter doctores sacros non ultimus...

Le même poëte, qui est, je crois, le *Normand* Robert Blondel, indique également un autre personnage, comme ayant contribué à faire admettre la Pucelle :

« ..... Senior vates qui nomine Petrus
Dictus erat, dulci *normanná* gente creatus... (*Ibid.*)

Nous appuyons ici la conjecture du savant éditeur M. Quicherat, et nous pensons qu'il s'agit de Pierre de Saint-Valérien, maître en médecine et en astrologie. Voy. ci-dessus p. 32, note 1. Ce poëme de Robert Blondel, inachevé, paraît avoir été écrit à l'époque de la réhabilitation.

son giron, sa blanche tête, et se laisse prendre aisément par les faibles mains de cette enfant (1).

Tel était l'idéal poétique, l'abstraction de la légende. Mais le fait concret se manifeste également dans la réalité des mœurs.

A l'époque de Jeanne Darc et dans plusieurs provinces de la *France* proprement dite, régnait une coutume fort notable. Lorsque les condamnés à mort marchaient au supplice, il arrivait parfois que quelque jeune fille, en voyant passer le cortége du patient, se sentit émue d'une compassion dévouée. Dans ce cas, elle réclamait publiquement le condamné, pour en faire son époux. Cet appel était suspensif; il entraînait immédiatement le sursis de l'exécution. Bientôt, des lettres du prince, sous forme d'acte de rémission, abolissaient le crime et la peine prononcée. On peut citer, de 1350 à 1450 notamment, une série authentique de faits avérés et nombreux de ce genre. Il était de notoriété publique, enfin, que le Diable ne pouvait avoir d'action sur la femme ou jeune fille, qu'après l'avoir dépouillée de sa virginité (2).

Cette double question se posait donc, au début de l'enquête, relativement à l'étrangère : 1° Était-elle femme,

---

(1) La scène que nous décrivons se voit peinte dans un tableau très-remarquable de l'époque, *le Buisson ardent*, cathédrale d'Aix. Cette scène représente par allégorie *l'Annonciation de la Vierge*. (Voyez Renouvier, *les Peintres de René d'Anjou*; 1857, in-4, p. 13; et la planche dans les OEuvres de René, édit. Quatrebarbes, t. I, après la page cxlviij.) « ... Aussi, si elle n'est pucelle, la licorne n'a garde d'y toucher, mais tue la fille corrompue et non pucelle. » (Berger de Xivrey, *Traditions tératologiques*, p. 559.) Maury, *Légendes pieuses*, p. 176.

(2) Vallet de Viriville, *Nouvelles rech. sur Agnès Sorel*, p. 33 et s. *Bullet. de la Soc. des antiquaires de Picardie* (congrès de Laon, août 1858), t. VI, p. 621 et suiv. Du Cange, *Glossaire*, au mot *matrimonium*.

(ou homme, ainsi que l'indiquait son costume)? 2° Offrait-elle à l'esprit du mal l'inviolabilité d'une vierge? Trois grandes dames reçurent la mission d'opérer dans le secret cette étrange vérification. La première, appelée Jeanne de Preuilly ou madame de Gaucourt, était la femme de Raoul de Gaucourt, gouverneur d'Orléans, née en 1371. La seconde, toute jeune, avait le même âge environ que Jeanne Darc. Elle se nommait Jeanne de Mortemer, femme de Robert le Maçon, baron de Trèves, autre ministre du roi, ou membre du grand conseil. La troisième, Yolande d'Aragon, reine de Sicile, présidait cette commission. Elle fit au roi en conseil son rapport, qui fut complétement favorable à l'examinée (1).

Le roi décida ensuite que Jeanne serait conduite à Poitiers. Lui-même l'accompagna dans cette ville, où il se trouvait le 11, et encore le 23 mars 1429. Poitiers était le siége du parlement; un grand nombre de docteurs et de jurisconsultes appartenaient à ce grand corps de l'État. Jeanne fut logée chez le conseiller Jean Rabateau et recommandée à la femme de ce magistrat. Là, elle reçut la visite d'une commission de clercs, chargée à son tour de l'interroger et de l'examiner, sous le rapport de la foi. Beaucoup d'habitants vinrent aussi la voir et converser avec elle. Dans ses réponses, elle déploya tant de sens, de simplicité modeste et gracieuse, qu'elle désarma les plus sévères. Elle déjoua même, à son grand succès, d'aigres attaques, imprudemment dirigées contre elle (2).

(1) Anselme, *Généalogie des Gaucourt*. Biographie Didot, article *Le Maçon*. Procès, t. III, p. 102, 209; t. V, p. 87.
(2) Montreuil, p 275 et suiv. *Itinéraire*. Procès, t. III, p. 74. etc. Jean Rabateau fut un des conseillers influents de Charles VII.

Procès-verbal de cet examen fut rédigé sous forme authentique. Malheureusement, le registre spécial qui en contenait le texte, ne nous est point parvenu. Ce document, que Jeanne invoquait, à Rouen, en présence de ses accusateurs, paraît avoir été détruit par une malveillance intéressée. Nous savons toutefois parfaitement quel fut le résultat général et immédiat de cette enquête. La Pucelle, à Poitiers, ne se manifesta pas seulement devant ses juges officiels. Les hommes et les femmes qui la visitaient journellement, abordaient le seuil de sa demeure avec une curiosité sceptique et parfois hostile. Tous en revenaient surpris, émerveillés, remplis d'une tendre admiration ; quelques-uns émus jusqu'aux larmes. L'histoire doit citer, parmi ces derniers, Cousinot de Montreuil, auteur de la *Chronique de la Pucelle*. Ce personnage, l'un des plus considérables de son époque, se trouvait alors à Poitiers, comme secrétaire du roi, ou maître des requêtes au parlement. Il vit en cette occasion la Pucelle. Les lecteurs de cette importante chronique savent quel témoignage enthousiaste et convaincu il y porte à chaque page en faveur de notre héroïne (1).

Le 24 mars 1429, Charles VII, parti de Poitiers, se trouvait à Châtellerault, retournant vers Chinon, en compagnie de la Pucelle. Jeanne, après le rapport de Poitiers, avait été définitivement agréée par le roi. On lui assigna donc un *état* et un commandement. Le gouvernement résolut d'envoyer aux Orléanais des vivres et des munitions. Cette entreprise devait être confiée à la

---

Montreuil, *ibid. Procès*, t. I, p. 71 à 94.

Pucelle. Les préparatifs de l'expédition se prolongèrent encore durant près d'un mois (1).

Yolande d'Aragon, en ces difficiles circonstances, habitait la Touraine, à peu de distance de la résidence royale. Elle déployait, au profit de la cause française, une remarquable activité. La reine de Sicile s'était endettée, pour aider à soutenir le siége d'Orléans, avant la venue de la Pucelle. Naguère les habitants de Tours avaient encore invoqué le secours de cette princesse, pour se délivrer de certain chef d'*auxiliaires* espagnols, qui menaçait d'*appatiser* leur ville. Ce capitaine, appelé Ferrado de Séville, consentit à s'éloigner, moyennant rançon, et vint prendre du service à Orléans, contre les Anglais. Le prix de ce marché fut la somme de 2,500 écus d'or, payés à ce chef de bande. Yolande d'Aragon donna sa vaisselle pour faire une partie de cette somme, que durent compléter les Tourangeaux. Ce fut elle qui, de Blois, dirigea les préparatifs du convoi destiné à ravitailler les Orléanais (2).

Jeanne, durant ce temps, se préparait, de son côté, au rôle actif qu'elle avait hâte de remplir. Après avoir regagné Chinon, elle se rendit à Saint-Florent-lez-Saumur. Charles d'Orléans représentait particulièrement la cause *armagnac* ou nationale. Aussi inspirait-il à la Pucelle un intérêt spécial. A défaut de ce prince, Jeanne prit en singulière affection le jeune duc d'Alençon, qu'elle appela toujours *mon beau duc*. Jean d'Alençon était le gendre du duc Charles. La Pucelle alla visiter à Saint-Florent la

---

(1) *Itinéraire.* Montreuil, *ibid.*, etc.
(2) Ms. s. fr. 2342, f° 45. Archives de Tours ; dans le *Cabinet historique*, 1859, p. 196. *Procès*, t. III, p. 93. *Appatiser*, mettre *à pacte*, rançonner.

femme et la mère du duc Jean, qui la fêtèrent pendant plusieurs jours. Jeanne les quitta en leur promettant de ramener sain, sauf et victorieux, le *beau duc* (1).

De là, Jeanne vint à Tours, la ville la plus importante des états de Charles VII, sous le rapport du luxe et de l'industrie. Par ordre de ce prince, une armure de pied en cap fut fabriquée dans cette ville, pour l'habillement militaire de la Pucelle. Le roi voulut compléter cet équipement en lui offrant une épée. Mais la Pucelle demanda qu'on lui procurât de préférence, certaine arme de ce genre, qu'elle indiqua particulièrement. On a dit que Jeanne, arrivant de son pays, s'était arrêtée à *Sainte-Catherine*-de-Fierbois. Cette église, depuis près de cinquante ans, avait reçu de nombreux *ex-voto*, qu'y apportait la piété des pèlerins. On y déposait notamment des harnais de guerre, ainsi qu'il était d'ailleurs coutume de le faire dans tous les lieux saints. Jeanne, désigna une épée qui devait se trouver entre beaucoup d'autres dans cette église, et dont la lame était marquée de cinq croix (2).

Un armurier de Tours, fournisseur du roi, se rendit à Fierbois, muni d'une lettre de la Pucelle. Le clergé de cette collégiale s'empressa de donner l'épée demandée. Jeanne la reconnut; et, par honneur pour sainte Catherine, elle en fit, pendant lontemps, son arme de prédilection. Telle est, à ce qu'il semble, la vérité pure et simple sur cette fameuse épée, qui donna lieu, même du vi-

(1) Biographie Didot, article *Jean, duc d'Alençon. Procès*, t. I, p. 55; 133; t. III, p. 96; t. IV, p. 10.
(2) Montreuil, p. 277. Statuette de M. Carrand; *Recherches iconographiques*, planche 2. Les *Miracles de madame sainte Catherine de Fierbois*; publié par M. l'abbé Bourassé; Tours, 1858; p. 11 et *passim*.

vant de la Pucelle, à tant de fabuleux commentaires (1).

Jeanne fut logée, à Tours, chez une dame nommée *la Pau*, d'un rang considérable (2). Là, Jeanne fit peindre deux bannières ou enseignes de guerre pour son usage. Elle donna les sujets, et l'œuvre fut exécutée par *James Power*, ou en français Jacques Pouvoir, écossais, peintre du roi. L'une, la bannière proprement dite, était blanche et peinte des deux côtés. Sur la face principale, semée de fleurs de lis, on voyait le Père éternel *en majesté*, ayant pour siége l'arc-en-ciel, et portant dans sa main le globe du monde. Au-dessus se lisait cette inscription : 𝕴𝖍𝖊𝖘𝖚 𝕸𝖆𝖗𝖎𝖆. Deux anges (saint Michel et saint Gabriel), agenouillés, offraient à Dieu une fleur de lis, emblème du royaume de France. Il y avait au revers (comme au contre-sceau royal) un écu de France, tenu par deux anges (3).

La seconde, plus petite, était un simple *fanon*. Elle représentait la Vierge Marie ou Notre-Dame, en *annonciation;* à qui l'ange apportait également le lis symbolique de la France. Arrivée à Blois, Jeanne fit peindre et bénir dans l'église de Saint-Sauveur, un troisième étendard. Celui-ci était destiné aux prêtres de l'armée. La Pucelle y avait fait placer l'image de Jésus crucifié. Par ses ordres, frère Pasquerel, Augustin, son confesseur et aumônier, prit la charge de cette enseigne. Trois serviteurs ou offi-

---

(1) Voyez *Procès*, t. V, à la table : *Épée de Fierbois*.

(2) C'est-à-dire La Paule (témoignage de Louis de Contes). Éléonore de Paule avait été damoiselle de la reine, de 1422 à 1427. En 1429, elle était mariée à Jean Dupuy, seigneur de la Roche-Saint-Quentin, principal conseiller, à Tours, de la reine Yolande.

(3) *Procès*, t. I, p. 78, 117, 181 ; t. III, p. 66, 101 ; t. IV, p. 490 ; t. V, p. 154, 258. Archives de Tours; *Bull. Soc. hist. de France* (loc. cit.), p. 113. Tapisserie d'Azeglio.

ciers furent attachés à sa personne, pour son service militaire. Jean d'Aulon, écuyer de l'écurie du roi, homme d'armes expérimenté, devint son écuyer, chargé de veiller sur elle, et plus tard son maître d'hôtel. On lui donna en même temps deux pages, de quatorze à quinze ans : l'un nommé Louis de Contes, et l'autre Raymond (1).

La cour céleste, Dieu le Père, Notre-Dame, Dieu le Fils, la Sainte-Trinité, les Archanges, les Saints et Saintes du paradis : tels furent les premiers confidents, les premiers témoins à qui Jeanne communiqua son sublime dessein. Dans ces élans religieux de la pensée, dans ce commerce divin qu'illuminait sa foi, la Pucelle était devenue voyante. Sainte Catherine, sainte Marguerite, saint Michel lui apparaissaient habituellement et comme à volonté. Ils formaient pour elle un conseil, qu'elle appelait *ses voix;* ce conseil l'assistait et dirigeait sa conduite. L'évidente sincérité de ses visions subjugue notre critique moderne : de la part de ses contemporains, elles ne rencontraient aucune objection fondamentale. L'autorité que Jeanne alléguait pour garant de sa mission, la sanction sous laquelle elle plaçait chacun de ses actes, régnait, à la lumière du jour, sur toutes les consciences (2).

La Pucelle séjourna les 25 et 26 avril à Blois, où elle fit sa jonction avec les sires de Gaucourt, de Rais, de Loré, le maréchal de Sainte-Sévère et autres chefs de guerre. Le 27 ou 28, quand tout fut prêt pour le départ, hommes et chariots, elle se réunit au convoi, puis se mit en route.

(1) *Procès*, t. III, p. 103 ; t. IV, p. 120, 301, 322. Montreuil, p. 281.
(2) *Christus vincit, Christus regnat, Christus imperat* ; devise de la monnaie au quinzième siècle.

Il s'agissait de paraître devant l'ennemi, violateur de la justice et du droit, en soldats de la foi et de la patrie. Jeanne prescrivit à ses compagnons d'armes de se confesser. Les filles d'armée, le bagage que les gens d'armes traînaient avec eux pour leur plaisir, tout cela fut laissé en arrière. En tête de la troupe, elle plaça un peloton de prêtres ou aumôniers, commandé par Pasquerel et rangé sous leur bannière. Cette avant-garde ouvrait la marche comme une musique sacrée, faisant entendre, par intervalles, le chant des hymnes et des psaumes (1).

Elle arriva ainsi le 29 devant Orléans. Le trajet s'était effectué par la rive de Loire, qui forme le côté de la Sologne. Sur cette rive, le convoi dépassa Orléans et vint s'arrêter devant Chécy, entre les assiégeants et Jargeau. Les Orléanais, munis de barques, se portèrent à sa rencontre. Jeanne, le soir même, vers huit heures, entra dans la ville. Elle était montée sur un cheval blanc, ayant à sa gauche le bâtard d'Orléans et derrière elle les principaux capitaines. La population se pressait à flots sur son passage. Tous, gens de guerre, hommes, femmes, enfants, témoignaient leur joie « comme se ils veissent Dieu descendre entre eulx. Ils se sentoient jà reconfortez et comme désassiégez par la vertu divine qu'on leur avoit dit estre en ceste simple pucelle (2). »

Nul ne pouvait se rassasier de la voir. Chacun voulait toucher son cheval, l'approcher de plus près. Elle souriait à tous avec une angélique bienveillance. Quelques-uns, dans leur empressement, armés de torches, mirent le feu

---

(1) Montreuil, p. 281, 283. *Procès*, t. III, p. 104, 106.
(2) *Journal du siége*, p. 153.

à son étendard. Jeanne, se dégageant avec aisance, manœuvra son cheval comme l'aurait pu faire un écuyer des plus habiles, et, de sang-froid, elle éteignit aussitôt ce petit incendie. Escortée ainsi par la ville entière, elle descendit à l'hôtel de Jean Boucher, trésorier du duc d'Orléans. Elle était accompagnée de ses deux frères et de ses compagnons de Vaucouleurs. Jeanne, cette nuit et les suivantes, eut pour compagne de sa couche, la fille du trésorier (1).

Le 17 avril, Poton de Saintrailles était revenu à Orléans de son ambassade auprès de Philippe le Bon. Ce duc avait accueilli favorablement la requête des Orléanais. Il vint lui-même à Paris plaider la cause du duc d'Orléans. Philippe proposa de mettre la ville en sequestre, et neutralisée, entre ses mains. Ce terme moyen et amiable fut repoussé par le conseil anglais de Paris. Le duc de Bourgogne, blessé de ce rejet imprévu, donna ordre immédiatement à tous les Bourguignons qui combattaient à Orléans, parmi les Anglais, de quitter le siége. Le hérault ducal, porteur de cet ordre, accompagna l'ambassadeur qui retournait à Orléans. Les Anglais perdirent ainsi quinze cents auxiliaires ; et l'entente cordiale qui les unissait au duc Philippe reçut en outre une nouvelle atteinte (2).

Mais cet heureux incident pâlissait devant l'éclatante nouveauté qui remplissait les esprits et qui faisait tout oublier : la venue de la Pucelle. Une fausse mesure fut

---

(1) *Journal du siége*, *Procès*, t. III, p. 212, etc.
(2) *Ibid*., p. 146. Ms. Cordeliers, n° 16, f° 483. Jollois, *Histoire du siége d'Orléans*, p. 24 et suiv.: « The regent answered the duke's ambassadors, that it was not honorable, nor yet consonant to reason, that the King of England should beate the bushe, and the duke of Burgoyne should have the birdes. » (Grafton, p. 579.) Cf. J. Chartier, in-16, t. I, p. 65.

prise à l'insu de cette dernière et contre ses ordres. C'est pourquoi le convoi ne put entrer que partiellement le 29 avril, à Orléans. Il fallut attendre plusieurs jours l'arrivée complète de ce secours, avant de tenter aucun mouvement important. Jeanne, dans cet intervalle, prit possession des lieux, visita les églises, opéra des reconnaissances, affermit le moral des assiégés et s'adressa par voie pacifique aux Anglais. Dès le mois de mars, un jour, à Poitiers, l'un des clercs qui l'examinaient lui demanda ce qu'elle était venue faire. Avez-vous de l'encre et du papier, répondit Jeanne? Et, sur l'affirmative : Eh bien ! dit-elle, écrivez ce que je vais vous dicter. La Pucelle ébaucha dès lors, séance tenante, son manifeste ou lettre aux Anglais (1).

Elle compléta bientôt cette pièce, qui ne tarda pas à circuler en de nombreuses copies. La Pucelle est tout entière dans ce document remarquable, lancé au début de sa carrière. Pour beaucoup de lecteurs, la rouille du temps ou du langage est un voile qui rendra, malheureusement, impénétrable le sens complet de cet écrit, surtout dans ses naïves finesses et dans ses gauloises beautés de détail. Mais la signification générale frappera tous les esprits. Nous en transcrirons ci-après les principales parties sans altérer une syllabe.

Jhesus Maria

« Roy d'Angleterre, faictes raison au roy du ciel de son sang royal. Rendez les clefz à la Pucelle, de toutes les bonnes villes que vous avez enforcées (2). Elle est venue de par Dieu pour réclamer le sang royal et est toute preste de faire paix, se vous voulez faire

---

(1) Extraits de comptes concernant *le fait de l'advitaillement d'Orléans*, Ms. s. fr. 2342, f°s 49, 50. *Procès*, t. III, p. 74, etc. — (2) Violées.

raison, par ainsi que vous mettez jus et paiez de ce que vous l'avez tenue (1).

« Roy d'Angleterre, se ainsi ne le faictes, je suis chief de guerre, en quelque lieu que je attendrai voz gens en France, se ilz ne veulent obéir, je les feray yssir, veuillent ou non ; et se ilz veulent obéir, je les prendrai à merci.... La Pucelle vient de par le roy du ciel, corps pour corps vous bouter hors de France. Et vous promet et certifie la Pucelle que elle y fera si gros hahay (2) que encore a mil ans en France ne fut veu si grant.

« Guillaume de la Poule, comte de Suffort; Jehan, sire de Talbort, et Thomas, sire de Scalles, lieuxtenans du duc de Bethford, soy disant régent du royaume de France pour le roy d'Angleterre, faictes réponse se vous voulez faire paix à la cité d'Orléans....

« Duc de Bethford, qui vous dictes régent de France,... la Pucelle vous prie et requiert que vous ne vous faictes mie destruire. Se vous ne lui faictes raison, elle fera que les François feront le plus beau fait qui oncques feust fait en la christianté.

« Escript le mardy de la grant sepmaine (3). » Suscription : *Entendez les nouvelles de Dieu et de la Pucelle.* »

De grossières invectives furent la réponse des Anglais à cette lettre, où les plus impérieux commandements de la raison avaient pour organe la bouche la plus candide. Le 4 mai 1429, le complément des troupes de renfort arriva de Blois, suivi d'artillerie et de tout le matériel, avec une forte escorte. La Pucelle était allée les recevoir cette fois du côté de la Beauce. Là se trouvaient les travaux d'attaque les plus formidables des ennemis. De même que le premier jour, les prêtres marchaient en tête. Parvenus à portée de la première bastille des Anglais, ces lévites entonnèrent le *Veni Creator*, hymne du

---

(1) A condition que vous mettiez bas les armes et que vous payiez une indemnité pour avoir occupé indûment ces villes.

(2) Tintamarre, terme populaire et familier.

(3) C'est-à-dire le mardi de la semaine sainte, 22 mars 1429. — D'après la copie envoyée aux princes d'Orléans en Angleterre par Cousinot, chancelier du duc Charles. Montreuil, p. 281.

treizième siècle composée par Étienne Langton, archevêque de Cantorbéry. Ce spectacle inouï glaça les assiégeants. Etonnés, stupéfaits, ils n'osèrent tirer sur cette phalange inoffensive : ils n'osèrent immoler une légion de martyrs. Cette femme, venue de Dieu, ou pour eux de l'enfer, faisait succéder à la terreur du sacrilége un autre genre d'épouvante. Comme la Pucelle l'avait prévu, le convoi passa tout entier sous les yeux des Anglais, sans atteinte et sans coup férir. Il entra ainsi dans la ville (1).

Le soleil venait seulement de se lever. Après quelques heures de repos, Jeanne entraîna immédiatement les troupes à l'assaut de l'une des bastilles, dite de Saint-Loup. Cet ouvrage fut emporté le même jour. Chassés du boulevard, les Anglais se réfugièrent dans le clocher, qui subsistait, de l'église, sur les ruines de laquelle cette bastille avait été construite. Les Français y pénétrèrent à la suite d'une lutte nouvelle et acharnée. Ils voulaient tuer tous les ennemis qui s'y rencontraient. Cependant plusieurs de ces derniers, trouvant sous leur main des vêtements ecclésiastiques, s'en étaient affublés. Jeanne, avertie de ce stratagème, n'en fut point dupe ; mais elle vit dans ce prétexte une occasion de miséricorde et de générosité. Elle les prit sous sa protection en disant, par plaisanterie, qu'il ne fallait pas « verser le sang des *prêtres*. » Et leur vie fut de la sorte épargnée (2).

Le lendemain 5 mai, jour de l'Ascension, la Pucelle

---

(1) Montreuil, ch. XLV. Déposition de Pâquerel, aumônier en chef : *Procès*, t. III, p. 105 et suiv. *Histoire du siége*, p. 87. D. Pitra, *Spicilegium Solesmense*, t. III, p. 130.

(2) Les mêmes. Montreuil, ch. XLVI. Kausler, *Atlas des batail*. Jollois.

interrompit toute opération militaire et fit célébrer religieusement cette grande fête. Le 6 mai fut marqué par la prise de la bastille des Augustins, dont il fallait s'emparer avant que de parvenir à la tête du pont ou bastille des Tourelles. Cette position, comme on sait, était la citadelle des assiégeants. Ils y avaient établi de tels ouvrages, que, le 6 au soir, les capitaines français victorieux renonçaient à l'espoir de s'en rendre maîtres. Il fallait, disaient-ils, au moins un mois de siége pour la réduire. Le 7, de grand matin, la ville fut sur pied, par ordre de la Pucelle. L'assurance et la gaieté rayonnaient sur son front. Au moment où elle partait, tout armée, de son logis, un pêcheur apporta une alose à son hôte Jacques Boucher, qui la lui offrit. Gardez-la pour le souper, répondit-elle; je *vous amènerai* ce soir un *godon* (un Anglais prisonnier), qui en prendra sa part. Elle annonça également qu'elle reviendrait *par le pont* d'Orléans, c'est-à-dire après avoir conquis les Tourelles (1).

A six heures du matin, la lutte commença et dura toute la journée, soutenue par l'élite de la chevalerie d'Angleterre. « L'assaut fut fier et merveilleux, plus que nul qui eust esté oncques vu de la mémoire des vivants. » A midi, la Pucelle plantait une échelle. En ce moment un carreau ou gros trait, lancé de haut en bas, lui traversa les muscles de la poitrine, au-dessus du sein droit, entre le cou et l'épaule, sur un trajet de sept à huit centimètres. Elle céda un moment à la douleur, et se tirant à l'écart,

---

(1) Pour bien goûter ce dialogue, il faut, je crois, se rappeler que les prisonniers étaient un butin, une marchandise courante. Jeanne répond à la politesse d'une alose que lui fait le trésorier, par l'offre d'un *godon*. (Montreuil, ch. XLVIII.)

elle pleura. Puis elle fit venir son aumônier et se confessa. Cependant, le trait enlevé, le sang qui coulait abondamment de sa blessure fut étanché. On posa ensuite sur la plaie un premier appareil, composé de lard frais et d'huile d'olives. La Pucelle raffermie moralement et pansée, retourna sur l'heure au combat (1).

Les Anglais déployaient toujours la plus grande énergie. Au soleil couchant, le bâtard d'Orléans, désespérant du succès, fit sonner la retraite, contre l'avis de la Pucelle. Jeanne se détourna quelques instants seule dans une vigne et se recueillit à genoux. Elle revint, décidée à reprendre la lutte. En cet instant, la bannière de la Pucelle fut accidentellement agitée. Les troupes, croyant à un signal de ralliement, remontèrent à l'assaut avec une nouvelle ardeur. Les Anglais avaient épuisé leur dernier projectile et se disposaient d'eux-mêmes à se retirer. Au nombre de six cents, ils furent en un clin d'œil culbutés par les assaillants (2).

Quatre cents périrent sur la place, par le feu, le fer ou l'eau. W. Glasdale, un des principaux capitaines, avait violemment insulté la Pucelle. Jeanne, le tenant à merci, lui cria : *Rends-toy, rends-toy... j'ai pitié de ton âme!* Glasdale se trouvait sur le pont de bois en ruine, au-dessous duquel les Orléanais venaient de mettre le feu. A ces mots, le frêle appui s'écroula ; Glasdale et beaucoup d'autres Anglais tombèrent dans la Loire, au milieu du fracas et de débris enflammés. Jeanne, témoin de cette scène, s'émut d'une pitié profonde et manifesta par ses

---

(1) Montreuil, ch. xlviii. *Procès*, t. III, p. 70, 110, etc.
(2) Montreuil, *ibid. Procès*, t. III, p. 110 ; t. V, p. 103.

lamentations et ses larmes les sentiments dont elle était pénétrée (1).

Les vainqueurs, pour ne pas faire mentir la Pucelle, rétablirent à la hâte une tête de pont et revinrent par cette route à Orléans. Ils reconduisirent en triomphe à la ville leur libératrice. Jeanne rentra, suivie de deux cents *godons*, pour un qu'elle avait promis. Restait à débarrasser la rive droite. Pendant la nuit, les Anglais plièrent bagage, et les Orléanais, le 8 mai, au matin, n'eurent qu'à comtempler leur départ. L'ensemble des troupes se divisa en deux colonnes : W. Pole, comte de Suffolk, dirigea l'une sur Gergeau ; l'autre, conduite par Talbot, regagna Meung-sur-Loire. La Pucelle, en quatre jours, avait accompli le premier acte de sa mission. Le siége d'Orléans était levé (2).

Ce grand épisode mérite la place d'honneur qu'il occupe dans nos annales. L'histoire, et à juste titre, a célébré les exploits des capitaines qui se distinguèrent en cette occasion mémorable. Les noms des Gaucourt, des Dunois, des La Hire, des Saintrailles, sont depuis ce jour demeurés célèbres. Il est juste d'ajouter que la Pucelle jeta sur la gloire même de ces hommes son propre reflet et un nouvel éclat.

La guerre que menaient, avant sa venue, les Duchatel, les Boucan et les la Trimouille, était ce qu'est la guerre en elle-même, une aveugle et grossière ordalie. Jeanne moralisa la lutte : elle en fit une guerre sainte et nationale.

(1) Montreuil, *ibid*.
(2) Les mêmes, Grafton, p. 581.

Lorsque la Pucelle renvoyait les filles d'armée (1), proscrivait l'indiscipline et les violences, elle ne s'inspirait pas d'une dévotion mesquine. Les désordres de tout genre qui régnaient parmi les gendarmes au service de Charles VII, avaient perverti l'ordre civil de la société. Ces défenseurs de la cause française en étaient devenus le fléau le plus grave et le plus redoutable. Jeanne procédait ainsi, d'instinct, à une réforme de première importance.

L'histoire, d'autre part, n'a pas jusqu'ici versé assez de lumière sur le rôle que jouèrent, en cette crise, les humbles populations de nos provinces du Centre et du Midi. Dans les archives de quelques villes, telles que Tours par exemple, se conservent à cet égard des documents précieux et encore peu connus. Ce sont de véritables titres de noblesse pour ces villes et le chapitre premier de leur histoire moderne. Il faut lire ces documents pour savoir tout ce qu'elles eurent à souffrir de misères et de sacrifices. Le zèle patriotique, l'honnêteté, le bon sens, le dévouement modeste et naïf s'y peignent ensuite sous les traits les plus frappants. Poitiers, Chinon, Saumur, Angers, Tours, Blois, Bourges, La Rochelle s'unirent, dans un actif concert, à l'héroïsme que déploya la municipalité d'Orléans. De continuelles communications s'étaient établies spontanément entre toutes ces villes. Bien loin de recevoir l'impulsion du pouvoir central, toujours prêt à les exploiter, même sans mesure, on voit l'une

---

(1) Au siége de Compiégne, en 1422, il y avait cinq cents folles femmes dans la garnison, composée de cent hommes d'armes (nobles) et mille hommes de pied; au total : quinze cents militaires environ. (*Journal de Paris*, p. 658.)

de ces cités, la ville de Tours, supplier le roi, au mois de janvier 1429, de secourir Orléans et de faire quelque effort pour reconquérir son royaume. Albi, Montpellier, d'autres communes de l'Auvergne et du Bourbonnais s'associèrent à l'œuvre ; elles envoyèrent aux Orléanais du salpêtre, du soufre, de l'acier pour les armes de jet, etc. (1).

*La délivrance d'Orléans fut le premier fruit de ce généreux concours. En un certain sens, le rôle politique du tiers-état commençait : avant la Pucelle, jamais ces populations n'avaient été *représentées* ainsi. Jeanne les personnifia dans une figure si belle, que la France entière, aujourd'hui, la revendique à ce titre. Quand la Pucelle fit entendre sa voix dans la lettre à Bedford, ce populations tressaillirent à cet écho de leur âme, à cet écho divinisé de leur propre voix. La Pucelle, dès ce jour, devint leur amour et leur idole. Jeanne était plébéïenne, et c'est, hélas! dans le peuple seul qu'elle devait rencontrer une sympathie profonde et fidèle.

(1) *Cabinet historique*, cité, p. 102. Lemaire, *Histoire d'Orléans*, 1648, in-fol., p. 185. Jollois, *Histoire du siége*, p. 52. *Procès*, t. IV, p. 136, 156. Vergnaud-Romagnési, *Bulletin du bouquiniste* du 15 janvier 1861, p. 19 et 20. Amos Barbot, *Histoire de la Rochelle*. Ms. Saint-Germain, fr., n° 1060, *sub ann.* 1429. Arcère, *Histoire de la Rochelle*, t. I, p. 271. « Nos archives de ville marquent que Léger Saporis, évêque de Maguelonne (du 25 mai 1429 à 1430), fit la bénédiction de la chapelle de *Notre-Dame des Bonnes-Nouvelles*, fondée et bâtie par les habitants de Montpellier lorsqu'ils eurent appris la levée du siége d'Orléans et le sacre du roy en la ville de Reims. » (Greffeuille, *Histoire de Montpellier*, 1739, in-fol., p. 143, 198.) *Gallia christiana*, t. VI, col. 800. Etc.

CHAPITRE II

Jeanne Darc. Du 8 mai au sacre de Charles VII (17 juillet 1429).

La venue de la Pucelle produisit sur les Anglais une impression subite et considérable.

Le grand conseil ou conseil privé du roi s'assembla le 15 avril 1429 à Westminster. On y lut d'abord une dépêche de Jean, duc de Bedford. Le régent demandait que Henri VI, malgré son jeune âge, fût amené en France et sacré comme roi, pour recevoir personnellement des diverses autorités le serment d'allégeance. Bedford espérait ainsi devancer le *dauphin* : ce prince, en effet, ne possédant ni Reims, ni Paris, n'avait pu jusque-là, se faire administrer l'onction sainte (1).

Le lord haut trésorier du royaume prit ensuite la parole. Il exposa que les revenus de la couronne, en déficit de vingt mille marcs par an, se trouvaient au-dessous des charges existantes. Il ajouta que des circonstances nouvelles aggravaient la situation. Pour conclure, il sollicitait, auprès de l'assemblée, un remède à cet état de choses.

Une autre dépêche du régent notifia au conseil que, tant avant la mort du comte de Salisbury que depuis cette perte, l'armée anglaise occupée au siége d'Orléans avait vu diminuer par la désertion le nombre de ses soldats.

---

(1) *Proceedings*, etc., *of privy council*, t. III, p. 322.

Il terminait en réclamant avec instance l'expédition d'un renfort. Le duc demandait seulement deux cents lances et douze cents archers, pour servir à la solde du roi pendant une demi-année (1).

Le conseil, après en avoir délibéré, arrêta le surlendemain les résolutions suivantes : 1° envoi de cent lances et sept cents archers en France, aux gages d'Angleterre pour demi-année ; 2° mise sur pied d'une escadre croisière. Cette dernière expédition devait s'opposer au passage d'une armée d'Écosse, forte de six mille hommes. Ayant à bord la princesse Marguerite Stuart, ces six mille hommes se préparaient, disait-on, à débarquer sur la côte française et conduisaient au dauphin sa jeune fiancée. Dans le même temps, des négociations diplomatiques furent rouvertes par le gouvernement anglais avec le roi d'Écosse et les autres alliés de Charles VII (2).

L'éclatant succès qui marqua les débuts de l'héroïne, remplit le duc de Bedford de douleur et d'amertume. Ces sentiments se font jour, en termes curieux, dans une lettre qu'il adressa vers cette époque au roi d'Angleterre Henri VI. « Tout prospérait, dit-il, pour votre cause, jusqu'au siége d'Orléans, entrepris, Dieu sait sur quel avis ! Depuis ce temps, et après la catastrophe advenue à mon cousin de Salisbury, votre peuple, assemblé devant Orléans en grand nombre, a reçu un coup violent, qui semble être tombé du ciel. Ce choc lui est survenu, à mon avis, de la folle pensée et du déraisonnable effroi qu'a causés sur lui un disciple et limier de l'ennemi (du diable),

---

(1) *Proceedings, ibid.* Rymer, t. IV, partie IV, p. 143.
(2) *Proceedings*, p. 324. Rymer, *part. cit. passim.*

appelé la Pucelle, qui a usé de faux enchantements et de sorcellerie (1). »

Lorsque Bedford apprit à Paris la délivrance d'Orléans, il ne se crut plus en sûreté dans cette capitale. Le régent se retira sans délai au château de Vincennes. Là, il « manda gens de toutes parts. Mais peu y en vint; car les picars et autres nacions du royaume qui tenoient son party, se prirent à deslaisser les Anglois, et à les haïr et les despriser. » Avant la venue de la Pucelle, deux cents Anglais mettaient en fuite huit cents ou mille soldats de Charles VII. Depuis le ravitaillement d'Orléans, une sortie de quatre ou cinq cents Français, commandés par cette jeune fille, suffisait pour intimider toutes les forces anglaises réunies devant la même ville (2).

Le 10 mai 1429, la Pucelle partit d'Orléans, se dirigeant vers le roi, qui habitait Chinon. Jeanne coucha cette nuit et la suivante à Blois : Charles VII vint, de son côté, à Tours; le 13 mai, la Pucelle et le roi se rencontrèrent dans cette ville. Jeanne, dit une chronique peu connue, alla au-devant de lui, son étendard à la main, et lui fit révérence, s'inclinant sur son cheval le plus bas qu'elle put, la tête découverte. Le roi, à cet abord, ôta son chaperon et embrassa Jeanne, en la redressant. « *Et, comme il sembla à pluiseurs, voullentiers le* (la) *euist baisée, de la joie qu'il avoit.* Et le lendemain vinrent nouvelles au roi que le sire de Scale estoit à Gergeau (3)... »

(1) Le texte anglais dans Rymer, p. 141. Voyez ci-dessus p. 36, note 1.
(2) Montreuil, p. 286 (cf. déposition de Dunois, *Procès,* t. III, p. 8); Montreuil, p. 297. P. Cochon, p. 456.
(3) Montreuil, p. 298. Chronique de Tournai, publiée en 1856, par

Après cette entrevue, Charles VII ne tarda pas de retourner à Loches. Jeanne le suivit également dans cette résidence. A Loches, comme à Tours, Jeanne fut reçue avec honneur ; mais l'attitude que le roi garda vis-à-vis d'elle excite un légitime étonnement. Après la merveilleuse délivrance d'Orléans, il semble que toute hésitation fût en quelque sorte, de la part du roi, contre le bon sens et contre nature. Le prince le plus timide devait se sentir assez rassuré pour prendre au moins possession, en personne, de cette aide extraordinaire que la Providence lui octroyait si libéralement. La Pucelle invita Charles VII, dans les termes les plus chaleureux, à la suivre sans retard. Elle le pressa de marcher contre un ennemi qui déjà fuyait pour ainsi dire de lui-même devant elle.

Charles VII demeura insensible à ces instances (1).

Les prières et les avis de la Pucelle, toutefois, ne furent point absolument repoussés. A Tours et à Loches, le roi tint conseil sur conseil, et mit la délibération de ces avis à un ordre du jour perpétuel. Les ministres accueillirent honorablement l'héroïne; mais ils ne lui donnèrent point accès dans ces conseils. Jeanne, désolée de pareilles lenteurs, se présente un jour auprès du roi. C'était au château de Loches. Le roi Charles se trouvait en ce moment dans son *retrait* ou *chambre de secret;* on appelait ainsi des cabinets de bois, pratiqués au sein des vastes salles

---

M. le chanoine De Smet, dans la collection des Chroniques belges : Bruxelles, in-4º; Chroniques de Flandres, etc., t. III, p. 412. Il faut distinguer ici l'embrassement du baiser ou accolade.

(1) Montreuil, p. 298. *Procès*, t. III, p. 9 et s. 80, etc.; t. IV, p. 334, etc. Vers ce temps, Gilles de Rais battit les Anglais commandés par Blankburn, devant Le Lude sur le Loir (Sarthe). D'Argentré, *Hist. de Bretagne* 1618, in-fº, p. 776.

murées du moyen âge. Les conseillers les plus hostiles aux vues de la Pucelle n'accompagnaient point le roi. Ce prince avait seulement autour de lui Christophe d'Harcourt (frère de Jacques), le sire de Trèves, et Gérard Machet, son confesseur. Jeanne frappa, sans introducteur, à la porte. Aussitôt entrée, elle se jeta à genoux devant le roi, embrassant ses jambes et lui disant avec larmes : « Noble *Dauphin*, ne tenez plus tant et de si longs conseils ; suivez-moi, et venez prendre, à Reims, votre digne couronne. » Le roi, par la bouche du seigneur d'Harcourt, répondit à cet acte d'effusion... Séance tenante, il fit subir à l'héroïne une sorte d'interrogatoire, véritable répétition abrégée des enquêtes de Chinon et de Poitiers (1) !

A la suite de cette scène, des gens d'armes furent mandés. Charles VII nomma le duc d'Alençon lieutenant général, chargé d'accompagner la Pucelle. L'un et l'autre reçurent ordre d'affranchir les rives de la Loire et les environs d'Orléans. Tous les abords de cette ville, en effet, obéissaient encore aux Anglais. Le 2 juin 1429, le roi Charles VII, comme s'il eût épuisé son activité dans cette campagne *parlementaire*, était de retour à sa résidence favorite de Chinon. Ce même jour, la Pucelle fut autorisée à prendre pour armoiries « un écu d'azur, à l'épée d'argent, enmanchée d'un pommeau d'or, soutenant une couronne du même, férue en pointe et accostée de deux fleurs de lys d'or. »

Elle partit aussitôt et se remit en campagne (2).

(1) Déposition du comte de Dunois, *Procès*, t. III, p. 11 et 12.
(2) *Ibid. Nouvelles recherches sur la famille de Jeanne Darc*, p. 29. La Pucelle ne porta point personnellement ces symboles héraldiques. Elle conserva de préférence les emblèmes qu'elle avait choisis et adoptés.

La mémoire de Bertrand du Guesclin, vainqueur des Anglais sous Charles V, rajeunie par les circonstances actuelles, était alors présente à tous les esprits. L'héroïne, avant de poursuivre sa carrière, voulut célébrer à sa manière cette grande renommée. La veuve du connétable survivait : Jeanne, le 1ᵉʳ juin 1429, lui envoya spontanément un petit anneau d'or. Elle joignit à cette offre légère un compliment qui, trois jours après, fut transmis à l'illustre veuve par l'un de ses petits-fils. André de Laval était venu visiter la Pucelle ; Jeanne chargea ce jeune gentilhomme de dire à son aïeule « que c'étoit bien petite chose et qu'elle vous eust volontiers envoyé mieulx, considéré votre recommandation (1). »

Le 11 juin, la Pucelle et le duc d'Alençon vinrent mettre le siége devant Gergeau. L'armée royale s'accroissait journellement de recrues qui venaient combattre sans compter sur aucune solde. Suffolk et sa division occupaient cette place fortifiée. Au moment de l'attaque, la Pucelle distingua une pièce d'artillerie, braquée et pointée de la ville vers le duc d'Alençon. « Beau duc, lui dit-elle, ostez-vous du logis où vous estes, vous seriez en danger des canons. » Le prince ne s'était point écarté de deux toises, que le boulet partit. Un écuyer d'Anjou, qui avait remplacé le duc, eut la tête emportée du coup. Jeanne accomplit ainsi la promesse qu'elle avait faite aux dames d'Alençon. Le lendemain 12, la Pucelle descendit dans le fossé au plus fort de l'assaut. Elle tenait son étendard à la main. Frappée d'une grosse pierre, jetée par les assiégés,

---

(1) Voyez ci-dessus, tome I, p. 400, note 3. Cousinot, etc., p. 358. *Procès*, t. V, p. 109.

qui la fit tomber assise, elle remonta sur l'échelle et entraîna les assaillants. Venez hardiment, dit-elle, et entrez dedans ! A ces mots, ils pénétrèrent dans la place et n'eurent que la peine de chasser les fuyards (1).

Un des combattants français poursuivit sur le pont le comte de Suffolk et se disposait à le prendre. « Es-tu gentilhomme, lui demanda le comte? — Oui. — Et chevalier ? — Non. » Le comte alors fit chevalier son interlocuteur, puis se rendit à lui. La ville ennemie, ses munitions, ses richesses, tombèrent au pouvoir des vainqueurs, ainsi que le général et la garnison anglaise, forte de six à sept cents hommes. William Pole, frère du général, demeura également prisonnier, et son deuxième frère, Alexandre Pole, y perdit la vie (2).

A cette nouvelle, Charles VII, encouragé, quitta subitement Chinon et fit un pas remarquable, mais très-mesuré dans la direction de *Reims*, que lui conseillait la Pucelle. Le roi vint s'établir à Sully-sur-Loire. Cette ville et le château où Charles prit son gîte, en compagnie de la Trimouille, appartenaient à ce favori. Dans le même temps, la Pucelle, réunie à Orléans avec les principaux capitaines, délibéra d'aller mettre le siége devant Meung et Beaugency. Le connétable de Richemont, exilé de la cour, se tenait depuis longtemps à l'écart. Instruit des événements, il accourut à Blois, suivi d'un contingent, et résolut, malgré sa disgrâce, de prendre une part active à la guerre (3).

(1) Montreuil, p. 299 et suiv. P. Cochon, p. 455. Déposition du duc d'Alençon, *Procès*, t. III, p. 96. *Chronique Martinienne*, f° 276.
(2) *Ibid*. Jean Chartier et suites, t. I, p. 82; t. III, p. 203.
(3) *Itinéraire*, Montreuil, p. 302 et suiv. *Procès*, t. III, p. 97. D'Argentré, p. 777.

Sur la requête de Richemont, la Pucelle, d'accord avec le lieutenant général, duc d'Alençon, donna au comte un commandement provisoire, à Beaugency. Elle se chargea en outre de plaider sa cause devant le roi et la Trimouille. Beaugency, ainsi que Meung, se rendirent, le 15, aux Français. Cependant Talbot et Falstalf, exaspérés par cette série de revers, se réunirent en Beauce pour marcher, de concert, au secours de leurs compatriotes. Jeanne, après avoir débarrassé les rives de la Loire, marcha au-devant d'eux. La rencontre des deux armées s'opéra en un lieu dit Coinces, près Patay (Eure-et-Loir), le 18 juin 1429 (1).

C'était la première fois que les Anglais se voyaient affrontés, depuis la venue de la Pucelle, en rase campagne. Le duc d'Alençon avait en sa compagnie les comtes de Vendôme, de Richemont, le maréchal de Sainte-Sévère, Louis de Culant, amiral de France; Poton, La Hire; les sires d'Albret, de Laval, de Chauvigny, de Loré, de Termes-Armagnac, etc. Le lieutenant général dit à la Pucelle : «Jeanne, voilà les Anglais en bataille, combattrons-nous?» — Avez-vous vos éperons, lui répondit la Pucelle?... Allez sur eux, et ils s'enfuiront... et pour ce fault il vos esperons pour les suivre (2). »

Lord J. Talbot, qui commandait l'avant-garde anglaise, rangea ses archers en bataille avec leurs épieux, suivant le mode accoutumé. Il choisit pour s'établir un poste favorable, qui contraignait les Français à se jeter entre

(1) Montreuil, p. 306. Archives de Tours, *Cabinet historique*, p. 109. J. Chartier, etc., t. III, p. 201-209. D'Argentré, *ibid*.
(2) Cagny, *Procès*, t. IV, p. 12 et suiv. Berry, Godefroy, p. 378. Montreuil, *ibid*.

deux haies dans un étroit passage. A la voix de la Pucelle, les Français fondirent avec impétuosité sur Talbot. Sir John Falstalf, chef de la *bataille* ou corps principal, vint rejoindre Talbot, qui était suivi de l'arrière-garde. En peu de temps, la déroute des Anglais fut complète : Talbot, Scales, Th. Ramston, lord Hungerford, prisonniers, et plus de deux mille des leurs, morts, demeurèrent sur la place (1).

Sir J. Falstalf ne s'enfuit point, comme il a été dit trop souvent, mais il opéra sa retraite, après avoir déployé dans toute cette affaire une très-grande prudence, unie à un courage désespéré. Les Anglais, démoralisés, abandonnèrent la Beauce, et fuyant d'Étampes à Corbeil, se replièrent jusque sous les murs de la capitale (2).

La Pucelle avait fait itérativement ses preuves devant l'ennemi. Les premiers hommes de guerre du temps de Charles VII, tels que La Hire, Dunois, Gaucourt, Ambroise de Loré, etc., s'accordèrent à vanter, même de son vivant, la capacité militaire de l'héroïne. Elle excellait, disent-ils, à manier la lance, à former les pelotons, à faire prendre aux troupes leurs emplacements et à disposer l'artillerie. Leurs éloges sur ce point, comme sur tous les autres, aboutissent à exalter en sa personne un être surnaturel, et à l'idée du miracle (3).

(1) J. Chartier, t. I, p. 83 et suiv. Wavrin-Dupont, t. I, p. 292. *Chronique Martinienne*, f° 276.

(2) Wavrin, *ibid*. Monstrelet, ch. LXI. P. Cochon, p. 455. Biographie Didot : *Falstalf*. Registre du conseil dans *Procès*, t. IV, p. 452, etc.

(3) Montreuil, p. 295, 312. «... Elle faisoit merveilles d'armes de son corps et manyoit ung bourdon de lance très-puissamment et s'en aidoit radement, comme on véoit journellement. » (Ms. Cordeliers, n° 16, f° 484 ; *Chronique bourguignonne*). *Procès*, t. III, p. 32, etc. (voir à la table, ces mots : *Jeanne, entendue au fait de la guerre*.)

Jeanne Darc, évidemment, était une de ces intelligences neuves et puissantes qu'on remarque surtout parmi les personnes illettrées. Aidée d'une observation précoce, patiente, concentrée, d'une mémoire excellente, elle s'était assimilé avec un merveilleux succès les notions pratiques nécessaires à l'accomplissement de sa mission. Ces témoins ont tous été frappés, chez elle, de l'art si précieux, et qu'elle possédait au plus haut degré, l'art d'*enlever le soldat* sur le champ de bataille. En effet, à chaque affaire, Jeanne, payant de sa personne, se montrait à l'instant décisif et criait..... *Ils sont à vous!..* Elle emportait ainsi la victoire (1).

Après la bataille de Patay, l'armée revint à Orléans, où elle fut reçue en triomphe. Les habitants de la ville tapissèrent les rues pour l'arrivée du roi, qu'ils attendaient également. Mais le roi se tint à Sully, sans faire un pas. La Pucelle et le duc d'Alençon se rendirent auprès du prince. Ils n'osèrent point, toutefois, conduire avec eux le connétable, dans la demeure de la Trimouille. En vain le premier chef militaire offrit-il de s'humilier jusqu'à implorer du ministre, à genoux, l'autorisation de rester sous les armes. Toutes ses protestations ne purent vaincre les refus de l'ombrageux favori (2).

Il en fut de même, entre autres, du comte de Pardiac, fils du dernier comte d'Armagnac. Ce personnage, très-recommandable, était venu, ainsi qu'Arthur de Richemont, pour aider militairement le roi contre ses ennemis. La comparaison d'un homme de bien ne semblait

---

(1) *Animando armatos, Procès*, t. III, p. 120 et *passim*.
(2) Montreuil, p. 308 et suiv. Gruel, *Procès*, t. IV, p. 320.

pas moins redoutable au premier ministre que les censures du *justicier*. Le roi, à cette époque, voyait avec les yeux de la Trimouille et n'exprimait que ce que la Trimouille avait pensé. Par ordre du roi, Arthur de Richemont fut contraint de se retirer à Parthenay, et le comte de Pardiac, en Guienne (1).

Tout ce que la Pucelle et ses adhérents purent obtenir de Charles VII, fut qu'il se rapprochât d'Orléans, jusqu'à Châteauneuf. En passant par Saint-Benoît-sur-Loire, le roi dit à la Pucelle *qu'il avait pitié d'elle et de la peine qu'elle se donnait*, l'engageant à « se reposer ! » A ce douloureux compliment, l'héroïne fondit en pleurs ; conjurant le sceptique monarque de ne plus douter, elle lui protesta encore une fois qu'il recouvrerait tout son royaume et recevrait prochainement la consécration royale. Charles VII accueillit à Châteauneuf les chefs de guerre victorieux et tint divers conseils. Le voyage de Reims y fut en dernier lieu résolu. Lorsque les troupes eurent été rassemblées, que tout fut prêt, le roi et quelques familiers opposèrent de nouvelles résistances. La Pucelle, pour couper court, donna le signal et prit les champs le 27. Deux jours après, le roi se mit en route (2).

La Trimouille, jusque-là, n'avait point encore fait flotter au vent sa bannière. Il partit, conduisant le roi, le conseil et l'armée. La reine, probablement à la demande de la Pucelle, avait été mandée de Bourges, afin qu'elle fût associée, suivant la coutume, à la cérémonie du sacre et du couronnement

---

(1) *Ibid*. Montreuil, p. 304. Monstrelet, ch. LXIII.
(2) *Ibid. Procès*, t. III, p. 116 ; t. IV (Cagny), p. 18. Après la campagne, selon toute apparence, les états du Languedoc votent un aide de 150,000 liv. *pour le sacre*, etc. (Ms. Fontanieu, 115, à la date du 15 juillet 1430.)

royal. Marie d'Anjou, timide, modeste, fut jugée de peu de ressource, en cas de péril. On la renvoya, sans respect, de Gien à Bourges. Tant il y avait encore de doute, dans l'esprit de la Trimouille, sur le succès de cette campagne (1) !

Comme contraste avec ce trait de scepticisme, on peut citer la lettre que la Pucelle écrivit de Gien, le 25, à la ville de Tournay. La Pucelle, qui, dès lors, embrassait dans son influence une sorte d'action quotidienne sur les affaires publiques, n'oublia pas la ville patriote et française. Elle écrivit aux Tournaisiens de persévérer dans leurs sentiments; et, renouvelant avec une parfaite opportunité leur titre de *bonne ville*, elle convoqua le corps municipal de Tournay pour assister, en cette qualité, au sacre de Reims. La Pucelle adressa une lettre analogue au duc de Bourgogne, comme pair de France (2).

L'armée, forte d'environ 12,000 hommes, partit de Gien le 29, et arriva, le même jour, à Auxerre. Des héraults du roi vinrent sommer cette ville de se mettre en obéissance. Auxerre appartenait comme fief à Philippe le Bon. La Trimouille, en 1427, s'était fait nommer lieutenant-général du roi en Bourgogne et gouverneur d'Auxerre. Les habitants refusèrent de reconnaître Charles VII. Jeanne voulait donner l'assaut : la Trimouille s'y opposa ; moyennant deux mille écus d'or donnés au ministre, la ville conserva la *neutralité*. C'était un cas de lèse-majesté royale, c'est-à-dire de trahison contre l'État, accompagnée

---

(1) Montreuil, p. 310.
(2) *Procès*, t. V, p. 125, 127. Jean de Thoisy, évêque de Tournay, conseiller de Philippe le Bon, était favorable aux Anglais. *Voy.* Monstrelet, ch. LXIX. Ces deux lettres donnent lieu de présumer que des convocations semblables furent adressées aux autres autorités et bonnes villes.

de concussion. La Pucelle et d'autres furent indignés de ce double crime : mais les Auxerrois n'eurent qu'à fournir des vivres à l'armée, et l'on passa outre (1).

Après avoir traversé la ville de Saint-Florentin, qui se soumit immédiatement, ainsi que Brinon-l'Archevêque, le roi, la Pucelle et les forces arrivèrent le 4 juillet devant Troyes. Depuis le fameux traité, cette ville, fort *travaillée* par les partis politiques, s'était façonnée au joug de l'étranger. Une faction puissante, animée des passions bourguignonnes, y dominait. La garnison se composait de cinq à six cents hommes d'armes très-résolus, maîtres d'une ville fermée, solidement défendue de murs, de fossés et de remparts. Les troupes royales s'emparèrent du château de Saint-Lyé, sur la Seine, qui appartenait à l'évêque de Troyes. Le roi s'établit ensuite au faubourg Croncels et envoya ses hérauts sommer la ville de lui ouvrir ses portes. Bien loin d'obéir à une telle injonction, la garnison exécuta contre les troupes royales une vigoureuse sortie. Cette irruption fut refoulée avec succès, et les assiégés se renfermèrent dans la ville, qui bientôt se trouva étroitement investie (2).

L'armée de Charles VII, néanmoins, n'avait ni argent, ni artillerie de siége, ni subsistances. Plusieurs jours se passèrent dans cette attente, dans cette situation d'impuissance et de péril. Prières et menaces, jusqu'alors, n'avaient rien obtenu des assiégés. Les choses en étaient là, quand

---

(1) Montreuil, p. 313. Anselme et biographie Didot : articles *La Trimouille* (Georges de). D. Plancher, t. IV, p. 130.

(2) Montreuil, p. 315 Ms. Cordeliers, n° 16, f° 484 v°. Ms. La Ravalière 108, p. 215. Boutiot, *Guerre des Anglais*, 1861, in-8°.

le 8 juillet, un dernier conseil fut tenu par Charles VII. La majorité penchait pour quitter la place et poursuivre la route. Déjà le chancelier R. de Chartres recueillait les suffrages : le sire de Trèves, appelé à voter, émit l'avis de consulter la Pucelle. Jeanne, mandée, assura qu'avant trois jours la ville se soumettrait au roi de France (1).

L'héroïne, en effet, tint parole. Jusqu'ici le *résultat* seul de cette campagne devant Troyes a été révélé par l'histoire. Or, le silence ou le mystère prête au merveilleux. Sans diminuer en rien l'admiration due à la libératrice, nous pouvons toutefois présenter, sous un autre jour, le mérite qui lui revient. Nous pouvons aujourd'hui faire connaître les *moyens* d'influence qui se rattachaient à son initiative, et qui furent mis en action dans cette circonstance.

On a vu précédemment le rôle politique joué, dans les affaires de France, par le dominicain saint Vincent-Ferrier et ses disciples. Nous retrouvons ici un nouvel effet de cette propagande politique et religieuse. Parmi les élèves de saint Bernardin de Sienne et de saint Vincent-Ferrier, se trouvait un cordelier nommé Frère Richard, probablement originaire d'Italie. En 1428, il avait passé par Troyes et prêché l'avent dans cette ville. Frère Richard et ses coreligionnaires préconisaient cette doctrine, qu'un grand renouvellement allait s'accomplir. Sous des traits mystérieux et singuliers, il annonçait le prochain avénement d'une sorte de messie, à la fois réformateur et vengeur (2).

(1) Montreuil, *ibid*.
(2) Cette doctrine était celle de l'Antechrist. *Voy.* sur ces faits : *Revue archéologique*, 1861; mémoire intitulé : *Notes sur deux médailles de plomb*, etc., *relatives à Jeanne Darc*. Ci-dessus, t. I, p. 293, 336.

Frère Richard obtint auprès des Troyens un immense succès. Il leur disait chaque jour (décembre 1428) : « Semez des fèves largement; celui qui doit venir, viendra en bref. » De là, il se rendit à Paris, où l'influence du prédicateur sur la population ne fit que s'accroître. Cet ascendant et le caractère de ses sermons causèrent de l'ombrage au gouvernement anglais. Frère Richard fut taxé, par l'autorité, d'être Armagnac. Dénoncé à la Sorbonne et au prévôt de la capitale, il s'esquiva pendant la nuit, au moment où on allait l'arrêter. Ces faits se passaient en avril 1429. Richard, se voyant persécuté, confessa hautement ses sympathies pour la cause de Charles VII. Il se rendit immédiatement en Orléanais et devint un des aumôniers de la Pucelle (1).

Bien que bourguignonnes, les villes de Troyes, Reims, Châlons, qui connaissaient ce prédicateur, professaient pour lui beaucoup d'estime et d'admiration. Hésitantes, intimidées, déjà ébranlées par la marche des événements, ces villes se consultaient entre elles. De fréquents messages avaient lieu de l'une à l'autre. Troyes était la première cité importante qui dût prendre une décision. Frère Richard influa sur cette détermination de tout le poids de sa réputation et de la confiance qu'il avait inspirée (2).

Les fèves, que les Troyens avaient semées largement,

(1) Richard partit de Paris le 30 avril. En juin, il était à Gien près de la Pucelle. Le 10 mai 1429, mandement de Philippe le Bon contre les prédicateurs étrangers. (*Bull. Soc. hist. de France*, 1860, p. 232, 233). Sur Richard : Montreuil, p. 315 ; *Journal de Paris*, p. 679 ; Monstrelet, IV., 635 ; Biographie Didot : *Richard*.

(2) *Procès*, t. I, p. 99 et suiv.; t. IV, p. 290 et suiv. D. Marlot, *Hist. de Reims*, t. IV, p. 172.

servirent à la nourriture des troupes affamées. Jean Laiguisé, évêque de Troyes, intervint aussi favorablement. Ce prélat était un ancien élève du collége royal de Navarre, collége particulièrement attaché, de tradition, à la cause *Armagnac*. Là, il avait eu pour condisciple Gérard Machet, devenu confesseur du roi et l'un des appuis de la Pucelle. Durant le séjour de Richard à Paris, un synode ou concile de la province de Sens s'était réuni dans la capitale. Laiguisé avait accompagné Richard à Paris; il venait assister au concile, comme suffragant de Sens. Lors de cette visite récente, l'évêque avait pu s'enquérir, au chef-lieu politique, de l'état des esprits et de la situation des affaires; Laiguisé retrouva Richard et son condisciple Machet, dans sa demeure épiscopale de Troyes, au milieu de ces circonstances critiques (1).

Les instances du confesseur agirent puissamment sur l'évêque. Jean Laiguisé, natif de Troyes, tenait à la ville dont il était le premier personnage, par les attaches les plus fortes et les plus nombreuses. Le doyen de la cathédrale, nommé Jean Pougeoise; Jean Bareton, l'un des principaux conseillers de la ville, étaient ses proches parents. Guillaume Andouillette, maître de l'Hôtel-Dieu de Troyes, puis abbé de Saint-Loup, se prononça comme les précédents, pour le parti de Charles VII (2).

En sortant du conseil, Jeanne parut de nouveau devant

---

(1) Montreuil, p. 315. Launoy, *Historia colleg. Navarræ*, t. II, p. 549. Archon, *Histoire ecclés. de la chapelle des rois de France*, t. II, p. 362. *Conciles de Hardouin*, t. VIII, p. 1039.

(2) Ms. la Ravalière, t. LI, p. 32; t. LVII, f° 6, v°; t. CVIII, p. 203, 215. *Gall. christ.*, t. XII, p. 514, 515, 590. Mémoires de l'Académie de l'Aube, 1853, p. 28. Camusat, *Auctuarium promptuarii*, 1620, in-8°, p. 25. M. M. 835, f° 190.

les remparts. Communiquant, par son exemple, une nouvelle activité, elle donna ordre qu'on apportât des fagots, des portes, tables et chevrons, pour construire des taudis d'approche. Elle fit pointer contre la ville la faible artillerie de campagne qui l'avait suivie. Cependant les négociations, les pourparlers avec l'évêque, continuaient leur cours. F. Richard exaltait, par ses prédications, les sentiments de crainte et de terreur qui avaient gagné les esprits. La population civile, anxieuse et troublée, se précipitait dans les églises (1).

Le lendemain 9, l'évêque vint trouver le roi. Des lettres d'abolition, datées de ce jour, furent accordées à la ville. Jean Laiguisé stipula en outre une capitulation, dans laquelle tous les intérêts du pays étaient sauvegardés et satisfaits avec la plus grande sagesse. Troyes ouvrit enfin ses portes au roi de France. Charles VII y fit, le 11 juillet 1429, son entrée solennelle (2).

De là l'expédition se dirigea vers Châlons-sur-Marne. Arrivée à Bussy-l'Estrée, le roi envoya aux Châlonnais son hérault Montjoie, chargé de requérir leur soumission.

(1) Et aucunes simples gens disoient qu'ils avoient vu autour de l'estendard de ladite Pucelle, une infinité de papillons blancs. Montreuil, p. 318. *Procès*, t. III, p. 14; t. IV, p. 296, etc. Sur l'influence de la Pucelle par rapport aux conseillers de Troyes, conférer Boutiot, *Guerre des Anglais*, p. 8.

(2) Montreuil. J. Chartier, I, 93 et suiv. Basin, I, 75. Camusat, *Promptuarium*, p. 234. *Ordonn.*, t. XIII, p. 142. Henri VI, par lettres du 31 août 1429, ordonne au prévôt de Paris de faire vendre, sans aucun délai ni forme judiciaire, les biens que possèdent, à Paris, divers personnages dénommés dans l'acte. Ces personnages sont : « l'évêque de Troyes, le maître de l'Hôtel-Dieu Illec, l'archidiacre de Gaucourt » (Jean de Gaucourt, oncle de Raoul VI, archidiacre de Joinville en l'église cathédrale de Châlons-sur-Marne), « Pierre de Lignières » (grande famille du Berry), « et plusieurs autres qui se sont naguère mis hors de nostre obéissance et rendus en celle de nostre adversaire. » *Livre noir*, f° 59 ; Archives de la préfecture de police. *Ibid.*, f° 265. Ms. Fontanieu 115, à cette date.

Les clefs de la ville furent apportées par l'évêque de Châlons à Charles VII, qui, le 15, prit son gîte à Châlons. En passant par cette ville, Jeanne y rencontra quatre ou cinq de ses compatriotes. Ces derniers étaient accourus de Domremy pour voir et saluer la jeune fille du pays, dans sa gloire. A Jean Morel, son parrain, elle donna une huque rouge, qu'elle avait portée. Un autre, nommé Gérardin, d'Épinal, avait été du parti bourguignon : Jeanne lui dit qu'elle ne craignait qu'une chose, à savoir, *d'être trahie*. Mot amer et profond, jeté dans ce témoignage détourné comme un oracle énigmatique, et que l'histoire doit enregistrer. Vers la même époque, elle disait au roi, en présence du duc d'Alençon : « Employez bien mon temps ; car, ajoutait-elle, je ne durerai guère plus d'une année (1). »

Gerson venait de mourir à Lyon, le 12 juillet 1429. L'illustre docteur, à la requête de son ami Gérard, confesseur du roi, avait été consulté sur le fait de la Pucelle. Gerson consigna son témoignage dans un opuscule daté du 14 mai, « *après le signe donné par la jeune fille en chassant d'Orléans les Anglais.* » Ce mémoire, tout hérissé des épines de la scholastique, se ressent peut-être un peu de l'affaiblissement intellectuel que cause le poids des années. Sa solution, toutefois, est complètement favorable à l'héroïne. Un mot, tiré de l'Écriture, termine cet opuscule, digne testament politique du grand théologien. Ce mot résume

---

(1) Montreuil, p. 319, 320. *Procès*, t. II, p. 391, 422; t. III, p. 99; t. IV, p. 19, 298. Barthélemy, *Histoire de Châlons*, p. 183. Lettres d'abolition, pour Châlons, données à Lestrée le 13 juillet 1429. (*Ibid.* p. 334, 335.) C.-E. Dumont, *Histoire de Commercy*, 1843, in-8°, t. I, p. 218.

et pourrait remplacer tout le reste : *A Domino factum est istud :* « Ceci est l'œuvre de Dieu (1). »

On touchait à la ville du sacre. Reims, métropole de la seconde Belgique, était également la capitale religieuse de la France primitive des Mérovingiens. A ce titre, l'un de ses archevêques avait sacré, en la personne de Clovis, le premier roi chrétien. D'après la légende de la monarchie française, un ange apporta au fondateur, avec l'écu aux trois fleurs de lis, cette célèbre ampoule contenant l'huile sainte et toujours renaissante. Une bulle de 1179 légalisa ces traditions et confirma authentiquement à l'archevêque de Reims la prérogative dont il avait joui dans le passé (2).

En 1429, le successeur de saint Remy se nommait Regnauld de Chartres, chancelier de France. Le premier ministre de Charles VII, dans l'ordre hiérarchique, occupait ce siége, avec le titre de duc et pair, depuis 1414. Il n'y avait point encore fait, cependant, son entrée solennelle. Dès le 11 juillet, il écrivit de Troyes aux bourgeois, aux fidèles et à son clergé rémois, de se préparer à la réception du roi de France. Avant de parvenir jusqu'à sa métropole, l'archevêque reçut au gîte Charles VII et lui offrit l'hospitalité dans son château de Sept-Saulx. Ce manoir, qui faisait partie du domaine archiépiscopal, se trouvait sur la route de Châlons à Reims, à quatre lieues de cette dernière ville (3).

Le 16 juillet, les députés de Reims vinrent, dans ce

(1) *Procès*, t. III, p. 304. Cette même année, Gerson dicta les instructions qui devaient être transmises au précepteur du dauphin, pour l'éducation de ce prince. (Launoy, *Hist. colleg. Navarræ*, t. I, p. 139.)
(2) *Ordonnances*, t. XIII, feuillet iij. D. Marlot, t. II, p. 91.
(3) Entre Verzy et les Petites-Loges. Montreuil, p. 320. Papiers de Rogier, *Procès*, t. IV, p. 297 et suiv., etc.

château, faire leur soumission au roi Charles. Des lettres d'abolition furent accordées aux Rémois pour avoir obéi à l'autorité anglo-bourguignonne. Le roi coucha ce soir même à Reims. Au moment où il y entrait, les capitaines bourguignons, délaissés par la population civile, s'éloignèrent librement et de leur propre volonté. Le 17 était un dimanche; on procéda, dès ce jour, à l'importante cérémonie qui formait le but principal de l'expédition (1).

La nuit tout entière fut activement employée à improviser les préparatifs de cette grande solennité. Les habitants de Reims, à qui incombaient les dépenses d'une telle pompe, redoutaient fort l'entrée des gendarmes du roi. Ceux-ci n'avaient point encore pénétré dans leurs murs, et la présence des soldats était toujours un fléau pour les villes. Les Rémois contribuèrent avec zèle, par ce motif, au prompt accomplissement du sacre royal. Le gouvernement anglais, informé de la campagne de Reims, avait conçu le projet de transférer ailleurs la sainte-ampoule, afin que cette relique ne pût servir à l'onction du roi Charles. Toutefois, Bedford ou Pierre Cauchon, son commissaire général en Champagne, recula évidemment devant les périls et les difficultés morales d'une telle soustraction. Les conseillers du prince avaient préparé d'avance une riche couronne pour être employée en cette circonstance. Mais ce joyau était demeuré en arrière, parmi les bagages. Afin d'éviter les retards et l'arrivée de l'armée, on passa outre et l'on se contenta d'une couronne beaucoup plus simple, qui fut trouvée dans le trésor de la

---

(1) Ms. Cordeliers, n° 16, f° 485 v°. Ms. Dupuy, n° 657, f° 288, et Brienne, n° 197, f°s 301 et suiv.

cathédrale. Il fallut suppléer enfin, à l'absence des autres *regalia*, qui, notamment à l'époque du dernier sacre, en 1380, avaient été déposés dans le trésor de l'abbaye de Saint-Denis (1).

Le matin, quatre ôtages furent députés par le roi pour aller recevoir et pour escorter la sainte ampoule ; savoir : les seigneurs de Boussac et de Rais, maréchaux de France ; le sire de Graville, grand maître des arbalétriers, et le sire de Culant, amiral. Ces quatre seigneurs, à cheval, tout armés et portant chacun leur bannière, se rendirent à l'abbaye de Saint-Remi. Là, ils firent serment de conduire et reconduire sûrement cette relique. Alors l'abbé, nommé Jean Canard, revêtu de ses riches habits pontificaux, monta sur un cheval, qui lui fut, conformément à son privilége, alloué et payé par le roi. L'abbé suspendit à son cou la sainte ampoule et prit place sous un poêle, ou dais magnifique. Le cortége se mit ainsi en marche, jusqu'à l'église de Saint-Denis de Reims (2).

L'archevêque-chancelier, en habits ecclésiastiques et suivi de ses chanoines, se porta au-devant du cortége. Parvenu au portail de Saint-Denis, il rencontra l'abbé de Saint-Remi et reçut de ses mains la fiole miraculeuse, qu'il apporta jusque sur le maître-autel de sa cathédrale. Les quatre ôtages pénétrèrent, à cheval, dans l'église et ne mirent pied à terre qu'à l'entrée du chœur. Charles VII

---

(1) Mémoire sur le sacre, dans Varin, *Archives de Reims*, t. III, p. 559 et suiv. *Procès*, t. I, p. 91, *Mémoires de Pie II* (*ibid.*, t. IV, p. 513). Ms. fr. 6356, f° 294. Godefroy-Hermant, *Histoire ecclésiastique du Beauvaisis*, ms. s. fr. 5, 2, t. III, p. 1157-9.

(2) Montreuil, 321. Journal du siége (*Procès*, IV, 185). Marlot, IV, 175. Voyez, à la fin du présent chapitre, note *A*.

revêtu d'habillements intaillés sur la poitrine et aux épaules pour recevoir les onctions, se tenait au lieu assigné. Il prêta d'abord les serments obligatoires : 1° de conserver la paix de l'Église et ses priviléges ; 2° de préserver le peuple des exactions et ingravances ; 3° de gouverner avec justice et miséricorde. Puis, le duc d'Alençon fit le roi chevalier (1).

Berry, roi d'armes de France, évoqua ensuite, par leurs noms, devant le grand autel, chacun des douze pairs, en les requérant de faire leur service au roi leur seigneur. Le duc de Bourgogne et d'autres ne répondirent point à cet appel. Divers personnages les suppléèrent. Parmi les pairs ecclésiastiques, Regnauld de Chartres, archevêque-duc de Reims, Guillaume de Champeaux, évêque-duc de Laon, Jean de Sarrebruck, évêque-comte de Châlons, étaient présents. Les évêques de Seez, d'Orléans, et un autre prélat, assistèrent les trois premiers. Les six pairs laïques furent représentés, en habits royaux, par le duc d'Alençon, les comtes de Clermont, de Vendôme, les sires de la Trimouille, de Laval et de Maillé en Touraine. Charles d'Albret tint l'épée, au lieu du connétable de Richemont (2).

L'archevêque, alors, procéda, suivant le pontifical du

---

(1) Montreuil. Journal. *Plans de Reims.* Varin, *loc. cit.*, p. 557-8. Lettre sur le sacre, *Procès*, t. IV, p. 129. Ms. La Ravallière, n° 126, f° 86. Voy. ci-dessus, t. I, p. 214, note 1.

(2) Lettre citée. Monstrelet, chap. LXIV. Ms. Cordeliers n° 16, f° 486. Ms. s. f. 2342, f° 39 v°. Cagny. *Procès*, t. IV, p. 20. *Gall. christ.*, t. IX, col. 551 ; t. XI, 693. Sur le privilége du connétable et son office dans les cérémonies du sacre, voy. Anselme, à la charge de connétable, éd. de 1712, t. I, p. 343-4. Les évêques-pairs de Langres, Noyon et Beauvais, absents, servaient le roi d'Angleterre. Parmi les pairs laïques, le duc de Bourgogne était le seul qui subsistât des anciens titulaires ; les autres pairies avaient été réunies à la couronne.

sacre, aux onctions, puis à la consécration et aux bénédictions rituelles. Au moment où les pairs confirmèrent de la main la couronne, sur la tête du roi, le cri de *Noël* retentit unanimement dans l'assistance, et les voûtes de la cathédrale s'ébranlèrent au bruit d'une éclatante fanfare. Le roi de Sicile (René d'Anjou), le duc de Lorraine, et le damoiseau de Commerci étaient venus trouver le roi pour assister à son sacre. Malgré la difficulté des circonstances, tout le matériel nécessaire à la cérémonie se trouva réuni comme à point nommé. Rien ne manquait à la pompe du spectacle ; ni le nombre et l'animation, aux spectateurs (1).

Charles VII, sacré roi, fit à son tour chevalier, dans l'église même, le damoiseau de Commerci (Robert de Sarrebruck), neveu de Jean, évêque de Châlons. Par lettres datées du même jour, le roi, en l'honneur des dames de Laval et de Guy de Laval, héritier de ce nom, érigea la baronnie de Laval en comté. Gilles de Rais fut promu à la dignité de maréchal et le sire de la Trimouille, baron de Sully, à celle de comte (2).

(1) Montreuil. Lettre. J. Chartier, t. I, p. 97 ; t. III. p. 205. *Ordo* du sacre : Mss. latins 1246 et 8886. « ... La sainte ampoule, jadis envoyée de par Dieu des cieulx ; qui par avant estoit vuyde, s'en trouva pleine et illec receûtes vous, par miracle divin, les enseignes royales dont vous estes merchié (marqué). » *Discours historique* adressé en 1449 à Charles VII par Robert Blondel. Ms. 1341, s. G. f° 85.

(2) Par l'absence de La Fayette et des pairs, il manquait un maréchal de France et deux comtes-pairs laïques : Rais, Laval et La Trimouille furent promus en conséquence. Ms. Dupuy, 416, f°s 17 et suiv. Lettre, p. 129. Cagny, p. 20. Dumont, *Histoire de Commercy*, t. I, p. 218. Charles VII fit présent à la cathédrale des tapis de satin vert qui avaient servi à son sacre. Il offrit, en outre, à cette église un *ornement* de chapelle, ou collection de vêtements sacerdotaux en velours rouge. Il donna enfin un ornement de Damas blanc à Saint-Remi (D. Marlot, t. IV, p. 175).

Au milieu de cette pompe officielle, la Pucelle était là : elle tenait à la main son étendard, qui, déjà béni du ciel, avait guidé le *roi de Bourges,* alors dénué, vaincu, jusqu'au pied de ces autels. Sa vue, son maintien, excitait l'universelle sympathie. Lorsque le cérémonial fut accompli, elle s'agenouilla aux pieds de son prince et lui dit avec larmes : « Gentil roy, ores est exécuté le plaisir de Dieu, qui vouloit que vinssiez à Reims, recevoir votre digne sacre, en monstrant que vous estes vray roy et celui auquel le royaume doit appartenir (1). »

(1) Sources citées. Montreuil, p. 322-3. Jacques Darc père de Jeanne, et l'un de ses frères, Pierre, accompagnaient à Reims leur fille et leur sœur. *Procès* III, 198, etc. *Noms des seigneurs,* etc, *qui suivirent le roi à la campagne de Reims* : Delort, *Essai sur Charles VII,* etc., 1824, in-8°, p. 174.

(A) *Sur l'abbé de Saint-Remi et la sainte ampoule.* (Voyez ci-dessus, p. 97.)

« A révérend père en Dieu Jehan, abbé de l'église, Monsieur Saint-Remy de Reims, la somme de 50 livres tournois, qui, du commandement et ordonnance du roy nostre sire, lui a esté paiée et baillée par ledit trésorier, pour ung cheval, que ledit seigneur lui doibt le jour de son sacre et couronnement, qu'il prist et receut (le sacre) en la grande église du lieu de Reims, le 17e jour de juillet 1429, pour apporter, dessus icellui cheval, dudit lieu de Saint-Remi, la Saincte-Ampole et pour icelle reporter, après son dit sacre fait et receu, audit Saint-Remy, etc. » Ms. s. f. 2342 (Extraits de la chambre des comptes), f° 37. La sainte ampoule, proprement dite, consistait en une petite fiole de verre blanc. Vers le douzième siècle, époque où la tradition miraculeuse paraît avoir pris toute sa consistance, cette ampoule de verre (qui remontait, dit-on, à saint Remi, c'est-à-dire au cinquième siècle), fut enchâssée, selon l'usage, dans le ventre d'une *colombe* d'or. L'oiseau, dont les pattes et le bec étaient de corail, fut en outre serti dans une sorte de plat, en vermeil ciselé et enrichi de pierreries. Une chaîne d'argent était fixée par deux extrémités à ce reliquaire, qui se conservait en l'abbaye de Saint-Remi, à côté des ossements ou tombeau du saint. Cette chaîne pouvait servir à suspendre la sainte ampoule dans le lieu où on la conservait. Passée au cou de l'abbé ou grand prieur de Saint-Remi, la chaîne servait aussi à porter cette relique de l'abbaye à la cathédrale. (Voy. sur ce sujet D. Marlot in 4°, t. II, p. 51, notes des éditeurs et les renvois.)

CHAPITRE III

Jeanne Darc. Campagne de Picardie et de Paris (du 17 juillet au 13 septembre 1429).

Il était d'usage que les rois de France, après leur sacre, et le même jour, se rendissent à Corbeny, pour y toucher les écrouelles. Un notable incident ne permit pas à Charles VII de se conformer ponctuellement à cette coutume.

Le 17, jour du sacre, avant la cérémonie, Jeanne Darc écrivit une seconde lettre au duc de Bourgogne (1). Dans cette dépêche, elle se plaignait de ce que le hérault, porteur de sa première missive, n'était pas de retour et de ce que le prince n'avait point répondu à son appel. Quelque fût l'hostilité de Philippe le Bon, le duc ne se sentait point complétement assuré dans ce rencontre. Le défaut pur et simple du vassal, en pareille occasion, pouvait entraîner contre le défaillant, de rigoureuses conséquences. D'ailleurs, l'astre de Charles VII montait à l'horizon : Philippe ne conservait à l'étoile pâlissante des Anglais, qu'une foi chaque jour plus tiède et plus ébranlée.

Ce jour même, 17 juillet 1429, à l'insu de Jeanne, ou après le départ de son message, les ambassadeurs de Bourgogne arrivèrent à Reims. Ils vinrent au nom de Philippe le Bon, saluer le roi de France et lui apporter des offres d'accommodement. Cependant Antoine de Toulongeon,

(1) Voyez ci-dessus, page 88, note 2.

maréchal de Bourgogne, publiait le ban de guerre dans tous les bailliages de ce duché. Les nobles et gens d'armes, d'après ce mandement, devaient s'assembler à Châtillon-sur-Seine « le *vingt-huit juillet*, pour s'opposer au dauphin, qui voulait se faire couronner à Reims (1) ».

Le duc de Bourgogne, en effet, commençait à subir les conséquences de la fausse position qu'il avait embrassée. Sa politique, et nous y reviendrons bientôt, consistait toujours à se faire courtiser en même temps par Henri VI et par Charles VII. Rusant des deux parts, il jouait un double jeu tendant à duper l'un et l'autre.

Au moyen de ces vaines conférences, les envoyés bourguignons amusèrent, à Reims, pendant quatre jours, le roi de France et son conseil. Puis ils s'éloignèrent sans rien conclure. Charles VII quitta Reims le 20 et se rendit à Corbeny ; là se trouvait un prieuré dépendant de Saint-Remi de Reims. Ce monastère était placé sous l'invocation d'un saint appelé Marculfe, qui, de son vivant, dit-on, avait été prince du sang royal (2).

La langue vulgaire, en se formant, changea le nom de Marculfus en *Marcou*. Il n'en fallut pas davantage pour que les fidèles invoquassent particulièrement l'intercession de ce saint, afin d'en obtenir la guérison des écrouelles. Une maladrerie spéciale était annexée à ce monastère, qui recevait, tous les ans, de nombreux pèlerinages. Une tra-

---

(1) *Mémoires de Pie II*, loc. cit. Ms. Cordeliers n° 16, f° 485 v° (inédit). Nous transcrivons la date du 28 *juillet*, d'après Labarre, *Mémoires de Bourgogne*, t. II, p. 203. Peut-être faut-il lire 28 *juin?* La feinte ne se révèle pas moins, soit que l'on admette l'une ou l'autre variante.

(2) Ms. Cord., 16, f° 486. Pie II, *ibid*. Montreuil, p. 323. Bollandistes au 1er mai, p. 70 et suiv.

dition ancienne attribuait particulièrement aux rois de France, nouvellement sacrés, le pouvoir de guérir, par l'apposition des mains, cette maladie (1).

Après avoir fait ses offrandes, ses oraisons, et touché les malades, le roi se dirigea par Vailly, petite ville du domaine de l'archevêque de Reims, qui reconnut immédiatement son autorité. Un grand nombre d'autres places appartenant à la province ecclésiastique de Reims, ou de Picardie et de Champagne, imitèrent cet exemple. Soissons, Laon, Château-Thierry, Provins, Coulomiers, Crécy en Brie, Compiègne, etc., redevinrent spontanément français (2).

Après la bataille de Patay, plusieurs conseillers du roi, notamment le duc d'Alençon, dont les domaines à reconquérir se trouvaient sur la lisière du Maine, voulaient marcher en armes vers la Normandie. La Pucelle insista pour opérer d'abord la campagne de Reims, qui en un seul jour, disait-elle, faisait du *dauphin* le roi de toute la France. Elle rallia ou entraîna Charles VII, ainsi que le conseil, à cette dernière résolution. Mais Bedford, aussitôt que les Anglais eurent perdu la ligne de la Loire, concentra d'abord ses forces au sein de la Normandie. Il y rencontra en effet le connétable de Richemont, qui, ne pouvant souffrir

---

(1) *Saint Marcou* était invoqué pour les *marques au cou*, de même que *saint Clair* l'était par les aveugles, etc., etc. La maladrerie de Saint-Marcou et la cérémonie royale subsistèrent autant que la monarchie. M. le docteur Chereau, déjà connu par ses travaux d'histoire médicale, prépare sur ce sujet un mémoire plein de faits curieux.

(2) Ms. Cordeliers n° 16, f°s 486, 489 v°. Montreuil, *ibid.* J. Chartier, t. I, p. 98 et suiv.; t. III, p. 205. Saint-Remi. *Procès*, t, IV, p. 432. D. Grenier, t. 20 bis, f. 12, 15; t. 89, p. 271. Martin et Jacob, *Histoire de Soissons*, 1837 in-8°, t. II, p. 319.

l'inertie à laquelle on le condamnait, alla guerroyer contre l'ennemi dans cette province (1).

Le 4 juillet 1429, le gouvernement anglais assignait une somme de cinq mille marcs, sur la rançon du duc de Bourbon, pour la solde de la garnison de Calais. C'est ainsi qu'en dépit du testament d'Henri V, les Anglais se voyaient forcés d'entendre à la libération des princes français, prisonniers d'Azincourt. A force de ruse vis-à-vis du saint-siége, et avec l'argent prêté par Martin V, le conseil privé réunit en Angleterre une nouvelle armée de cinq mille hommes. Ces forces étaient censées destinées à combattre les Hussites de Bohême : le cardinal de Winchester en prit le commandement (2).

En France, il s'agissait de remonter le moral des populations, chaque jour plus refroidies, plus craintives, et de réchauffer également l'alliance du Bourguignon. Le 15 juillet 1429, Paris eut le spectacle d'une véritable scène, à la fois théâtrale et politique, dont l'impresario était le régent de France, duc de Bedford. Après une procession, accompagnée de sermon, le grand conseil et le parlement se réunirent, à la Table de marbre du palais, en présence du régent et du duc de Bourgogne. Sur ce théâtre, consacré aux Sotties et Moralités, on lut publiquement le traité du Ponceau (juillet 1419). Puis, le chancelier pour les Anglais fit un récit pathétique du meurtre de Montereau, suivi, à point nommé, de murmures d'in-

---

(1) Catalogue Teulet, p. 282-3. *Procès*, t. III, p. 12, 13. Monstrelet, chapp. LXIII, LXX. Beaurepaire, *Administration* p. 61, 62. Voy. aussi P. Cochon, p. 458, chap. L.

(2) *Lettres des rois et reines*, t. II, p. 409. *Proceedings*, etc. t. III, p. 345. Le Brun de Charmettes, t. II, 229, 236.

dignation. Le final ou dénoûment fut un serment général de haine à la patrie, et d'amour en faveur du gouvernement étranger. On profita de cet enthousiasme pour changer le prévôt des marchands et les échevins, devenus inopinément suspects. Toutes les autorités furent contraintes à renouveler le serment anglais (1).

Dans le même temps, le duc de Bourgogne promettait au régent Bedford une armée de secours. Le régent s'engagea de lui payer vingt mille livres, et de lui remettre des joyaux qui lui permissent d'emprunter une somme égale, au compte du roi d'Angleterre. Pierre Surreau, trésorier du régent, porta le numéraire à Arras, entre les mains du receveur ducal. Mais le duc ne fournit point d'armée : l'eût-il voulu de bonne foi, ce résultat dépassait alors sa puissance. Aux termes stricts du droit féodal, les Flamands et les Picards du nord se refusaient à servir le duc *hors de leur pays*, et à l'aider dans sa guerre contre les Français (2).

Bedford, en attendant, adressait au conseil privé message sur message. Répondant à ses pressantes instances, le cardinal d'Angleterre, accompagné de ses cinq mille hommes, arriva le 25 juillet à Paris. Une division de ce corps arbora sur son drapeau des symboles contenant une allusion satyrique à la Pucelle. Le capitaine de cette division « avoit fait faire ung estendart tout blancq, dedens lequel avoit une queunelle chergié de lin, à quoy pendoit ung fuisel ; autour, du fille, comme à moitiet fusée ; et y estoit

---

(1) *Journal de Paris*, p. 680. Registre du conseil. *Procès*, t. IV, p. 454. Sarrasin, *varia monumenta* : L. L. 414, f° 77.

(2) Beaurepaire, *Administration*, p. 62. Lettre de Jean Desch, *Procès*, t. IV, p. 354.

entresemé, en plusieurs lieus, de fusiaux, et avoit escript : *Or viegne la belle!* en signefiant qu'il lui donroit à filler (1)... »

Ces merveilleux succès, qui se propageaient chaque jour en faveur de la cause royale, étaient l'œuvre de la Pucelle. Le peuple, la nation française ne s'y trompaient pas. Ils saluaient la libératrice d'une admiration, d'un respect et d'un enthousiasme unanimes. Mais il n'en fut point ainsi dans les hautes régions de la politique et du gouvernement.

Les obstacles les plus pénibles, les ennemis les plus redoutables que Jeanne devait rencontrer sur son chemin, elle les trouva chez ceux-là même qui auraient dû être pour elle les premiers des auxiliaires. Après toutes les épreuves préliminaires qu'elle subit, il lui fallut compter encore avec la jalousie des grands, avec les passions basses et mauvaises, qui habitent trop souvent l'asile du pouvoir. Dès le premier jour de sa carrière, commença ainsi, pour l'héroïne, un second et navrant martyre.

Le jour même où elle partait de Blois vers la ville assiégée, Jean, bâtard d'Orléans, la trompait et désobéissait à son commandement. Peu de temps après, un conflit d'autorité éclatait au milieu du siége, entre Jeanne et le gouverneur d'Orléans, Raoul de Gaucourt. La Trimouille, R. de Chartres entretenaient contre elle une hostilité, longtemps couverte d'un masque hypocrite, mais qui, dans

(1) Un étendard au milieu duquel il y avait une quenouille chargée de lin ; un fuseau à moitié rempli de fil pendait à la quenouille ; le champ était semé de fuseaux vides, etc. (Chronique de Lille, n° 26, déjà citée ; p. 103). Rymer, t. IV, partie IV, p. 150. Registre du conseil, *Procès*, t. IV, p. 453, etc. Cette division était probablement celle que conduisit Jean Radcliff, sénéchal de Guyenne. Voy. Beaurepaire, *Administration*, p. 63.

leur cœur, ne cessa jamais d'exister et de grandir (1).

A l'époque où nous sommes parvenus, il y avait déjà, dans l'État, deux conseils et deux politiques : le conseil et la politique du roi, le conseil et la politique de la Pucelle. Entre ces deux autorités, la séparation, la divergence, même l'antagonisme, se manifestaient quotidiennement, et de plus en plus. Chaque mesure proposée par l'héroïne était presque toujours, non-seulement critiquée, mais contre-carrée sourdement par les ministres.

La Pucelle, en quittant Reims, voulut conduire le roi droit à Paris. La Trimouille, plein du respect intéressé qu'il avait manifesté, à Auxerre, pour le duc de Bourgogne, désapprouva cette hardiesse. L'idée fixe de La Trimouille était de négocier avec le duc. De cette œuvre de dupe, de cette chimérique entreprise, le diplomate R. de Chartres fit son affaire et son honneur personnels. Le cabinet de Charles VII, pendant cinq ans encore, devait s'aveugler sur ce mirage, et ne connut point d'autre programme (2).

Vers les premiers jours d'août, contre le gré de la Pucelle, des trêves et un traité secret furent conclus, entre le roi et ce grand vassal. Celui-ci promettait de délivrer Paris, sans coup férir, dans un délai de quinze jours. Le 3 août, Charles VII et ses conseillers, rassasiés de gloire, décidèrent qu'ils retourneraient en Berry. La cour était alors à Provins ; on envoya des fourriers à Bray, « où il y avoit un bon pont, » pour passer la Seine en cette ville. Heureusement, les Anglais arrivèrent pendant la nuit à Bray : ils

---

(1) *Procès*, t. III, p. 67, 68, 117, etc. Ms. Cord. n° 16, f° 485.
(2) Conférer, *Procès*, III, 341.

attaquèrent et détroussèrent l'avant-garde royale, qui, devant cet obstacle, prit le parti de rebrousser chemin (1).

Ici se place un remarquable épisode qui a suscité de vives controverses parmi nos modernes historiens. Écoutons d'abord, sur le fait, Cousinot de Montreuil, auteur de la *Chronique de la Pucelle*. « La vigille de la Nostre-Dame, mi-août, » dit-il (14 août), « le roy, par le conseil des seigneurs et capitaines, s'en retourna à Château-Thierry, et passa outre avec tout son ost vers Crespy en Valois, et se vint loger aux champs, assez près de Dammartin ; et le pauvre peuple du pays crioit Noël ! et pleuroient de joie et de liesse (2)... »

Jeanne, ajoute un témoin oculaire, acteur de la scène, chevauchait entre Dunois et l'archevêque de Reims, chancelier de France. « Laquelle chose, la Pucelle considérant, continue Montreuil, et qu'ils venoient au-devant du roy en chantant *Te Deum laudamus* et aucuns respons et antiennes, dit au chancelier de France et au comte de Dunois : « En nom Dieu, voicy un bon peuple et dévot, et quand je devrai mourir, je voudrois bien que ce fût en ce pays !

« Et lors ledit comte de Dunois lui demanda : « Jeanne, « sçavez-vous quand vous mourrez, ne en quel lieu ? » Et elle respondit qu'elle ne sçavoit et qu'elle en estoit à la volonté de Dieu. Et si dit oultre aux dits seigneurs : « J'ay accomply ce que Messire (Dieu) m'a commandé, de lever le siége d'Orléans et faire sacrer le gentil roi. Je voudrois bien qu'il voulût me faire ramener auprès mes père et mère, et garder leurs brebis et bestail, et faire ce que je

---

(1) Lettre de la Pucelle aux Rémois. *Procès*, t. V, p. 139. Montreuil, p. 325. — (2) P. 326.

soulois (1) faire.... Et quand les dits seigneurs ouyrent la dite Jeanne ainsi parler et que, les yeux au ciel, remercioit Dieu, ils creurent mieulx que c'estoit chose venue de par Dieu qu'autrement (2). »

Dans ces paroles, croyons-nous, la Pucelle n'exprimait pas ouvertement sa pensée. Coupe ou calice, l'héroïne devait épuiser, jusqu'au fond, jusqu'à la lie, ce breuvage où ses lèvres avaient trempé. Non, elle ne regrettait pas les humbles occupations de son enfance, qu'elle avait *oubliées* pour de plus grands travaux. Si Jeanne, après le sacre, eût voulu sérieusement retourner à ses brebis, le roi n'avait-il pas assez « pitié d'elle »? Les ministres, R. de Chartres et Dunois lui-même, en ce cas, de concert avec le maître, l'eussent unanimement conviée à se « reposer (3) ! »

Mais Jeanne, armée de sa pénétration féminine, perçait à jour l'habile chancelier. Elle aussi, dans son langage, se montrait diplomate. La veille, elle disait à l'ex-Bourguignon : je ne crains que d'être trahie. Aujourd'hui, la même plainte, sous une forme également détournée, s'échappait de son âme. Devant cet archevêque de peu de foi, elle prenait à témoin la naïve piété des humbles populations qui l'entouraient et le cordial abandon de leur confiance. Ce à quoi R. de Chartres et Dunois, le froid et *attrempé seigneur*, comme l'appelle Jean Chartier, répondirent en

---

(1) Ce que j'avais coutume de faire.
(2) Montreuil, *ibid.* Le comte de Dunois, déposant pour le procès de réhabilitation en 1457, rapporte ce dialogue en termes à peu près identiques. Seulement (variante notable), il place dans la bouche du chancelier, *mort* depuis 1444, cette phrase, que Montreuil attribue au même Dunois : « Jeanne, savez-vous quand vous mourrez, etc. » *Procès*, t. III, p. 14.
(3) Ci-dessus, page 45, note 2 et p. 87.

demandant à l'infortunée le lieu et la date de sa mort. A cette question, Jeanne émet pour réplique une douloureuse hypothèse, sorte de terme moyen entre la justice qui lui était due et la fin dont elle se sentait menacée.

Le 4 août 1429, Jean de Bedford quitta Paris et dirigea, par Corbeil et Melun, vers la Brie, l'ensemble de ses forces, y compris le contingent destiné aux Hussites. Le 7, Bedford écrivit au roi, de Montereau, une lettre dans laquelle il le défiait personnellement. Le régent proposait un rendez-vous en Brie ou en Ile-de-France, pour vider la querelle des deux rois, soit par le moyen « de paix non feinte et pardurable », soit par la voie des armes. Les deux armées se rejoignirent vers Mitry-en-France (1).

Du 15 au 17, Jean de Lancastre et le roi Charles VII se trouvèrent aux champs, en présence, sous les murs de Senlis. Mais les deux partis s'observaient à ce point que le conflit se borna, pour tout résultat, à d'insignifiantes escarmouches. Bedford, rappelé à Paris par des transes continuelles, quitta la place avec son armée et se replia encore une fois sur la capitale. Charles VII entra le 18 à Compiègne, qui venait de se déclarer pour sa cause (2).

Cependant le nom seul et la présence de la Pucelle reconquéraient, au profit du roi Charles, et sans coup férir, le territoire usurpé. « Firent obéissance au roi, dit Monstrelet, Beauvais, Creil, Pont-Sainte-Maxence, Choisy,

---

(1) Ms. Cordeliers n° 16, f° 487-9. Montreuil et suite, p . 324-5, 456. Monstrelet, ch. LXV. *Procès*, t, IV, p. 21, 47, 454, etc. Le 12 août 1429, attaque des Anglais contre Châlons, repoussée. (Barthélemy, p. 183.)
(2) Les mêmes. J. Chartier, t. I, p. 99 et suiv. Carlier, *Histoire du Valois*, t. II, p. 456. Delpit, p. 238. Chron. de Lille, p. 103, 104. Ms. s. fr. 2342, f° 38.

Gournay-sur-Aronde, Remy, La Neuville-en-Hez, et de l'autre côté Mognay, Chantilly, Saintines et plusieurs autres... » La ville de Senlis se soumit également et reçut à cet effet des lettres d'abolition, signées du roi à Senlis le 22 août 1429. « Pour vérité, ajoute le chroniqueur bourguignon, s'il (si le roi), à toute sa puissance, estoit venu à Saint-Quentin, Corbie, Amiens, Abbeville et plusieurs autres villes et fors chasteaulx, la plus grande partie des habitans d'ycelles estoient tout pretz de le recepvoir à seigneur, et ne désiroient *au monde aultre chose que de lui faire obéyssance et plaine ouverture.* Toutefois il ne fut pas conseillé de luy traire si avant sur les marches du duc de Bourgogne (1). »

Loin de là, Regnauld de Chartres, accompagné de Chr. d'Harcourt, de Raoul de Gaucourt et autres ambassadeurs, se trouvait le 16 août à Arras, pour traiter de paix avec les Bourguignons et les Anglais. Charles VII faisait offrir à Philippe le Bon les propositions suivantes : Le roi devait s'excuser du meurtre accompli à Montereau ; une chapelle expiatoire serait élevée à ses frais sur le théâtre du crime. Le duc garde toutes ses possessions, prérogatives, pensions, avec de nouvelles terres qui lui seront données. Il sera dispensé pendant sa vie de tout hommage envers la couronne. Quant aux Anglais, Charles VII leur abandonnait à charge d'hommage, la Guyenne, non-seulement telle qu'ils la possédaient actuellement, mais avec extension, en leur faveur, de limites jusqu'à la Dordogne. Moyennant cette dernière concession, les Anglais de-

---

(1) Carlier, *ibid.*, p. 453. Ad. Bernier, *Monuments inédits*, etc. (Chronique de Senlis) 1834 8°, p. 18. Monstrelet, ch. LXX.

vaient remettre en liberté les ducs d'Orléans et de Bourbon, les comtes d'Eu, d'Artois et d'Angoulême, soit gratuitement, soit au prix de « finance raisonnable (1). »

Du 18 au 28 août, Charles VII prit son séjour à Compiègne. Jean de Luxembourg, personnage le plus considérable, après le duc, des États de Philippe le Bon, vint y trouver le roi de France : de nouveaux pourparlers eurent lieu. Le roi homologua et ratifia en grande partie les articles délibérés à Arras ; le 28, de nouvelles trêves furent stipulées entre le roi et le duc. Ces trêves devaient courir jusqu'au 25 décembre et comprendre « tous les pays de çà la rivière de Seine, depuis Nogent-sur-Seine jusqu'à Harfleur, avec le Ponthieu, Amiens, Noyon et Thérouanne. Le traité réservait expressément au duc le droit « d'employer ses personne et force à la défense de Paris. » Bref, un historien du temps apprécie et résume en termes très-justes le résultat de ces conférences. « Jehan de Luxembourg, dit-il, fist moult de promesses de faire la paix entre le roy et le duc de Bourgogne : dont il ne fist rien, sinon le décevoir (2). »

La Pucelle ne méconnaissait point les ménagements qui devaient être observés à l'égard du duc de Bourgogne. Le meurtre de Montereau, sur lequel elle eut à s'expliquer, lui apparaissait comme un crime détestable et qu'il importait de désavouer. Politiquement elle y voyait une tache com-

---

(1) D. Plancher, t. IV, *Preuves*, p. lxxviij et s. Ms. Cordeliers n° 16, f° 487.

(2) Ms. Cordeliers n° 16, f°ˢ 489 v° et suiv. Montreuil, p. 331. *Ordonnances*, t. XIV, p. 108. J. Chartier, t. l, p. 106. Berry, *Procès*, t. IV, p. 47. D. Plancher, p. lxxx-j. Du Tillet, *Recueil des traités*, p. 222. Pontus Heuterus, p. 247. Etc.

promettante et une faute des plus graves à effacer. Mais, pour cela, elle ne prosternait pas avec bassesse, devant une victime peu innocente, telle que Jean sans Peur, la dignité de la couronne. Elle ne lui sacrifiait pas, ainsi que le faisaient les ministres de Charles VII, jusqu'aux droits de l'État et de la nation. Sa rectitude de jugement, la droiture de son âme lui inspiraient à ce sujet une élévation de vues et de sentiments que l'on rencontre rarement chez les politiques de profession. Comme contraste avec les actes diplomatiques de la Trimouille et de R. de Chartres, on peut lire la lettre que la Pucelle écrivit de Reims au duc Philippe. On y trouvera, sur ce thème difficile, un modèle de sagesse, d'honnêteté, de justice à la fois délicate et noble (1).

La Pucelle profita d'un intervalle entre deux de ces trêves impolitiques, à l'aide desquelles Philippe le Bon, auxiliaire des Anglais, décevait le cabinet de Charles VII. Elle partit de Compiègne, le 23 août 1429, avec le duc d'Alençon et une « belle compagnie de gens de guerre. » Le 26, elle occupait militairement Saint-Denis. Charles VII alors se vit forcé de quitter Compiègne et se porta jusqu'à Senlis que la Pucelle venait de recouvrer et qui lui ouvrit ses portes. « Il vint à grand regret, dit Parceval de Cagny, jusquez en la ville de Senlis ; et sembloit qu'il fust conseillé au contraire du vouloir de la Pucelle, du duc d'Alençon et de ceulx de leur compaignie (2). »

Le duc de Bedford commençait à sentir le poids de l'héritage que lui avait légué son frère Henri V. En faisant

---

(1) *Procès*, t. V, p. 126.
(2) Ms. Cordeliers, n° 16, f° 486 v°. Cagny, *Procès*, t. IV, p. 24 ; Berry, *ibid.*, p. 47. Montreuil, p. 332. Jean Chartier, t. I, p. 107.

face aux cruelles difficultés qui l'accablaient, le régent de France croyait accomplir un devoir d'honneur. Il s'agissait de conserver à son pupille Henri VI le dépôt qui lui avait été confié. Il ne se dissimulait pas la dure position faite à son orgueil. Condamné à ne subsister en France que par la grâce de Philippe le Bon, la Normandie était le seul point où il se sentît quelque assurance. Beauvais et Aumale venaient de se déclarer pour Charles VII. Lorsque la Pucelle parut à Saint-Denis aux portes de la capitale, l'anxiété du régent fut extrême. Il comprit avec raison que sa présence et son action à Paris seraient plus propres à causer la perte des Anglais qu'à les sauver. Philippe, duc de Bourgogne, portait du moins le nom de Français. Laissant donc à ce prince le commandement de la capitale, il se dirigea de nouveau vers la Normandie (1).

Le 27 août, Bedford était à Vernon. Tout ce qui pouvait porter les armes avait été levé en masse et devait venir passer à la montre devant les baillis respectifs. Le mandement comprenait tous les Anglais et Normands de la province. Aussitôt formées, ces troupes avaient ordre de se porter à marches forcées pour défendre la capitale. Comme les baillis succombaient à la peine, des commissaires extraordinaires furent institués pour opérer hâtivement ces revues. Le gouvernement anglais, à court de finances, fit main basse, pour payer ces dépenses de guerre, sur les dépôts civils conservés dans les greffes du parlement (2).

(1) Cagny cité, p. 48. Montreuil, p. 332. J. Chartier, p. 106. P. Cochon, p. 457.
(2) Registre du conseil, *Procès*, t. IV, p. 453. Registres-bannières du Châtelet, *Livre noir*, f° 61. Le 3 août 1429, parut, au nom d'Henri VI, une ordonnance qui prescrivait à tous les tenanciers de terre d'avoir à se reti-

Le 7 septembre, la Pucelle, après avoir soumis Lagny, vint camper à La Chapelle. Elle avait en sa compagnie le duc d'Alençon et le comte de Clermont, les maréchaux de Rais et de Boussac, suivis d'environ 12,000 hommes. La capitale était défendue par la population civile, en partie *bourguignonne*, et par une garnison de deux mille hommes. L'évêque de Thérouanne, chancelier de France pour les Anglais, Jean Rattley ou Rathelet, chevalier anglais, Simon Morhier, prévôt de Paris, anglo-bourguignon, le sire de l'Ile-Adam et quelques autres chefs de guerre envoyés par Philippe le Bon, exerçaient le commandement militaire. Les vingt-quatre quarteniers, ou capitaines de la milice parisienne, furent chargés de pourvoir, chacun dans leurs quartiers, à la défense de la ville (1).

En avant et en arrière des diverses portes qui donnaient accès dans Paris, on avait construit des barrières de bois. Des fossés remplis d'eau et des contre-fossés, munis de remblais ou boulevards, régnaient tout autour de l'enceinte. Des canons et des munitions d'artillerie garnissaient les murs, ainsi que les points élevés du périmètre de la ville. Charles VII avait sa résidence en l'abbaye de Saint-Denis : le cas échéant, il pouvait, à cette distance, profiter de la victoire et recouvrer sa capitale ; dans le cas contraire, il ne

---

rer dans leurs tenures, sous le délai d'un mois. Chacun devait y comparaître en personne, ou du moins par procureur, pour acquitter le service militaire des fiefs. (*Proceedings*, etc., p. 349.) — Catalogue Teulet, p. 383. Titres originaux de Saint-Martin des Champs, allégués Ms. s. fr. 4805, f° 178 v°. Ms. Fontanieu 115, au 27 août 1429. Ms. Gaignières 649, 4, f° 2. Beaurepaire, *Administration*, p. 63. Voyez ci-après, page 121, note 1.

(1) Montreuil, p. 332. Monstrelet, ch. 70, *Journal de Paris, Procès*, t. IV, p. 463. Les documents ne nous instruisent pas avec clarté des *résultats* que produisit la levée en masse de nobles, mentionnée ci-dessus.

compromettait ni sa majesté, ni sa personne. L'attaque des assiégeants fut principalement concertée entre la Pucelle et le « beau duc » son officier fidèle. Le corps de ville reçut des lettres pleines de courtoisie, scellées aux armes du duc d'Alençon, qui invitaient les Parisiens à reconnaître l'autorité du roi Charles. Une amnistie générale (comme il était de règle) fut annoncée au nom du roi (1).

La journée du 7, consacrée aux approches, s'était passée en observation de la part de Jeanne et en escarmouches. Le lendemain 8, jour de la Nativité de la Vierge, la Pucelle résolut de donner l'assaut, malgré son respect pour cette solennité. Le matin à huit heures, elle partit de La Chapelle, suivie des mêmes forces que la veille et d'un matériel de siége. Raoul de Gaucourt se joignit à l'expédition. La Pucelle et ses principaux lieutenants, ou compagnons d'armes, se·portèrent, au milieu des champs, vers une butte voisine de la porte Saint-Honoré. Cet emplacement s'appelait alors le Marché-aux-Pourceaux (2).

Le seigneur de Saint-Vallier poussa une pointe heureuse jusqu'à cette porte. Il incendia les barrières, prit le boulevard et refoula les défenseurs, qui escarmouchaient au dehors, jusque dans l'intérieur de l'enceinte. La Pucelle

---

(1) Les mêmes. Doublet, *Antiquités de Saint-Denis*, dans Godefroy, *Charles VII*, p. 322. D. Plancher, t. IV, p. 133. Le 7 septembre 1429, Charles VII institue Jean Tudert (*doyen de l'église de Paris* ou *Notre-Dame*) au gouvernement et administration de toutes finances, des pays par deçà la rivière de Seine. (Ms. Gaignières, 771, f° 102.) Cet acte remarquable implique une volonté d'organisation du gouvernement ou de l'administration civile. — La porte Saint-Martin, fermée dès la venue de la Pucelle, resta murée jusqu'en 1444. (*Journal*, Panthéon, p. 725 a.)

(2) Les mêmes. Cagny, p. 26. On peut consulter le plan de Paris en 1436, donné par Kausler, *Atlas des batailles*, 1831, le texte grand in-4°; pl. 34 (les planches grand in-f°).

alors jugea le moment venu de pratiquer l'assaut. Les fossés étaient remplis : mais Jeanne ignorait leur profondeur. « Et si en avoit aucuns, au dit lieu, parmi les assiégeants, qui le sçavoient bien, et selon ce qu'on pouvoit considérer, eussent bien voulu, par envie, qu'il fust meschu (qu'il arrivât mal) à la dite Jeanne (1). »

Cependant elle franchit le contre-fossé qui était à sec, et monta sur le dos-d'âne ou remblai qui séparait le contre-fossé du fossé. Armée de sa lance et exposée comme une cible au tir des assiégés, elle sondait elle-même la profondeur de l'eau, en ralliant, de sa parole, ceux qui la suivaient. Dans ce moment, un trait lancé de la place effleura l'une de ses cuisses et traversa l'autre de part en part : Jeanne fut mise ainsi hors de combat. Au même instant, son porte-étendard, blessé d'abord au pied, tomba mortellement atteint d'une flèche, qui le frappa entre les deux yeux (2).

La Pucelle, sans désemparer, se fit porter près d'un épaulement de terre ou *dodine*, qui la protégeait contre le tir ennemi. Malgré sa cruelle blessure, elle ne cessa point de diriger l'action, animant la troupe de ses pressantes instances. L'assaut se poursuivit en effet avec une certaine vigueur. Des intelligences politiques existaient, de tout temps, dans la capitale en faveur du roi Charles. Une partie de la population civile remplissait, ce jour-là, les églises et assistait au sermon. Au milieu du jour et pendant le plus fort de l'assaut, soudain un cri public s'élève dans les rues et se propage parmi la foule : « Tout est perdu,

---

(1) Montreuil, p. 333.
(2) *Journal de Paris, ibid.*, p. 465. *Procès*, t. I, p. 57 et 246.

voici l'ennemi, sauve qui peut ! » A ce bruit qui gagne l'intérieur des églises, les fidèles désertent précipitamment le service religieux et se retirent en tumulte. Mais cette commotion spontanée ou artificielle s'arrêta bientôt (1).

Les assaillants étaient privés de l'activité de leur chef, de cet élan sympathique et irrésistible que la Pucelle ne manquait jamais de leur communiquer. Plus d'un capitaine combattait mollement et de mauvaise humeur. La nuit vint sans que les troupes eussent franchi la brèche, ouverte dès la matinée. Jeanne persistait toujours et criait de persévérer : mais en vain ; le duc d'Alençon lui-même vint la prier de se retirer. Jeanne résista à toutes les instances. La Trimouille avait donné l'ordre de la retraite : Raoul de Gaucourt et d'autres survinrent, se saisirent de l'héroïne, la mirent à cheval et la ramenèrent ainsi contre son gré à La Chapelle. Jeanne protestait et disait avec son *serment* de guerre habituel : « Par mon martin (bâton de commandement), la place eût été prise (2) ! »

Les historiens du temps, en effet, s'accordent à reconnaître et il paraît évident que si la Pucelle avait exercé son action, pleinement, à l'abri de ces funestes dissidences, la capitale rentrait, dès ce jour, sous la domination de Charles VII. Le sire de Montmorency, *premier baron chrétien de France*, ou Ile-de-France, c'est-à-dire le pre-

---

(1) Monstrelet. *Registre du parlement.* Félibien, *Preuves,* t. II, p. 590 b. Divers traits consignés dans les *Délibérations capitulaires de Notre-Dame,* montrent combien fut grande et réelle l'impression de terreur causée à Paris par le siége de la Pucelle. (L. L. 414, f° 79 à 82.)

(2) Cagny, p. 27. Berry, p. 47. Raoulet, p. 205. Sur la situation des esprits dans la capitale, voyez divers actes de Henri VI, des 18 et 25 septembre 1429 ; Ms. Fontanieu 115 ; *Livre noir* (à la préfecture de police), f° 265 ; Sauval, *Antiq. de Paris,* t. III, p. 586 et *circ.*

mier des anciens vassaux de la crosse ou évêché de Paris, s'était associé au plan de la Pucelle. On a vu, par l'exemple de Jean Tudert, que la cause royale comptait dans le haut clergé parisien des influences notables (1).

Le lendemain 9, la Pucelle, souffrante de la fièvre causée par sa blessure, voulait néanmoins retourner à l'assaut. De nouvelles entraves paralysèrent, comme la veille, son indomptable conviction. Charles VII venait de recevoir un hérault de Philippe le Bon. Le duc, par ce message, pressait le roi de cesser les hostilités et réitérait avec protestations ses promesses. Le traité du 28 août fut renouvelé, en y comprenant désormais la capitale, demeurée jusque-là en dehors du contrat d'armistice (2).

La Pucelle laissa faire; elle tâcha de se dégager du réseau dans lequel on cherchait à l'emprisonner. Un dernier espoir lui restait : le duc d'Alençon, de concert avec elle, avait jeté un pont sur la Seine, vis-à-vis de Saint-Denis. Le 10 septembre, de grand matin, la Pucelle envoya son avant-garde dans la direction de ce pont. Elle comptait

---

(1) Monstrelet. Cagny. Vallet de Viriville, *Notes sur deux médailles de plomb*, etc. J. Chartier, I, 108. P. Cochon, p. 460. Au moment, dit ce dernier historien (*bourguignon*), où la place fut abandonnée, les assiégés quittaient les remparts : il n'y avait plus qu'à monter aux échelles pour entrer sans résistance; ce même fait s'était produit à Orléans, lors de la prise des tourelles, — Lettres du 10 septembre 1429, au nom d'Henri VI : la baronnie de Montmorency est confisquée pour crime de lèse-majesté et donnée au bâtard de Saint-Pol. (Duchesne, *Histoire de la maison de Montmorency*, p. 232.) 1430 février 16 et 17, divers actes de Jean de Luxembourg, bâtard de Saint-Pol, qui s'intitule seigneur de Montmorency. (Cabinet des titres, dossier *Luxembourg*.)

(2) Les mêmes. P. Cochon, *ibid*. Du Tillet, p. 222. Charles était à Saint-Denis le 7 septembre. Il y fit célébrer le service de son père. *Itinéraire. Chronique de Tournay*, citée, p. 414. (L. L. 44, f° 79.)

retourner au siége en employant ce passage. *Par ordre du roi,* le pont avait été coupé (1).

Le 13 septembre 1429, après un dernier conseil tenu à Saint-Denis, Charles VII décampa. Il prit la route du Berry et licencia une partie de ses troupes, emmenant avec lui la Pucelle. Avant de partir, Jeanne se désarma du harnais avec lequel elle avait combattu ; l'abbaye de Saint-Denis était le sanctuaire de la monarchie : la Pucelle, au moment où l'on faisait subir cette épreuve à son dévouement, offrit et déposa son armure complète sur la tombe de saint Denis et ses compagnons, patrons des rois de France (2).

(1) Les mêmes. Cagny, p. 39. « A Pierre Bessonneau, escuier, maistre de l'artillerie du roy n. s. et à Jorrand Arnauld, maistre des œuvres d'icelui seigneur, du bailliage de Senlis, la somme de 235 livres, qui, ès mois d'août et septembre 1429, de l'ordonnance et commandement du roy n. d. s., leur a esté paiée et baillée par ledit trésorier, c'est assavoir audit Bessonneau 105 livres, et audit maistre des œuvres, 50 livres, pour la despense que faire leur avoit convenu, pour faire *les pons* que lors le dit seigneur fit faire sur la rivière de Seine, emprès Saint-Denis. » Ms. s. fr. 2342, f° 32.

(2) Les mêmes. Cagny, p. 29. J. Chartier, t. I, p. 109. A ce harnais était jointe une épée que Jeanne avait recueillie, comme trophée de guerre, devant Paris. *Procès,* t. I, p. 179. Charles VII, avant de quitter Saint-Denis, écrivit de cette ville, à la date du 13 septembre, une lettre probablement circulaire, ou manifeste politique, pour justifier sa résolution. Nous avons rencontré la dépêche ou l'exemplaire qui fut adressé à la ville de Reims. En voici la teneur presque complète. « Après avoir reconquis plusieurs places, nous avons négocié avec notre cousin le duc de Bourgogne. Jour a été tenu et abstinence de guerre conclue jusqu'à Noël prochain. Et, pour ce que, si, durant icelle abstinence, attendu le très-grand nombre de gens qui sont en nostre compagnie, feussions demorez en nos pays de par deçà, ce eust esté la totale destruction d'iceulx, veu que ne les povons employer ou fait de guerre ; nous, pour alléger nosdits pays, et aussi pour assembler et mectre sus plus grant armée, afin de retourner après le temps de ladite abstinence, ou plus tost se besoin est, à toute puissance, à entendre et poursuivre le demourant de noz conqueste et recouvrement de nostre seigneurie, avons délibéré de faire un tour oultre ladite rivière de Seine, et pour la garde du dit pays nous avons institué lieutenant général le comte de Clermont, le comte Vendôme, » etc. (Archives municipales de Reims ; communiqué par M. Louis Paris).

CHAPITRE IV

Jeanne Darc. Du 13 septembre 1429 au 24 mai 1430.
Prise de la Pucelle.

L'échec éprouvé devant Paris, et la retraite du roi vers la Loire, constituaient une double faute : le préjudice que cette conduite devait lui causer ne tarda point à se faire sentir.

Charles VII avait institué comme chefs militaires Jean Foucault et A. de Loré à Lagny, et le comte de Vendôme, à Saint-Denis, sous l'autorité de Charles, comte de Clermont, lieutenant-général. Mais ces commandants n'avaient plus sous leurs ordres de forces suffisantes. Après le départ de la Pucelle, chacun d'eux fut attaqué dans sa position. Le comte de Vendôme abandonna Saint-Denis, qui retomba au pouvoir des Anglais. Les pilleries, la guerre civile, l'anarchie, avec tous les fléaux qu'elle entraîne, recommencèrent comme par le passé (1).

Le jeune prince de Bourbon, vaincu par ces difficultés, quitta son poste et se retira dans ses domaines. Regnauld

---

(1) Montreuil, p. 335 et s. J. Chartier, t. I, p. 112 et s. Monstrelet, chap. lxxij. Paris, le 18 sept. 1429 : *Jean de Cantepie*, homme d'armes à cheval des nobles du bailliage de Caen, donne quittance à P. Surreau, receveur général et payeur pour les Anglais, de 7 liv. 7 s. 11 d. t., « pour la parpaye d'un mois fini le 15 de ce mois, à l'encontre des ennemis du roi n. s. (Henri VI), estans environ Paris. » Montre faite devant le bailliage de Caen. Orig. parch. signature autographe. (Voyez ci-dessus p. 114, *mandement de Bedford aux Normands*.) Cabinet des titres, dossier *Cantepie*. Sceau : trois pies chantantes, posées 2 et 1.

de Chartres, demeuré à Senlis, siége de la lieutenance-générale, était le principal ministre de ce gouvernement par délégation. Il dirigea sur Rouen un coup de main infructueux. Dans le même temps, le duc d'Alençon demandait à marcher en armes vers la Normandie : à cet effet, il sollicita du roi un nouveau commandement, pour lui et la Pucelle ; mais il ne put l'obtenir. « Messire R. de Chartres, le seigneur de la Trimouille et le sire de Gaucourt, qui lors gouvernoient le corps du roy et le fait de sa guerre, ne voulurent oncques souffrir que la Pucelle et le duc d'Alençon fussent ensemble (1). »

La lieutenance-générale du duc d'Alençon fut définitivement transportée à Louis de Bourbon, comte de Vendôme. « De ce temps, dit un chroniqueur attaché à la maison de Jean, duc d'Alençon, le comte de Vendôme, par le pourchas d'aulcuns qui avoient envie de la gloire d'icelui duc, fut fait lieutenant-général du roy... et en ce faisant fust fait injure au dit duc d'Alençon qui paravant avoit la dite charge (2). »

Cette substitution mérite d'être notée attentivement. Le comte de Vendôme, lieutenant-général en Picardie, devenait ainsi le bras militaire de R. de Chartres, déjà investi de la plénitude des pouvoirs civils. Le rival de Jean, duc

---

(1) Montreuil, p. 338. Les mêmes. Cagny, p. 30. La Trimouille, dans un document émané de lui, intente au connétable de Richemont cette accusation : Richemont, dit-il, *a voulu soustraire ladite Pucelle de nostre compagnie.* (Ms. Harlay, 47, f° 58.) Cette imputation, évidemment, est une calomnie que l'histoire doit retourner contre le calomniateur. La Trimouille exploitait et *accaparait* la Pucelle, tout en la jalousant. La retraite du comte de Clermont ne fut que momentanée ; le 20 décembre 1429, il était à Reims, avec le chancelier. (Varin, t. VII, p. 745.)

(2) Cagny, Ms. Duchesne, n. 48, f° 124. Jean Chartier, t. I, ch. 66, p. 116.

d'Alençon, en supplantant son prédécesseur, fit succéder l'hostilité sourde, que lui inspirait R. de Chartres envers la Pucelle, à la sympathie que le duc d'Alençon avait toujours montrée pour l'héroïne. On verra bientôt se déployer les graves conséquences de ce changement.

Sous le coup d'une semblable disgrâce, le duc d'Alençon se retira le cœur plein d'amertume : il ne pardonna jamais au roi ce grief. Tel fut, chez ce prince vindicatif, le levain d'une haine mortelle, qui, plus tard, devait l'égarer jusqu'à conspirer avec les Anglais. Amédée de Savoie, médiateur entre Charles VII et la Bourgogne, blâma de son côté la tentative faite sous les murs de Paris, comme un acte inconséquent et un *coup fourré*. Anne de Bourgogne, duchesse de Bedford, partagea ce sentiment avec vivacité. Elle rapprocha le duc, son frère, de son époux, et les excita tous deux à s'unir contre la France (1).

Charles VII, à Gien (21-25 septembre), continuait de négocier avec Philippe le Bon. « Le duc de Bourgogne lui avoit mandé de nouveau qu'il lui feroit avoir Paris, par le sire de Charny, qui en avoit apporté les nouvelles, et qu'il viendroit à Paris pour parler à ceulx qui tenoient son party. Et pour ceste cause, le roy lui envoya un sauf-conduit pour venir à Paris (2). »

Le duc de Bourgogne revint en effet dans la capitale, où il fut l'objet d'une espèce d'ovation. Philippe, accompagné de la duchesse de Bedford, s'y réunit le 30 septembre avec le cardinal d'Angleterre et le régent. De nouvelles conférences s'ouvrirent, le 10 octobre, à Saint-Denis, entre

---

(1) Biographie Didot : *Jean*, duc d'Alençon. D. Plancher, t. IV, p. 133.
(2) Berry, dans *Procès*, t. IV, p. 48.

R. de Chartres et le chancelier anglais, évêque de Thérouanne.

Trois jours après, le duc de Bourgogne, *lieutenant-général,* publia une dernière trêve, conclue dès le 28 septembre, qui comprenait dans l'armistice Paris, Saint-Denis, Vincennes, Charenton et Saint-Cloud (1).

Jean de Lancastre, par un accord amiable, abandonna complétement au duc le gouvernement de Paris et la régence, à l'exception de la Normandie. Bedford partit pour Rouen le 27 et les troupes anglaises évacuèrent la capitale. Mais le duc de Bourgogne y resta le maître au nom d'Henri VI. Puis il retourna (17 octobre) dans son pays de Flandres, pour y recevoir Isabelle de Portugal, avec laquelle il était sur le point de s'unir en troisièmes noces (2).

Le 30 octobre 1429, le roi envoya de Gergeau un message ou *ambassade,* comme on disait alors, aux bourgeois de Reims. Les commissaires royaux se nommaient Christophe d'Harcourt, Adam de Cambray, président au Parlement, le sire de Conflans et Pierre Durand, bailli de Châlons. Ils avaient spécialement pour charge de notifier aux bourgeois de Reims « les trêves par nous dernièrement prinses avec nostre cousin de Bourgoigne. » Ils devaient en outre leur enjoindre d'observer ces trêves et accord, « sans y faire faulte, si chier,

---

(1) Beauvillé, *Histoire de Montdidier,* t. 1, p. 141. Du Tillet cité, p. 322. Félibien, *Preuves,* t. II, p. 591.

(2) « ... Mais quand il (Philippe, continue le hérault Berry) fut à Paris, le duc de Bethefort et luy firent leurs alliances plus fort que devant n'avoient fait à l'encontre du roy. Et s'en retourna ledit duc à tout son sauf-conduit par les pays de l'obéissance du roy, en ses pays de Picardie et de Flandres. » *Procès,* t. IV, p. 48. *Journal du siége, ibid.,* p. 201. P. Cochon, p. 462 et s.

disoit le roy, que vous avez nostre bien et honneur (1). »

Vers cette époque Laval au Maine, Torcy, Louviers, Château-Gaillard en Normandie, furent repris par des partisans, au nom du roi de France (2).

La Pucelle, cependant, ne supportait qu'avec impatience l'inertie dans laquelle les favoris de Charles VII avaient replongé ce prince. Jeanne obtint, comme une faveur, l'autorisation de poursuivre la guerre hors du théâtre de l'armistice. Elle quitta la cour, accompagnée du sire d'Albret, lieutenant-général en Berry, et de quelques troupes. Vers les premiers jours de novembre, ayant pris d'assaut la ville de Saint-Pierre le Moutier, elle soumit trois ou quatre places des environs, qui obéissaient au duc de Bourgogne (3).

Après avoir remporté ces avantages, la Pucelle, suivant la logique de ses plans, voulait retourner devant Paris. Les compagnons d'armes que lui avait donnés la Trimouille, la dissuadèrent de ce dessein : ils lui conseillèrent de se porter à La Charité. L'héroïne condescendit, *sans le conseil de ses voix*, et probablement sans pouvoir faire autrement, aux instances qui pesaient sur elle (4).

Le 9 novembre, Jeanne était à Moulins et se disposait à faire le siége de La Charité. Ce poste, occupé par les Bourguignons, avait pour capitaine un chef de corps-francs, très-

---

(1) Acte original sur parchemin ; sceau du secret ou du premier chambellan, en cire rouge ; catalogue d'autographes, cabinet Lajarriette ; n. 664 ; vendu aux enchères le 19 novembre 1860, à Paris.
(2) Montreuil, p. 337. J. Chartier, t. I, p. 113. P. Cochon, p. 462 et s. « En l'an 1427 (1428), le 13ᵉ mars, les Angloys entrèrent à Laval, et en l'an 1429, 25ᵉ septembre, les François le recouvrèrent. » Ms. s. fr. 1081, f° 1.
(3) J. Chartier, t. I, p. 117. *Procès*, t. III, p. 23, 217 ; t. IV, p. 31, 48.
(4) *Procès*, t. I, p. 109, 147, 169.

redoutable, nommé Perrinet Grasset. Jeanne vint assiéger cette ville le 24. Les ministres du roi abandonnèrent la Pucelle dans le cœur de l'hiver, sans ressources, aux prises avec les difficultés de cette expédition. Jeanne invoqua de nouveau le patriotisme des villes. Elle écrivit aux bourgeois de Riom pour se procurer l'artillerie qui lui manquait. Orléans et Bourges furent mises également à contribution. Mais les secours qu'elle en tira et ses propres efforts demeurèrent impuissants (1).

D'après un écrivain bourguignon, Perrinet Grasset « fit retirer les assiégeants, par une merveilleuse finesse. » Cagny, de son côté, nous apprend que le siége fut levé « pour ce que le roy ne fist finance d'envoyer à la Pucelle, vivres ni argent, pour entretenir sa compaignie. » Toujours est-il que Jeanne, « à sa grant desplaisance, » quitta la place, après un mois de siége sans succès, et en y perdant l'artillerie qu'elle s'était procurée (2).

Ce second échec de La Charité est un des points obscurs que présente la biographie de la Pucelle. Charles d'Albret, qui tenait sous sa main l'héroïne, était frère utérin de la Trimouille... Nous ignorons à l'aide de quelle finesse Perrinet Grasset éloigna la libératrice. Mais nous apprenons, par un document particulier, que le 11 janvier 1430, la ville de Bourges ayant expédié à La Charité treize cents écus d'or, cette dernière place rentra sous l'autorité du roi de France (3).

(1) Les mêmes. *Procès,* t. IV, p. 147 et s., t. V, p. 268 et 356. D. Plancher, t. IV, p. 134.
(2) Godefroy, p. 332, 381. J. Chartier, t. I, p. 117.
(3) Biographie Michaud, article *Guillaume de Bastard*; tirage à part, p. 6. *Généalogie de la maison de Bastard,* 1847, in-4° ou gr. in-8, p. 42.

Jeanne, au retour ou pendant le cours de cette entreprise infructueuse, fut *anoblie,* ainsi que sa famille. Les lettres royales qui lui octroyaient cette faveur sont datées de Mehun-sur-Yèvre, en décembre 1429, et contre-signées La Trimouille. Les parents de la Pucelle, avec son assentiment, profitèrent de ce privilège, qui les élevait tout à coup de la classe des serfs aux rangs les plus favorisés de la société. Mais quant à l'héroïne elle-même et personnellement, elle n'en tint aucun compte (1).

Fidèle aux grandes idées d'abnégation et de dévouement qui l'animaient, Jeanne, avant de se nantir, elle et sa famille, avait pensé d'abord à l'humble et patriotique village qui l'avait vue naître. Aussitôt après le sacre, elle sollicita et obtint du roi un acte authentique qui affranchît perpétuellement de tout tribut la commune de Greux-Donremy. Ces lettres furent données à Château-Thierry le 31 juillet 1429. Mais au blason royal qui lui avait été spontanément octroyé le 2 juin, Jeanne préféra toujours les religieux symboles dont elle-même avait décoré sa bannière (2). Jeanne, anoblie par Charles VII, ou par la Trimouille, ne grandissait point devant l'histoire. Celle qui devait verser tout son sang pour son pays, ne songeait point, d'ailleurs, à faire lignée. L'héroïne du quinzième siècle se prononça

---

(1) Charles du Lis, *Opuscules sur Jeanne Darc*, 1856, in-8°, p. 94. A. Vallet, *Nouvelles recherches*, etc., p. 9, 26. *Procès*, t. I, p. 117, 118, 302. *Bibliothèque de l'École des chartes*, article de M. A. de Barthélemy, sur la *noblesse maternelle*, 5ᵉ série, t. II, p. 128 et 149.

(2) « ... Lorsque cette noble dame (Marie de Maillé) se fut donnée à Dieu, elle quitta le sceau dont elle s'était servie jusque-là. Elle en prit un autre, blasonné des armes du Christ et des signes de la Passion. » (Vie de la bienheureuse Jeanne-Marie de Maillé, morte en 1417, *ap.* *Bolland*, t. III de mars, p. 742.) Voyez ci-dessus, p. 81.

en termes explicites sur cette concession, et protesta qu'elle y était demeurée complétement étrangère (1).

La Pucelle touchait alors, en quelque sorte, à l'apogée de sa carrière. Essayons, à notre tour, de peindre cette admirable physionomie dans la plénitude de son existence.

Le côté le plus extraordinaire et qui domine tout, chez la Pucelle, dès la première vue, est l'aspect religieux. La religion, au quinzième siècle, n'était pas cette abstraction, un peu froide, qui règne parmi les esprits des temps modernes : elle se mêlait à toute chose et se confondait, sans exclusion, avec les réalités quotidiennes. La religion suppléait à la science ; où manquaient les lumières rationnelles, l'imagination et le sentiment y pourvoyaient. De là le rôle si fréquent que joue, dans le monde du moyen âge, le merveilleux, le miracle.

Le miracle, à cette époque, ne répugnait aucunement aux intelligences : il exerçait, au contraire, un attrait universel ; chacun le revendiquait, avec un succès sympathique et mutuel. Le merveilleux et le miracle habitaient donc, au 15ᵉ siècle, tous les esprits. Ils se retrouvent dans l'ensemble des témoignages qui nous sont restés sur la Pucelle. La *Chronique de la Pucelle,* écrite par un des personnages les plus graves, les plus éclairés de son temps, est pleine de merveilleux, de miracle. Le miracle et le merveilleux étaient enfin dans la croyance intime et dans l'âme de la Pucelle, ainsi que dans le milieu qui l'entourait.

---

(1) *Procès, ibid. Bibliothèque de l'École des chartes*, t. V, 3ᵉ sér., p. 273 et s. *Bulletin de la Société de l'histoire de France*, 1854, p. 103 et s. Cet anoblissement, émané de la Trimouille, coïncide avec l'échec de La Charité, œuvre de la Trimouille. Le lecteur saura tirer la moralité de ce rapprochement.

Jeanne, chez qui le *bon sens* brillait de tant d'éclat, s'abandonnait, avec la puissance des riches natures, à cet autre instinct, à cet autre besoin non moins impérieux de l'âme humaine, le sentiment religieux. Elle s'abreuvait, sans réticence et sans réserve, à cette source abondante que le catholicisme ouvrit, comme une piscine, à ses premiers pas. Elle ne chercha point en dehors de ce paradis tout trouvé. Jeanne Darc, avons-nous dit, était assistée d'un conseil qu'elle appelait *ses voix*. Les témoignages qu'elle nous a laissés sur ce point offrent une netteté, une multiplicité, une invariable persistance, qui ne laissent aucune prise à l'équivoque. Or, comme la sincérité de la déposante s'élève à nos yeux au-dessus de tout soupçon, nous nous soumettons à tenir pour vrai le fait allégué par elle. D'après notre sentiment, la foi de Jeanne, et les circonstances que nous avons dites, suffisent pour rendre compte de ce fait à l'intelligence.

La Pucelle nous apparaît donc comme une femme profondément religieuse et d'une insigne piété, mais nullement comme une mystique et une thaumaturge. Plusieurs saintes ou dévotes, femmes d'église et de couvent, faiseuses de petits miracles, et adonnées à de petites pratiques, précédèrent la Pucelle, ou se manifestèrent en même temps qu'elle. De ce nombre était une nommée Catherine, de La Rochelle, que Jeanne rencontra près d'Orléans, à Gergeau. Sans que l'on mette sur le même rang ces diverses *rivales*, la Pucelle n'eut, si j'ose ainsi dire, qu'à écarter du pied les moins nobles, pour que la confusion soit demeurée impossible (1).

(1) V. Quicherat, *Procès*, t. I, p. 106 et *aperçus nouveaux*, p. 74.

La Pucelle ne prophétisait pas en vue de « faire signes. »
Elle ne macérait point ses sens dans une idée de perfection
solitaire, ni d'édification mystique. Ses signes, comme elle
dit, furent de lever le siége d'Orléans, de faire sacrer le
roi à Reims, de restituer la France au livre des nations.
Par ce chemin plus rapide et nouveau, elle alla au cœur
des masses, et s'acquit une admiration impérissable. Les
sentiments qu'elle inspirait se firent jour, à son égard,
dans la forme propre au temps où elle vécut. Après la délivrance d'Orléans, un magistrat français écrivait au duc
de Milan que le jour où la Pucelle était née dans son village tous les habitants en avaient été avertis. Les coqs,
cette nuit-là, « comme des hérauts de bonne nouvelle, »
se mirent à chanter avec une allégresse inaccoutumée (1).

Quand elle était jeune, ajoute-t-il, et qu'elle faisait paî-
tre les agneaux de ses parents, jamais une de ses bêtes ne
périt. D'autres disaient « que quand elle estoit bien petite
et qu'elle gardoit ses brebis, les oiseauls des bois et des
champs, quand les appeloit, venoient mangier son pain dans
son giron, comme privés. » Ce sont là de nouvelles paraphra-
ses sur les propriétés de la licorne et de la vierge. Après la
bataille de Patay, on vit en Poitou « des hommes armés
de toutes pièces, chevaucher dans l'aer, sur ung grand cheval blanc... Tout le pays de Bretaigne en fut espaventé,
car le duc naguères avait fait serment aux Anglois. Le roi
a envoyé devers l'évêque de Luçon pour sçavoir la vérité
de cette besoigne (2). »

(1) *Procès* 116, V, 27.
(2) *Ibid.*, p. 116 et 122. *Journal de Paris*, Panthéon, p. 679. Une chro-

Jeanne entretenait autour d'elle des clercs occupés à une correspondance étendue. On en peut juger par les lettres d'elle, qui nous sont restées. Bonne de Milan, mariée à un simple gentilhomme de sa cousine Isabeau de Bavière, se voyait frustrée des droits qu'elle prétendait à la riche succession des Visconti. L'héritière se pourvut, par une requête, auprès de « dame Jehanne la Pucelle, » afin que celle-ci lui fît rendre son patrimoine. Le comte d'Armagnac était engagé dans de graves démêlés avec le pape Martin V. Bien que le schisme fût presque éteint, Jean d'Armagnac voulait se soustraire à l'obédience de Rome. Le comte désirait obtenir de la Pucelle une consultation publique et dont il espérait tirer profit. Donc, il lui demanda auquel des trois papes Benoît, Clément ou Martin, l'on devait obéir. La lettre du comte lui fut remise au moment où, déjà montée à cheval, elle partait, le 22 août 1429, de Compiègne (1).

Toutes les fois que l'objet de ces demandes rentrait dans le domaine de sa mission, Jeanne y répondait avec une sagesse et une perspicacité admirables. Quant au comte d'Armagnac, elle l'éconduisit très-poliment. Jeanne lui fit savoir que « quand elle serait à Paris, » elle s'occuperait de son affaire et lui répondrait à loisir. Plus d'une consultation put être dérobée à sa complaisance et à sa bonne foi.

---

nique bourguignonne, récemment découverte, dit, en parlant de la Pucelle : « Et l'apelloient ly aucun du comun de France : *l'angelicque*; et en faisoient et en cantoient pluisieurs canchons (chansons), fables et bourdes moult merveilleuses. » Ms. de Lille, n° 26. *Bulletin de la Soc. de l'hist. de France*, 1857-8, p. 102.

(1) *Procès*, I, 246; V, 253. L'une de ces lettres est signée de sa main *Jehanne*, par le ministère d'un scribe, qui lui tenait et conduisait ses doigts. Vu l'original, qui se conserve à Riom; *fac-simile*, *Procès*, V, 146.

Telle est, incontestablement, la lettre écrite en *latin*, sous son nom, contre les Hussites (1).

Les poëtes principaux du quinzième siècle, R. Blondel, Alain Chartier, Astesan et plus tard Villon, (*ballade des dames du temps jadis*,) s'émurent de son avénement et le célébrèrent. Gerson la bénit de sa voix mourante. Jacques Gelu, Henri de Gorckum et le docteur allemand, auteur de la *Sybilla Francica*, témoignèrent en sa faveur par de solennels écrits. Christine de Pisan, poëte, femme d'un grand sens et du plus noble caractère, lui consacra, comme Gerson, ses derniers accents (2).

Le bruit de la merveilleuse jeune fille, porté par la voix de la renommée, se répandait jusque chez les Grecs, aux confins de la chrétienté. Dès 1429, on la montrait, peinte, en Allemagne. L'empereur Sigismond, avec le magistrat de Ratisbonne, assista publiquement à cette exhibition. Un fragment de tapisserie, récemment découvert, paraît avoir fait partie d'une série de tableaux analogues. On sait par les accusations de Rouen, que l'enthousiasme public se manifestait en l'honneur de l'héroïne sous la forme du culte religieux. Nous possédons en effet, parmi d'autres preuves comparables, le texte d'une *collecte* ou prière finale de l'office, dans laquelle son nom figure avec les honneurs qu'on rendait aux saints (3).

---

(1) *Procès*, V, 156. Voir sur ce point la note fort judicieuse de M. Wallon, *Hist. de Jeanne d'Arc*, t. I, p. 317. On sait aujourd'hui que cette lettre a pour véritable auteur F. Pasquerel, aumônier de la Pucelle. Voy. *Bibliothèque de l'École des chartes*, 5e série, t. II, p. 81 et s.

(2) *Procès*, t. V, *passim*.

(3) *Procès*, V, 104, 270, etc. La statuette équestre de M. Carrand porte sur le socle ces mots : *la Pucelle d'Orliens*. Par le style, la forme et les dimensions, elle répond au modèle des saints que l'on plaçait sur les au-

A cette époque, toute personne, recommandée à la haute estime publique par d'éminentes qualités de l'ordre moral, toute personne, vivant, comme on disait, « en odeur de sainteté, » se voyait adresser de semblables hommages. Jeanne accueillait ces démonstrations avec toute la modestie, tout le bon sens dont elle était capable. A chaque pas, elle combattait ces populaires superstitions et ces naïves idolâtries. Quelquefois elle s'en fâchait, séance tenante, comme d'un excès d'absurdité. Le plus souvent, elle reprenait doucement les délinquants ou délinquantes. A Poitiers, des bonnes-femmes lui apportèrent leurs patenôtres et divers objets à *toucher*. « Touchez-les vous-mêmes, leur dit-elle, ils en vaudront tout autant. » Lorsque les habitants de Troyes lui ouvrirent leurs portes, certains soupçons restaient dans l'esprit de quelques-uns : Jeanne venait-elle de par Dieu ou de par le diable ? Tel était le doute dont ils étaient encore agités. Le cordelier négociateur, Frère Richard, se chargea de calmer ces derniers scrupules. Le jour où la Pucelle franchit l'entrée de la ville, Richard se présenta publiquement devant la libératrice, multipliant les signes de croix et jetant en l'air de l'eau bénite. Jeanne, par ce moyen, devait être exorcisée *en tant que de besoin*. La Pucelle dit alors dans son *lorrain* natal : « Approchez hardiment, je ne me envouleray point (1). »

Plusieurs historiens se sont enquis avec un zèle extrême, des conditions physiologiques, dans lesquelles vécut la

---

tels. Voir (au musée de Cluny ?), la médaille de la collection Forgeais. Notice dans la *Revue archéologique* de juin 1861 : *Notes sur deux médailles de plomb*, etc.

(1) Je ne m'envolerai point. *Procès*, I, 100 ; III, 82, 87 et *passim*.

Pucelle. A défaut de la personne, ils ont fouillé les textes. Ces auteurs ont recommencé, après la reine de Sicile, un genre d'investigation pour lequel ils ne présentaient ni l'excuse d'être du quinzième siècle, ni la qualité de matrones. Moins favorables en leur verdict que le jury féminin de Chinon, ils déclarent que Jeanne ne jouissait pas de tous les attributs de la santé. Ils ont même *reconnu* que l'héroïne avait puisé, dans je ne sais quel état pathologique la puissance supérieure dont elle fut douée.

Cette étrange conclusion, nous le savons, n'est point un fait isolé. Certains physiologistes, et ceux-là médecins, ont étendu de nos jours cette doctrine. Renouvelant un vieux paradoxe, ils ont affirmé que Socrate, ainsi qu'Homère, étaient fous. Suivant eux, les chefs-d'œuvre de l'esprit humain sont le fruit de la phlegmasie. D'autres réfuteront et ont réfuté ces exagérations, avec une autorité à laquelle nous ne saurions prétendre (1).

Nous oserons toutefois protester, sinon de par la science, du moins au nom de l'histoire et du sens commun, contre de semblables égarements. Non, l'insalubrité n'est point une condition de l'héroïsme, ni la source du génie. Phidias et les Grecs ont jugé la thèse, il y a deux mille ans. *Le beau est la splendeur du vrai.* Sur le front du Jupiter Olympien, l'œil humain verra rayonner à jamais, dans la règle et l'harmonie de la forme, la règle et l'harmonie de l'intelligence.

Pour ce qui touche Jeanne Darc en particulier, nous ne

---

(1) *La psychologie morbide dans ses rapports avec la philosophie de l'histoire;* examen critique, par le docteur Bertrand de Saint-Germain : Extrait de la Revue médicale, février 1860, Baillière, in-8. Flourens, *De la raison, du génie et de la folie,* 1861.

suivrons même pas nos contradicteurs sur le terrain où ils se sont placés. Nous ne le ferons point, par respect pour le lecteur et pour la dignité humaine. Qu'il nous suffise et qu'il nous soit permis de le dire : les même textes, étudiés avec soin, n'ont nullement justifié à nos yeux les bizarres conclusions que l'on en a tirées. Jeanne, d'après la lettre intelligible de ces documents, vécut au physique ainsi qu'au moral, dans la plénitude des facultés que la nature ou la Providence ont données aux personnes de son sexe, y compris... la santé.

Aucune grâce extérieure ne manquait à cette femme élue, riche, entre toutes, par les dons de l'âme. Jeanne avait conscience des poétiques honneurs que les croyances de son temps attribuaient à son titre de vierge. Elle n'ignorait pas le pouvoir moral que ce titre lui conférait. Que lui importait d'ailleurs le roman vulgaire de la femme ? Son sublime regard avait lu dans le ciel une plus austère et plus haute destinée. Jeanne voua sa virginité, comme sa vie, non pas à une idée d'ascète, mais à sa patrie. Que l'on joigne à ces grands desseins le sentiment de la pudeur naturelle, la dignité de la personne, et nous en aurons assez dit sur ce point, où il ne convient pas d'insister.

Jeanne, bien loin des maussades rigueurs d'un ascète, portait, épanoui sur son alègre visage, le sourire de ses vingt ans. Avenante et gracieuse pour chacun, elle reconfortait les gens du peuple, entrait dans tous leurs sentiments, qu'elle avait connus. Elle se faisait sociable, secourable, aux plus humbles, aux plus petits. Jeanne recherchait néanmoins la compagnie des nobles et se plaisait aux relations polies. Elle avait comme toutes les jeunes femmes, le goût inné de l'élégance, et n'attendit point, pour le manifester, des lettres d'anoblissement (1).

Son état, ou train de maison, était celui d'une comtesse, ou mieux d'un comte. Cet état comprenait un maître d'hôtel, un écuyer, un aumônier, plusieurs chapelains, des secrétaires, des pages, des valets de chambre, de pied, etc. : attribut naturel des fonctions qu'elle remplissait. Elle se plaisait aux riches vêtements, aux belles armes, aux chevaux de prix. Les textes permettent de suivre la série de plus en plus élégante des costumes qu'elle revêtit successivement. A Vaucouleurs, elle quitta ses pauvres habits de paysanne. Dès lors, elle ne porta plus que le costume d'homme, condition nécessaire de sa masculine mission. La femme reparut peu à peu dans le choix des étoffes, dans le luxe et la grâce de l'ajustement. Elle portait volontiers des robes à la mode des gentilshommes, des robes de soie brochée ou de *drap d'or*, enrichies de fourrures (2).

Toute jeune, elle s'était exercée à monter les chevaux et, dit-on, au maniement des armes. Lorsqu'elle vint à Chinon, le duc d'Alençon la vit dans la prairie *courir* à cheval *une lance :* il fut si charmé de sa bonne mine qu'il lui donna un coursier ; ainsi leur amitié commença.

---

(1) « Hilarem gerit vultum, etc., etc. » *Procès*, V, 120, et *passim*.

(2) « Le jeudi [21 juillet 1429], fu le roy pour faire garir les malades à Marcous; » (voyez ci-dessus page 103); « et chevaulçoit ladite pucelle devant le roy, toute armée de plain harnas, à estendart desployé ; et quant elle estoit désarmée, avoit elle estat et habis de chevalier : sollers lachiés dehors piet (souliers lacés extérieurement sur le pied); pourpoint et cauches (chausses) justes et ung chapellet (petit chapeau) sur le tieste ; et portoit très-nobles habis de drap d'or et de soie bien fourrés. » (*Chronique des Cordeliers* n° 16, f° 486.) *Procès*, t. I, 294 ; IV, 449, 472. Le rouge paraît avoir été constamment sa couleur de prédilection.

En 1430, Jeanne avait à son service quinze chevaux de diverses qualités (1).

Nous avons vu la Pucelle employer, à Tours, le peintre du roi, qui peignit ses bannières : ce peintre avait une fille déjà grande et nommée Héliote ; Jeanne protégea Héliote, qui se maria en 1430. La Pucelle était alors à la cour. Elle écrivit à la municipalité Tourangelle d'allouer sur les fonds de la ville, à titre de libéralité, une somme de cent écus en faveur de la jeune fiancée, pour sa *corbeille*. La ville, attendu son extrême pénurie, n'alloua pas cette dépense. Mais elle pourvut au festin nuptial et le magistrat assista officiellement à cette noce, « pour l'amour et l'honneur de ladite Pucelle (2). »

Nous ne voulons point appuyer outre mesure sur ces légers traits. Le côté *mondain* de la Pucelle, négligé ou méconnu généralement, est un des aspects vrais de cette figure, qui appartient tout entière à l'histoire. De tels détails, à un autre titre, méritaient encore d'être notés. Ce luxe innocent de la jeune fille, comme on le verra bientôt, lui fut imputé à crime. Le lecteur, désormais, appréciera les faits qui servirent odieusement de prétexte à une semblable accusation.

Jeanne, pendant les loisirs forcés que lui faisaient les gouverneurs du roi, tenait ses yeux fixement tournés vers la capitale. Bien rassuré sur ces conseillers, Philippe le Bon avait quitté Paris le 17 octobre 1429, sans même y

---

(1) *Procès*, I, 195, 214 ; IV, 361, 523, etc. A. Vallet, *Recherches iconographiques*, p. 2 et suiv.
(2) *Bibliothèque de l'École des chartes*, IV, p. 488. *Procès*, V, 154. *Cabinet historique*, p. 112 et s.

laisser de garnison. Les populations de la Champagne, en voyant le roi reprendre le chemin de la Touraine, étaient stupéfaites. Nous avons encore la correspondance qui s'établit, à cette occasion, entre la ville de Reims et le gouvernement de Charles VII (1).

Diverses lettres, écrites par cette ville, du 3 août au 5 septembre, témoignent au roi la douleur que fait concevoir à ses habitants une telle conduite. Ils représentent que « l'ennemi est fort » et que la retraite subite du roi expose inopinément les Rémois à tous les périls. Ils se plaignent que les gens de Poton de Saintrailles recommencent, à leurs portes, les pilleries.

Charles VII ou son conseil, au moment où ce prince retournait vers les bords de la Loire, promettait à Philippe le Bon de lui donner en apanage les comtés de Champagne et de Brie. Mais pendant que les conseillers du prince négociaient sur ce point, le gouvernement anglais les gagna de vitesse (2).

Par lettres datées du 8 mars 1430, « en nostre manoir de Elcham, » Henri VI, « roi de France et d'Angleterre, » donne à Philippe le Bon, en fief, les comtés de Champagne et de Brie. Cet octroi fut accompagné d'un autre don de 12,500 marcs ou livres anglaises. Une délibération spéciale du conseil privé, datée du lendemain 9, ordonna que cette somme, nonobstant la pénurie du

---

(1) *Journal de Paris*, Panthéon, p. 683. *Archives de Reims*, copies de M. L. Paris.

(2) Archives de Reims. Notes alléguées dans l'ouvrage intitulé : *Principia typographica*, par M. Sotheby. Londres 1858, in-f°, t. III, p. 40. La famille Cauchon, toute-puissante à Reims, intriguait perpétuellement en faveur des Anglais. (D. Marlot, t. IV, p. 176.)

trésor, serait immédiatement réunie et portée au duc en sa ville d'Arras, ou ailleurs (1).

La dernière trêve jurée n'expirait qu'à Pâques, 15 avril. Néanmoins, le duc de Bourgogne rouvrit immédiatement les hostilités contre Charles VII.

Reims fut de nouveau menacé, ainsi que diverses autres places de Champagne et de Picardie. A la date du 15 mars, le conseil de cette ville s'adresse, par une pressante dépêche, au comte de Vendôme et au chancelier-archevêque. Il leur mande que l'approche de Jean de Luxembourg est signalée. Douze jours après, 27, le capitaine de Reims avait fui, muni d'un sauf-conduit délivré par le duc de Bourgogne. Les habitants écrivaient au lieutenant-général pour faire arrêter le fugitif.

Instruite de ces faits, la Pucelle brisa sa chaîne. Depuis un mois, elle habitait avec le roi le château-fort de Sully, résidence féodale de la Trimouille. Du 29 au 31, elle partit, mais cette fois sans prendre même congé du roi. Elle partit comme un prisonnier, qui s'échappe et qui se rachète lui-même, d'une injuste ou tyrannique captivité (2).

Du 1er au 16 avril, deux à trois cents Picards, soldats de Philippe le Bon, sortirent de Rouen et vinrent se loger, près cette ville, à Saint-Denis-le-Thiboust. Des Français les surprirent la nuit et les mirent à mort, presque jusqu'au dernier. Paris lui-même, toujours frémissant,

---

(1) *Registre du trésor des Chartes*, 174, acte 357, f° 153. Ms. Fontanieu, vol. 113 à la date. *Proceedings*, etc., t. IV, p. 31, 921.

(2) *Archives de Reims*. Varin, t. VII, p. 603, 746. *Procès*, IV, 32, 299; V, 159 à 462. *Itinéraire. Ordonnances*, XIX, 629.

s'agitait de nouveau. Vers les premiers jours de mars, une nouvelle conspiration s'ourdit entre des bourgeois de la capitale et des Français venus du dehors (1).

Dans ces entrevues secrètes, divers plans furent proposés. Sous peu de jours, des Écossais devaient se présenter à l'une des portes de la capitale. Ces étrangers, portant le costume anglais et la croix de Saint-André, amèneraient du bétail et de la marée. Pendant qu'ils se feraient ouvrir les portes, à titre de marchands, un gros de soldats embusqués dans la banlieue, fondrait sur la ville, et y pénétrerait à force ouverte. Durant le même temps, des affidés devaient ameuter le peuple, à la place Baudoyer, lire publiquement des lettres d'abolition et soulever la ville en faveur du roi Charles (2).

Cette conspiration comptait dans son sein des membres du parlement, du Châtelet; des marchands, et autres gens de toute classe. Les conjurés du dedans communiquaient avec ceux du dehors, par le moyen de lettres que portait, des uns aux autres, Pierre Dallée, religieux mendiant de l'ordre des Carmes. Un nommé Jean de Calais vendit le complot à la police anglaise. Au jour dit, les assaillants de l'extérieur arrivèrent à leur poste et le mouvement militaire fut tenté. Mais le duc de Clarence, lieutenant de Bedford, s'empara des complices, qui devaient, à l'intérieur, provoquer l'insurrection (3).

Pierre Dallée fut mis au brodequin et la torture lui

(1) P. Cochon, p. 365. Lettres de rémission dans le registre du trésor, n° 175, acte 353, f° 151. *Cabinet historique* 1859, n° 4841.

(2) J. J. 174; lettres citées, en date du 5 avril. Stevenson, *Henri VI*, t. I, p. 34. Quarante dixaines de la ville étaient du complot. Ms. Cordeliers, n° 16, f° 496, v°.

(3) Les mêmes. *Journal de Paris*, p. 684.

arracha de nombreuses dénonciations. On arrêta cent cinquante personnes. Les unes périrent à la question ; d'autres se rachetèrent à prix d'argent ; un certain nombre s'enfuirent. Le 8 avril 1430, Jean de la Chapelle, auditeur en la chambre des comptes et Renaud Savin, procureur au Châtelet, furent écartelés. Jean *de Calais*, révélateur (et probablement anglais), pour prix de sa délation, obtint l'impunité. Le même jour, Pierre Morand procureur au Châtelet, Jean le Français dit Baudran, Guillaume Perdriau tailleur d'habits et Jean le Rigueux boulanger, furent, pour le même fait, décapités aux Halles. Michel Piau, Jacques Perdriel, absents, furent déclarés bannis. La plupart des conjurés étaient possesseurs d'immeubles importants. Le gouvernement les distribua au bâtard de Clarence et à plusieurs autres de ses affidés (1).

Jeanne, dans les premiers jours d'avril, accourut à Lagny, « parce que ceulx de la place fesoient bonne guerre aux Anglois de Paris et ailleurs. » La Pucelle signala militairement son retour, par une rencontre, dans laquelle trois à quatre cents Anglais furent taillés en pièces. Elle s'établit d'abord à Lagny, puis à Compiègne ; et, de là, dirigea des excursions armées sur divers points, tels que Senlis, Crépy en Valois, Soissons et autres. Du 8 au 15 avril, elle combattait sous les murs de Melun. Cette ville ne tarda pas à redevenir française (2).

---

(1) Les mêmes. Félibien, t. II des *Preuves*, p. 591, 592. Sauval, *Antiquitez de Paris*, t. III. p. 586-7. A peine les condamnés venaient-ils de subir ce supplice, qu'une nouvelle tentative se manifestait à Paris. (*Journal*, p. 685.) C'était la *sixième conspiration* formée contre le gouvernement anglais depuis son établissement en France.

(2) *Procès*, I, 115 ; Cagny (*ib.* IV, 32) ; Chastelain (*ib.* p. 441). J. Chartier, in-16, I, 120, 125 et suiv. Monstrelet, chap. 81, 84.

Le duc Philippe de Bourgogne, instruit de la présence de Jeanne sur les champs, se remit personnellement en campagne. Après avoir célébré les fêtes de Pâques (15 avril) à Péronne, il conduisit la nouvelle duchesse à Montdidier, où il passa quelques jours. Laissant alors Isabelle de Portugal en cette ville, le duc vint mettre le siége, vers le 21 avril, devant Gournay-sur-Aronde. Cette place appartenait au comte de Clermont, beau-frère de Philippe. Elle avait pour capitaine un brave chevalier, gentilhomme du pays, vassal du comte, oncle maternel d'Agnès Sorel, et nommé Tristan de Maignelais. Celui-ci, dépourvu de forces, traita de rendre la place au 1ᵉʳ août suivant, dans le cas où il ne serait point secouru. En même temps, il souscrivit une trêve qui dura jusqu'au terme indiqué (1).

La guerre alors se ranima, dans la zone de l'Ile-de-France et pays adjacents, avec toute la rigueur qu'elle avait eue précédemment. Le sire de Montmorency reconquit ou recouvra sa baronnie. Les Armagnacs s'emparèrent (25 avril) de Saint-Maur-les-Fossés. Du reste, c'était toujours, parmi les milices du roi Charles, la même indiscipline. L'un de ses capitaines, Yvon du Puy-du-Fou, au mépris de la trêve encore subsistante, au mépris de la consigne royale, avait envahi la place forte appelée Maisy, entre Laon et Reims. Un autre, Rigaud de Vercel, fit main basse sur Dormans. Tous deux se mirent à ravager le pays de Reims, nouvellement conquis à la cause de Charles VII (2).

(1) Monstrelet, chap. 82, 91. Ms. Cordeliers, n° 16, f° 496 v°, 497. Beauvillé, I, 142. Vallet de Viriville, *Agnès Sorel*, p. 6.
(2) Duchesne, *Hist. de la m. de Montmorency*, p. 232. Varin, VII, 746 et suiv. P. Cochon, p. 465. *Journal de Paris*, p. 684 Archives de Reims.

Du 21 avril au 10 mai environ, le duc Philippe s'arrêta pendant une huitaine de jours à Noyon (cette ville était restée bourguignonne); et parcourut d'autres points environnants de la Picardie. Jean de Luxembourg et lui, de concert, s'acheminaient à main armée, vers Paris et devaient se rencontrer à Compiègne. Le 8 mai, les habitants de Compiègne envoyèrent de l'artillerie et des munitions au château de Choisy-sur-Aisne ou Choisy-au-Bac, point important qui dominait leur ville (1).

Philippe le Bon vint en effet assiéger ce château, vers le 10 mai 1430. « Le samedi 13 may, arriva à Compiègne Jeanne la Pucelle, pour secourir ceux qui estoient assiégez à Choisy. A laquelle on présenta trois pièces de vin, présent qui étoit grand, de prix excessif, et qui fait voir l'estime que l'on faisoit de la valeur de cette vierge. » Ainsi s'exprime un historien inédit de la contrée. C'était la coutume au moyen âge, en Picardie, de présenter aux hôtes de distinction le vin de ville. La *quantité* du présent offert à la Pucelle montre qu'elle était honorée par les habitants à l'égal des têtes couronnées. Le don se rehausse encore ici par le prix de la matière, sous la menace et à la veille d'un siége (2).

Jeanne, cédant sans doute à une autre inspiration que la sienne propre, au lieu de marcher droit à Choisy, fut emmenée vers Soissons. Le programme était d'entrer d'abord dans cette ville, que naguères elle avait rendue

---

lettres citées (27 avril). G. Hermand, *Histoire du Beauvaisis*, Ms. s. fr. 5, 2. t. III, p. 1463 et s.

(1) Monstrelet, ch. 83. S. Remi, ch. 158. Dom Gillesson (bénédictin de S. Corneille en 1645), *Antiquités de Compiègne*, Ms. de la Biblioth. impériale : fonds de Compiègne, n° 75, t. V, p. 95.

(2) S. Remi. Gillesson, *ibid*.

française, puis de se porter à Choisy, à l'encontre du duc de Bourgogne. La Pucelle sortit de Compiègne accompagnée du chancelier de France et du comte de Vendôme, lieutenant général pour le roi. Arrivés devant Soissons, Guichard de Bournel, institué capitaine par le comte de Clermont, leur refusa l'entrée. Cependant, quand la nuit fut venue, Bournel introduisit dans la place le chancelier, le comte de Vendôme et la Pucelle, avec un petit nombre de gendarmes. Mais le reste de la troupe se vit barrer le passage (1).

Les gentilshommes qui la composaient se dispersèrent entre les rivières de Marne et de Seine. Une partie de ces licenciés, et les principaux, se retirèrent vers *Senlis*. La Pucelle, ainsi abandonnée, en présence de R. de Chartes, retourna d'abord à Compiègne qu'elle traversa de nouveau. Puis elle alla prendre sa demeure, *près de Senlis*, à Crépy (2).

A peine Jeanne était-elle sortie de Soissons, que le capitaine livra cette ville à Jean de Luxembourg : « dont il fit, ajoute Berry, vilainement et contre son honneur. » Bournel se rendit ensuite à Choisy et cette place, au lieu de recevoir le renfort de la Pucelle, vit accourir le capitaine de Soissons, pour aider au duc de Bourgogne. Louis de Flavy, lieutenant de Guillaume de Flavy, commandait dans Choisy-sur-Aisne. Cette forteresse ne tarda point à succomber. Philippe le Bon la fit aussitôt démolir et raser jusqu'aux fondements (3).

---

(1) Berry dans Godefroy, p. 381.
(2) Berry. Cagny, p, 32.
(3) Berry. Monstrelet, ch. 83. *Procès* IV, 76.

Peu de temps auparavant, la Pucelle avait déjà tenté un mouvement analogue. Vers les premiers jours de mai, elle était partie de Compiègne, accompagnée de Poton de Saintrailles, de Jacques de Chabannes, et autres capitaines, suivis d'environ deux mille combattants. Ils se dirigèrent vers Pont-l'Évêque au passage de l'Oise, gardé par les Anglais. R. de Chartres, cette fois, ne faisait point partie de l'expédition. Cette sortie n'eut point de résultat décisif et ne constitua qu'une brillante escarmouche, à l'honneur de l'héroïne (1).

Compiègne était regardé comme une porte essentielle de passage entre l'Ile de France et la Picardie : le duc Philippe voulait en avoir la clef; par ce motif, il attachait un très-grand prix à la possession de cette riche et belle ville. Les conseillers du roi, pour complaire au duc, lui firent bon marché sur ce point. Compiègne venait de céder à cet élan français, que suscitait partout la Pucelle. Le 18 août 1429, l'autorité de Charles VII y fut reconnue. Aucune cité picarde ne témoigna plus énergiquement son adhésion au mouvement national : nulle part, la Pucelle n'excita un plus chaleureux enthousiasme. Cependant le 28 du même mois, Jeanne avait à peine mis le pied hors de cette ville, sa nouvelle conquête, que déjà les conseillers du roi offraient Compiègne au duc de Bourgogne (2).

Lorsque Charles VII passa par cette place, les habitants demandèrent au roi, pour capitaine, un personnage militaire du pays, dans lequel ils avaient confiance et qui déjà en remplissait les fonctions. C'était un jeune homme,

---

(1) Ms. Cordeliers, n° 16, f° 497. Monstrelet. S. Remi.
(2) *Procès*, V, 174.

né à Compiègne, et appartenant à l'une des familles les plus considérables de la province. Il se nommait Guillaume de Flavy. Mais la Trimouille, premier ministre du roi de France, se réserva cet office : le gouverneur d'Auxerre se fit nommer aussi (18 août 1429) capitaine de Compiègne. Flavy toutefois fut maintenu comme lieutenant. C'était le prélude de la cession au duc de Bourgogne (1).

Mais, lorsque, peu de jours après, il s'agit de réaliser ce marché, l'opposition vint de la part des habitants. Ils représentèrent au chancelier chargé de négocier la cession : « qu'ils étoient les très-humbles sujets du roi et désiroient le servir de corps et de bien, mais que, de se commettre audit seigneur duc de Bourgogne, ils ne le pouvoient... » Vainement les ordres du ministre succédèrent à ses instances. Les habitants déclarèrent qu'ils étaient « résolus de se perdre eulx, leurs femmes et enfans, plutôt que d'estre exposez à la mercy dudit duc (2). »

Les conseillers alors firent accepter au duc comme compensation le pont Sainte-Maxence. Mais Philippe le Bon ne renonça point à Compiègne. Le duc offrit à Guillaume de Flavy une grande somme d'argent et un riche mariage, s'il voulait lui livrer cette place. Flavy n'était point un modèle d'honneur et de patriotisme ; néanmoins, il refusa. Philippe le Bon, dans ces circonstances, résolut de s'en emparer par la force des armes (3).

La Trimouille savait très-bien que sa propre domination

---

(1) *Procès*, *ibidem*. Dom Gillesson, p. 3, 73, etc.
(2) *Procès*, IV, 175. Biographie Didot au mot *Flavy*.
(3) Monstrelet, chap. 72. D. Marlot, IV, 176. Varin, VII, 605.

toucherait à sa fin, le jour où Charles VII commencerait de régner par lui-même. Dans cette vue, il avait établi, pour les pays d'outre Seine et Loire, le deuxième conseil royal, dont nous avons parlé. C'était simplifier ou diminuer d'autant, quant au jeune roi, la sollicitude et le poids des affaires. Ce conseil, en effet, présidé par R. de Chartres, décidait des questions les plus importantes sans même en référer au conseil royal proprement dit, que dirigeait la Trimouille.

Toute autre personne que Jeanne, en se soustrayant au joug du favori, aurait pu songer à mettre à profit cette division des pouvoirs. Mais témoin du vice radical qui déchirait ce gouvernement sans autorité, Jeanne n'avait garde de pousser, elle aussi, à l'anarchie. Bien loin de là, elle vint immédiatement rallier, comme on l'a vu, le *vice-roi*, R. de Chartres. Peu de mois auparavant, ce même chancelier se présentait humblement devant le duc de Bourgogne, en lui prostituant, sans dignité, les offres et les avances les plus impolitiques (1).

Le 19 mars 1430, avant le départ de la Pucelle, le gouvernement royal proprement dit, ou la Trimouille, adressait, de Sully, à la ville de Reims, une première dépêche. Cette lettre, signée *Charles*, est une réponse aux appréhensions et aux demandes de secours que les bourgeois de Reims avaient itérativement exprimées. Elle conclut à endormir ces alarmes et à des promesses évasives. Le 6 mai 1430, après le départ de la Pucelle, R. de Chartres écrivit aux mêmes correspondants une autre mis-

---

(1) Berry dans Godefroy, p. 381. Monstrelet, ch. 73, etc.

sive, bien différente. Celle-ci est signée : « *par le roi, à la relation du conseil estant à Compiègne* (1). »,

Sans doute, l'évidence des faits les plus récents, le dépit et l'humiliation du diplomate joué, purent contribuer à dessiller tardivement les yeux du chancelier. Mais la présence seule de la Pucelle prouve assez, pour tout esprit clairvoyant, la part que l'histoire, dans ce subit changement de conduite et de langage, doit attribuer à l'influence personnelle de l'héroïne. Jeanne était d'avis « qu'il n'y avoit de paix possible avec le duc de Bourgogne, *si ce n'est par le bout de la lance.* » Depuis longtemps, elle luttait pour faire prévaloir cette opinion, contre la politique sans noblesse et contre les fins de non-recevoir intéressées des ministres. L'un de ces derniers, R. de Chartres, isolé, ne put résister, ostensiblement du moins, à l'ascendant de la conseillère, à qui le langage des événements prêtait d'ailleurs une aussi pressante éloquence (2).

La libératrice, on le voit, n'avait rien perdu des facultés supérieures de son esprit. Son prestige et la puissance de sa renommée étaient toujours immenses.

Le gouvernement anglais comptait beaucoup, pour la

---

(1) Le duc de Bourgogne (tels sont à près les termes de cette dépêche), s'est emparé de notre père et de nos villes. Il a livré Charles VI et le royaume aux Anglais. Ce duc nous a « par aucun temps amusé et déceu par trèves et abstinences, soubs ombre de bonne foy » et sous prétexte « de parvenir au bien de paix. » Nous avons, en effet, trop longtemps écouté ses trompeuses paroles. Aujourd'hui, le masque tombe et le duc vient de reprendre les hostilités. Ses émissaires vont pénétrer parmi vous de nouveau et tenter de vous séduire. Ne prêtez aucune oreille à ses discours. Transmettez-nous directement toutes les lettres ou communications qu'il pourrait vous adresser, et ne souffrez pas que ces écrits circulent dans votre ville. (*Archives de Reims*, lettres citées.)

(2) *Procès* I, 108.

prospérité de ses affaires, sur l'arrivée en France du jeune Henri VI. Bedford ne cessait de hâter l'embarquement du royal héritier. Au moment de quitter le sol anglais, une résistance, un obstacle inouï se révéla. Les hommes d'armes engagés refusaient de partir : Bedford, pour les y contraindre, dut recourir à un édit spécial. Cet acte public, daté du 3 mai 1430, est dirigé *contre les capitaines et soldats réfractaires, qui sont terrifiés par les enchantements de la Pucelle.* Le 5 mai, Jean Boucher, chanoine d'Angers, se rendit en pèlerinage à Sainte-Catherine de Fierbois. Ce même jour, après avoir accompli son vœu, « il y dit une messe, en l'honneur du roi, de la Pucelle, et « de la prospérité du royaume (1). »

Le bruit de son approche ranima dans Paris et ailleurs, ces sentiments, de terreur pour les uns, de sympathie enthousiaste chez les autres, qu'elle excitait de toutes parts. Sa foi, son courage, sa gaieté même et son enjouement se conservaient entiers et inaltérables (2).

Et pourtant, une ombre funèbre planait déjà sur ce jeune front. Depuis un an à peine, Jeanne avait pris possession de sa carrière ; c'en était assez pour que ses pieds se fussent heurtés contre le roc et les épines de la réalité humaine. Jeanne n'était plus cet être surhumain, cette *vision* des premiers jours. La crédulité du quinzième siècle, cette foi si puissante, montrait, comme toute médaille, ici-bas, son revers. Les ennemis de Jeanne aidant, l'héroïne avait perdu en partie cette auréole superstitieuse,

---

(1) Rymer, t. IV, partie IV, p. 160. Bourassé, *Miracles de sainte Catherine*, p. 15 et 62.
(2) Cagny, *Procès*, p. 32 et 33. Chastelain *loc. sup. cit.*, etc.

à laquelle elle n'aspirait pas, mais dont l'affubla tout d'abord l'imagination publique.

Jeanne avait combattu, avait échoué (à La Charité et ailleurs). Jeanne avait souffert, elle avait pleuré, comme tous, et devant tous! Ses voix l'inspiraient toujours. Devant Melun, aux fêtes de Pâques (15 avril), un pressentiment intime l'avait avertie qu'elle serait prise avant la Saint-Jean (24 juin). A quelle heure et comment? Elle l'ignorait. Mais à partir de ce moment, « elle se rapporta le plus, du fait de la guerre, à la voulenté des capitaines. » Or ces capitaines devaient la trahir. L'idée de sa fin, de sa perte, assiégeait son esprit (1).

Depuis le premier jour, ce terme, cette fin, dans l'illumination intérieure, qu'elle voyait, de sa carrière, n'était-il pas le point visuel de la perspective et le dénouement ! Mais la divine messagère avait appris, depuis ce premier jour à connaître le mal, qui est parmi les hommes, l'ingratitude, les embûches. Autour d'elle, la trahison, qui rampait effectivement sous ses pas, se dressait visible pour les yeux de son âme.

A Compiègne, où elle fit successivement divers séjours, Jeanne logeait chez le procureur du roi. Elle partageait la couche de Marie Le Boucher, femme de ce fonctionnaire. « Et faisoit souvent relever de son lict ladite Marie, pour « aller advertir ledit procureur qu'il se donnât de garde de « plusieurs trahisons des *Bourguignons*. » Il faut entendre par ce dernier mot les créatures que le duc de Bourgogne entretenait à Compiègne, et qui, de concert

---

(1) *Procès*, t. 1, p. 115 et s. 177, 300.

avec R. de Chartres, tendaient à lui livrer cette ville (1).

Ces créatures, en effet, étaient propres à exciter très-sérieusement la vigilance de Jeanne et des véritables amis de la cause nationale. Parmi ces ennemis, nous pouvons citer, comme un premier exemple, Jean Dacier, fanatique partisan des Anglais. Abbé de Saint-Corneille de Compiègne, il fut un des juges qui siégèrent à Rouen et qui condamnèrent la Pucelle (2).

Mais ces nuages passaient sur le front de Jeanne sans en altérer la sérénité.

Le 20 mai 1430, Philippe vint mettre le siége devant Compiègne. Un corps d'auxiliaires anglais se réunit aux troupes ducales, composées de Bourguignons et de Portugais, munis d'artillerie. Jean de Luxembourg, Baudo de Noyelles, les comtes d'Arundel et de Montgomery assistaient le duc, comme lieutenants. Philippe s'établit à Coudun, au nord de Compiègne. Ses capitaines s'échelonnèrent au long de l'Oise avec leurs corps respectifs, à Clairoix, Margny et Venette. Ce dernier poste était occupé

---

(1) La maison du procureur était à l'enseigne du Bœuf. (D. Grenier, t. 21, *Hôtels et rues de Compiègne*.) Notes manuscrites de Jean le Féron petit-fils de Marie le Boucher; *Bibliothèque de l'École des Chartes* 4e série, t, I, p. 553. Le 13 août 1429, Jean le Féron, aïeul de l'annotateur, était un des attournés de Compiègne. Avec le procureur du roi, François de Miraumont, il fut député vers le roi, pour négocier la reddition de la ville. D. Grenier, t. 20 *bis*; *Comptes*, f° 12.

(2) *Procès*, I, 399. D. Berthaud, *Hist. de Compiègne*, dans Grenier, t. XX *bis*. *Ibid*. *Comptes*, f° 12. « Il fut bruit qu'un nommé Baudon de la Fontaine vouloit livrer aux ennemis la ville de Compiègne. Et furent envoyés, au mois de novembre 1429, deux ou trois messagers à Soissons, pour savoir du capitaine de ladite ville de Soissons (qui avoit donné cet avis), la vérité du fait. » D. Berthaud (*ibid*). Baudon était le lieutenant de Flavy. Quant au capitaine de Soissons, on a vu sa propre conduite à l'égard de la Pucelle en mai 1430.

par les Anglais, au nombre d'un millier d'hommes. Le total des assiégeants s'élevait environ à quatre mille (1).

Dans ce péril, les assiégés s'adressèrent au roi de France. Pierre Crin, l'un des *attournés* ou gouverneurs de Compiègne, partit ce même jour, pour Gergeau, résidence de Charles VII, et vint réclamer du secours. Par ordre du roi ou de son conseil, le bâtard d'Orléans fut chargé de satisfaire à cette demande. Le bâtard se mit en route immédiatement et s'avança jusqu'à Crépy. De là, il dirigea sur Compiègne un lieutenant nommé Jamet ou Jacques du Tillay, « avec *soixante-dix hommes* pour la garde et défense de la ville (2) ! »

En recevant cette aide dérisoire, les assiégés invoquèrent l'assistance de la Pucelle.

Le mercredi 24 mai 1430 (3), veille de l'Ascension, Jeanne partit également de Crépy en Valois dès le plus grand matin, à l'heure de minuit. Elle avait avec elle de trois à quatre cents combattants. On lui représenta que c'était bien peu de forces, pour traverser de nombreux assiégeants. « Par mon martin, dit-elle, nous suymes (nous sommes) assez ; je iray voir mes bons amis de Compiègne. » Elle arriva, vers le soleil levant, sans encombre, et pénétra dans la ville. Là, d'après une tradition locale, qui subsiste encore et qui s'accorde avec les documents écrits, elle se rendit le matin à la paroisse de Saint-Jacques, pour y

---

(1) D. Gillesson, p. 95. Monstrelet, ch. 83. *Procès*, V, 475. *Journal de Paris*, Panthéon, p. 685. *La Picardie*, revue 1857, p. 21. D. Grenier, t. LIV, p. 164 ; t. LXXXIX, p. 251. *Chronique de Tournay*. citée, p. 415.

(2) D. Grenier, t. XX *bis*: Comptes, f°s 15,16 ỹ°. Cf. *Bulletin de la Société de l'histoire de France* 1861, p. 176.

(3) Et non le 23, comme le porte par erreur une lettre écrite précipitamment par le duc de Bourgogne.

faire, à la vigile de cette grande fête, ses dévotions (1).

Toute la jeunesse de la ville, « cent à six-vingts enfants, » et d'autres personnes se pressaient dans l'église, attirés par sa présence. Après la messe qu'elle avait fait dire, et après avoir communié, elle se retira près de l'un des piliers. Puis, elle dit à ceux qui l'approchaient : « Mes en-
« fants et chers amys, je vous signifie que l'on m'a vendue
« et trahie, et que de brief seray livrée à mort. Si, vous
« supplie que vous priez Dieu pour moy... (2) »

Vers le déclin du jour, Jeanne prit avec elle sa compagnie de gardes, commandée par le lieutenant, nommé Barette, et d'autres compagnons d'armes, jusqu'au nombre d'environ 500 hommes. Un boulevard ou redoute, avec barrière, avait été construit, en tête du pont, qui menait à la *chaussée*, hors de la ville. G. de Flavy mit cet ouvrage en état de défense et fit préparer sur l'Oise des bateaux, propres à favoriser également, au retour, la rentrée des troupes. Quant à lui, il resta dans Compiègne (3).

Toutes les portes de la ville demeurèrent fermées, à l'exception de celle du pont. Jeanne se dirigea vers Margny, par cette issue, qui resta ouverte pendant toute la durée de l'action. Il était environ cinq heures du soir. Le plan de la Pucelle était de se porter d'abord à Margny, où se tenait le maréchal bourguignon. Flavy, d'après ces conventions, devait suffire, avec la disposition des lieux, pour tenir en respect les Anglais à Venette. De Margny, l'expé-

---

(1) *Chronique de Tournay*, p. 415. Cagny, p. 32. Alain Bouchard : témoignage recueilli en 1498 de deux témoins octogénaires ; *Bibliothèque de l'École de Chartes, ub. sup.* — Martin (bâton); d'où *martinet*.

(2) *Ibid. Procès*, IV, 272.

(3) Les mêmes. G. Chastelain, *Procès*, IV, 445. S. Remi, *ib.*, p. 538.

dition marcherait sur Clairoix et combattrait le duc de Bourgogne, qui, de Coudun, ne pouvait pas manquer d'accourir. Le premier de ces mouvements s'accomplit avec un entier succès. Le camp de Margny, pris à l'improviste, fut culbuté très-brièvement. La lutte s'engagea bientôt avec ceux de Clairoix. Mais les Anglais, durant ce combat, parvinrent à se joindre aux Bourguignons et prirent à revers les Français. La Pucelle, assaillie par un ennemi très-supérieur en nombre, ne perdit point un instant son sang-froid (1).

Il n'en fut pas de même de ses soldats. Se voyant pour ainsi dire enveloppée, une partie de la troupe dit à la Pucelle : « Mettez peine de recouvrer la ville, ou vous et nous, sommes perdus ! » La Pucelle leur répondit : « Taisez-vous, il ne tiendra qu'à vous qu'ils ne soient déconfis. Ne pensez que de férir sur eux ! » Mais vainement. Elle fut refoulée et violemment entraînée du côté du pont. Toutes les forces des assiégeants, accumulées, se réunirent vers le même point. Jeanne et ses plus dévoués soldats supportèrent avec héroïsme le poids de cette presse, en retardant pied à pied le mouvement de retraite (2).

Dans ce tumulte, le boulevard et les barrières se trouvèrent forcés. Les piétons qui faisaient partie de l'expédition se jetèrent dans les barques et regagnèrent la ville. Mais Flavy, au moment où l'ennemi se précipitait en masse devant l'entrée de Compiègne, donna ordre de lever le pont et de baisser la herse. La retraite manqua désormais à l'héroïne. Pendant quelque temps, elle lutta comme une

---

(1) Les mêmes. Cagny, p. 33. Quicherat, *Aperçus nouveaux*, p. 87.
(2) *Procès* (Cagny); p. 516 (Pie II). Ms. Cord., f° 498.

lionne. Mais elle trouva bientôt le terme d'une résistance impossible (1).

Les efforts et l'universelle préoccupation de cette armée se dirigeaient vers elle et tendaient à s'emparer de sa personne. Jeanne portait sur son harnois un riche surtout ou tabard de soie rouge. Désignée de la sorte à tous les yeux, elle se vit traquée comme une proie, puis harcelée par autant de bras qu'il s'en pouvait réunir autour de son cheval. Un archer picard, « redde homme et bien aigre, » la saisit par son vêtement d'étoffe, et la renversa ainsi sur le sol. Les efforts de ses gens, qui toujours l'entouraient, ne parvinrent point à la remonter. Cinq ou six ennemis à la fois lui demandèrent de se rendre.

L'un d'eux, nommé le bâtard de Wandonne, la pressa le plus vivement. Wandonne lui criait qu'elle se *rendît à lui* de préférence et lui donnât *sa foi*, attendu sa qualité de gentilhomme. Jeanne répondit : « J'ai juré et donné ma foi à autre qu'à vous (c'est-à-dire à Dieu ou à Charles VII), et je lui en tiendrai mon serment ! » Ce bâtard était un lieutenant de Jean de Luxembourg : il se saisit de la prisonnière et la conduisit au comte Jean ; la Pucelle demeura sous la garde de ce dernier (2).

Jeanne Darc, on n'en saurait douter actuellement, fut trahie et livrée par Guillaume de Flavy (3).

(1) *Procès, ibid.* J. Chartier in-16, I, 122; III, 207. « Flavy fait tomber précipitamment la herse de la porte par inattention ou par dessein. » (Carlier, *Histoire du Valois*, II, 443.)

(2) Les mêmes. Chastelain. D. Gillesson, V, 546, etc. *Chronique de Lille*, n° 26 (*Bulletin*, p. 104). Berry dans Godefroy, p. 382, etc. Voy. à la fin du présent chapitre, p. 158, note A.

(3) La question a été longtemps controversable et très-controversée. J'ai, à mon tour, *discuté* cette thèse dans un fragment de mémoire lu à

Le capitaine de Compiègne ne pouvait être, pour la Pucelle, qu'un ami, ou un ennemi. Dans cette conjoncture, à l'égard d'une telle héroïne, *l'indifférence*, l'oubli, l'incurie est l'hypothèse la plus inadmissible. Si Flavy eût été l'ami de la Pucelle, il lui aurait laissé ouverte la porte de Compiègne ; car il s'agissait, pour Jeanne, du péril évident de sa personne. Or, Flavy devait sauver Jeanne, même au risque d'introduire avec elle les assiégeants dans la ville. Flavy était-il donc l'ennemi de Jeanne ? Examinons. Blanche de Nelle, veuve de Raoul de Flavy, épousa Hector père de Renaud de Chartres, chancelier de France. Guillaume de Flavy, capitaine de Compiègne, proche parent de Raoul, naquit vers 1395 : il fut le pupille et l'élève du chancelier, qui le lança dans la carrière. La famille de Chartres et la famille de Flavy possédaient en commun divers biens et seigneuries sis sur le territoire de Compiègne. Tels étaient les liens qui rattachaient entre eux Guillaume de Flavy et R. de Chartres (1).

G. de Flavy était un agent et affidé de la Trimouille ; R. de Chartres le lui avait *donné*. En 1427, Flavy remplit, sous les ordres de la Trimouille, une mission politique, secrète et confidentielle, auprès du comte de Foix et de Champeaux, dans le Languedoc. En 1428, il fut capitaine de Beaumont-en-Argonne. En 1429, lieutenant

---

l'Académie des inscriptions ; séance du 3 mai 1861. Voy. *Comptes rendus* par M. Ab. Desjardins, p. 98 et *Journal de l'instruction publique* du 29 mai 1861. Je résume ici les preuves de cette assertion, qui me paraît définitivement acquise à l'histoire.

(1) Anselme : *Nelle, Chartres, Flavy.* Cabinet des titres : *Flavy.* Fr. Duchesne, *Histoire des chanceliers*, 1680 in-f°, p. 588. D. Gillesson, t. V, p. 180. G. de Beaucourt, *Bulletin de la Société de l'histoire de France* 1861, p. 175.

de la Trimouille, et *de sa compagnie,* on le trouve au nombre des chefs de guerre triés, qui prirent part à la campagne du Sacre. En mai 1430, la Trimouille était capitaine titulaire de Compiègne, et Flavy son lieutenant. Tels sont les rapports qui liaient Flavy à la Trimouille (1).

Qu'on se rappelle maintenant la suite et l'enchaînement des faits : échec de la Pucelle devant Paris ; échec devant La Charité; échec devant Soissons ; échec final devant Compiègne. Une seule main préside à ces quatre actes : c'est la main de la Trimouille. Devant Paris, la Trimouille était présent en personne. Devant La Charité, il était présent en la personne de son frère et son lieutenant, Charles d'Albret. Devant Soissons, il était présent en la personne de son *alter ego,* R. de Chartres. Devant Compiègne, il était présent en la personne de son lieutenant G. de Flavy, que surveillait immédiatement R. de Chartres.

Jeanne avait annoncé, le matin, qu'elle serait trahie. Guillaume ne tarda point à révéler en lui un véritable scélérat, qui mourut chargé de crimes. Trois chroniques contemporaines attestent cette trahison. « La Trimouille fut cause de sa prise, » dit le chroniqueur de Metz, en parlant de la Pucelle. « Elle fut prise, dit la chronique de Normandie; et ce firent faire par envie les capitaines de France, parce que si aucuns faits d'armes se faisoient, la renommée estoit par tout le monde que la Pucelle les avoit faits. » La chronique de Tournai confirme indirectement ce témoignage. Elle attribue la perte finale de

---

(1) Dossier *Flavy* : actes orignaux, 4 et 7 novembre. 1427. Monstrelet d'Arcq, t. IV, p. 290-1. D. Grenier, t. LIV, p. 163. D. Gillesson, t. V, p. 75 et env. Delort, *Essai sur Charles VII*, p. 176.

l'héroïne, à l' « envie des capitaines de France, avec la faveur que aulcuns du conseil du roi avoient à Philippe, duc de Bourgogne et à Messire Jehan de Luxembourg (1). »

En 1445, un avocat plaidant contre Guillaume de Flavy, lui reprocha publiquement ce crime, en plein parlement, et ne fut point démenti (2).

(1) Biographie : *Flavy. Chronique de Metz*, preuves de D. Calmet 1745, etc., t. II, col. cc. *Procès*, t. IV, p. 323. *Chron. de Normandie*, f° 183. *Chron. de Tournay*, p. 416. *Bibl. de l'École des Chartes* 1855, p. 553.

« En ce temps, après la reddicion de Troies, conequist ledit daulphin moulte de villes et forteresses, par le moien de la Pucelle, qui lors tolly tout le nom et les fais des capitaines et gens d'armes de sa compaignie (des capitaines du *dauphin*); dont aucuns d'iceulx n'estoient mie bien contens. » Ms. Cordeliers n° 16, f° 435. Etc., etc.

(2) Il (Guillaume) ferma « les portes à Jehanne la Pucelle, par quoy fut prise, et dit on que pour fermer lesdites portes, il eut plusieurs lingots d'or. » *Bulletin*, p. 176.

Les archives municipales de Compiègne ne m'ont pas été accessibles. Ces archives, dit-on, ne contiennent aucun document relatif au fameux siège, si ce n'est ces mots : « A...... pour fourniture de pieux, le jour où fut prise la Pucelle...» Note sommaire relevée sur les registres des comptes par feu M. de Marsy, procureur impérial à Compiègne ; communiqué par M. Arthur de Marsy, élève de l'école des Chartes ; août 1862.

Sur le bâtard de Wandonne (Voy. ci-dessus, p. 155). — A. Lyonel de *Wandonne* (bourg et château de l'Artois) était pour J. de Luxembourg plus qu'un subordonné ; il était presque un frère d'armes. En 1423, P. de Saintrailles soutint une joute à outrance contre le bâtard de Wandonne, en présence de Richemont et de Philippe duc de Bourgogne. Jean de Luxembourg servit de lances Lionel pendant toute la journée. (Fénin Dupont, p. 203). Jean de Luxembourg, testant le 17 avril 1430, avait nommé Lionel un de ses légataires et de ses exécuteurs testamentaires. (Duchesne, *Histoire de la maison de Béthune*, 1639, in-f°, p. 354 du texte et 229 des *preuves*). D'après les règles militaires, Lionel avait droit à la prise faite par ce « redde homme », l'un de ses archers. De même aussi, Lionel était tenu de déférer cette prise à son capitaine Jean de Luxembourg.

CHAPITRE V

Jeanne Darc. Depuis la prise de la Pucelle jusqu'à l'ouverture des débats (24 mai 1430-3 janvier 1431).

La prise de la Pucelle fit éclater, parmi les Bourguignons et Anglais, des transports de joie. Ce soir même, (24 mai 1430), Philippe le Bon expédia en toute hâte des courriers pour mander cette nouvelle à Lille, à Saint-Quentin, à toutes ses bonnes villes, et jusqu'à la cour de Bretagne. J. de Luxembourg, par son frère, chancelier *de France*, se chargea d'en informer Paris et les Anglais (1).

A Tours, un deuil public accueillit l'annonce de cet événement (2). Regnauld de Chartres en instruisit officiellement les habitants de Reims. Le texte original de sa correspondance ne subsiste plus. Mais nous possédons l'analyse authentique de trois dépêches qu'il adressa successivement, de 1430 à la fin de 1431, sur ce sujet, à la ville du sacre. Le texte de cette analyse appartient à l'histoire.

1° « L'archevesque de Reims, chancelier, donne advis de la prise de Jehanne la Pucelle devant Compiègne et comme elle ne vouloit croire conseil ; ains faisoit tout son plaisir ; — 2° qu'il estoit venu vers le roy ung jeune pastour, gardeur de brebys des montaignes de Gévaudan, en l'évesché de Mande, lequel disoit ne plus

---

(1) *Procès*, t. IV, p. 402, 458 ; N, 165, 358. La Fons-Mélicoq, dans la *Picardie* 1857, p. 27, 28. Duchesne, *Histoire d'Angleterre* 1614, in-f°, p. 1063.
(2) *Procès*, V, 253. Maan, *Turonensis ecclesia*, p. 164. Pour Blois et Orléans, cf. H. Martin *Hist. de France* 1855, t. VI, p. 233.

ne moings qu'avoit faict la Pucelle et qu'il avoit commandement de Dieu d'aller avec les gens du roy et que, sans faulte, les anglois et bourguignons seroient desconfits. — 3º Et sur ce qu'on lui dit que les anglois avoient faict mourir Jehanne la Pucelle, il respondit que tant plus il leur en mescherroit et que Dieu avoit souffert prendre Jehanne la Pucelle, pour ce qu'elle s'étoit constituée en orgueil, et pour les habits qu'elle avoit pris et qu'elle n'avoit faict ce que Dieu luy avoit commandé, ains faict sa volonté (1). »

Ce document couronne l'œuvre et l'explique. Deux hommes furent les principaux acteurs de cette longue machination, ourdie contre la Pucelle. Le premier, R. de Chartres, était né vers 1380, d'un père attaché à la cause du dauphin. Renaud suivit héréditairement ce parti : il y chercha fortune et entra dans la politique par la porte de l'Église. En 1402, déjà chanoine, déjà doyen de Saint-Pierre de Beauvais, le futur cardinal fut condamné avec son frère Pierre de Chartres, « pour quelque insulte faite au bailli de l'évêque de Beauvais. » Nonobstant cet écart de jeunesse, Regnauld devint peu après camérier du pape, puis évêque de Beauvais (1414) (2).

Il n'accepta pas ce simple siége et fut bientôt transféré à l'archevêché, duché-pairie, de Reims. Prélat de hasard, au surplus, jamais il n'exerça le ministère pastoral. La toge du chancelier couvrit toujours, à ses propres yeux, la robe de l'archevêque. Banni de sa métropole avant d'en avoir pris possession, les Anglais, aussitôt qu'ils

---

(1) Papiers de Rogier, bibliothèque impériale, Ms. s. fr. 1515-2. Dans son extrait, Rogier, selon son habitude et selon toute apparence, a confondu et amalgamé trois lettres, ou dépêches distinctes. Varin, *Archives de Reims*, t. VII, 168. *Procès*, t. V, p. 168, 171.

(2) *Gallia Christiana*. Delettre, *Histoire du diocèse de Beauvais*, 1842, in-8º t. II, p. 533. Biographie Didot : *Chartres*.

furent maîtres de Reims, saisirent le temporel du métropolitain. De 1415 à 1428, R. de Chartres fut successivement président des comptes et lieutenant civil ou commissaire général en Languedoc. Il remplit aussi, durant cette période, une suite de missions. Le résultat le plus notable de ces ambassades fut de développer chez l'ambassadeur une extrême confiance dans ses propres talents diplomatiques (1).

Regnauld conserva opiniâtrément cette spécialité, lorsque Charles VII le nomma, pour la deuxième fois, garde des sceaux, le 8 novembre 1428. Il s'adjoignit ainsi au gouvernement de La Trimouille. De perpétuelles négociations avec le duc de Bourgogne fournirent, comme on l'a vu, à son activité une longue et ample carrière. Lors de la venue de la Pucelle, un second rôle paraît avoir été dévolu à R. de Chartres. La conduite, le caractère, les actes de l'héroïne bouleversaient et ruinaient de fond en comble la politique des favoris. R. de Chartres, instrument du premier ministre, fut auprès de Jeanne l'œil et la main de La Trimouille.

A chacun de ses pas, désormais, la libératrice rencontra, soit dans la personne de quelque capitaine, ou autre fonctionnaire subordonné, soit dans le chancelier lui-même, une malveillance polie et déguisée, mais constante. Cet emploi vis-à-vis de la Pucelle avait néanmoins ses épines, si ce n'est ses dangers. A Troyes, par exemple, où le chancelier de France et la fille des champs se firent écouter successivement du conseil, l'avantage ne demeura point

---

(1) Biographie Didot; Vallet de Viriville, *Charles VII et ses conseillers*; au mot *Chartres* (R. de).

au premier. L'archevêque de Reims désespérait de la campagne et voulait fuir : peu de jours après, Jeanne le réintégra dans sa métropole et dans son temporel. Battu et obligé par la Pucelle, R. de Chartres rendit à sa bienfaitrice en mauvais vouloir, en haine dissimulée, tout ce qu'il lui devait d'affection et de reconnaissance. Jamais R. de Chartres ne témoigna, pour faire honneur à l'héroïne, des égards plus démonstratifs que lors de sa dernière campagne : la veille, pour ainsi dire (fin mars 1430), Jeanne venait de rompre en visière vis-à-vis de La Trimouille ; le lendemain (24 mai), elle tombait à Compiègne. Jeanne une fois victime de ces périls, qu'on lui voyait courir avec une secrète délectation, il n'y avait plus qu'à la désavouer de nouveau et pour toujours. R. de Chartres jeta le masque dans sa correspondance avec les Rémois.

Georges de La Trimouille, que nous devons peindre maintenant à son tour, naquit vers 1385. Son père Guy V de La Trimouille dut sa fortune, presque subite, à Philippe le Hardi, père de Jean sans Peur. Guy fonda ainsi sa maison. Le duc fit nommer Guy, porte-oriflamme de France et lui donna pour femme Marie de Sully, veuve d'un prince du sang. Georges, en 1417, était encore premier chambellan du duc de Bourgogne (1).

Nous avons dit par quelles circonstances Georges passa de Jean sans Peur au dauphin. Le lecteur sait aussi comment La Trimouille supplanta le sire de Giac au gouvernement. Georges de la Trimouille avait, comme son

---

(1) Anselme et Biographie Didot : *La Trimouille*.

père, épousé en premières noces une princesse du sang royal. Il s'allia, le 16 novembre 1416, à Jeanne, comtesse de Boulogne et d'Auvergne, veuve de Jean duc de Berry. A peine le mariage accompli, Georges voulut s'emparer des deux comtés. Il accabla de mauvais traitements la princesse et la renvoya sans asile; Jeanne mourut de douleur en 1423. C'est ainsi que Georges, devenu veuf, put épouser, en 1427, une seconde héritière : Catherine de l'Ile-Bouchard, veuve de Giac (1).

On a vu comment La Trimouille écarta le connétable et le comte de Pardiac. Gilbert de La Fayette, le vainqueur de Baugé, s'acquit aussi un rang des plus honorables. En 1423, Gilbert, par ordre du roi, combattit en Auvergne, La Trimouille, qui voulait frustrer à force ouverte de cette succession les héritiers de la comtesse Jeanne. La Trimouille, devenu ministre, persécuta La Fayette. Il le chassa de la cour, lui retira son emploi de maréchal et l'exclut de la campagne du sacre (2).

La situation politique du royaume, si désastreuse qu'elle fût, n'avait point, pour La Trimouille, d'extrémité sans remède. Au mois de septembre 1428, les Anglais pénétrèrent en Touraine et s'emparèrent du château de Sully. Mais La Trimouille, baron de Sully, avait su se ménager des intelligences. Jean de Jonvelle, son frère, fut nommé capitaine de ce manoir, qui demeura intact. Bien plus : « le siége d'Orléans durant, ceux de Sully avitailloient les Anglois de ce qui leur estoit possible (3). » Tant que Charles VII

---

(1) Ms. 9676, 2, 2, Colbert, f° 93 et suiv. Ci-dessus, t. I, p. 454.
(2) Anselme et Biographie Didot, articles *La Fayette*. Ci-dessus.
(3) Berry dans Godefroy, p. 376. A Paris, le gouvernement anglais confisqua tous les biens des Armagnacs. Mais Jean de Jonvelle occupa l'hôtel

conserverait, avec sa couronne, un trésor royal; tant qu'il resterait en France une province à pressurer, La Trimouille pouvait maintenir la position qu'exigeaient son orgueil et son opulence. Charles VII détrôné, les Anglais eux-mêmes ne régnaient en France que par la grâce de Philippe le Bon. Aussi, volontairement, le premier ministre ne brûla-t-il jamais ses vaisseaux du côté de la Bourgogne.

Georges de La Trimouille, prêteur sur gages, maître des finances royales et seigneur d'immenses domaines, ne se bornait pas à pressurer les contribuables, sujets du roi, ou les siens propres. Suivant l'antique tradition féodale, il les pillait. Le château de Sully était le chef-lieu général où se conservaient ses prises et la résidence principale de ses gens de main. C'est là que le premier ministre donna l'hospitalité au roi et à la Pucelle. C'est de là que cette dernière s'échappa en mars 1430 (1).

Comme homme d'État, deux idées fixes et d'une évidente fausseté résument toute la politique de La Trimouille. L'une consistait à négocier sans cesse et à tout prix, vis-à-vis du duc de Bourgogne. L'autre était de combattre les Anglais, à l'aide de troupes mercenaires et étrangères. La Pucelle offrait pour ainsi dire l'antithèse vivante de ce double système. En avril 1429, elle avait été présentée depuis un mois, lorsque La Trimouille s'adressa au roi d'Aragon pour défendre la France. Al-

---

de la Trimouille (rue des Bourdonnais) et le conserva de la sorte à son frère. Sauval, *Antiquitez de Paris*, t. III, p. 312.

(1) Biographie Didot. J. J. 177, pièce n° 209, f°s 139 et 140. R. de Chartres prêtait également sur gages à Charles VII. Après la mort du chancelier, ses héritiers détenaient encore la ville de Vierzon que R. de Chartres avait reçue comme nantissement de divers prêts, s'élevant à dix mille écus d'or. X. X. 8593, f° 79. Anselme. Etc.

phonse le Sage exigea, en échange, une partie du Languedoc. Il se déclara d'ailleurs dans l'impossibilité d'obtempérer immédiatement à cette requête. La Trimouille se vit alors contraint d'accepter ou de tolérer la Pucelle (1).

Jeanne avait été prise devant le boulevard de Compiègne. De là, elle fut conduite à Margny. Philippe, informé de l'événement, accourut aussitôt pour la visiter. Le duc eut avec l'héroïne un entretien peu digne de l'histoire; car Monstrelet, son chroniqueur, était présent, et déclare, dans ses mémoires, qu'il n'en a pas gardé le souvenir. La Pucelle fut ensuite livrée à J. de Luxembourg, devenu ainsi le véritable arbitre non-seulement de sa liberté, mais de sa mort ou de sa vie (2).

Jean de Luxembourg est ce même capitaine, héros perpétuel et patron de Monstrelet, qui lui a pour ainsi dire consacré toutes les pages de sa Chronique. Il portait un des plus grands noms du moyen âge. La tige des Luxembourg, vieille comme Charlemagne, s'étendait à travers l'empire d'Occident, jusqu'à la Bohême et la Hongrie. Partout elle s'unissait à des maisons souveraines. Six reines, une impératrice, quatre rois de Hongrie et de Bohême, autant d'empereurs, ont fait retentir ce nom dans le monde. Le cardinal Pierre de Luxembourg, oncle de Jean, était mort en 1387, salué du titre de bienheureux par l'acclamation populaire.

Issu des comtes, puis ducs allemands de Luxembourg, par une branche cadette, Jean de Luxembourg était lui-même un cadet, ou puîné de famille. Né en 1391 et peu

---

(1) Çurita, *Annales de Aragon*; Çaragoça, 1610, in-folio, liv. 13, ch. XLIX, f° 184 v°. — (2) Monstrelet, liv. II, ch. LXXXVI.

apanagé, il s'allia au duc de Bourgogne et à l'Angleterre, pour faire la guerre en France. Comme prix de sa coopération, la conquête de ce royaume offrait à son ambition la perspective de quelque grand établissement, personnel et territorial. Il avait débuté, en 1412, sous les ordres de son oncle, Walerand, comte de Saint-Paul et connétable de France. Jean gagna vaillamment sa chevalerie en combattant les Armagnacs. Depuis ce jour, il servit constamment le parti de Bourgogne, perdit un œil au siége d'Alibaudière et reçut mainte autre blessure, témoignage de son incontestable bravoure. Jean sans Peur et Philippe le Bon le firent successivement gouverneur d'Artois, comte de Guise, capitaine général de la Picardie et en tout le premier lieutenant du duc même (1).

A première vue, P. Cauchon trouva les mains de Jean de Luxembourg bien puissantes, pour faire passer la proie, qu'il convoitait, de ces mains dans les siennes. Dès le 26 mai 1430, deux jours après l'événement, semblable à l'ennemi qui approche de haut et prudemment un point formidable, il fit mouvoir l'Université de Paris et le vicaire général de l'Inquisition. A la date que nous indiquons et sous la dictée de l'évêque, ces deux corps écrivirent une lettre, non pas à Jean de Luxembourg, mais au duc de Bourgogne, en le requérant de livrer et d'envoyer *à Paris* la captive (2).

Jean de Luxembourg, bien loin d'accéder à cette invitation circonspecte et détournée, éloigna immédiatement

---

(1) Monstrelet. Fénin. Vignier, *Hist. de la maison du Luxembourg*, 1617, in-8°, p. 253. Michelet, *Histoire de France*, t. V, p. 111.
(2) *Procès*, t. I, p. 9, note 1, et p. 12.

Jeanne du camp de Compiègne, où elle était encore. Il l'envoya, sous bonne escorte, dans une de ses places fortes, appelée Beaulieu en Vermandois, à quelque distance au nord de Compiègne. Jeanne y demeura environ deux mois : juin et juillet (1).

Durant ce temps, les malheurs de la guerre et les revers se firent de nouveau sentir pour la France. Le 8 juin, un renfort de troupes anglaises arriva dans Paris. Douze forteresses voisines de la capitale tombèrent au pouvoir des ennemis. Ces derniers construisirent à Saint-Denis une nouvelle tour, qui fut armée le 29 juillet 1430. Château-Gaillard, Aumale, redevinrent anglais. Henri VI, dans le même mois, fit son entrée à Rouen (2).

Le siége des Bourguignons continuait devant Compiègne. Guillaume de Flavy redoublait d'activité, comme pour faire oublier la Pucelle. « Le vendredi 26 (mai 1430), fut accordé nourriture à Barette, capitaine des gens de la Pucelle, pour trente-deux hommes d'armes, deux trompettes, deux pages, quarante-huit arbalestriers, et vingt hommes, tant archers que targiers (porteurs de targes ou pavois). Le samedy 27, fut démolie l'église de Saint-Germain au faubourg, » pour faciliter la défense de la ville (3).

---

(1) Cagny, *Procès*, t. I, p. 382. La Pucelle, vers la fin de mai, fut conduite à Noyon, demeure de Philippe le Bon. Là, elle fut présentée au duc et à la duchesse, puis amenée à Beaulieu. Cl. Hémerée, *Augusta Viromanduorum*, 1653, in-4°, p. 315. Cf. Monstrelet d'Arcq, IV, 398 ; *Procès*, IV, 397.

(2) *Journal de Paris. Panthéon*, p. 686. P. Cauchon, p. 476. Cab. des titres, dossier *Morhier. Proceedings*, etc., t. IV, p. 52. Rymer, t. IV, partie IV, p. 164.

(3) D. Grenier, t. XX *bis*, f° 11. D. Gillesson, p. 95. — 1430, 29 mai : le comte de Vendôme « envoie savoir si les habitants de Senlis veulent tenir le party du roy. » (Bernier-Mallet, p. 21.)

Cependant le duc de Bourgogne et Jean de Luxembourg poursuivaient l'attaque avec énergie. Vers le 20 juillet, le boulevard de Compiègne fut enlevé par les assiégeants. Les bourgeois de Reims, menacés de leur côté, aussi bien que ceux de Compiègne, adressaient au roi de fréquents messages, pour réclamer du secours. Les uns et les autres adjuraient surtout le jeune prince de paraître en personne et de marcher (1).

Nous possédons les réponses du gouvernement royal. Charles VII, ou son conseil, écrivit « à ses féaux et bienamez de Reims, » qu'ils eussent bon courage, que déjà les *Écossais* étaient en route et que le roi ne tarderait pas à les suivre. Une dépêche ultérieure ajoute que le roi est parti, mais que « aucunes menues places » qu'il fallait soumettre chemin faisant, ont retardé sa marche. En butte à des périls encore plus pressants, les habitants de Compiègne reçurent de leur côté des assurances toutes semblables. De mai à juillet inclusivement, Charles VII se transporta de Gergeau à Sully ; puis de Sully à Gien : mais il ne marcha point au delà vers Compiègne (2).

Cauchon perdait patience, en voyant que sa prisonnière demeurait aux mains du seigneur de Luxembourg. Jeanne résolut de fuir. Les textes ne nous ont laissé, touchant cet épisode, que des notions d'un laconisme désespérant. Deux pièces de bois, ou de charpente, fournissaient à la captive une issue, par l'intervalle qui les séparait.

---

(1) *La Picardie*, p. 28. Monstrelet, ch. xci. Lettres de Reims. A Compiègne, les messages vers le roi se renouvellent et se succèdent sous les dates des 26 mai; 10, 12 et 23 juin; 3 juillet, etc., etc. (D. Grenier, t. XX *bis*, f°s 13 et suiv. *Bullet. Soc. hist. fr.* 1861, p. 176.)

(2) Lettres de Reims. Dom Grenier, *ibidem. Itinéraire.*

La Pucelle s'introduisit dans cet espace et déjà elle était dehors, prête à enfermer ses gardiens. En ce moment, le portier de la tour survint : l'héroïne fut réintégrée dans sa prison (1).

La date même de ce premier essai d'évasion ne nous est point certifiée d'une manière exacte et précise ; mais sa tentative eut certainement lieu en juillet : soit du 14 au 20, soit du 20 à la fin de ce mois. Le 14 juillet 1430, P. Cauchon fit écrire au duc de Bourgogne une nouvelle lettre par l'Université. Dans cette dépêche, l'Université se plaint de ce que sa première missive est demeurée sans réponse. « Nous doubtons moult, ajoute cette lettre, que par la faulceté et séduccion de l'ennemi d'enfer, par la malice et subtilité de mauvaises personnes, vos ennemis et adversaires, qui mettent toute leur cure, comme l'on dit, à vouloir délivrer icelle femme, par voyes exquises, elle soit mise hors de vostre subjeccion... » En conséquence, les auteurs de la lettre supplient et demandent avec de nouvelles instances que la détenue soit, sans plus de délai, non plus envoyée à Paris, mais remise à l'ordinaire, c'est-à-dire à P. Cauchon, évêque de Beauvais (2).

Une dépêche semblable, ou analogue, fut écrite, le même jour, par l'Université, à Jean de Luxembourg. Pierre Cauchon joignit à ces deux épîtres, sous la même date du 14 juillet, une *requête* et *sommation* adressées, en son nom propre et collectivement : 1° à Philippe, duc de

---

(1) *Procès*, t. I, p. 163, 249. *Chronique de Tournay*, p. 415.
(2) *Procès*, t. I, p. 9. Quelles sont les tentatives auxquelles il est fait allusion dans cette lettre? L'histoire ne nous a laissé aucun enseignement précis à cet égard. Voy. ci-après p. 175, note 2.

Bourgogne ; 2° à Jean de Luxembourg, et 3° à Lionel de Wandonne. L'évêque expose, dans cette pièce, que Jeanne a été prise sur le territoire de sa juridiction et lui appartient comme juge spirituel. Le roi, néanmoins, dit-il, « pour la rémuneracion de ceulx qui l'ont prinse et détenue, veult libéralement leur bailler jusqu'à la somme de six mil francs ; et, pour le dit bâtart qui l'a prinse, lui donner et assigner rente, pour soustenir son estat, jusques à deux ou trois cens livres. »

A ce premier marché, l'évêque, subsidiairement, ajoute une dernière proposition. Selon les droit, usage et coutume de France, poursuit-il, tout prisonnier de guerre, fût-il roi, dauphin, ou autre prince, peut être racheté au nom du roi (d'Angleterre), moyennant une indemnité fixe de dix mille livres allouées au preneur. Dans le cas où on l'exigerait, et encore bien « que la prise d'icelle femme ne soit pareille à celle de roy, etc., » l'évêque requiert définitivement « que ladite Pucelle lui soit livrée, en baillant seurté de ladite somme de 10,000 francs, pour toutes choses quelconques (1). »

Ainsi, J. de Luxembourg se faisait marchander.

La vie d'un prisonnier de guerre, en général, était sacrée. A part les cas de scéleratesse patente et de brigandage qui donnaient lieu à un jugement criminel, non-seulement le prisonnier de guerre voyait respecter ses jours, mais il était, pour le vainqueur, un hôte et souvent un frère d'armes (2).

L'intérêt s'unissait à ces sentiments, en faveur ou au

---

(1) *Procès*, I, 13 et 14. — (2) Ci-dessus, p. 72. Voir à ce propos la sollicitude généreuse de la Pucelle pour les prisonniers français: Montreuil, 319.

profit de l'humanité. A la dépouille stérile d'un mort, le chevalier victorieux avait lieu de préférer la productive rançon du captif. Ces considérations, propres à mitiger les rigueurs militaires, étaient devenues surtout plus puissantes depuis que les exploits de Jeanne avaient changé les conditions antérieures de la lutte entre les deux peuples. Les *nouveaux* prisonniers, que la France faisait à l'Angleterre, lui permettaient d'espérer un échange, pour racheter enfin les illustres combattants d'Azincourt ; et, réciproquement, l'Angleterre devait tendre à s'approvisionner d'une semblable richesse. Donc, la mort de la Pucelle n'était nullement une conséquence nécessaire de sa captivité. Cette conséquence répugnait non-seulement aux lois de l'honneur et au droit des gens, mais aux intérêts mêmes de l'Angleterre, entendus suivant la loi, la mesure et la raison (1).

L'acte de P. Cauchon fut signifié judiciairement, le jour même de sa date, à J. de Luxembourg, dans la bastille du duc campé devant Compiègne. J. de Luxembourg reçut et lut cette pièce en présence du duc et du chancelier de Bourgogne. L'évêque de Beauvais lui-même, présent, appuya, de ses instances orales, cette communication (2).

Jean de Luxembourg ne tint pas plus de compte de la *sommation* et de l'homélie épiscopales, qu'il n'avait fait de ses précédentes ouvertures. Dans les premiers jours

(1) Pierre du Lis, frère de Jeanne, combattait auprès d'elle à Compiègne. Fait prisonnier en même temps que sa sœur, il tomba au pouvoir d'un Bourguignon, le bâtard de Vergy. Pierre du Lis obtint du roi Charles VII un secours, consistant dans le produit des hauts passages (droit sur les marchandises) du bailliage de Chaumont. Cette aide lui servit à payer le prix de son élargissement, et Pierre du Lis ne tarda point à recouvrer sa liberté (*Procès*, V, 210, 321).

(2) *Procès*, t. I, p. 14, 15 ; t. V, p. 264.

d'août, au plus tard, Jeanne fut transférée de Beaulieu à
Beaurevoir, dans le Cambraisis. Ce château, qui appartenait également à Jean de Luxembourg, seigneur de
Choques et de Beaurevoir, était en même temps la demeure de sa famille (1).

Madame de Beaurevoir ou de Luxembourg, qu'il avait
épousée en 1418, s'appelait, de son nom propre, Jeanne
de Béthune, vicomtesse de Meaux. A l'époque de la ligue
picarde (1424), l'un des conjurés, R. de Longueval, fut
amené prisonnier à Beaurevoir. Condamné comme les
autres, il devait subir le même sort. Mais Jeanne de
Béthune, française de naissance et de cœur, intervint
auprès de son époux, et, par ses prières, elle sauva la vie
au condamné (2).

Jean de Luxembourg avait également près de lui, à
Beaurevoir, sa tante, Jeanne de Luxembourg. Témoin des
jours anciens, Jeanne avait vu naître ce neveu et le roi
Charles : Jeanne de Luxembourg comptait soixante-sept
ans d'âge. Elle était la propre sœur du cardinal Saint-
Pierre de Luxembourg. C'est elle que le bienheureux
faisait la confidente de sa vie intime ; à elle qu'il adressa
dit-on, la *Diète du salut*. Jeanne avait elle-même vécu
comme une sainte, au milieu des respects et des honneurs
du monde. Elle n'avait point pris d'alliance. Comtesse de

---

(1) *Procès*, t. I, p. 109, 110.
(2) Ci-dessus t. I, p. 425. Jeanne de Béthune était veuve de Robert
de Bar, tué en 1415, à Azincourt. Elle favorisa toute sa vie le parti national. Ces sentiments parurent de nouveau après la mort de son mari.
Voir à cette époque une transaction (8 juillet 1441) entre elle et « son très-
chier et amé cousin R. de Longueval. » *Histoire de la maison de Béthune*, liv. V, chap. III, et *preuves*, p. 233.

Ligny, de Saint-Paul, etc., etc., elle s'appelait la damoiselle de Luxembourg. Le sire de Beaurevoir, qu'elle affectionnait avec tendresse, figurait au premier rang de ses héritiers. Jeanne, enfin, survivant seule de sa génération, était l'aïeule, le guide, l'oracle vénéré de la lignée des Luxembourg (1).

Telles furent les deux femmes avec qui la Providence permit que Jeanne la Pucelle se rencontrât dans sa nouvelle demeure. Auprès de ces dames réellement si nobles, la libératrice n'eut qu'à paraître pour se voir, en partie du moins, comprise et appréciée. Les dames de Luxembourg s'émurent, pour elle, d'un bienveillant intérêt. Tout d'abord, les rigueurs de la prison lui furent adoucies par cette compagnie distinguée. Ces dames représentèrent courtoisement à Jeanne un seul point : il leur semblait étrange qu'elle ne revêtît pas, à cette heure, *après* la lutte des camps, les vêtements de son sexe. Elles lui offrirent des étoffes en pièces, afin que Jeanne en disposât souverainement, selon son gré. L'héroïne le confessa : si quelqu'un, ici-bas, eût pu obtenir d'elle ce sacrifice, elle l'eût fait aux dames de Luxembourg (2).

Cependant, nous savons, par d'intimes circonstances, que la femme, à cette heure même, ne se décelait que trop, pour le repos de sa pudeur, en la personne de la Pucelle. Aymond de Macy, âgé de vingt-quatre ans, écuyer de Jean de Luxembourg, se trouvait alors à Beaurevoir. Il se livra envers Jeanne à une tentative, dont les textes authentiques nous ont conservé le témoignage. La tragédie

---

(1) *La Diète du salut*, en prose. *Biographie Didot* et sources citées, *ibid*. Monstrelet, livre II, chap. xcxIII. — (2) *Procès*, t. I, p. 95, 96.

n'avait point, d'ailleurs, atteint sa péripétie. D'ardents projets, pour l'avenir, roulaient encore dans la tête enflammée de la guerrière. Elle ne pouvait pas s'ouvrir de toutes ces choses à ses nobles hôtesses. Jeanne persista donc à garder ses habits d'hommes. Elle répondit à ses bienveillantes compagnes que le temps n'était point encore venu et que Dieu ne lui permettait pas de leur obéir (1).

Jeanne de Luxembourg était la marraine de Charles VII. En 1418, et sur les instances de cette dame, Charles, encore Dauphin, avait activement sollicité en cour de Rome, auprès de Martin V, la canonisation du jeune cardinal. Si Charles VII, en 1430, avait eu des yeux pour voir, un cœur pour sentir, ou l'étincelle d'une royale énergie, les dames de Beaurevoir et la demoiselle de Luxembourg au premier rang étaient des négociatrices toutes-puissantes. Jean de Luxembourg lui-même n'avait-il pas, en août 1429, sollicité, comme ambassadeur de Bourgogne, auprès du roi de France, à Compiègne (2)?

Jeanne, on l'a vu, devait, aux termes du droit qui régnait alors, *posséder* personnellement de nombreux prisonniers, tant Bourguignons qu'Anglais. Elle offrait donc ainsi par elle-mêmes a rançon et au centuple. En supposant que le conseil d'Angleterre s'opposât à cet arrangement direct, la diplomatie n'y pouvait-elle pourvoir par quelque combinaison? Un allié neutre et commun, le duc de Savoie, par exemple, pouvait recevoir Jeanne *sous sé-*

---

(1) *Procès*, III, 121. « ... Une fois, on lui volt (voulut) faire de son corps déplaisir; » dit à ce sujet le *Journal de Paris*, « mais elle saillit, etc. » (Dans les *Procès*, t. IV, p. 470).

(2) Ci-dessus, t. I, p. 2; t. II, p. 112. Bollandistes, *Saint-Pierre de Luxembourg*, t. 1, du mois de mai, p. 617.

questre. Evidemment, le succès d'une telle tentative était non-seulement possible, mais en quelque sorte immanquable (1).

Cette tentative, de la part de la couronne, semblait tellement *nécessaire* et inévitable, que ses ennemis s'en montraient inquiets (2). Jean de Luxembourg surveillait la Pucelle avec un soin extrême. Il craignait chaque jour, que, « par quelque subtil expédient, ou autre », la captive s'échappât. Charles VII n'essaya pas le moindre effort. L'eût-il essayé, La Trimouille se fût dressé devant lui comme une invincible barrière. Mais ce qu'un gouvernement, mille fois ingrat, devait faire, Jeanne de Luxembourg eut la gloire de le tenter (3).

Pierre Cauchon ne perdait pas de vue sa victime. Après avoir échoué à Compiègne, il revint à Beaurevoir, obséder, tenter Jean de Luxembourg. Au mois d'août, les États de Normandie avaient voté les dix mille livres, prix du sang. Pendant le cours de septembre, cet impôt fut levé. L'évêque poursuivait ses démarches. Jean de Luxembourg, perplexe, hésitait ; la lutte du bien et du mal agitait sa conscience : Jeanne de Luxembourg intervint.

Apparemment, elle représenta au comte que livrer, pour de l'argent, cette jeune fille, cette héroïne, serait un meurtre d'abord et de plus une ignominie. L'aïeule était prête à comparaître devant Dieu. Elle fit son testament, le 10 septembre 1430, à Beaurevoir. La princesse, moribonde, adjura son neveu de ne pas souiller de cette tache le

---

(1) Ci-dessus, p. 68 (Orléans en séquestre) ; prisonniers : p. 74, 83, 85, etc.
(2) Tel est sans doute le véritable sens des termes que nous avons signalés ci-dessus, page 169, note 2.
(3) *Procès*, t. IV, p. 262.

blason des Luxembourg. Elle le requit de ne pas livrer la Pucelle aux Anglais (1).

Cependant, à la fin de septembre, Pierre Cauchon avait cessé de visiter le capitaine de Beaurevoir. Le 20 octobre, ordre du roi d'Angleterre donné à Rouen : il prescrit de rembourser au garde de ses coffres un à-compte *de nobles*, avancé par lui pour offrir et présenter en espèces d'or, monnaie d'Angleterre, ces dix mille livres. Les Anglais faisaient de nouveaux progrès en Picardie. Compiègne, réduit à l'extrémité, dévoré par la famine, allait tomber au pouvoir des assiégeants... Jeanne entendit, avec l'ouïe de son âme exaltée, la voix des femmes et des enfants de Compiègne, qu'elle connaissait, et qui combattaient jusqu'au dernier souffle, pour défendre leur ville. Jeanne, sans doute, se savait vendue déjà. Elle tenta une seconde fois de s'échapper (2).

Jeanne essaya de fuir, non pas, comme on l'a cru jusqu'ici, en sautant du haut de la plate-forme, mais par les fenêtres, en s'aidant de quelque lien ou support. Cet appui lui manqua et se rompit. Elle tomba grièvement meurtrie, au pied de sa prison, où elle fut réintégrée, puis se guérit (3).

(1) *Procès*, t. I, p. 231; t. V, p. 178, 179, 195. Anselme, art. Jeanne de Luxembourg. — Monstrelet, *Panthéon*, p. 630, 631. *Procès*, t. V, p. 191, 196, 369.

(2) *Nobles*, voy. ci-dessus, t. I, p. 223, note 1.

(3) « ...Fu enfin amenée à Beaurevoir, là où elle fu par grant espace de tamps ; et tant que, par son malice, elle en quida escaper, par les fenestres. Mais ce à quoy elle s'avaloit, rompy. Se quéy jus de mont à val ; » (elle tomba ainsi à pic de haut en bas) « et se rompy près (pour ainsi dire) les rains et le dos. De lequelle blechure, elle fut long tamps malade ; et depuis ce qu'elle fu garie, fut elle délivrée aux Engloix par aucuns moyens et traitiés d'argent, etc. » *Chroniq. des cordeliers*, n° 16, f° 498, v°. Cette Chronique paraît avoir été composée à Cambray ou dans le Cambraisis, à deux pas de l'événement. Cf. *Procès*, I, 110, 150, 152 ; *Aperçus nouveaux*, p. 56.

Cependant, Guillaume de Flavy soutenait le siége de Compiègne. Une partie des troupes bourguignonnes avait été détachée de ce siége pour faire face, dans le pays de Namur, à une attaque concertée des Liégeois. La situation de Compiègne, néanmoins, était toujours très-difficile. « Au mois d'août, fut envoyé vers le roi Pierre Crin, pour obtenir quelque nombre de gens ; et le 20 du mois, mit ès mains de Jean de Malpart, receveur de la ville, la somme de cent livres tournois, et tant moins de ce (à compte sur) trois cents livres, données par le roy à la ville pour supporter la despense des gens de guerre. » Enfin, du 24 au 28 octobre, Compiègne fut délivrée d'une manière subite et inattendue. La population au désespoir tenta une sortie téméraire qui fut couronnée de succès (1).

Ce jour même (24 octobre), l'armée de secours, qui depuis six mois n'arrivait pas, s'approcha de la ville. Louis de Bourbon, comte de Vendôme, avait fini par rallier environ deux mille fûts de lances, ou hommes d'armes. Le matin, il partit de Senlis, où il avait opéré sa jonction avec le maréchal de Boussac. Louis de Bourbon, en quittant Senlis, fit vœu à Notre-Dame de la Pierre, que s'il ravitaillait les assiégés de Compiègne, il fonderait, dans l'église de Senlis, un service perpétuel en l'honneur de cette Vierge. Les Anglais, embusqués aux portes de Com-

---

(1) Compiègne obtint aussi du roi des délégations ou mandats de contributions en nature, sur diverses villes voisines, telles que Senlis et autres. L'abbesse et les religieuses de S. Jean hors Compiègne contribuèrent, dès le principe, à la défense, en cédant à la ville le merrain, ou bois de charpente et du plomb pour l'artillerie : « plommés... pour les canons à main, doublés à lancer. » La courageuse cité s'obéra grièvement. D. Grenier, f°s 10 à 20. D. Gillesson, p. 95 à 746 *passim*. Monstrelet, ch. LXXXIX, XC, XCVI. *Procès*, V, 177.

piègne, vinrent pour lui barrer le passage, au nombre de trois à quatre mille combattants (1).

La population civile et les femmes prirent en queue le corps de bataille anglo-bourguignon et l'attaquèrent avec une extrême intrépidité. Grâce à cette diversion, le comte de Vendôme traversa l'ennemi, sans dommage sensible pour sa troupe. Il pénétra, suivi de ce notable renfort, jusqu'au sein de la ville. La délivrance de Compiègne fut ainsi décidée (2).

Jean de Luxembourg, depuis peu de temps, était revenu devant Compiègne pour activer le siége en personne. La Pucelle avait prédit à son maître d'hôtel, qui la servait dans sa prison, que Compiègne et les autres places qu'elle avait conquises resteraient à la France. Jean de Luxembourg, vaincu et humilié, fut particulièrement sensible à son insuccès devant cette ville. Il leva le siége, courroucé. Vers ce temps, Jeanne de Luxembourg quitta Beaurevoir. Elle fut transportée à Boulogne, où elle mourut le 13 novembre 1430. Ce fut l'arrêt de la Pucelle. Jeanne était perdue (3).

Le seigneur de Beaurevoir, avantagé par sa tante, re-

(1) *Procès, ibid.*, 369. D. Grenier, t. LXXXIX, p. 271 ; LIV, p. 164, Cagny. chap. CXIII. Ms. des Cordeliers n° 16, f° 500 et suiv.

(2) Fidèle à son vœu, Louis de Bourbon fonda, par lettres du 20 décembre 1430, en l'église de Senlis, quatre livres tournois de rente perpétuelle, pour accomplir un service commémoratif de cet événement. Charles VII rendit à Chinon, le 18 du même mois, une ordonnance qui conférait aux bourgeois de Compiègne et à perpétuité d'insignes priviléges, en récompense de leur belle conduite. D. Grenier, *ibid* et t. XX *bis*, f°⁵ 14, 15, 17. *Ordonn.*, XV, 365.

(3) *Chronique de Tournay.* Monstrelet. Cagny, p. 35. Anselme, gr. édit., III, 724. L'échec de Compiègne fut également pour le duc une source d'inconvénients. Suivant le *Journal de Paris*, il quitta le siége pour soigner la duchese en couches (*Panthéon*, p. 688). Un document plus grave montre que cet insuccès devint entre le duc et le gouvernement anglais

cueillait une succession litigieuse. La vente de la Pucelle lui aida, sans doute, pour apaiser les réclamations de ses cohéritiers. Louis de Luxembourg, prélat avide et frère de Jean, s'entremit à la consommation du marché. Le 21 novembre 1430, Jeanne était livrée ; elle venait de passer tout récemment dans les mains de l'Angleterre (1).

Jean de Luxembourg se vendait lui-même. Le 2 décembre, il acceptait un nouveau maître et recevait de l'autre main la somme de cinq cents livres pour servir, dans la retenue de l'évêque de Winchester, le cardinal-capitaine des Anglais. Du château de Beaurevoir, Jeanne fut transférée en la ville d'Arras. On l'enferma ensuite au château-fort de Drugy, près de Saint-Riquier, puis au Crotoy (2).

Les lieux qu'on vient de nommer étaient soumis par la force aux Anglais. Mais cette terre avait été le théâtre de luttes glorieuses, soutenues pour la cause de la patrie française. D'illustres morts y avaient déposé leurs os. Ces stations, pour Jeanne Darc, étaient celles d'un pèlerinage et presque d'un triomphe. Dans la ville d'Arras, un Écossais lui montra un portrait d'elle qu'il portait, symbole du culte que lui vouaient ses fidèles. Les dames d'Abbeville firent cinq lieues pour aller la visiter comme une sainte. Les hommages et le respect formaient cortége à la captive (3).

---

un texte de récriminations assez aigres, puis un notable sujet de dissentiment. Ce motif contribua enfin à la rupture. Collection ms. de Bourgogne ; t. X, (*layette d'Arras*), p. 385. Voyez ci-après p. 182, note *A*.

(1) Monstrelet. liv. II, ch. xciii. Cagny, *ib. Procès*, 1, 17. La devise de Jean de Luxembourg était « un chaméléon (chameau) qui, à force du grand fardeau qu'il porte, culbite par terre avec cette âme : *Nemo ad impossibile tenetur* » (à l'impossible nul n'est tenu). Le *Mausolée de la Toison d'or*, 1689 in-8°, p. 14.

(2) *Proceedings*, etc., IV, 72. *Procès*, t. I, p. 100, 292 ; t. V, p. 358.

(3) *Procès, ibid.*, p. 360 et suiv.

Les Français, à cette époque, occupaient encore çà et là quelques points en Normandie. Ayant de la sorte gagné la lisière du continent, on l'avait soustraite, autant que possible, au contact de la France et à la portée de tout libérateur. Du Crotoy, ses conducteurs la mirent dans une barque et la firent passer en Vimeu. A Saint-Valery, Jeanne prit la mer; et par la ville d'Eu, puis Dieppe, elle fut conduite à Rouen, la vraie capitale des Anglais (1).

Ainsi, confiée à la mer seule, entre le ciel et l'eau, cette jeune fille traversait l'espace, entourée de gardes. Et pourtant, ses vainqueurs n'étaient point rassurés. Dans leur île d'Angleterre, sur le sol usurpé de la France, ils tremblaient. Le 12 décembre 1430, Humphrey, duc de Glocester, publiait, à Wyx, un nouvel édit au nom d'Henri VI. Cet édit, signifié aux vicomtes, au constable de Douvres, au garde des Cinq-Ports, sévissait contre les *déserteurs que terrifiait* la Pucelle (2).

Rouen, nom sombre et sinistre! Le 28 décembre 1430, Jeanne y était arrivée. A la date de ce jour, P. Cauchon se fit donner des *lettres de territoire* par le chapitre de cette métropole, le siége vacant. Aux termes du droit canonique, cette autorisation était nécessaire pour que l'évêque de Beauvais, expulsé de son diocèse par ses ouailles, pût exercer juridiction sur le territoire normand. Le 3 janvier

---

(1) *Procès* III, 63, *ibid.* Jeanne, vraisemblablement, fut conduite de Dieppe à Rouen, par terre et à cheval. En effet, dans les premiers temps de sa détention à Rouen, elle était encore blessée par suite de l'équitation.

(2) Rymer, t. IV, partie IV, p. 165. *Procès*, t. V, p. 192. *De fugitivis ab exercitu, quos terriculamenta Puellæ exanimaverant, arrestandis.* Cet édit fut renouvelé à Rouen le 1ᵉʳ février 1431, en présence du roi Henri VI, et durant la captivité de la Pucelle. Ordre d'emprisonner les commissaires des guerres qui se refusaient à réunir les troupes, en Normandie. (Ms. Fontanieu, 115-6.)

1431, un ordre royal d'Henri VI remit Jeanne entre les mains de P. Cauchon (1).

Vers cette époque, l'héroïne reçut une visite notable. Elle était écrouée depuis peu à Rouen. Jean de Luxembourg, comte de Ligny, qui l'avait vendue, pénétra dans sa prison. Venait-il insulter à sa victime?... ou peut-être l'image de l'aïeule, naguère ensevelie dans la chapelle funéraire, se dressait devant lui comme un remords et le poussait à cette démarche?... Il vint accompagné de son frère, le chancelier anglais, et de son écuyer, Aymond de Macy, dont nous avons parlé. Deux lords assistaient aussi à cette entrevue : Richard de Beauchamp, comte de Warwick, gouverneur du roi Henri VI, et Humphrey, comte de Stafford, connétable de France pour le roi d'Angleterre (2).

Le comte de Ligny dit à la captive : « Jeanne, je suis venu ici pour vous mettre à finance et traiter de votre rançon. Promettez seulement ici de ne plus porter les armes contre nous. — *En nom Dé*, répondit Jeanne, capitaine, vous moquez-vous de moi? Me racheter! vous n'en avez ni le vouloir ni le pouvoir ; non, vous ne l'avez pas! » Et comme le comte insistait : « Je sais bien que ces Anglais me feront mourir ; mais fussent-ils cent mille *godons* de plus qu'il y en a déjà eu en France, ils n'auront pas le royaume (3)! »

A ces mots, lord Stafford tira sa dague à demi du fourreau pour frapper Jeanne (4) ; mais Warwick l'arrêta.

---

(1) *Procès*, t. I, p. 18, 21 ; t. IV 265. — (2) *Procès*, III, 121, 122. — (3) *Ibid*.
(4) Cf. *Procès* III, 139, 140. — La Pucelle, selon toute apparence, était dès lors et en ce moment même *enchaînée*. Nous reviendrons, plus loin, sur cette particularité.

Ce meurtre eût été plus que le procès : il eût été une faute. Les Anglais ne voulaient pas *tuer* Jeanne ; il y avait mieux à faire, c'était de la *juger*.

La scène qu'on vient de rapporter précéda l'ouverture du procès ou fut contemporaine de ses préliminaires.

(A) *Développements sur le siége de Compiègne* (voyez ci-dessus pages 167, 177 et suiv.). — « En ce temps (vers juin), estoient les pons et les passages assis sur la rivière devant Compiègne et y passèrent les Angloix premiers, atout 4,000 hommes, qui coururent le païs et jusques à Senlis et environ ; et y eult plusieurs coursses faictes de ceulx dud. Senlis et de Creil sur ceulx de l'ost dud. siége et ainsi se passa le tamps, en faisant hayes et trencquis parmy le bois, affin de luy logier plus seurement de là l'yawe (l'eau). Et tousjours salloient et s'efforchoient ceulx de la ville sur ceulx de l'ost à leur avantaige et y prirent plusieurs les prisonniers ; et entre les autres *Guy de Roye, cousin bien prochain à la dame de Biaurevoir*, et ung autre gentilhomme, englès, avec luy. Et si, avoyent dedens ladicte ville grant plenté de petis engiens nommés culeuvres (ou plommées, canons à main, voy. p. 177, note 1), les quelx estoient de métal de coeuvre (cuivre) et trayoient boules de ploncq qui perchoient ung homme d'armes tout oultre, comme ilz faisoient (perçaient) deux ou troix fortes crousles de quesne (écorces de chêne). Ces engiens là firent moult de maulx et occirent moult de gens du siége ; mais pau (peu) d'engiens furent assis ne gettés, de dehors, dedans la ville, pour ce que on le contendoit avoir entière. » (Chron. des Cordeliers, n° 16, f° 500.)

« Le venredi 4ᵉ jour d'aoust audit an trespassa le duc Phelipe de Brabant à Louvain ; de laquelle mort s'esmeu grand discord et contend entre la dame doagière de Haynau, qui estoit son ante (sa tante), et le duc Phelippe de Bourgoigne, qui estoit son cousin germain..... Et enfin convint-il que led. duc se partesist du siége de Compiengne, pour aller audit pays de Brabant ; et laissa son oost devant ledit Compiengne ; de laquelle oost furent chiefs messire J. de Luxembourg, et le seigneur de Saveuses avec les contes d'Arondel et d'Outiton. » (Huntingdon.) — (*Ibid.*)

« ..... Le 24ᵉ j. du mois d'octobre, fu le siége de Compiengne levé par Poton de Sainte-Treille, Lahire, Barbazan, le seigneur de Boussach et autres tenans le party du roy Charles, qui s'estoient assamblés à grant puissance..... » — Sortie des hommes et femmes ; incendie par eux des ouvrages de l'ennemi. Nombreux assiégeants pris et tués. — « Les assaillants, continue le chroniqueur, attendu que ilz estoient pau de gens, car le plus grant partie de leur oost s'estoit partie par défaulte d'argent, si eurent conseil de rapasser l'yawe... et par ainsi fu l'endemain le siége désemparé. » (*Ibid.* f°ˢ 502, 503.)

CHAPITRE VI

Jeanne Darc. Procès de condamnation. Première partie : Depuis l'arrivée de la Pucelle à Rouen (décembre 1430 jusqu'au 21 février 1431).

L'Université de Paris, au quinzième siècle, était en quelque sorte le cerveau de la société française. C'est là que s'élaborait la pensée, l'opinion publique. Gardienne de la foi qui présidait à toute science, elle conservait aussi le dépôt des connaissances acquises. Ses priviléges, ainsi que son prestige, faisaient presque d'elle un second gouvernement et comme un État dans l'État.

A aucune époque, l'Université n'exerça d'influence plus visible, ni plus sérieuse sur les affaires publiques. Au dedans, l'anarchie et les troubles du quatorzième siècle avaient introduit, en même temps, ses docteurs, au sein des conseils du prince et dans le forum populaire. Au dehors, le schisme pontifical, les conciles de Pise et de Constance, leur ouvrirent un théâtre, aussi grand, par son retentissement, que la chrétienté. Les liens de fraternité contractés au sein de l'illustre école survivaient à toutes les séparations. Indépendamment des sympathies de personnes et des vives affections de la jeunesse, le commun enseignement inculquait à tous ces condisciples un fonds indestructible de commune doctrine. Il leur inculquait l'esprit de corps et l'orgueil solidaire d'un glorieux patrimoine. L'Université régnait par là sur tous les esprits, à travers les dissensions politiques et les antagonismes les plus prononcés.

Sous le précédent règne, Jean sans Peur et Louis, duc d'Orléans, s'étaient partagé son domaine. Tous deux luttèrent envers le corps et les membres, de prévenances, de caresses et de libéralités. Grâce à cette dernière voie de persuasion, l'un et l'autre avaient rallié à sa cause et placé respectivement dans sa clientèle domestique les docteurs les plus renommés. L'Université, comme le royaume, se divisait en deux camps : le premier sous la bannière d'Armagnac ou d'Orléans, le second sous le drapeau de Bourgogne.

Deux princes avaient donc rivalisé, pour plaire, en apparence, à cette corporation ; mais au fond, pour la dominer. Dans cette lutte, l'avantage et le succès pratique furent toujours du côté bourguignon. Le duc de Bourgogne y consacra tout d'abord le plus de zèle et de sacrifices. De justes griefs, exploités par une ardente ambition, lui aidèrent à grossir le nombre de ses adhérents. La désunion, l'incapacité, les désordres, les scandales de toutes sortes, pouvaient servir de thème, sur le compte des Armagnacs, à de légitimes imputations. La satyre de ces abus, la revendication des réformes, l'aspiration à un nouvel avenir, s'inscrivaient naturellement sur la bannière opposée. Dans la première période, surtout, de cette longue guerre civile, des esprits droits et des cœurs généreux purent s'y méprendre.

Ainsi s'expliquent la popularité, l'importance numérique et la persistance opiniâtre du parti de Bourgogne. Pour une portion notable du pays, le parti de Bourgogne, même après la dure expérience de l'invasion étrangère, demeura le parti des réformes contre les abus, de la démocratie contre les tyrans et les favoris. Aux yeux de ces politiques, la Pucelle apparaissait, avant tout, comme l'auxiliaire d'une cause et d'un adversaire détestés. La superstition du siècle, dans leur esprit, se retournait fatalement contre l'héroïne. Celle qui était, pour les uns, une créature surnaturelle, capable de ressusciter les morts et de « faire tonner », devint, pour les autres, une sorcière et un suppôt de *l'ennemi*, c'est-à-dire du démon.

La mort de Louis, duc d'Orléans, la captivité de son fils à la journée d'Azincourt et enfin les événements de 1418, éclaircirent de plus en plus, dans l'Université, les rangs des Armagnacs. Depuis cette dernière date, l'école de Paris se recrutait au sein de familles hollandaises, picardes, normandes, anglaises, hostiles à la cause de Charles VII. Le collège royal de Navarre avait été, en 1418, un citadelle politique, battue et emportée par la faction triomphante. Cette patrie classique des d'Ailly et des Gerson, cette pépinière d'orateurs et de conseillers dévoués à la fleur de lis, le collège de Navarre lui-même, étaient livrés à des maîtres bourguignons. Le drapeau bourguignon et le parti de Bourgogne dominaient l'Université.

Les jeunes gens, qui venaient prendre leurs grades au sein de l'École parisienne, notamment les théologiens, y prolongeaient leurs études jusqu'à l'âge de virilité. Plusieurs trouvaient là une carrière à laquelle ils se consacraient sans retour. Ces jeunes gens appartenaient à la noblesse, à la riche bourgeoisie; par exception, aux classes les plus humbles de la société. Mais les uns et les autres, une fois qu'ils avaient dit adieu à leurs familles, entraient comme dans un autre monde que celui des vivants.

L'écolier docile et destiné aux honneurs de sa robe revêtait avec celle-ci un esprit nouveau, qui lui était imposé. Le régime universitaire du quinzième siècle empruntait à la vie du cloître son idéal et quelques-unes de ses rigueurs. Un spiritualisme ascétique y présidait. Deux siècles plus tard, après une période continue d'adoucissements progressifs, Gabriel Naudé nous peignait encore les hôtes des colléges, même purement littéraires, vivant loin de la lumière et de la vie, « *in umbrâ* et parmi les morts. »

La sévérité des mœurs et de la discipline descendait jusqu'à une rigidité, souvent sordide, et plutôt cynique encore que stoïque. Sous de tels auspices, la jeunesse, âge de l'abandon et de l'aimable candeur, s'imprégnait d'une sorte de dureté contre nature. Au lieu de s'épanouir sous le souffle de l'urbanité, sous l'influence polie du goût et du monde, les humanités y demeuraient cette gothique discipline, qui nous est connue. La métaphysique et la théologie offraient à ces jeunes esprits une froide et sombre abstraction.

Que l'on joigne à cela le mécanisme de la dialectique, tel que le pratiquait le moyen âge. Dans les mains stipendiées de Jean Petit, cette mécanique du syllogisme avait produit nàguère la doctrine du tyrannicide, c'est-à-dire de l'assassinat. Un peu plus tard, en 1415, la scholastique universitaire alluma les bûchers de Constance, où périrent Jérôme de Prague et Jean Huss. Notre grand Gerson lui-même siégeait parmi les juges et ne demeura point étranger à ces « actes de foi. » Tel était le siècle, tels étaient les docteurs qui allaient juger la Pucelle (1).

On a vu le tribunal de l'Inquisition s'adjoindre à l'Université de Paris, lors des premières poursuites dirigées contre la jeune fille. Ce tribunal, d'importation étrangère, datait, chez nous, du treizième siècle. Il s'y était établi à la suite de la fameuse *croisade contre les Albigeois.* Depuis cette époque, l'ordre de saint Dominique en exerçait la charge principale. Mais dans notre pays, l'Inquisition fut toujours, d'une part, éclipsée par l'Université de Paris, et de l'autre, limitée par le pouvoir épiscopal, qui, peu à peu, l'absorba complétement.

La France du moyen âge paya son tribut à des mœurs, qui étaient alors celles de toute la chrétienté. Son histoire religieuse, non plus que celle des autres peuples, n'est point exempte du hideux spectacle des sacrifices humains. Mais l'Inquisition du moins n'y déploya jamais, ou n'y fit point durer cet appareil formidable, ni ce luxe de cruauté, si douloureux à contempler dans d'autres annales. Au quinzième siècle, l'Inquisition de Paris subissait, comme tous les corps constitués, la pression du gouvernement anglo-bourguignon et l'influence politique de ce parti. Divers motifs, cependant, nous donnent à penser, que, sur ce point spécial, les Dominicains et le tribunal du Saint-Office n'apportaient pas, il s'en faut, une hostilité unanime et passionnée, contre la glorieuse prévenue.

(1) Registre de l'Université n° 8. Duboulay, t. V, *passim.* Vallet de Viriville, *Histoire de l'Instruction publique,* p. 150, 173.

Quelques années auparavant, de novembre 1413 à janvier 1414, le clergé armagnac, soutenu alors par le gouvernement, résolut de poursuivre en matière de foi ses adversaires bourguignons. La doctrine de Jean Petit fut solennellement déférée à une assemblée de docteurs. L'*inquisiteur de la foi*, Jean Polet, s'unit à l'évêque de Paris. Il prit nominalement et à découvert l'initiative de ces poursuites, en dépit des menaces bourguignonnes et au risque d'encourir une formidable inimitié. Il était assisté de son confrère Jean Graverand, dominicain, professeur de théologie. Ce dernier vota de concert avec son supérieur, ainsi que Gérard Machet. Tous trois déployèrent, pour flétrir la doctrine incriminée, autant de sens que d'énergie. Graverand exprima son vote oralement, puis par écrit et demanda que la condamnation fût signifiée au duc de Bourgogne (1).

Au sein des corporations religieuses, de tels actes ne s'accomplissaient pas légèrement. Dans la lettre du 26 mai 1430, nous ne voyons figurer que le *vicaire* général de l'inquisiteur. Cependant le titulaire, ou *inquisiteur délégué par le pape pour tout le royaume de France*, résidait alors à Paris. Mais ce titulaire n'était autre que Jean Graverand, successeur de Jean Polet. Antipathique à la cause bourguignonne et à ce procès, il refusa d'y apporter le concours d'une coopération directe et personnelle. Nous ignorons par quelles circonstances son vicaire consentit à

---

(1) Monstrelet d'Arcq, t. II, p. 416. Quétif et Échard *scriptores O. F. F. prædicator*, t. I, p. 782. Œuvres *de Gerson*, 1706, in-folio, t. V, p. 67, 177, 180. En 1418, lors de l'excommunication de Jean sans Peur, *le sermon* fut prêché par un dominicain. Voy. ci-dessus, t. I, p. 79.

s'y entremettre. On peut remarquer encore que l'acte du 26 mai est signé Lefourbeur (1), scribe du tribunal, et contre-signé Hébert, nom du scribe ou greffier de l'Université. Il semble que le vicaire général et le notaire de l'Inquisition aient voulu, par là, s'abriter sous la garantie, sous l'autorité de la *fille ainée des rois de France* (2).

L'Université de Paris, elle-même, était évidemment partagée sur ce point. Les docteurs les plus considérables du parti de Charles VII avaient, en effet, suivi ce prince à Bourges et à Poitiers. Mais le champ qui restait à leurs adversaires ne demeurait point le théâtre d'un triomphe sans contradicteur. L'opinion publique, au sein de la capitale, ne subissait pas d'une manière absolue, il s'en faut, le joug des doctrines anglaises et bourguignonnes. Aussi le gouvernement d'Henri VI se garda-t-il bien de convoquer à Paris les juges de la Pucelle. Il n'aurait certes pas osé appeler le corps de l'Université à délibérer pleinement, publiquement et librement, sur une pareille cause (3).

L'Université, d'autre part, était une sorte de république, énergiquement organisée pour se défendre. Mais, en dehors de sa sphère d'enseignement, en dehors de la police intérieure de ses écoles et de ses suppôts, elle n'exerçait au-

---

(1) Maître Raoul Lefourbeur, chanoine de Notre-Dame, maître des enfants de chœur de la cathédrale, en 1437. L. L., 566, Registre 415, f° 332.

(2) Michel Hébert était un clerc *normand* (procès I, 422), circonstance qui n'est pas sans importance. Quétif, p. 782. Procès, t. I, p. 13. Du Boulai, t. V, p. 402 et *passim*. La lettre du 26 mai s'intitule au nom de « frère Martin, maître en théologie et vicaire, etc. » Or, dans le procès de réhabilitation, nous retrouvons, en 1456, parmi les assesseurs, « frère Martin, maître en théologie, vicaire de l'inquisiteur et dominicain. » (t. III, p. 23.) Frère Martin, en 1430, devait être un jeune homme.

(3) *Ordonnances*, t. XIII, p. 159.

cune juridiction active. Sa force résidait tout entière dans ses membres. Le recteur, placé à sa tête, constituait le seul organe par lequel elle communiquait à l'extérieur. Or, elle conférait cette charge élective, à un délégué, le plus souvent assez jeune et qui se renouvelait tous les trois mois. L'Université n'avait point de *promoteur* ou ministère public, ni même de représentant, fixe et permanent, de son autorité ou de sa doctrine.

La lettre du 26 mai 1430, acte d'ailleurs non suivi d'effet, ne saurait donc offrir la gravité que l'on pourrait être tenté de lui attribuer. Signée quelques heures pour ainsi dire après la prise de la Pucelle, elle exclut toute idée possible de délibération de la part de l'université. Les noms des deux secrétaires, réunis sur l'une des lettres collectives, nous semblent attester un acte commun de condescendance. Enfin la promptitude même de cette manifestation décèle évidemment un coup, préparé du dehors par une puissante influence, et non la libre expression d'un sentiment réfléchi, intime et spontané (1).

Cet agent du dehors, l'âme de tout ce procès, fut Pierre Cauchon.

Nous voyons dans P. Cauchon, un de ces hommes (tels qu'on en rencontre à toutes les époques), chez qui les talents, le savoir faire et la réussite, suppléent à ce qui leur manque, du côté de la conscience et de la moralité. Né au pays de Reims, vers le déclin du quatorzième siècle, le jeune Cauchon vint faire à Paris son cours d'études, qu'il

---

(1) Du Boulai le dit en toutes lettres : «Universitas, instigante Magistro Petro Cauchon... suorum privilegiorum conservatore, scripsit... » (t. V, p. 395.)

accomplit avec un plein succès. Il obtint, dès 1403, les honneurs suprêmes du rectorat. Ses débuts, sur la scène de la politique, remontaient au mois de mars 1407. A cette époque, une ambassade fut envoyée de Paris, à l'effet de parlementer avec les compétiteurs à la tiare et de remédier au schisme pontifical. Jean de Gerson, J. Petit, accompagnés des plus illustres conseillers de la couronne et de l'Église, figuraient au premier rang de cette légation. P. Cauchon, nouvellement licencié en droit canon, y fut adjoint parmi les jeunes attachés de l'ambassade (1).

En 1413, il prit une part active au mouvement cabochien ou révolutionnaire. Cauchon fut un des commissaires nommés par le roi pour réformer les abus (2). Dès lors il acquit une grave autorité dans les affaires et prit possession de la popularité. Le duc Jean s'attacha le brillant docteur, à qui la renommée décernait, par voie de succession, une place demeurée vacante, depuis la mort de J. Petit et depuis la retraite de Gerson. Au concile de Constance, Cauchon fut l'ambassadeur de Bourgogne et l'antagoniste de Gerson. Revenu en France avec Jean sans Peur triomphant, il rentra, pour n'en plus sortir, dans l'arène politique (3).

P. Cauchon devint successivement archidiacre de Chartres, maître des requêtes au conseil du parlement,

---

(1) Histoire de l'*Instruction publique*, p. 385. *Rel. de Saint-Denis*, t. III, p. 514.

(2) A ce titre, il doit être compté parmi les principaux auteurs de cette grande ordonnance du 25 mai 1413, que tous nos historiens ont successivement admirée.

(3) *Ordonnances*, X, 70. *Religieux*, V, 5, 173. Monstrelet (Panthéon), p. 290.

vidame de Reims, chanoine de la Sainte-Chapelle, membre du grand conseil, évêque et comte de Beauvais, pair de France (1).

Jusqu'ici, le sentiment du juste, le zèle du bien public n'étaient point incompatibles avec la cause bourguignonne. Mais, lorsque les Anglais, violant à la fois le droit public de la monarchie et de la nation, eurent subjugué la moitié de la France par le feu, la famine et le sang, le doute, alors, ne fut plus possible.

L'indépendance du pays, en péril, réclamait le secours de sa vive intelligence et de son actif dévouement. Mais, au lieu d'écouter la voix austère du devoir, P. Cauchon céda aux appâts de la puissance, aux séductions de la richesse, aux enivrements de l'orgueil et de l'ambition. Présenté par Philippe le Bon au conquérant, l'évêque de Beauvais reçut les caresses et les faveurs d'Henri V, qui le nomma aumônier de France. Le gouvernement anglais, depuis l'invasion, n'eut point d'agent plus habile ni plus puissant. C'était un jurisconsulte consommé dans toutes les branches du droit. Déjà plusieurs fois, et notamment en 1426, il avait présidé, sous les auspices du pape et de l'Université, à des causes criminelles en matière d'*hérésie* (2).

(1) Ce dernier poste lui avait été conféré par la protection spéciale de Philippe le Bon, qui voulut assister, en 1420, au sacre du nouvel évêque. Lépinois, *Histoire de Chartres*, t. II, p. 81, note 2. X. X. 1460, f° 149. Ms. s. fr. 292, 11, p. 797, 799. *Ordonnances*, t. X, à la table. Morand, *Hist. de la Sainte-Chapelle*, p. 276. Monstrelet. Ursins-Godefroy, p. 388. Chastelain, p. 66. *Hist. du Beauvaisis*, Ms. s. fr. 5, 2, t. III, p. 140 et s.

(2) Archon, *Chapelle des rois de France*, 1704 in-4°, p. 351. *Ordonnances*, t. XI (table : *Cauchon*). Ms. Colbert, 9681, 5, f° 104. Fontanieu, vol. 113; (1421, avril.) P. P. 118, f° 127. S. carton 6,348, n° 22. X. X. 1480, p. 328. *Journal de Paris*, p. 670 b. Etc., etc.

Cauchon franchit un à un les degrés de l'Université parisienne ; il en avait rempli les différentes charges. Nul, au sein de ce corps, ne jouissait, parmi ses pairs, d'un plus grand crédit; nul ne connaissait plus profondément, pour se les être assimilés, les intérêts, les sentiments, les passions de cette importante communauté ; nul ne savait en toucher les ressorts d'une main plus adroite et plus sûre. L'évêque de Beauvais se fit nommer (1423) conservateur des priviléges de l'Université. Protecteur de la corporation, il la tint désormais sous sa coupe (1).

Le duc de Bedford, succédant comme régent de France à Henri V, maintint l'aumônier royal dans les hautes régions de la faveur. Il ouvrit au zèle de P. Cauchon une nouvelle carrière en lui ménageant, avec art, la perspective de nouveaux biens et de croissantes dignités. Dès 1426, il lui fit espérer le siége archiépiscopal de la Normandie. Chassé de Beauvais, comme on l'a vu, en 1429, P. Cauchon devint ainsi l'ennemi particulier de la Pucelle : il convoita le siége de Rouen avec d'autant plus d'ardeur. Durant le procès, Bedford sut tenir suspendue cette mître tant désirée, qu'il finit par adjuger à un autre compétiteur (2).

Doté, en attendant, d'un hôtel à Saint-Cloud et de largesses quotidiennes, P. Cauchon ne ralentit pas un seul jour l'activité passionnée de ses services. Le favori de Bedford sut se concilier, toute sa vie, avec le prestige d'un haut rang, les témoignages de l'estime et de la considé-

---

(1) Du Boulai, t. V, p. 912.
(2) P. 2298 (1426, août, 19). X. X. 1480, f° 382 v°, 411 v°. Du Boulai, *loc. cit.* Beaurepaire, *États*, etc., p. 32; *Notes sur Ricarville*, p. 4. *Proceedings*, etc., t. IV, p. 9. *Gallia christiana*, t. XI, col. 88.

ration publics. Du Boulai, l'historien de l'Université, a écrit, sur des documents authentiques, l'éloge de Cauchon. Il vante sa bienfaisance et sa libéralité. L'évêque de Beauvais était mort depuis douze ans, lorsque Calixte III rendit la bulle qui servit de préliminaire à la *réhabilitation* de la Pucelle. Dans cet acte même, le pape accorde encore au juge prévaricateur cette qualification de style : feu *de bonne mémoire* l'évêque de Beauvais (1).

Le 9 janvier 1431, P. Cauchon constitua le tribunal par la nomination du promoteur (2), du conseiller-examinateur des témoins (3), de deux notaires et de l'appariteur (4). Celui-ci, chargé des significations, s'appelait Jean Massieu. L'évêque désigna, pour remplir l'office de promoteur, un prêtre de son clergé, prébendé en Normandie, Jean d'Estivet, chanoine de Beauvais et de Bayeux. Jean de la Fontaine, maître ès arts, licencié en décret, fut examinateur (5).

Un grave intérêt s'attachait au choix des deux notaires, qui devaient transmettre à l'histoire le texte de cette procédure. Douze notaires apostoliques exerçaient alors près la cour de Rouen. L'évêque choisit à cet effet Guillaume Manchon, homme jeune et timide. Lui-même, afin de diminuer ce poids moral en le partageant, désigna son collègue ou second notaire, Guillaume Colles, qui lui fut adjoint par l'évêque (6).

(1) Sauval, *Antiquitez de Paris*, t. III, p. 123. Du Boulai, *loc. cit. Procès*, t. II, p. 96. — (2) Ministère public. — (3) Juge d'instruction. — (4) Huissier-audiencier. — (5) *Procès*, I, 23-27. — (6) Chronique de Pierre Cauchon, p. 353. Beaurepaire, *Notice sur P. Cauchon* : Précis de l'académie de Rouen, 1859-60, Rouen, in-8°, 1861, p. 10 et s. *Procès*, I, 23-27; III, 137.

Avant d'ouvrir les débats, une enquête ou information préalable était nécessaire ; elle eut lieu, en effet, par l'intermédiaire du bailli de Chaumont pour les Anglais. Un homme de bien, natif de Lorraine, fut spécialement chargé de s'occuper de cette enquête et d'en faire son rapport à l'évêque de Beauvais. Le mandataire ne négligea rien pour accomplir sa mission avec conscience (1).

Mais quoi? ce fut partout un concert unanime. Il n'y avait pas, sur le compte de l'héroïne, une note que le commissaire « n'eût voulu voir concerner *sa propre sœur.* » Plein de joie, il alla porter à Cauchon cette réponse, en réclamant l'indemnité qui lui était due. Le juge repoussa cet homme de bien, le taxa de « traître, mauvais homme » et autres injures. De plus, il refusa de lui payer son salaire, attendu que l'envoyé s'y était mal pris et n'avait produit rien d'utile. L'enquête, communiquée, pour la forme, à quelques assesseurs triés, ne le fut ni aux juges ni aux notaires, qui ne l'insérèrent point au procès (2).

L'évêque, dans cette cause en matière de foi, ne pouvait se dispenser d'invoquer l'assistance de l'inquisiteur ; ce fut là un des embarras de P. Cauchon. Rouen était le siége d'un tribunal ou vicariat du Saint-Office. L'inquisiteur local se nommait Jean Lemaître, prieur des Jacobins de Rouen. P. Cauchon, dans le principe, l'invita vainement à le seconder. Déjà les procédures étaient commencées, lorsque, le 19 février, le juge manda en sa présence Jean Lemaître et le requit de lui prêter son ministère (3).

(1) *Procès*, I, 57; II, 451, 453. Des Cordeliers s'y employèrent aussi. (II, 394, 397.) — (2) *Ibidem*, II, 200, 381; III, 193. — (3) I, 33, 35, 36.

Jean Lemaître répugnait profondément à y condescendre ; mais, faible de la fragilité humaine, ce religieux ne sut résister que par des biais, des excuses soumises et des exceptions plus ou moins subtiles. Ses lettres d'institution, disait-il, étaient générales et remontaient à 1424. L'inculpée avait été prise sur le diocèse de Beauvais ; l'évêque, il est vrai, avait obtenu des chanoines normands ces lettres de territoire ; mais lui, inquisiteur, pouvait-il assister, dans le diocèse de Rouen, un évêque de Beauvais ? Tels furent les doutes qu'il exprima pour décliner son intervention immédiate (1).

P. Cauchon, sans interrompre l'action judiciaire, écrivit, le 22, à l'inquisiteur général, pour le sommer d'avoir à intervenir au nom du Saint-Office, soit par lui-même, soit par délégué. Graverand (natif de Normandie) répondit, le 4 mars, de *Coutances*, en déléguant et commettant *ad hoc* Jean Lemaître. Une nouvelle pression fut alors exercée sur le vice-inquisiteur. De clairs avertissements parvinrent à ses oreilles et lui firent savoir qu'il s'agissait de sa vie, ou d'obéir. Il obéit. Par lettres du 13 mars, Jean Lemaître s'adjoignit à la cause. Il nomma promoteur pour l'Inquisition, et sous son autorité, Jean d'Estivet, déjà promoteur de l'évêque. Jean Massieu reçut également de lui au même titre, c'est-à-dire comme exécuteur des exploits, de nouveaux pouvoirs (2).

---

(1) *Procès, ibid.* Quétif, *Scriptores*, etc., t. I, p. 782. *De subinquisitore ac ejus diffugio et metu illato* ; chapitre inédit du procès de réhabilitation ; ms. lat. 5970, f° 190 et suiv.

(2) Nicolas Taquel fut adjoint à Manchon et Colles, à titre de notaire pour l'Inquisition. *Procès*, I, 134 et s. ; 148 ; III, 153. — Le 14 avril 1431, lettres de Henri VI, qui allouent à Jean Lemaître « vingt saluts d'or, pour ses peines, travaux et diligences d'avoir esté et assisté au procès... » V, 202.

Jeanne avait déjà subi à Chinon un examen physique dont nous avons parlé. Cette épreuve fut renouvelée à Rouen. Des sages-femmes jurées accomplirent cette vérification, avec toute la gravité d'un acte judiciaire. Des dames nobles, en nombre notable, y assistèrent, comme témoins, sous la présidence et l'autorité de la régente, Anne de Bourgogne, duchesse de Bedford. Le duc de Bedford lui-même, placé à proximité dans un lieu secret, put, dit-on, contrôler, sans être vu, cette constatation. Jeanne fut reconnue vierge et intacte (1).

La duchesse de Bedford ordonna aussitôt que la captive fût traitée comme une honnête femme. Elle fit défendre aux gardiens et à tous autres de se permettre à l'égard de la prévenue aucune violence. Par ses ordres, un tailleur ou couturier pour femmes confectionna un vêtement féminin à l'usage de Jeanne. Mais les *juges* suprêmes n'entrèrent point dans cette voie d'impartialité. Ils refusèrent de donner acte, au procès, de cette constatation, et les témoins furent contraints de s'engager, par serment, à ne pas la révéler. Indignés d'un tel procédé, des assesseurs se récusèrent en se fondant sur ce motif. Jeanne, avec sa pénétration naturelle, ne laissa point tomber cette arme, que la perfidie même de ses juges plaçait entre ses mains. Pendant tout le cours des débats, elle fit, à ce déni de justice, une persévérante allusion. Interrogée sur son nom, elle répondit avec art et insistance qu'elle s'appelait Jeanne *la Pucelle*; elle ajouta qu'elle ne revendiquait point d'autre dénomination ni d'autre titre, et demanda

---

(1) Ci-dessus, page 59. *Mémoires de Thomas Basin*, I, 81. Procès, II, 217 ; III, 50, 63, 89, 163, etc.

que cette qualité fût légalement constatée en sa faveur (1).

Henri VI, *roi de France et d'Angleterre*, était venu, le 29 juillet 1430, prendre sa résidence à Rouen. Il y demeura pendant la durée entière du procès, accompagné de toute sa cour. Le fils d'Henri V, âgé de neuf années, était un débile enfant. La nature avait mis, en son faible corps, l'âme d'un casuiste et d'un moine. Incapable de verser le sang, d'offenser la créature vivante, il porta dans ce siècle de fer, au milieu du drame enflammé des événements, ce caractère placide, débonnaire, respectueux de la religion et du droit, jusqu'aux plus minutieux scrupules. Henri vécut en saint et mourut martyr. S'il avait parvenu à l'âge adulte, connu la Pucelle, il l'eût adorée : envers ce roi couronné d'épines, sans doute Jeanne se serait émue de pieuse tendresse et d'une pitié maternelle. Les deux victimes étaient faites pour s'entr'aimer et se plaindre. Singulière ironie de la destinée ! c'est au nom de cet enfant que Jeanne fut jugée et subit la sentence mortelle (2).

Pierre Cauchon, lorsqu'il sut que la Pucelle arrivait à Rouen, s'était porté au-devant d'elle, loin de la ville, comme à la rencontre d'un ami. Aussitôt qu'il fut de retour, il alla rendre compte de la légation au *roi* et au gouverneur du roi, comte de Warwick. L'évêque laissa

---

(1) *Nouvelles recherches*, p. 25, 26. *Procès*, I, 46, 191 ; II, 201 ; III, 175. Les dames de condition se faisaient habiller par des hommes. Voy. ci-dessus, tome I, p. 220. Le tailleur envoyé par la duchesse voulut essayer à Jeanne sa robe neuve. « Quam quum eidem induere vellet, eam accepit dulciter per mammam. Quæ fuit pro hoc indignata et tradidit dicto Jehannotino (le couturier) unam alapam ; » (III, 89.) Jeanne conserva ses vêtements masculins.

(2) P. Cochon, p. 466. *Procès*, IV, 351, 354, etc. Le 24 décembre 1430, veille de Noël, Anne, duchesse de Bedford, à Rouen, offre un livre d'heures au roi Henri VI. Stevenson, *Henri VI*, t. I, p. lxxxj.

éclater dans cet entretien sa joie et son allégresse. Il la tenait enfin (1) !

La prisonnière n'avait donné sa foi à personne et savait qu'elle ne devait compter que sur elle-même. Jeanne, probablement, ne déguisa pas son dessein de s'échapper. Peut-être même, dans le trajet de Beaurevoir à Rouen, renouvela-t-elle quelque tentative d'évasion. En arrivant, elle fut placée dans une tour du château royal, du côté de la campagne. Tout d'abord on lui mit des fers aux pieds et aux mains. Une cage de fer fut construite et apportée dans sa prison pour l'y enfermer. Mais il est douteux qu'on en ait fait usage; Cauchon, spontanément, renonça bientôt à ce luxe de barbarie superflue (2).

Il y avait à Rouen, ville archiépiscopale, une haute justice ecclésiastique et des prisons spéciales, dont la discipline et la tenue, dirigées par des gens d'église, se ressentaient d'une organisation plus humaine. Cauchon, en sollicitant du chapitre rouennais des lettres de territoire, avait demandé aussi et obtenu le droit de se servir, comme juge, de ces prisons. Là, aux termes du droit et de la coutume, Jeanne devait trouver un asile honnête et convenable. La prévenue, en qui la loi respectait une personne non déclarée coupable jusque-là, devait être gardée par des femmes (3).

---

(1) *Procès, ibid.*, II, 325.
(2) Ci-dessus, p. 155. *Procès*, II, 201, 298, 306, 346, 371; III, 155, 180, etc. Voyez à la fin du présent chapitre.
(3) Procès de réhabilitation, chapitre inédit : *De incommoditate carcerum* ; ms. 5970, f° 192. *Directorium inquisitorum*, 1578, in-f°, p. 371, 372, *De carceribus*. Dans les prisons de la cour ecclésiastique de Rouen, il y avait une geôle spéciale pour les femmes et gardée par des femmes. (Beaurepaire, *Recherches sur les prisons de Rouen*, p. 23.)

Vainement, dès le premier jour, réclama-t-elle cette justice. L'évêque rejeta ses plaintes et celles qui lui parvinrent sur le même sujet ; il fallait à Cauchon que Jeanne fût avilie : l'ordre et la décence de la prison ecclésiastique auraient nui à ce résultat (1).

La Pucelle fut détenue dans un réduit de la prison laïque, à la merci des Anglais et de leur soldatesque. Jour et nuit, l'infortunée était exposée aux outrages et aux embûches de ses ennemis capitaux, devenus, au mépris scandaleux de toute loi, ses gardiens. Ordinairement, le lieu qu'elle habitait servait de logement aux prisonniers de guerre. Sous ce prétexte, divers individus, suivant les témoins de la réhabilitation, feignirent d'être *Français* et s'introduisirent auprès de Jeanne. L'un d'eux, nommé Loyseleur, prêtre normand, était un ami particulier de P. Cauchon. Il capta ainsi les confidences de Jeanne, qu'il révélait aux Anglais, et lui fut donné comme confesseur (2).

P. Cauchon, au début de la cause, annonçait à ses coopérateurs qu'il allait faire un *beau procès*. Ce document, en effet, est conçu avec art. Sous le rapport littéraire, il l'emporte de beaucoup sur le procès, plus honnête et plus véridique, de la révision. Mais que pouvait être un « beau procès, » selon l'évêque de Beauvais, si ce

---

(1) La geôle ecclésiastique de Rouen fut baillée à ferme de 1420 à 1440. (Beaurep. *ib.*, p. 25.) Cauchon, peut-être, excipa de ce bail, qui ne lui laissait pas (a-t-il pu dire) une action aussi libre, pour la surveillance, qu'au château de Rouen.

(2) Ms. 5970, *ibid.* — *Procès*, II, 217. Dépositions de Courcelles et de Manchon, III, 68, 141. Notes particulières tirées des archives de Rouen et communiquées par M. Ch. de Beaurepaire.

n'est une pièce où l'intelligence et le talent ne servent qu'à décorer habilement l'iniquité (1)?

Le premier interrogatoire eut lieu dans la chapelle du château : un grand tumulte y régnait. Les notaires de la cause étaient accompagnés de faux notaires, les uns visibles, les autres cachés, qui rédigeaient à leur manière le compte rendu de la séance. Par la suite, ces faux notaires furent écartés ; mais l'esprit qui présidait à leur rédaction demeura la loi des scribes officiels. On sait que Jeanne réclama contre ce texte à plusieurs reprises. Des omissions (2) essentielles s'y remarquent, et, lors de la révision, y furent authentiquement constatées. Les obscurités, les contradictions y abondent. Ce procès de condamnation est l'ouvrage de Thomas de Courcelles, l'un des assesseurs les plus hostiles. Celui-ci l'a composé à loisir, sans contrôle, sur les notes d'audience, ainsi dressées par les notaires et traduites par lui du français original en latin, longtemps après la mort de la victime (3).

Tel est le *beau* procès de P. Cauchon : œuvre artificieuse, et dont la séduction mensongère s'est exercée jusqu'à nos jours. Interroger ce document, c'est chercher dans un masque un visage. Plus on l'observe, ou plus on y croit, plus on risque de se méprendre. Le second procès, honteuse et pitoyable palinodie, sur certains points, de plus d'un juge, ne corrige le premier que très-imparfaitement. Les témoins du premier procès qui déposèrent

---

(1) *Procès*, III, 145.
(2) Ainsi, par exemple, Jean de Saint-Avit, prélat considérable, évêque d'Avranches depuis 1390, fut consulté : il donna un avis favorable ; cet avis fut exclus.
(3) *Procès*, II, 4 à 6, 1?, 300, 304, 319, 349; III, 63, 89, 135, etc.

lors de la révision, n'étaient autres que les notaires ou des assesseurs, qui tous avaient poursuivi la victime. Rassurés, dans leur faible courage, par l'impunité qui leur était promise, ils se tirèrent de cette nouvelle épreuve à force de bassesse ou de réticences, s'accusant eux-mêmes, et surtout les uns les autres. Les morts (1) eurent la grosse part et jouèrent le rôle principal. Après avoir menti pour condamner, les juges survivants mentirent pour absoudre ; et le second procès contient, ainsi que l'autre, de nombreuses faussetés. Près de vingt ans s'écoulèrent entre la mort de la Pucelle et les préliminaires judiciaires de la révision. La sentence d'absolution ne fut prononcée que le 7 juillet 1456. La vérité, elle aussi, dans ce long intervalle, au moins pour une grande part, avait également péri sans retour.

Démêler le vrai du faux dans ces deux procès, spécialement dans le premier, soulever partout le masque et mettre à nu la pure beauté du visage, est un travail qui défiera peut-être à jamais la patience et la sagacité de la critique. Pour nous, d'ailleurs contraint de nous restreindre, nous ne puiserons à cette source trompeuse que des emprunts mesurés et circonspects.

La première séance publique se tint le 21 février 1431. P. Cauchon, et plus tard le vice-inquisiteur, Jean Lemaître, avaient seuls la qualité de *juges*. Ils mandèrent pour les assister de nombreux conseillers ayant voix consultative. On fit d'abord venir de Paris plusieurs juristes et théologiens célèbres ; plus tard, on convoqua de simples artiens ou littérateurs, et même des docteurs en médecine, assez

---

(1) Voy. ci-dessus, page 109, note 2 (où il faut 1455 et non 1457).

embarrassés de leur soudaine judicature. Le chapitre de Rouen, le clergé régulier, les principaux docteurs ou prélats de la ville et de la province, fournirent encore un contingent d'assesseurs. Une centaine environ, au total, parurent successivement, et parfois le personnel des docteurs réunis atteignit à peu près à la moitié de ce nombre (1).

Ce fut là une des grandes fraudes et le chef-d'œuvre de P. Cauchon; car, étouffer le sentiment de la justice est une entreprise dont la difficulté croît avec le nombre des hommes sur lesquels elle s'exerce. Il s'agissait de condamner Jeanne comme ayant erré en matière de foi. L'accusation parvint à réunir soixante et dix articles qui, à la fin, se réduisirent à douze. Les griefs imputés à l'héroïne peuvent se résumer ainsi. Jeanne était accusée : 1° d'avoir affirmé qu'elle avait eu des communications avec les puissances célestes, tandis, qu'au contraire, elle avait invoqué les démons ; 2° d'avoir porté l'habit d'homme et exercé l'état militaire ; 3° d'avoir refusé de se soumettre à l'Église militante (2).

(1) *Procès*, t. I, *passim*; t. III, 47, 50. — (2) *Ibid*.
(A). *Sur la captivité de Jeanne*. (Voy. ci-dessus, p. 182, note 3 et p. 199). — La tour où la Pucelle fut renfermée a subsisté jusqu'en 1782. Voy. *Notice des Manuscrits*, etc., t. III, Dissertation de M. de Belbeuf. Le Brun de Charmettes, t. III, planche entre les pages 142 et 143. Beaurepaire, *Recherches sur les anciennes prisons de Rouen*, etc. 1862, in-8°, p. 15. Le bourg de Bar, prisonnier de Talbot, au mois de mai 1429, était enchaîné par les pieds d'une chaîne pesante et qui l'empêchait de marcher. Voir à ce sujet l'anecdote racontée par Cousinot de Montreuil, p. 298. En mars 1415, Jean Hus fut remis à l'évêque de Constance et transféré à la forteresse de Gotleben, où il demeura enchaîné nuit et jour, jusqu'à ce qu'il fût conduit au bûcher. Quant à la cage de fer, ce mode de détention n'était pas non plus inusité, même pour des prisonniers de guerre. Ainsi l'illustre Barbasan, captif au château-Gaillard, en 1430, habitait une cage de fer. Voy. ci-après, livre V, chapitre I.

CHAPITRE VII

Jeanne Darc. Procès : suite et fin. Du 21 février au 30 mai 1431. Mort de la Pucelle.

Deux hommes, dans ce procès, méritèrent le titre de justes. Le premier se nommait Jean Lohier, et le second, Nicolas de Houppeville; tous deux jurisconsultes normands. L'un et l'autre, appelés dès le commencement de la cause, manifestèrent une improbation motivée. Ils se virent aussitôt en butte à des menaces. Nicolas de Houppeville fut jeté en prison et recouvra sa liberté, sur les instances d'un troisième assesseur, l'abbé de Fécamp. Celui-ci dut offrir, pour garantie, une obéissance plus soumise : contre sa conscience, il vota la condamnation de l'accusée. Jean Lohier prévint le sort qui l'attendait, par la fuite. Il quitta Rouen et se rendit à Rome, où ses lumières et son intégrité l'appelèrent au poste éminent de doyen ou président de la Rote (1).

Nicolas de Houppeville avait pour amis Jean de la Fontaine, examinateur des témoins, et plusieurs membres du chapitre métropolitain. Entre autres moyens de droit opposés à P. Cauchon, Nicolas de Houppeville lui reprochait ses lettres de territoire extorquées. Le chapitre de Rouen, en effet, n'était pas favorable, au fond, ni à P. Cauchon,

(1) *Procès*, à la table : *Duremort, Houppeville, Lohier*.

ni à ce procès. Au mois d'octobre 1429, le siége métropolitain de Rouen devint vacant. Les chanoines redoutaient l'ambitieux et remuant Cauchon, qui convoitait cette prélature. Le chapitre offrit à Louis de Luxembourg ses suffrages et le pressa de les accepter. Bedford endormit ces négociations. Pour exercer sur les chanoines une pression plus sûre, lui-même se fit recevoir chanoine de Rouen. Le 23 octobre 1430, il prit possession de sa prébende, en grande pompe et solennité. Le 28 décembre suivant, P. Cauchon obtenait ses lettres de territoire (1).

Houppeville, atteint dans sa liberté, revendiqua l'official comme son juge. L'official et le promoteur furent arrêtés et emprisonnés, puis de même relaxés. Quant à Jean de la Fontaine, un jour il s'était rendu auprès de Jeanne, pour lui donner quelques avis favorables : les Anglais levèrent sur lui le bâton, l'épée dégainée. Jean de la Fontaine, chassé du château, se mit en sûreté par la fuite (2).

Le vice-inquisiteur, J. Lemaître, voyait avec la lumière d'un cœur droit l'innocence de la prévenue. Il ne partageait aucunement la passion de l'évêque. Ses lettres d'institution lui prescrivaient de poursuivre les corrupteurs de le foi, mais aussi, le cas échéant, de relever et d'absoudre. Condamner cette pieuse jeune fille était, à

---

(1) *Procès*, I, 21, 23; III. 171 et s. *Gallia christiana*, t. XI, col. 87. Archives capitulaires, citées par Chéruel : *Histoire de Rouen*, p. 193; *Revue de Rouen*, etc. 1845, p. 356.

Procès, I, 351 et s.; III, 171 et s.; V, 272 et s. Dans le procès de condamnation, écrit après 1431, on ne voit pas figurer La Fontaine parmi les officiers de la cause, confirmés ou institués pour l'Inquisition. Voy. ci-dessus, chapitre vi, page 196, note 2.

ses yeux, retourner contre la vertu, l'arme qu'il avait reçue de la religion pour frapper le crime. Dans sa perplexité, il fit, plus d'une fois, N. de Houppeville confident de ses scrupules et de ses terreurs. Mais, sous la main de fer de Cauchon, ce roseau pliait (1).

Partout il suivait Cauchon. Le timide jacobin se faisait accompagner, le plus souvent, par quelques religieux de son ordre. Tels étaient Isambard de la Pierre et Martin Ladvenu, assesseurs de la cause. Ces deux moines, tout en se courbant, ainsi que leur prieur, devant l'évêque, rendaient, comme leur prieur, un secret hommage au droit et à la morale. Tous deux usèrent parfois, envers Jeanne, de compassion, de condescendance et de quelque charité. Isambert et Martin, pour avoir donné à l'inculpée un avis loyal et utile, se virent menacés par Cauchon. J. Lemaître dut intervenir et défendit ses religieux. A son tour, il menaça Cauchon de déserter la cause, et les deux dominicains cessèrent d'être inquiétés.

Que le vice-inquisiteur osât, en faveur de Jeanne, ce qu'il avait tenté, avec succès, pour ses deux confrères ; qu'il refusât à l'évêque de l'assister davantage : le procès se trouvait interrompu. Jeanne, soutenue par l'un des juges, appelait, de l'autre, à Rome. Là, sans même parler du fond de la cause, le nouveau pape ne pouvait appuyer l'évêque intrus contre l'ordre de saint Dominique et le Saint-Office : Jeanne était sauvée. Mais hélas! le premier, le seul effort de J. Lemaître avait suffi pour épuiser tout son courage. Lui et ses religieux suivirent jusqu'au bout

(1) *Procès*, I, 36 ; II, 216, art. VIII ; 326 ; III, 171, 172, etc.

l'injuste évêque. Tous trois prêtèrent leur assistance, leurs votes, aux condamnateurs de l'héroïne. Lors de la dernière délibération, J. Lemaître siégeait encore comme juge à côté de P. Cauchon, et leurs deux noms sont unis dans l'intitulé de la sentence définitive (1).

Un autre assesseur, Jean Lefèvre, appartenait à l'ordre des Ermites de saint Augustin. Il déclara plus tard que Jeanne, « sauf ses apparitions, » lui semblait inspirée. Cela ne l'empêcha pas de voter la condamnation. Dans l'intervalle des deux procès, Lefèvre devint évêque de Dimitriade. Il déposa lors de la seconde instance, fit l'apologie de la Pucelle, fut nommé juge délégué de la cause et prononça, contre lui-même, la sentence de réhabilitation (2).

Nicolas Midi, fougueux ennemi de Jeanne dans le procès, était un docteur en théologie de l'École parisienne. Parti, sans bénéfices, de la capitale, il fut nommé, le 21 avril 1431, à la veille du vote, chanoine de Rouen, par le roi Henri VI. Tous les juges ou conseillers étaient à la solde de l'Angleterre, et beaucoup reçurent des présents ou gratifications spéciales (3).

Quelques-uns mirent à leur acharnement une véritable spontanéité. Jean d'Estivet, promoteur choisi par Cauchon, fut de ce nombre. Aux rigueurs de son ministère légal, il joignit toute la violence d'une rudesse mal dégrossie.

(1) *Procès*, à la table : *Ladvenu*, *Magistri*, *Pierre* (Isambard de la —).
(2) *Procès*, au mot *Fabri*.
(3) L'argent de France, prélevé en Normandie, ne suffisait pas. Arrêté du conseil d'Angleterre (1er mars 1431), pour envoyer au roi d'Angleterre, en France, par Dieppe, 4,000 livres (*Lettres des rois et reines*, in-4º, t. II, p. 415). — Beaurepaire, archives de l'archevêché. *Procès* : *Midi* et *passim*.

Des textes authentiques nous ont conservé les ignobles spécimens de son langage. Il mourut, dit-on, aux faubourgs de Rouen, dans l'ordure d'un égout. Guillaume Érard (1) et Thomas de Courcelles comptèrent parmi les lumières de l'Université, ainsi que du royaume. Courcelles, gentilhomme picard, appartenait à une famille du parti bourguignon. Agé de trente ans environ, il avait la douceur et la modestie d'une jeune fille. Les yeux baissés, il vota contre Jeanne la torture, puis la mort. Au procès de réhabilitation, il balbutia, mentit et produisit à la lumière de l'histoire, un type bizarre, déplorable et singulier mélange d'intelligence, de fanatisme et d'hypocrisie (2).

Les interrogatoires de Jeanne se succédèrent du 21 février au 9 mai. Ils se tenaient parfois dans la prison, en présence d'un petit nombre d'assesseurs. D'autres fois, les assises avaient pour théâtre une salle du château dite Chambre de parement, au bout de la grande cour (3). Ces séances commençaient à huit heures du matin et se prolongeaient jusque vers midi. Quelquefois elles se renouvelaient dans l'après dîner, ou après-midi, durant deux ou trois heures. La passion du juge et le zèle de

---

(1) « Vir clarissimæ virtutis et cælestis scientiæ, » Launoii *Historia colleg. Navarr.*, t. II, p. 551. Recteur le 23 mars 1430, jusqu'au 24 juin. Courcelles lui succéda le 10 octobre. Vallet (de Viriville), *Hist. de l'Inst. publique*, p. 486.

(2) « Velut latenti similis. » (Ænee Sylvii Piccolomini *Opera omnia*, Basileæ 1551, in-f° p. 6. c.) « Hic jacet eminentissimæ scientiæ et magnæ claritatis dominus Thomas de Courcellis, sacræ paginæ professor, decanus, canonicus hujus insignis ecclesiæ... » (Tombes de Notre-Dame de Paris. L. L. 488 bis, p. 113.) Biographie Didot : *Courcelles*.

(3) Voir le plan annexé au mémoire de M. de Daverdy, *Notice des Manuscrits*, t. III, p. 600.

ses complaisants se trahissaient par le nombre et le désordre précipité des questions, qui pleuvaient à la fois sur la prévenue : « Beaux seigneurs, leur dit-elle un jour, faites l'un après l'autre (1) ! »

Ces questions comprenaient la vie entière de l'accusée. Cependant, en dépit des efforts de l'accusation, elles se réduisirent à un petit nombre de points ; cercle borné dans lequel elles tournaient sans cesse.

Le principal notaire de la cause, témoin à décharge lors de la révision, dit que les réponses de Jeanne étaient tantôt assez habiles, et tantôt assez naïves. Nous ne nous en fions complétement ni à son témoignage, ni au procès que lui et Th. de Courcelles nous ont laissé. Néanmoins, au nombre des lambeaux qui nous sont transmis, quelques-uns paraissent véridiques. Ceux-là semblent assez bien justifier les appréciations de Guillaume Manchon (2).

Les juges, au sujet de ses visions, lui demandèrent si, lorsque saint Michel lui apparaissait, cet archange était nu. Croyez-vous, répondit-elle, que Dieu n'ait pas de quoi le vêtir? Elle dit que la voix de ses saintes est belle, douce et humble, s'énonçant dans l'idiome français. — Et sainte Marguerite, lui demande le juge, parle-t-elle anglais ? — Comment, parlerait-elle anglais, puisqu'elle n'est pas du parti des Anglais. — *Question*. Jeanne, êtes-vous en grâce? — *Réponse*. Si je n'y suis pas, Dieu m'y mette, et si j'y suis, Dieu m'y conserve. « Interroguée s'elle dist point que les pennonceaulx qui estoient en semblance des

---

(1) *Procès*, I, 48, 58 à 399; III, 136, 142, 155, etc.
(2) *Procès*, II, 342.

siens estoient *eureux* (c'est-à-dire ensorcelés), répond : elle leur disoit bien à la fois : Entrez *hardiment parmy les Anglois, et elle-mesme y entroit.* » — Q. Pourquoi votre étendard occupait-il, au sacre, la première place? — R. Il avait été à la peine, c'était bien raison qu'il fût à l'honneur!

Un cachet de vérité, qui montre Jeanne sous ses divers aspects, nous semble caractériser ces réponses (1).

L'esprit qui présidait à la procédure criminelle, en matière de foi, respire dans deux ouvrages, composés l'un au quatorzième siècle et l'autre à la fin du quinzième. Le premier, véritable code de l'Inquisition, est le *Directorium inquisitorum*, rédigé par l'espagnol Nicolas Eymeric, en son vivant inquisiteur général de la foi dans le royaume d'Aragon. L'autre, *Malleus maleficarum* (2), a pour auteur ou compilateur un dominicain allemand, nommé Jacques ou Jacob Sprenger. Les principes et la marche indiqués par ces deux ouvrages furent suivis et appliqués de point en point, dans le procès de la Pucelle.

Jeanne, après avoir été interrogée, fut prêchée et admonestée *charitablement*, par Cauchon, le 18 avril 1431. Elle était alors malade, et assez gravement pour inspirer aux Anglais de vives inquiétudes. Ceux-ci redoutaient sa mort naturelle, comme un contre-temps imprévu, qui déconcertait leurs desseins. Car le meurtre de la Pucelle n'était pour eux qu'un but accessoire : le but principal consistait à la déshonorer (et par suite son parti), comme

(1) *Procès*, I, 65, 86, 89, 97, 187.
(2) *Malleus maleficarum, maleficas et earum heresim ut phramed potentissimâ conterens*, etc.; Paris, Jean Petit, 1520, in-8° gothique.

hérétique ou sorcière; puis, après avoir obtenu ce résultat, ils voulaient la brûler. Conformément à leurs vœux, l'héroïne se rétablit. Cauchon, le 2 mai, fit comparaître Jeanne dans la Chambre de parlement, au milieu d'une assemblée nombreuse d'assesseurs. Maître Jean de Châtillon, archidiacre d'Évreux, par ordre de l'évêque, sermona de nouveau la prévenue (1).

Cependant les assesseurs, consultés, avaient accumulé leurs verdicts, tous plus ou moins favorables à l'accusation. Jeanne résistait. Le 9 mai, la prévenue fut extraite de sa prison et amenée, cette fois, dans la grosse tour du château. P. Cauchon présidait l'audience, assisté de l'inquisiteur et de divers conseillers. Les tourmenteurs jurés étaient également présents. Mandés par les juges, ils se tenaient prêts à saisir l'accusée pour la mettre, séance tenante, à la torture. Jeanne fut de nouveau sommée de se rétracter. Elle persista. « Quand même, dit-elle, vous me feriez déchirer les membres, je ne tiendrais pas un autre langage; et si la douleur me l'arrachait, je protesterais ensuite n'avoir ainsi changé que de force. » La séance fut close pour délibérer, et Jeanne reconduite à sa prison (2). Trois jours après (12 mai), le tribunal se réunit en conseil. L'évêque proposa cette question : s'il fallait soumettre l'accusée à la torture. Huit voix contre cinq se prononcèrent pour la négative. Is. de la Pierre, dominicain, vota dans ce dernier sens; l'inquisiteur, de son côté, ajouta quelques mots équivoques et timides,

---

(1) *Procès*, I, 337 à 399.
(2) *Procès*, I, 316, 374 et s.; II, 203; III, 51, etc.

mais où se trahit le sentiment que lui inspirait la victime. Jeanne fut exemptée de la torture. En ce moment, d'ailleurs, non-seulement le second juge, J. Lemaître, mais encore divers assesseurs, inclinaient vers l'indulgence, ou mieux vers la justice à l'égard de la prévenue. J. de la Fontaine s'était enfui. Plusieurs chanoines de Rouen, soupçonnés d'impartialité, avaient été récemment, par ordre de Cauchon, arrêtés et emprisonnés (1).

Aussi bien, l'évêque de Beauvais comptait sur un coup de maître, dont il attendait l'effet ou le résultat, préparé de longue main. P. Cauchon et les Anglais n'avaient point osé juger la Pucelle à Paris. Les clercs de Rouen, ébranlés par le contact de l'héroïne, invoquaient eux-mêmes le verdict suprême de l'Université parisienne. Vers le commencement d'avril, la première phase de l'instruction était terminée. A cette époque, Jean Beaupère, Jacques de Touraine, cordelier, Nicolas Midi et Gérard Feuillet, partirent de Rouen pour la capitale. Ces quatre assesseurs, docteurs en théologie, étaient des suppôts influents de l'École parisienne. Chargés des instructions de Cauchon, ils portèrent à l'Université les articles ou chefs d'accusation dressés par les juges de Rouen (2).

A la réception de ce message, le recteur (3) convoqua les Nations (ou faculté des arts), qui composaient le fonds

---

(1) I, 402 ; V, 272, etc. Ci-dessus, page 205. La *question* ou *torture*, dit M. de Beaurepaire, était étrangère à la coutume de Normandie et des tribunaux normands. (*Recherches sur les prisons*, p. 40.)

(2) J. Beaupère, recteur en 1412. Le 12 décembre, Jean sans Peur lui envoye une queue de vin de Beaune, pour se concilier ses bonnes grâces. *Mémoires de Bauin*, Ms. 372 de l'Institut, à la date. *Procès*, I, 354, 407 et s., 423; V, 203.

(3) Il se nommait Pierre de Gouda, natif de Leyde en Hollande, province bourguignonne. (Registre 8 de l'université.)

principal de la communauté. Les articles furent, en outre, transmis aux Facultés de théologie et de droit canon, qui les examinèrent à huis clos. Le 19 mai 1431, les ambassadeurs de Cauchon étaient de retour. A l'approbation de ces Facultés supérieures, homologuée par l'Université proprement dite, celle-ci avait joint deux lettres, œuvre de Cauchon, comme le reste. La première était adressée au roi d'Angleterre, et la seconde à l'évêque de Beauvais; l'une et l'autre approuvaient, avec force louanges, le procès de Rouen. L'Université, en outre, y supplie le roi et l'évêque « que très-diligemment ceste matière soit par justice menée à fin briefvement. » Jeanne fut ainsi, de fait, condamnée, absente, par l'Université de Paris; mais à huis clos, *sine strepitu judicii*, et hors du péril ou de la pression de l'opinion publique (1).

Cette communication exerça, en effet, sur le procès de Rouen, une décisive influence. Le tribunal s'assembla de nouveau le 19 mai. Maître Jean de Châtillon fit ouvertement cette motion : « que ceux qui jusque-là n'avaient point *pleinement* délibéré ou voté, étaient tenus de le faire *conformément à la délibération de l'Université.* » Le 23, Jeanne fut amenée devant les juges, qui prononcèrent, en sa présence, la conclusion de la cause (2).

Si Jeanne Darc avait été une femme ordinaire, elle eût sans peine obtenu de ses ennemis un adoucissement à ses maux. Il lui eût suffi, pour cela, de s'incliner devant le sort des batailles et de s'engager à ne point reprendre les

---

(1) I, 404, 408, etc.
(2) *Procès* I, 423, 429. Quétif, *Scriptores O. predicat.*, t. I, p. 782.

armes contre les Anglais. Ainsi le prouve la visite de Jean de Luxembourg, qui précéda l'ouverture du procès ; ainsi le témoignent divers indices qui se reproduisirent durant le cours des débats. Loin de là, Jeanne montra, pendant toute la durée de ce procès, une fière énergie. En vain les écritures des clercs ont-elles altéré le dialogue et obscurci le texte de ses réponses ; ils n'ont point réussi à masquer entièrement ou à défigurer le modèle. Dans leur peinture même, la véritable Jeanne reparaît et marque sa présence (1).

Cependant elle habitait une prison obscure et sordide, meublée du lit, où elle gisait, attachée par sa chaîne de fer à une poutre. De vils subalternes, des *houcepailliers* anglais la gardaient ; ils la réveillaient la nuit par des ricanements et des injures. L'asile même d'un cabanon fermé lui manquait. Ses juges lui refusèrent obstinément le service ou la compagnie d'une femme. Pas une âme à qui s'ouvrir librement de ses pensées! Toute figure humaine était pour elle celle d'un ennemi, ou, qui pis est, celle d'un espion, d'un traître. Les moins pervers osaient à peine lui témoigner leur faible et stérile sympathie par quelques signes dérobés. Enfin, la nuit, plusieurs de ses gardiens tentèrent, à diverses reprises, de la violer (2).

Le 24 mai 1431, dans la matinée, P. Cauchon et J. Lemaître se rendirent au cimetière de l'abbaye de Saint-Ouen, sis à l'intérieur de la ville : deux échafauds y avaient été construits. Jeanne, en habits d'homme, fut

---

(1) *Procès*, I, 84, 88, 174, etc.
(2) Ms. lat. 3,970, *de incommoditate carcerum*, f° 192. *Procès*, II, 298, 306, 316 ; III, 148, 151, 180, etc.

amenée; elle monta sur le premier échafaud, qui donnait accès à un petit nombre de personnes ; l'autre était une vaste tribune. Les deux juges y prirent place, accompagnés du cardinal d'Angleterre, des évêques de Thérouanne, de Noyon et de Norwich (1), garde du sceau privé d'Angleterre; les abbés de Saint-Ouen, de Fécamp, du Mont-Saint-Michel, etc., au nombre d'environ cinquante, prélats ou assesseurs, s'y placèrent également. Une multitude de peuple et de clercs était venue prendre part à ce spectacle (2).

Conformément au code d'Eymeric, l'évêque avait fait libeller d'avance deux formules de sentence : la première était celle que le juge en matière de foi devait adresser aux prévenus d'hérésie, lorsqu'ils viennent à résipiscence ; l'autre était la sentence finale de condamnation. Après avoir ouvert la séance, P. Cauchon donna la parole à l'un des théologiens de Paris, Guillaume Érard ; celui-ci prit son thème dans le chapitre xv de saint Jean : *Le sarment ne peut porter de fruit,* etc. L'orateur de la cour d'Angleterre fit de son discours un glaive à double tranchant : d'un côté il frappa, dans la personne de Jeanne, l'hérétique ; l'autre n'épargnait point le roi Charles VII, qu'il représenta comme atteint de la même tache, pour avoir patroné la Pucelle. Au moment où le prédicateur attaquait le plus vivement le roi, Jeanne, s'oubliant elle-même : « Vous le calomniez, dit-elle, il est bon catholique, lui... ; *il n'a pas cru en moi* (3). »

(1) W. Lindwod.
(2) Plan de Rouen, *apud* Laverdy. *Procès,* I, 442.
(3) N. Eymerici *directorium inquisitorum,* Romæ 1578, in-f°, *pratica officii,* p. 265 et s. *Procès,* II, 353, etc.

Érard s'adressa ensuite directement à la Pucelle et la somma de se rétracter, en se soumettant à l'Église. Jeanne refusa, protestant qu'elle en appelait au pape et que Dieu avait conduit toutes ses actions. Trois fois la sommation publique lui fut renouvelée ou répétée sans plus de succès. Alors Cauchon prit en mains la sentence de condamnation et commença d'en lire la formule. Le bourreau avait été mandé tout exprès. Le cimetière s'ouvrait sur une rue de la ville. Là, dans sa charrette, cet exécuteur se tenait prêt à conduire la victime au supplice. En ce moment, un grand tumulte se produisit (1).

Le matin, Beaupère était venu trouver Jeanne dans sa prison, pour l'exhorter à se soumettre. L'inquisiteur et les les Dominicains, *amis* de Jeanne, lui donnaient le même conseil. Érard et Loyseleur insistèrent; ils lui promirent, pour prix de sa soumission, la vie sauve. Ce qui pouvait toucher Jeanne, s'il est possible, plus vivement encore, ils lui promirent qu'elle sortirait aussitôt des mains des Anglais pour entrer, selon le droit et la loi, dans les prisons de l'Église. L'huissier Jean Massieu offrait à la Pucelle un papier contenant la formule d'abjuration. Ces trois hommes l'entouraient sur l'échafaud et l'assiégeaient de leurs instances. L'évêque lisait toujours. Quelques mots de plus proférés par sa bouche, et tout était dit : il fallait signer à l'instant ou marcher au bûcher (2).

Jeanne hésita encore quelques secondes. Elle prit une plume, déclarant qu'elle ne savait pas écrire. L'un des clercs lui saisit la main pour la guider, et elle signa

---

(1) Plan de Rouen. *Procès*, 1, 416 et s.
(2) Quétif, p. 782. *Procès*, II, 14, 21, 331; III, 52 et s.

comme elle avait coutume : *Jehanne*. Immédiatement l'évêque s'interrompit. Après avoir consulté le cardinal d'Angleterre, il prit l'autre formule, ou sentence de mitigation. Jeanne, aux termes de ce nouvel arrêt, que prononça l'évêque, était déchargée de la condamnation du Saint-Office et de l'excommunication. Déclarée toutefois coupable, malgré son *repentir*, les juges lui infligeaient, pour pénitence, de tenir prison perpétuelle, au pain de douleur et à l'eau de tristesse (1).

La Pucelle descendit de l'échafaud et dit aux clercs : « Or ça, entre vous gens d'Église, menez-moi en vos prisons et que je ne soie plus en la main de ces Anglais ! » Cependant le tumulte s'était accru. Les Anglais objurguaient les juges et se récriaient ; des pierres furent lancées ; l'évêque se vit apostrophé de *traître*. P. Cauchon, irrité, se défendit : séance tenante, il se *justifia* par un nouvel acte d'iniquité. Jeanne, sur son ordre, fut reconduite à la prison d'où elle sortait (2).

Le même jour, dans l'après-midi, J. Lemaître vint trouver la captive au château. Ce deuxième juge était accompagné de N. Midi, de Loyseleur, de Courcelles et de frère Isambard de la Pierre. Ils exhortèrent Jeanne de nouveau à se soumettre et à revêtir des habits de femme. Jeanne portait les cheveux taillés en rond au-dessus du bord supérieur de l'oreille. Elle fut invitée à se laisser raser complétement la chevelure ; Jeanne se soumit de point en point à toutes ces prescriptions (3).

Deux pensées, fermes et distinctes, paraissent avoir

(1) Ci-dessus, p. 131, note 1. *Procès*, I, 450 ; III, 64, 65, 146, etc.
(2) II, 21 ; III, 61, 90, 156, etc.
(3) I, 452. Ci-dessus, p. 51.

soutenu l'héroïne, à Rouen, durant tout le cours de la douloureuse épreuve qu'elle avait subie jusqu'à ce jour. La première était l'espérance de s'échapper ; la seconde fut d'être admise dans les prisons ecclésiastiques. Jeanne eut le courage de déclarer ouvertement à ses juges qu'elle voulait et qu'elle espérait fuir (1).

Ce point nous conduit à une autre question que nous ne saurions passer sous silence. Quels efforts furent tentés, ou auraient pu l'être, par le gouvernement de Charles VII, pour le salut de la Pucelle (2)?

En dehors des négociations diplomatiques, sujet que nous avons déjà traité précédemment (3), une double voie pouvait, si je ne me trompe, et devait être suivie pour délivrer Jeanne Darc, même après l'ouverture des débats.

Le premier moyen consistait dans la force des armes. Charles VII occupait Beauvais, ville épiscopale de Cauchon. La Hire était maître de Louviers, près Rouen. Le roi tenait Compiègne, etc. De ces divers points, les garnisons pouvaient se porter rapidement sur la Normandie supérieure. Ce voisinage inquiétait fort les Anglais. Le 13 avril 1431, lord Willoughby tenta un mouvement sur Louviers. Mais il fut obligé de battre en retraite. Tant que la Pucelle vivait, ils n'osaient point se remettre sérieusement en campagne (4).

A la date du 3 mars 1431, les habitants de Poitiers don-

(1) I, 94, 120, 155, 163, etc.
(2) Cf. Laverdy, *Notice des manuscrits*, 1790, in-4°; tome III, p. 156 et s.
(3) Ci-dessus, p. 174, 175. Voy. Acte du parlement (tenu à Westminster), en date de mars 1431, pour traiter avec la France. *Parliament rolls*, in f°, t. IV, p. 371.
(4) *Procès*, II, 3, 334, 348; III, 189. Catalogue Teulet, 13 avril et 31 mai 1431.

naient à l'une des tours de leurs murailles municipales, nouvellement construite, le nom de *Tour de la Pucelle*. Les archives de La Rochelle, de Tours, d'Orléans, de Compiègne, etc., témoignent assez combien le peuple des villes et des campagnes était demeuré fidèle dans ses sympathies, à celle que trahissaient les grands et la fortune. Charles VII n'eût-il point eu d'armée à sa solde, ces villes dévouées la lui eussent fournie. Un ordre du roi eût suffi pour la mettre en mouvement. Les milices urbaines, que dis-je, les populations entières que Jeanne avaient remplies d'enthousiasme, auraient marché à sa délivrance, hommes, femmes et enfants, comme les croisés firent jadis au tombeau de Jérusalem.

Les indices que nous a laissés l'histoire, à cet égard, équivalent à des allégations formelles. Aussi n'hésitons-nous pas à affirmer, sans autres preuves, que la Trimouille dut nécessairement réprimer, à Tours et à Orléans, des tentatives spontanées de ce genre. Mais les milices communales ne pouvaient s'ébranler, sans un ordre du gouvernement. Elles ne le firent point parce que le gouvernement, c'est-à-dire La Trimouille, éprouvait à l'égard de la libératrice les sentiments que nous avons mis ci-dessus en lumière (1).

Un second moyen se présentait, qui n'offrait pas même les périls de la guerre et qui pouvait sauver Jeanne, sans coup férir. Ce moyen consistait à intervenir judiciairement dans le procès. P. Cauchon était le suffragant de R. de Chartres. En dirigeant contre Jeanne une action illégale, l'évêque de Beauvais avait encouru la censure et la

---

(1) *Procès*, V, 195. Ci-dessus, p. 159 et suivantes.

suspension. C'était à ce métropolitain qu'il appartenait canoniquement de poursuivre le coupable, son subordonné. A l'époque où s'ouvrit la cause, Martin V occupait à Rome le trône de saint Pierre. Charles VII, dès 1424, reconnut l'obédience de ce pontife. R. de Chartres lui-même avait été le chef de l'ambassade qui porta dès lors au saint-père les hommages du roi de France, fils aîné de l'Église (1).

Martin V, il est vrai, témoigna au roi d'Angleterre Henri V une condescendance favorable. Mais le pape, cependant, ne s'était jamais départi d'une certaine impartialité, que dictaient à la fois au saint-siége son intérêt et son devoir. Indignement trompé par la cour d'Angleterre, Martin V s'était tout récemment rapproché du roi de France et lui avait manifesté une explicite bienveillance. Dans le vicaire de Jésus-Christ, chef suprême de la hiérarchie religieuse, Charles VII trouvait donc un juge non-seulement équitable et indépendant, mais favorablement disposé par des circonstances opportunes. Martin V mourut de mort subite (21 février 1431). En ce moment, une nouvelle ambassade de cardinaux franchissait les monts. Elle venait reprendre et poursuivre une œuvre de pacifi-

---

(1) *Procès*, II, p. 216, art. VIII. Biographie Didot, *Chartres* (R. de). Ci-dessus, t. 1, p. 593. *Gall. christ.* t. IX, p. 336. Ms. Brienne, 115, p. 28. « P. Cauchon, » dit un savant historien, « fut heureux d'avoir évité un procès, dont la suite infaillible eût été sa déposition ou destitution, si le malheur des temps eût pu souffrir qu'on l'eust instruit dans les formes. » (H. Godefroy, *Histoire de Beauvais*, Ms., s. fr. 5, 2, t. III, p. 1337.) En 1433, l'évêque d'Avranches fut arrêté comme prévenu d'un crime politique et conduit à Rouen. Il revendiqua ses priviléges de clerc. Bedford le rendit à la juridiction de l'archevêque de Rouen, mais à condition que le métropolitain poursuivit son suffragant et lui fit son procès. (Beaurepaire, *Prisons de Rouen*, p. 37). Tel était le droit.

cation déjà commencée, au nom de Rome, entre les couronnes de France et d'Angleterre. Le nouveau pontife, Eugène IV, continua la politique de Martin V, avec une nuance plus marquée de dispositions favorables à l'égard du prince français (1).

Le 1er mai 1431, Eugène IV, sur la recommandation de Charles VII, accorde à J. Ragongey, *dominicain*, un bénéfice à la nomination du pape dans l'un des hôpitaux français. On voit que des rapports suivis et amiables subsistaient, à cette date, entre le prince Valois et la cour de Rome. Jeanne elle-même, dans son procès, en appela au pape ; P. Cauchon méprisa cette exception comme frivole. L'évêque fit plus : il alla au-devant de l'inculpée ; il lui proposa de s'en référer, sur un point sensible de ses interrogatoires, à la décision de Regnauld de Chartres lui-même : tant P. Cauchon était assuré qu'il avait chez son métropolitain un complice, bien loin de trouver en lui un censeur redoutable (2) !

Ainsi Jeanne était abusée, immolée par cet ennemi hautain, qui se jouait de son martyre. Un piége perpétuel se cachait sous la question inquisitoriale, qui lui fut incessamment répétée : *si elle voulait se soumettre à l'Église ?* Quelle Église ? Ici se posait l'équivoque, l'énigme, que Jeanne, avec toute sa pénétration, ne pouvait

---

(1) Baronius, t. XXVIII, p. 84 et *passim*. Leibnitz, *Mantissa ad cod juris gentium*, 1700, in-f°, p. 76, § 67. *Proceedings*, IV, 76. Bulle du 12 mars 1431, par laquelle Eugène IV notifie à Charles VII son avènement; Armoires Baluze, tome XVII, p. 277. *Pii commentarii*, 1614, in-f°, p. 158. Bouliot, *Guerres des Anglais*, p. 19. Garnefeldt, *Vita beati Albergati*, 1618, in-4°, p. 30 et s. Ci-dessus, p. 207.

(2) Ripoll, *Bullarium dominicanum*, 1729, in-f°, t. III, p. 7, 8. *Procès*, I, 184, 396 et s.; 401, 445, etc. Quicherat, *Aperçus*, 125 et s. Ci-dessus, p. 216.

résoudre. Tardivement, des assesseurs lui expliquèrent *ex professo* la différence entre l'Église *militante* et l'Église *triomphante*. Cauchon sourit, en se donnant cette apparence de généreuse et pédantesque impartialité ; Cauchon ne redoutait, de la part de la prévenue, ni l'appel au métropolitain, ni l'appel au saint-siége. Le code d'Eymeric laissait, sur ce dernier point, à l'inquisiteur ou au juge, une puissance à peu près discrétionnaire.

Mais, certain jour, frère Isambard de la Pierre expliquait à l'infortunée ce qu'était le concile !... Un mot de plus, et Jeanne appelait à ces grandes assemblées, qui, depuis vingt ans, jugeaient en dernier ressort les plus hautes dissensions de la chrétienté. Un mot de plus, et Jeanne introduisait cette sérieuse instance, auprès du concile de Bâle, en ce moment même convoqué. *Taisez-vous, de par le Diable !* dit alors l'évêque au Dominicain, avec une émotion où l'emportement se mêlait à la terreur (1).

R. de Chartres avait donc toute l'autorité nécessaire pour intenter, auprès du tribunal de Rouen, une action efficace. Par son organe, le gouvernement de Charles VII devait et pouvait aisément exercer un recours direct, soit au pape, soit au concile. L'enquête de Poitiers, que Jeanne invoqua dès le début de la cause, avait reçu la sanction de l'inquisiteur général de Toulouse ; la sanction de divers docteurs de l'Université, celle du clergé de Poitiers, et enfin la sanction de R. de Chartres lui-même.

---

(1) *Procès*, I, 176, 205 ; II, 304, 349. *Directorium*, p. 300, n° 123 : *Si ex frivolis causis appellatum sit, quid facere debeat inquisitor?* P. 300, n° 124 : *forma dandi apostolos negativos*. Jean de Saint-Avit avait conclu par le renvoi de Jeanne devant le Concile. Son avis fut exclus. *Procès*, II, 5, 348. Ci-dessus, p. 201, note 2.

L'autre inquisiteur général de France (1), J. Graverand, était contraire à ce procès; Gérard Machet, confesseur du roi, avait approuvé la Pucelle. La voix de Gerson et de plusieurs autres oracles de la théologie s'était fait entendre en sa faveur.

Aucune instance de ce genre ne fut introduite. Jeanne devait périr sans qu'un seul clerc ou avocat de son parti se présentât, pour la défendre, à la barre du tribunal. Le registre de Poitiers non-seulement ne fut point apporté à Rouen, mais disparut, et le pouvoir royal, en 1450, fut impuissant à retrouver ce document lors de la révision.

Si Jeanne succomba, c'est que personne n'essaya de la sauver. La Trimouille, au *temporel*, pour le *spirituel* R. de Chartres, s'opposèrent à ce qu'un pareil effort fût tenté (2).

Durant ce temps, le roi Charles VII avait son séjour à Poitiers, puis à Chinon. Ce prince demeurait à peu près aussi étranger au gouvernement que l'avait été son père, Charles VI, pendant la dernière période de sa vie et de sa démence. Les intrigues des favoris, en se croisant autour du roi, sous l'omnipotence de la Trimouille, l'enfermaient d'un réseau toujours impénétrable. Charles continuait de ne pas voir, d'ignorer les affaires et de ne point régner. Probablement, il ne savait rien, ou peu de chose, touchant la cause qui se débattait à Rouen contre son honneur et

---

(1) Il y en avait deux pour tout le royaume. L'inquisiteur général de Toulouse, en 1429, était sans doute l'ordinaire de Poitiers, où Jeanne fut examinée.

(2) *Procès*; I, 72, 73, 471, etc.

à son évident préjudice, ni touchant la moribonde, qui lui avait conservé sa couronne (1).

Le jeudi 24 mai, dans l'après-midi, Jeanne s'était laissé raser la tête et avait pris l'habit de femme. Que se passa-t-il ensuite au sein de cette prison? C'est ce que les documents ne nous révèlent point d'une manière claire, certaine et précise. Sur cette période, les deux procès se contredisent et contiennent l'un et l'autre diverses obscurités. Le récit qui va suivre nous paraît exprimer ce qu'il y a de plus vraisemblable. Jeanne, après cette concession, se sentit émue dans sa conscience et troublée. Elle demanda, dès lors, à être déferrée ; à pouvoir entendre les offices ; à être accompagnée de femmes ; à entrer, enfin, dans les prisons de l'Église. Ces demandes, toutes de droit strict, furent impudemment repoussées. Un redoublement de rigueur fut déployé contre elle : les rapports entre la détenue et ses geôliers devinrent plus aigres, plus acerbes; la lutte tendait à une issue finale. Ce dénouement éclata le 27 mai (2).

Le dimanche 27 mai 1431 fut celui de la Trinité. Jour et nuit, la prisonnière était gardée à vue. Au moment de se lever, le matin, elle demanda qu'on lui retirât ses fers et qu'on lui donnât ses vêtements. Les habits d'homme, par elle quittés naguère, avaient été mis dans un sac. Pour toute réponse, les gardiens lui jetèrent ce sac sur son lit, en lui disant de s'habiller de la sorte. Jeanne objecta que ces vêtements d'homme lui étaient interdits et réclama son costume de femme; mais ce der-

---

(1) *Itinéraire*. J. 366, n°s 1 à 3. D. Grenier, tome XX bis; *comptes*, f° 15 v°. — (2) *Procès*, I, 453; II, 5, 8, 18, etc.

nier avait été enlevé à dessein. La matinée se passa en débats, en réclamations, en prières inutiles. Enfin, à midi, contrainte de se lever pour obéir à une nécessité naturelle, Jeanne se décida, plutôt que de rester nue, à reprendre ses habits d'homme, les seuls qu'on lui eût laissés (1).

Ce même jour dimanche, il y eut au château comme une émeute et un tumulte des Anglais autour de Jeanne. Ils répandirent à grands cris que la Pucelle venait de reprendre ses habits d'homme ; qu'elle était *relapse* (2).

Les Anglais conviaient les visiteurs à venir constater le fait ; plusieurs assesseurs s'y rendirent. Jeanne, à tous ceux qui purent l'approcher, expliqua la ruse odieuse dont elle était victime : mais les soldats choisissaient leurs témoins. Un des survenants, le prêtre Marguerie, se prit à dire : « Il serait bon de faire une enquête sur la cause qui a mû Jeanne à revêtir ces habits. » De telles paroles suffirent pour mettre cet ecclésiastique en danger de mort. Les Anglais dirigèrent leurs armes contre lui, et Marguerie prit aussitôt la fuite. D'autres clercs ou docteurs, envoyés par Cauchon, tels que Beaupère, Midi, le notaire Manchon, etc., furent témoins des mêmes faits (3).

Le lendemain, 28 mai, les deux juges, informés, se présentèrent à la prison, suivis de quelques assesseurs. Jeanne en larmes, portait sur son visage, sur toute sa personne, les traces visibles de la lutte et des violences qu'elle avait

---

(1) *Procès*, II, 14, 18, 19, 21, 224, 300. Cette heure de midi, qui est le terme des derniers offices du matin et de la grand'messe, doit être remarquée.

(2) La situation de *relapse* était une phase connue des procès en matière de foi. Elle annonçait la fin, la condamnation.

(3) *Procès*, II, 14, 21 ; III, 53, 67, 148, 158, 184, etc.

endurées. Elle était vêtue de chausses, pourpoint, huque et chaperon d'homme. Interrogée par les magistrats, la Pucelle répondit qu'elle avait repris ces vêtements *de son gré, volontairement,* et qu'elle y persistait. On lui avait, dit-elle, manqué de parole en lui refusant de la déferrer et de la laisser aller à l'office pour y communier. Elle ajouta que ses *voix* lui étaient apparues de nouveau ; que son abjuration avait été un acte de faiblesse arraché par la peur ; qu'elle se repentait de son abjuration ; que tous ses faits et dits antérieurs lui avaient été inspirés par Dieu. Enfin, elle préférait terminer son expiation tout d'un coup, c'est-à-dire par la mort, plutôt que de subir davantage les traitements qu'elle endurait (1).

P. Cauchon et sa suite se retirèrent. Les Anglais ne cherchaient qu'une *occasion de mort.* En sortant de la prison, l'évêque rencontra le comte de Warwick et une multitude d'Anglais : « *Farowelle! Farowelle* (2) ! faictes bonne chère ; elle est prise, il en est faict. » Telles furent les propres paroles de Cauchon. Le mardi 29, il réunit le tribunal dans la chapelle de l'archevêché. Les deux juges et près de quarante conseillers prirent part à la délibération. Sur le rapport de ce qui s'était passé la veille, Jeanne, à l'unanimité, fut déclarée coupable, *relapse,* et définitivement condamnée. L'appariteur Jean Massieu reçut ordre de citer Jeanne à comparaître le lendemain 30, à huit heures du matin, sur la place du Vieux-Marché, lieu or-

---

(1) *Procès*, I, 454 et s.; II, p. 5, 8.
(2) Anglais : *Farewell;* aujourd'hui, *adieu.* Ce mot avait alors le sens du latin *ave;* en français, *salut, Dieu gard ;* littéralement : soyez en joie ; soyez bien.

dinaire des exécutions, pour entendre prononcer sa sentence (1).

Le mercredi 30 mai 1431, à sept heures du matin, Jean Massieu pénétra auprès de la condamnée. Il lui signifia l'exploit de citation à comparaître, dans une heure, au lieu indiqué. L'appariteur fut bientôt suivi des deux juges, accompagnés de Courcelles, de Loyseleur et d'autres. Ils recommencèrent auprès de Jeanne leurs obsessions accoutumées, et l'interrogèrent encore au sujet de ses visions. Parmi ces prêtres et tous ces théologiens, il n'en était sans doute pas un qui n'admît comme possibles et même louables, ces illuminations intérieures de la foi. Tous légalisaient et canonisaient, selon leur pouvoir, de semblables manifestations, qui se produisaient pour ainsi dire quotidiennement dans la société religieuse du moyen âge. Mais chez Jeanne, leur ennemie, ils incriminaient ces mêmes manifestations, ils les livraient à la moquerie, ils en faisaient un grief de persécution mortelle. Mal rassurés, toutefois, dans leur conscience, ils venaient ordonner comme un supplément d'instruction. Il leur fallait une dernière sanction à ces prétextes et un surcroît de garanties contre ceux qui pourraient, quelque jour, demander compte aux juges de leur sentence. Les assesseurs firent coucher par écrit tout ce qu'ils voulaient que Jeanne répondît (2).

Au surplus, dans l'âme navrée de l'héroïne, la mesure était comble. La mort, inévitable gouffre qui l'attirait, lui semblait aussi un remède, un refuge. Elle

---

(1) *Procès*, I, 459, et s.; II, 5; III, 189, etc.
(2) *Ibid.*, I, 458 et suiv.; 477 et s. Voy. aussi Lettres de garantie du 12 juin 1431 : *Procès*, III, p. 240.

avait fini par embrasser cette solution, et volontairement elle s'était donnée à la mort.

Après l'appariteur, P. Cauchon, le matin, envoya auprès de Jeanne frère Martin Ladvenu, qui précéda l'évêque et les assesseurs. Ce dominicain était assisté d'un jeune religieux de son ordre nommé Jean Toutmouillé. Il dut à son tour informer la patiente que l'heure était venue, et qu'il fallait mourir. A ces mots, et en dépit d'elle-même, Jeanne s'émut profondément. Si jeune, mourir ainsi, par le feu ! A cette idée, la jeunesse et la vie se révoltèrent dans les flots tumultueux de ses veines.

« Ah ! ah ! s'écria-t-elle en portant avec désespoir ses mains, qui se crispaient, à sa chevelure rasée, me traite-t-on si cruellement ? » Son titre virginal lui revenait à l'esprit comme un suprême moyen de défense, qu'elle revendiquait dans son naïf orgueil. « Faut-il que mon corps pur, dit-elle, et immaculé, soit ainsi consumé, réduit en cendres ! Ah ! j'aimerais mieux être décapitée sept fois que d'être brûlée (1) ! »

Martin Ladvenu la prit à part, et à deux reprises l'entendit en confession. Avec la permission de l'évêque, il lui donna ensuite l'eucharistie. Peu à peu, le calme se faisait chez la patiente ; les larmes succédaient aux spasmes fébriles de la chair et du sang. Il fallut quitter le château ; vers huit heures du matin, accompagnée de Jean Massieu et de Martin Ladvenu, elle se dirigea vers la place du Vieux-Marché à travers la ville.

Jeanne fit ce trajet, selon toute apparence, dans la char-

---

(1) *Procès*, I, 478 ; II, 3, 4.

rette des condamnés au dernier supplice. Elle était vêtue en femme, d'une robe longue (et de toile probablement), la tête coiffée d'un chaperon féminin, ou couvre-chef, qui cachait ses cheveux ras et se rabattait comme un voile sur son visage. Elle pleurait. Une forte escorte la suivait; sept à huit cents hommes d'armes sur pied ne permettaient point que qui que ce fût l'approchât (1).

Sur la place du Vieux-Marché, les Anglais avaient déployé un grand appareil. Des établies ou loges furent construites *ad hoc* et annexées aux bâtiments des halles. Trois échafauds s'élevaient sur cette place. Le plus vaste était destiné à recevoir les prélats, les assesseurs et les autorités de la capitale anglaise. Cauchon, Lemaître, le cardinal d'Angleterre, L. de Luxembourg, chancelier, l'évêque comte de Noyon, etc., etc., prirent séance sur cette estrade. La seconde devait servir à la prédication ou admonition publique. Le troisième échafaud était le bûcher (2).

Vers neuf heures, tous les acteurs de ce drame se trouvaient réunis. Une immense multitude remplissait l'espace demeuré libre. Jeanne étant montée sur le deuxième échafaud, Midi, docteur désigné par Cauchon, prit la parole. Le nouveau chanoine de Rouen prononça, comme l'avait fait Érard, un sermon dont il emprunta le texte au chapitre xii de la première aux Corinthiens : *Si un membre,* etc. Durant cette prédication, Jeanne, toujours plus calme à mesure qu'elle s'avançait vers la mort, Jeanne, résignée,

---

(1) *Procès*, II, 14, 19, 32, 328 (elle avait repris l'habit de femme le 28 mai; page 334); 344; III, 113, 158, 162; IV, 36.

(2) Compte du domaine de la ville et de la vicomté de Rouen, 1431-2, dans Beaurepaire, *Notes sur la prise du château de Rouen par Ricarville*, 1850, in-8°, p. 5. *Procès*, I, 469; II, 6; III, 54, etc.

pleurait et priait. Lorsque le théologien eut fini, l'évêque exhorta la patiente à son tour, et prononça la sentence définitive. « Nous t'avons rejetée, dit-il, retranchée et abandonnée comme un membre pourri, pour que tu ne corrompes pas les autres; nous te rejetons et retranchons de l'unité, ainsi que du corps de l'Église... Nous t'abandonnons à la justice temporelle, en la priant de modérer envers toi son jugement, et de t'épargner la mort, ainsi que la mutilation des membres. » Midi reprit alors : *Jeanne, va en paix, l'Église ne peut te défendre; elle te laisse au bras séculier* (1).

A ces mots du prédicateur, la séance fut levée pour les gens d'église. Le bras séculier, c'est-à-dire la justice laïque, était présente. Raoul Bouteillier, bailli de Rouen, Pierre Daron, son lieutenant, et Laurent Guesdon, assesseur en cour laïque, avaient seuls qualité pour prononcer la sentence, entraînant la mort physique ou mutilation des membres. Tous les trois, placés dans la grande tribune, faisaient partie de l'assistance. Par une dernière et éclatante violation du droit, cette sentence ne fut point délibérée ni prononcée. Le bailli, sur un signal des Anglais, dit seulement au bourreau : « *Qu'on l'emmène,* » ou : « *Fais ton devoir* (2). »

Malgré cet ordre, et malgré l'empressement des maîtres, Jeanne, pendant une demi-heure, demeura encore sur l'échafaud. Elle avait demandé une croix : deux bouts de bâton, croisés et liés ensemble par un Anglais, lui furent

---

(1) *Procès*, I, 469 et s.; II, 15; III, 159, etc.
(2) *Ibid.*, II, 6, 334, 339, 351, 366; III, 150, 169, 170, 187-8. Beaurepaire, *ib.*, p. 3.

apportés. Jeanne prit ce symbole du sacrifice et le plaça sur son sein, entre ses vêtements et sa chair. D'après son désir, Jean Massieu se rendit à l'église de Saint-Sauveur, dont le portail s'ouvrait sur le Vieux-Marché. Il invita les clercs de cette paroisse à vouloir bien prêter leur croix processionnelle. Cependant, Jeanne, à genoux, pria publiquement et à haute voix. Elle dit que son roi était innocent des actions qu'elle avait entreprises. Elle demanda le pardon des offenses qu'elle avait pu commettre, soit envers ses amis, soit envers ses ennemis. Elle pardonna les offenses qui lui avaient été faites. Enfin la croix de Saint-Sauveur arriva. Jeanne baisa le divin emblème; il fallut descendre (1).

Un homme d'armes la livra au bourreau. Jeanne remonta dans la charrette, assistée des deux dominicains Ladvenu et Is. de la Pierre. Au moment où elle s'éloignait, un des assesseurs se fit jour à travers la mêlée du cortége. C'était Loyseleur, le prêtre qui avait trahi sa confession. Pressé par le remords, il se traînait vers la généreuse victime et venait implorer son pardon. Loyseleur fut écarté, repoussé, menacé par les Anglais (2).

L'héroïne traversa ainsi la place et fut menée au troisième échafaud. Tout était prêt depuis longtemps. Le bois seul, d'ordinaire, entrait dans la construction de ces appareils de supplice; mais les Anglais avaient prescrit pour cette circonstance, un luxe et un développement matériel inusités. L'estache ou poteau contre lequel devait être liée la patiente était en plâtre et reposait sur un ouvrage de

---

(1) *Procès*, II, 6, 7, 19, 344, 351, 369; III, 158, 159. — (2) III, 162, 169, 194.

maçonnerie. Des degrés conduisaient à la plate-forme. Un immense amas de bois formait la base, et sur ce vaste théâtre, la victime pouvait être vue de tous les yeux. Le bourreau s'était muni de charbon, d'huile et de souffre. Mais la grandeur de l'édifice ne lui permettait pas de maîtriser aisément l'exécution (1).

Jeanne, toujours assistée de Ladvenu, monta sur la plate-forme et fut liée à l'estache. Vêtue de sa robe, elle avait échangé sa coiffure de femme contre une mitre de papier sur laquelle était écrit : hérétique, relapse, apostate, ydolastre. Un tableau, placé devant le bûcher, présentait cette inscription : « Jehanne, qui s'est faict nommer la Pucelle, menteresse, pernicieuse, abuseresse de peuple, devineresse, superstitieuse, blasphémeresse de Dieu... invocateresse de déables, etc. (2). »

Cependant, les persécuteurs de la Pucelle avaient fini par se prendre au piége de leur propre triomphe. Cet accomplissement final de l'iniquité, cette terrible mise en scène causaient une impression opposée à celle qu'en attendaient les auteurs. Le cardinal d'Angleterre, vieillard blasé de plaisirs et usé, P. Cauchon, pleuraient. Tous ceux qui, même à travers le fanatisme de la passion ou des intérêts, conservaient quelque libre arbitre dans le cœur ou dans l'esprit, participaient à cette émotion (3).

Lorsque Jeanne vit briller les flammes, elle commanda au dominicain de descendre et de tenir haute devant elle la

---

(1) *Procès*, II, 7, 9, ; IV, 36. Beaurepaire, *ib.*, p. 5. Sauval, *Antiquitez de Paris*, III, p. 339.

(2) *Procès*, IV, 459. Bessin, *concilia Rothomagensia*, 1717, in-f°, t. I, p. 184, canon 6ᵉ : *mitre des hérétiques*. J. Chartier, in-16, t. III, p. 46, note 1. — (3) *Procès*, II, 6, 7, 347, 355, 366 ; III, 53, etc.

croix de Saint-Sauveur. Le religieux obéit à cette double prescription. Jeanne contempla cette croix jusqu'au dernier regard de ses yeux. Elle répétait le nom de Jésus au milieu de la fournaise grandissante. Une dernière fois elle cria : Jésus (1) !...

Aussitôt qu'elle eut cessé de vivre, l'exécuteur, sur l'ordre des chefs, écarta les brandons ardents. La femme, alors, dépouillée par le feu de ses derniers voiles, fut exhibée, dans sa nudité funèbre, aux regards de la foule. Ainsi la mort et l'identité de la victime pouvaient compter autant de témoins pour en déposer, que le supplice avait eu de spectateurs (2).

Puis, les brandons furent rapprochés et rallumés, afin d'achever l'œuvre de destruction; mais en vain : le bourreau lui-même, ému et troublé, ne put y réussir. Huile, souffre, charbon ne servaient de rien dans ses mains défaillantes; les derniers restes d'un cadavre se jouaient du tortionnaire et de ses engins. C'en était assez pour fournir des reliques au culte de la postérité... Par ordre du cardinal d'Angleterre, ces vestiges furent réunis et jetés dans

---

(1) Voir sur ce point (*Culte du nom de Jésus*, importé d'Italie par les Frères Mineurs), *Revue archéologique*, juin 1861, p. 431 et *circà*. Ms. Cordeliers n° 16, f° 484 v°.

(2) *Procès*, II, 6, 7, 337, 344, 347, 366; III, 53, 158, 159; IV, 471. — Jeanne, avons-nous dit (ci-dessus, p. 179), vit son portrait à Arras entre les mains d'un Écossais. Un Écossais (peut-être le même?) suivit la Pucelle pendant tout le cours de son étonnante carrière. Après avoir assisté à la fin de l'héroïne, cet étranger retourna dans son pays natal, et devint religieux à l'abbaye de Dumferling. Il écrivit, à la requête de son abbé, une suite du *Scotichronicon* de Fordun, où il porte témoignage de la Pucelle. Cette suite, objet des recherches de plusieurs savants, n'a pu être retrouvée jusqu'ici. Voy. F. Michel, les *Écossais en France et les Français en Écosse*, 1862, in-8°, t. I, p. 175 et ses renvois.

la Seine (1). Quant à l'exécuteur, éperdu en sortant d'accomplir son office, il courut au couvent des dominicains, voisin du fleuve et du Vieux-Marché. Là, devant les confesseurs de la jeune martyre, il raconta ce qui s'était passé. Le bourreau protesta qu'un pareil fait n'avait pu être permis de Dieu sans miracle.

Jean Thiessart, notaire du roi d'Angleterre, était présent au supplice. En se retirant chez lui, triste et gémissant, il dit : « Nous sommes tous perdus, car nous avons brûlé une sainte (2) ! »

(1) « Et fut la pourre (poudre) de son corps gettée par sacqs en la rivière, afûn que jamais sorcherie ou mauvaisté on n'en peuist faire ne propposer. » Ms. Cordeliers n° 16, f° 507 v°.

(2) *Procès*, II, 7, 9, 347, 366 ; III, 160, 182, 190 ; IV, 471, 474. Chronique de Tournay, p. 417.

Sur l'appareil du supplice (voy. ci-dessus, p. 231). — Le Religieux de Saint-Denis nous a laissé, t. II, p. 662 et s., le récit descriptif et très-circonstancié, d'une scène qui n'est point sans analogie avec le supplice de Jeanne Darc. Il s'agit des deux Augustins dégradés, puis exécutés à mort, comme sorciers, à Paris, le 29 octobre 1398. Ces moines, après avoir été rasés, furent coiffés de mitres en papier portant leurs noms ; conduits par les rues dans une charrette à la place de Grève : là se trouvaient deux échafauds, etc. Un tableau du musée de Bruxelles, peint par Steuerbout, en 1468, représente le supplice du feu subi par une femme; gravé *Messager de Gand*, 1833, p. 17; photographié Vierlands, 1862. L'exécution de la Pucelle a été représentée de tradition dans les *Vigiles*, de Martial, ms. de dédicace, vers 1490. Gravé Bordier et Charton, *Histoire de France par estampes*, éd. 1859, in-8°, t. I, p. 527. On peut consulter aussi, comme monuments figurés de tradition : *Monumenta et Historia Joannis Hus*, Nuremberg, 1558, in-f°, t. II, figure gravée sur bois ; en tête ; avec cette légende : *Hæc fuit*, etc. ; effigie de Jean Hus mitré sur le bûcher. Autre plus moderne encore : *Mémoires pour servir à l'histoire des inquisitions, enrichis de plusieurs figures ;* Cologne, 1716, in-12, t. I, **page 119**, figure 1 : *habit d'une femme qui doit être brûlée vive*, et t. II, page 355.

LIVRE V

DEPUIS LA PUCELLE JUSQU'A LA RÉDUCTION DE PARIS SOUS
L'AUTORITÉ DE CHARLES VII (1429-1436).

CHAPITRE I

Reprise des événements en dehors de l'action personnelle de
Jeanne Darc (1429-1431).

Lorsque Charles VII, au mois de septembre 1429, se retira en Berry, l'armée du sacre fut licenciée. Le duc d'Alençon, au rapport de son chroniqueur domestique, « s'en alla devers sa femme, en sa vicomté de Beaumont, *et les autres capitaines, chacun en sa frontière* (1). »

Ainsi, le roi, ou son conseil, désertait sa propre cause au milieu d'une glorieuse expédition. Il s'arrêtait avec pusillanimité devant quelques obstacles : renonçant à poursuivre l'entreprise si fructueusement commencée, il se réduisait à une attitude expectante. Mais le gouvernement de la Trimouille ne possédait ni la généreuse énergie de l'action, ni même assez d'autorité pour discipliner l'inertie. L'armée de la Trimouille, toujours composée foncièrement de mercenaires étrangers, recevait peu ou point de solde. Une multitude de Français, nobles et peuple, étaient accourus sous les drapeaux à l'appel de l'héroïne. Le gouvernement des favoris n'osa point repousser de tels

(1) Parceval de Cagny, chap. CVI ; dans Quicherat, *Procès,* t. IV, p. 29.

auxiliaires qui, la plupart, venaient servir à leurs frais. Une partie des aides levées pour la guerre était distribuée à ces troupes comme émoluments. Au surplus, la coutume générale des gens de guerre, il ne faut pas l'oublier, consistait à vivre sur le pays, ami ou ennemi.

Les capitaines les plus braves et les plus renommés ne connaissaient ni frein ni hiérarchie. Pour eux, la logique de la guerre et le ressort des passions étaient les seuls guides. Cette logique elle-même, conforme sur un point aux prescriptions de la Pucelle et du bon sens, devait ramener à l'offensive et vers l'ennemi, les efforts des belligérants. La Trimouille réussit à paralyser, dans leur activité, le duc d'Alençon et le connétable; mais d'autres chefs de corps-francs échappèrent à l'autorité royale et défendirent le roi sans ses ordres ou contre ses ordres (1).

Au mois d'août 1429 (avant le signal de la retraite), la ville d'Aumale, sur la Bresle, tomba au pouvoir des Français. Il y avait dans cette place un prêtre ou chapelain, partisan de la cause nationale. Charles de Longueval, confédéré de la ligue picarde, entretenait des intelligences avec cet ecclésiastique. Il se fit livrer par ce moyen la forteresse d'Aumale. La citadelle prise, quatre ou cinq Anglais qui l'occupaient passèrent par les armes. Quant aux habitants, « en faisant serment d'estre bons François, ils furent reçus à merci, en payant aulcune somme d'argent. » Bientôt une garnison nombreuse s'établit, pour Charles VII, à Aumale, et de là pratiqua des excursions offensives dans les environs (2).

(1) Gruel, *Panthéon*, p. 371.
(2) Montreuil, p. 334, 337. J. Chartier, t. I, p. 110, 113. Bourdigné-

Peu de temps après (août-septembre), les places de Blangis, Étrépagny, Torcy et Beaucamp, situées à quelques lieues de Rouen, subirent le même sort. Pendant que cette dernière ville était cernée au nord et à l'est par ces points menaçants, des succès analogues se produisaient à la frontière du Maine et sur la limite méridionale de la Normandie. Bons-Moulins, Saint-Céneri, Laval au Maine, etc., tombèrent également au pouvoir des Français.

Le plus remarquable de ces capitaines était un gascon : Etienne de Vignoles (1). Le nom de guerre que portait ce gentilhomme, et qu'il a conservé dans le souvenir de la postérité : *La Hire* (2), nous offre un pittoresque témoignage de son caractère. La violence et l'emportement composaient en effet les principaux attributs de son naturel. Soldat armagnac, le hasard qui l'avait fait tel, maintint La Hire parmi les plus redoutables auxiliaires du roi Charles. Le contact même de l'héroïne exerça peu d'action sur le moral de ce personnage. Tout ce qu'elle obtint de lui fut de se confesser mieux, plus souvent, de *sacrer* en termes moins immodérés et de ne jurer devant elle que

---

Quatrebarbes, t. II, p. 158, 159. Holinshed, *History of England*, 1574, in-f°, t. II, p. 603. K. 80, liasse 7. Catalogue Teulet, p. 384. S. Céneri ou S. Célerin, près Alençon ; Bons-Moulins, près Mortagne. Ms. Cordeliers, n° 16, f° 496 v°.

(1) En Bigorre, aujourd'hui Haute-Garonne, arrondissement de Saint-Gaudens.

(2) *Ira*, colère; en français du XVe siècle : *La Hire*. La Chronique Martinienne, spécialement consacrée à glorifier La Hire, Chabannes, etc., s'exprime ainsi par manière de plaisanterie : « Et aucuns Anglois appelèrent icelle Hire : Gente ire de Dieu ! Sainte Hyre de Dieu ! Madame La Hyre ! Car icelle hyre, par plusieurs et diverses fois, leur faisoit plusieurs et maulvaises rencontres dont les dits Anglois avoient peu de gaing. » Édition Vérard in-f° gothique, f° lxxvi.

par son bâton. Quant à la notion de l'ordre ou du droit, du devoir ou de l'obéissance, cette notion n'entra jamais dans son esprit. Seulement, il accepta de bonne foi la Pucelle. Par là, il se distingua de certains autres capitaines plus « froids et attrempés seigneurs » que lui. La Hire ne poursuivit pas la jeune guerrière d'une basse et mesquine jalousie (1).

Étienne de Vignoles n'avait point quitté la Pucelle pendant toute l'expédition du sacre. Il suivit la Pucelle et le roi sous les murs de Paris. Mais lorsque le roi leva son camp pour regagner les bords de la Loire, Vignoles ne le suivit plus ; il reprit spontanément la campagne. En dépit de la Trimouille et des vues ou instructions politiques de ce ministre, il se dirigea vers la Normandie. Par une nuit de décembre, en 1429, La Hire, escorté de cinq à six cents compagnons, se présenta devant Louviers. Cette ville, surprise, fut escaladée. La garnison anglaise, très-faible d'ailleurs, mise à mort, le capitaine gascon s'installa en maître dans la place. Établi de la sorte, à sept lieues de Rouen, il fournit des courses armées jusque sous les murs de la grande cité anglaise (2).

Sir Th. Kiriel tenait garnison à Gournay-en-Bray. Au mois de janvier 1430, il marcha par la route de Beauvais, en passant devant cette ville, jusqu'aux faubourgs de Clermont (Oise). Thomas Kiriel rasa le pays : il fit

---

(1) Biographie Didot : *La Hire. Journal de Paris, Panthéon*, p. 691. *Le Jouvencel*, 1493, in-f°, p. xj.

(2) Monstrelet, liv. II, chap. LXXVIII, édition d'Arcq, t. IV, p. 372. P. Cochon, p. 463. Basin, t. I, p. 78. Holinshed, 1575, in-f°, t. II, p. 603. 1429, décembre; Paris et Rouen menacés : *Proceedings of privy council of England*, t. IV, p. 9. *Lettres des rois et reines*, t. II, p. 410.

main-basse particulièrement sur le bétail et sur les chevaux. Puis le capitaine anglais s'en retourna vers Gournay, chargé de proie. Charles de Bourbon, guerrier peu habile ou peu fortuné jusque-là, se trouvait à Beauvais. Ce prince assembla « dans les environs jusqu'à huit cents combattants, avec lesquels se mirent, dit Monstrelet, grand nombre de paysans, tant de Beauvais que des villages d'alentour. » Les Anglais, suivant ce même auteur, n'étaient qu'au nombre de quatre cents sous les armes. La rencontre eut lieu aux portes de Beauvais. Les Anglais s'adossèrent contre un bois ; défendus par leurs pieux inclinés, ils déjouèrent l'attaque des cavaliers français et percèrent l'ennemi de leurs redoutables flèches. Th. Kiriel remporta l'avantage de cette journée ; il revint sain et sauf à Gournay, joignant à son butin une centaine de paysans pris sur le champ de bataille. Ceux de cheval, dit l'auteur bourguignon, s'en retournèrent de leur côté, « tous confus et anoyeux, » à Beauvais. Une rencontre semblable eut lieu dans les mêmes localités, au mois de février suivant (1430), et fut terminée par un semblable résultat (1).

La Hire vengea ce double échec avec éclat. Le 24 février 1430, il prit Château-Gaillard. Placé sur le mamelon d'un roc, ce donjon était jugé « le plus fort et imprenable de toute la Normandie. » La Hire, accompagné d'auxiliaires nombreux, partit de Louviers et passa nuitamment

---

(1) Monstrelet, *ib.*, p. 368 et 375. Le château de Clermont était alors entre les mains du duc de Bourgogne. Thomas Kyriel trouva moyen de le faire passer dans les siennes. Voy. Monstrelet. t. V, p. 18 ; et Ms. s. fr. 5, 2, *Histoire de Beauvais*, t. III, f° 1332.

la Seine en bateaux. Il enleva la place par escalade. Le commandant anglais se nommait Kingston. Voyant ses jours en péril, Kingston s'empressa de capituler et rendit le château, sa vie sauve (1).

C'est là que Barbazan, l'illustre prisonnier de Melun, avait été définitivement transféré. Sur ce pic inaccessible, les Anglais le gardaient enfermé dans une cage de fer (2). Aussitôt maîtres de la citadelle, les vainqueurs rompirent les barreaux de sa prison et lui rendirent la liberté. Mais Barbazan ne voulut point sortir ; des liens plus solides que ces barreaux de fer le retenaient : prisonnier sur parole, il avait donné sa foi à Kingston. Déjà, le gouverneur anglais s'était éloigné ; à la requête des vainqueurs, Kingston retourna sous un sauf-conduit et délia le prisonnier de son serment. La Hire, après avoir mis garnison dans Château-Gaillard, revint à Louviers. Là, il conduisit avec lui Kingston, captif à son tour, Barbazan et quelques chevaliers (ses compagnons d'armes à Melun), qui avaient partagé sa prison (3).

(1) Berry dans Godefroy, p. 381. Mathieu de Coucy, *ib.*, 586. Monstrelet, p. 350. P. Cochon, p. 464. Barante, *Ducs de Bourgogne*, VI, p. 41.

(2) « Barbason was found in a dungeon, enclosed within a great grate of iron, lyke to a lyttle chamber, and fortwith they breake open the grate ; but Barbason would not come forth... (Voy. ci-dessus p. 199 et 203 ; cage de la Pucelle). The frenchemen... judged that he had bene rather deade than alive, all that time of his imprisonement. » (Holinshed, *Chronicles of England*, 1577, in-f°, t. II, p. 1244-5). Le Ms. Cordeliers, n° 16 (chronique bourguignonne), présente sous un autre jour la délivrance de Barbazan, f° 496 v°.

(3) Ci-dessus, t. I, p. 227, 233. Holinshed. Auteurs cités. Cuvelier, le poëte historien de Duguesclin, rapporte un trait analogue à celui qui concerne Barbazan. Le connétable étant mort durant la capitulation de Randon, les assiégés, dit-il, vinrent déposer les clefs sur les genoux du cadavre. Cf. ci-dessus, t. I, p. 163, note 2. Le 28 février 1430, les Anglais tentèrent, mais inutilement, de reprendre Château-Gaillard. Monstrelet, 361. P. Cochon, 465.

Barbazan, libre désormais, s'empressa de retourner auprès du roi. Charles VII et sa cour résidaient alors à Sully, chez le ministre La Trimouille. Jeanne Darc s'y trouvait aussi. Barbazan reprit immédiatement son service comme membre du grand conseil, office qu'il remplissait dès 1416 auprès du prince Charles. La jonction de cet éminent homme de guerre avec l'héroïne d'Orléans et de Reims suscita nécessairement de graves et nouvelles délibérations. Le texte de ces entretiens politiques ne nous est point parvenu, mais le commentaire des événements peut nous aider à comprendre le caractère et le résultat de ces délibérations (1).

Charles de Bourbon ayant fait ses preuves d'insuffisance en Picardie, avait été nommé, par le roi, lieutenant du prince en Champagne. Dès la fin de septembre 1429, vraisemblablement, il eut pour successeur, dans les pays situés entre la Somme et la Seine, Louis de Bourbon, comte de Vendôme. Peu après son retour, Barbazan fut nommé capitaine général et gouverneur en Champagne, au lieu et place du comte de Clermont. C'est de ce côté, vers la Champagne, que se dirigea tout l'effort de la guerre. Les hostilités officielles se concentrèrent exclusivement sur ce nouveau théâtre (2).

Cependant, la Normandie, l'Ile de France s'agitaient. Là était le nœud de la situation, le point vif du conflit. Charles VII, ou son gouvernement, n'institua même pas

---

(1) Auteurs cités. Berry dans Godefroy, 381. *Itinéraire. Charles VII et ses conseillers*, au mot *Barbazan*.

(2) Th. Boutiot, *Guerre des Anglais*, 1429-1435 ; Troyes et Paris, 1861, in-8°, p. 9 et s. Berry-Godefroy, p. 379. On se souvient que la Champagne, offerte en apanage à Philippe le Bon par Charles VII, lui avait été donnée le 8 mars 1430, par le gouvernement anglais. Voy. ci-dessus, p. 138.

en Normandie de lieutenant général. Ces parages furent systématiquement désertés..... La Trimouille et Regnauld de Chartres *négociaient!* La Normandie et l'Ile de France demeurèrent comme un champ abandonné par cette politique, d'une part, en ce qui concerne l'action militaire, aux corps-francs ; ce champ, d'autre part, s'ouvrait aux mouvements spontanés des partisans civils, dévoués, dans ces mêmes régions, à la cause nationale.

Les Anglais, après les succès de La Hire et l'importante libération de Barbazan, redoublèrent d'activité. Ils reprirent Aumale, en janvier 1430. Saint-Cénery, Etrépagny, Torcy, Conches, Blangis ; en un mot, tous les postes qu'ils avaient perdus devinrent les points de mire sur lesquels se concentra la vigueur soutenue de leurs efforts.

Guillaume d'Estaing, chambellan du roi, fut envoyé à Torcy et reçut tardivement quelques subsides. Mais les hardis champions de la querelle du roi et de la France, en Normandie, implorèrent vainement, de la part des ministres de Charles VII, une aide loyale, énergique, décidée. Le patriotisme des hommes d'élite soutint, seul, tout le faix de cette lutte. Le 21 mars 1430, un coup de main heureux fut tenté par des *Armagnacs* aux portes mêmes de Paris ; deux chefs bourguignons, attirés dans une embuscade, y demeurèrent prisonniers des Français. Le 23, autre expédition analogue. Cette dernière s'effectua sur Saint-Denis avec avantage. Au même moment, la nouvelle conspiration, que nous avons racontée, se formait au sein de la capitale. C'est alors, vers le commencement d'avril, que la Pucelle accourut à Lagny, puis à Melun, récemment soulevé (1).

Après la captivité de la Pucelle, on ne vit plus se maintenir sous nos drapeaux cette heureuse fortune que Jeanne avait, pour ainsi dire, attachée à sa bannière. Château-Gaillard, en juin 1430, retomba au pouvoir des ennemis. Le 8 juin, Paris-Anglais reçut de nouveaux renforts. Peu après, Saintrailles remporta, sous Guerbigny, près Roye, l'avantage d'une journée. Mais, en même temps, le maréchal de Boussac essaya vainement le siége de Clermont. Il fut battu devant les murs de cette ville. Au mois d'août, Torcy rentra sous la domination anglaise ; Denis de Chailly perdit Coulommiers. Le recouvrement de Louviers excitait spécialement la sollicitude de Bedford. D'énormes préparatifs eurent lieu pour y parvenir (2).

Cette place restait comme le dernier boulevard des défenseurs de la cause française en Normandie. Vers la fin de mars 1431, Jean, bâtard d'Orléans, se rendit à « Louviers et ès marches d'environ, avec certain grant nombre de gens.... pour résister à nos anciens ennemis les Anglois qui lors y estoient assemblez en grant puissance. » Il pratiqua en même temps, dit l'acte royal que nous analysons,

---

(1) Ms. Gaignières, n° 649, 5, f° 30. Ms. Fontanieu, n° 115, aux dates 1430, janvier, 23 ; juin, 29; décembre, 24. Ms. s. fr. 4805, f° 186, 187. Léchaudé d'Anisy, *Chartes normandes du Calvados*, 1835, in-8°, t. II, p. 394, n° 169. Monstrelet, p. 365, 370, 378. P. Cochon, p. 464, 465. *Journal de Paris*, p. 684. Berry dans Godefroy, p. 380. Jean Chartier, I, 119. Beaurepaire, *États de Normandie*, p. 39. Ci-dessus, p. 140.

(2) K. 80, liasse 27. Catalogue Teulet, p. 386 à 398. *Proceedings*, IV, 52. Monstrelet, 370, 420, 421, 428. P. Cochon, 466, 468. Beaurepaire, *États* p. 41. Voy. encore Monstrelet, 431, 439, et Godefroy, *Charles VII*, p. 334.

« deux entreprises secrètes sur nosdits ennemis pour le bien de nous et de notre seigneurie (1)... »

Au moment où se tentèrent ces entreprises, Jeanne captive voyait arriver le terme de ses jours. Aucun lien rationel, malheureusement, ne permet de rapporter ces actions militaires à la volonté expresse de la délivrer. Encore moins parviendrait-on à y découvrir l'effet d'une communauté de vues, concertées entre la prisonnière et le gouvernement de la Trimouille (2).

Mais le cœur de Jean ne palpita, jusqu'à la dernière heure, pour le salut de son pays. Tout ce qui importait à cette cause, soit revers, soit succès, avait dans son âme un écho, où l'instinct, l'intuition suppléait aux communications dont elle était privée. Peut-être, à travers la triple garde qui l'épiait, quelque vent de ces tentatives parvint-il jusqu'à ses oreilles? Peut-être son inspiration enthousiaste et des notions réelles, antérieurement recueillies, lui tinrent-elles lieu des nouvelles qui lui manquaient! Ainsi s'expliquerait cette inépuisable énergie qui la soutint jusqu'à sa mort. Nous aurions par là le mot de ces ardentes apostrophes, qui marquent surtout ses premiers interrogatoires. On comprendrait mieux alors ces menaces, par lesquelles, reprenant tout à coup l'offensive, elle terrifiait ses persécuteurs.

(1) Gratification de 1,200 livres accordée par le roi le 2 avril 1431. Quittance du bâtard en date du 20 juin suivant. Originaux dans Fontanieu, vol. 115. Ms. Gaignières, n° 894, f° 134.

(2) La Hire et ses semblables combattaient pour combattre et non pour délivrer la Normandie ni même la Pucelle. On ne peut à cet égard conserver la moindre illusion. Un proverbe du temps peint la pensée que nous voulons mettre en lumière : « Mieux vaut terre gâtée que perdue ; » c'est-à-dire mieux vaut ravager une terre que de la laisser tranquille à l'ennemi. Voy. Basin, *Mémoires*, t. I, p. 102.

Tant que Jeanne fut vivante, les Anglais, ainsi que le lecteur peut s'en souvenir, n'osèrent point procéder en règle au siége de Louviers. Le lendemain du supplice, ils coururent à ce siége. Ils y consacrèrent de grands sacrifices. Le 19 juin 1431, l'ennemi avait rassemblé devant la place d'abondantes munitions de guerre. On fabriquait de la poudre au parc de l'artillerie anglaise, nommé l'*hôtel des ordonnances du palais* (1).

Une explosion leur tua cent hommes. Mais en ce même temps, La Hire, qui défendait la ville, se voyait à bout de ressources. Un secours s'organisait à la Ferté-Bernard. La Hire s'esquiva de la place, pour aller au-devant de ces auxiliaires; la fortune, malheureusement, le trahit : il fut découvert sous le déguisement qui le couvrait ; des Bourguignons l'arrêtèrent et le firent prisonnier. Instruits de ce fait, les Anglais retournèrent au siége avec des munitions nouvelles. Le 25 octobre 1431, ils entrèrent en vainqueurs dans Louviers et rasèrent tous les ouvrages de défense (2).

Vers la fin de juin 1431, Poton de Saintrailles, poussant jusqu'à Eu, place maritime, pilla et saccagea cette ville. Peu après, une tentative de soulèvement paraît avoir eu lieu sur Chartres. Car nous possédons le texte de lettres d'abolition données en faveur de cette dernière cité, et da-

---

(1) Le grand maître de l'artillerie anglaise portait le nom de « general master of *ordinances* of the king. » Voy. ci-dessus, p. 10.

(2) Pièce tirée des mss. de Gaignières, en date du 28 août 1431, copie communiquée par M. L. Paris. Catalogue Teulet, p. 392. *Procès*, t. II, p. 3, etc. Beaurepaire, *États*, p. 42, 43 ; *Notes sur Ricarville*, 1857, in-8°, p. 7. *Chronique de Normandie*, 1581, in-8°, p. 182. *Mémoires* de Th. Basin, I, 89. *Journal de Paris*, p. 692, 693. Le siége de Louviers fut marqué comme celui d'Eu, par la perte des archives publiques. Voy. Aug. Le Prévost, *Notes pour l'histoire du département de l'Eure*, 1862, in-8°, t. I, p. 101 et 214. Cf. ci-dessus, p. 11, 12.

tées du 4 juillet 1431. Il y est dit que les habitants, après avoir tenu le parti de la rébellion, sont disposés à rentrer sous l'autorité légitime (1).

Vers les mois de juillet-août 1431, le chancelier de France dirigeait les opérations de concert avec le maréchal de Boussac. Senlis et Beauvais formaient les points de départ et la double base des entreprises projetées. Le duc de Bedford, en passant par Nantes, faillit être pris. Il arriva toutefois sain et sauf à Paris le 4 août. Ces dispositions parvinrent à la connaissance des Anglais, et ceux-ci apprirent en même temps que les Français allaient marcher sur Rouen. Les forces rassemblées à Louviers, pour l'Angleterre, celles de Gournay ainsi que d'autres postes, fournirent des détachements. Ces troupes se réunirent et se dirigèrent ensemble vers Beauvais (2).

Les comtes de Warwick, d'Arundel, de Salisbury, de Suffolk, lord Talbot, sir Th. Kiriel, conduisaient les Anglais, au nombre de deux mille. Ils s'avancèrent jusqu'à Milly. Le lendemain (3), au point du jour, les Français partirent de Beauvais. Ils étaient commandés par le maréchal de Boussac, Poton de Saintrailles, Louis de Wau-

____

(1) Berry-Godefroy, p. 381. J. Chartier, I, 114. Montreuil, 338. — « La ville d'Eu fut saccagée par P. de Saintrailles environ la St. Jehan Baptiste, 1431. Et fut le livre rouge (registre municipal?) emporté par les gens du dit Poton. » (Ms. Duchesne, n° 48, f. 181). — Ms. Dupuy, vol. I, p. 221 et s. Ms. Brienne, 197, f°s 316, 318. Fontanieu, (ms. 115, au 2 avril 1431), pense que les entreprises secrètes mentionnées dans l'acte qui porte cette date devaient s'attaquer à la ville de Chartres. Voy. ci-dessus t. I, p. 474, note 1.

(2) Bernier, *Chronique de Senlis*, 1834, in-8°, p. 21. *Journal de Paris*, p. 692 et suiv. Berry-Godefroy, p. 384. Monstrelet, t. IV, p. 434.

(3) Vers le 10 ou le 12. Voy. pour cette date, ci-après p. 248, note 1.

court, La Hire, etc. La rencontre s'effectua près de Beauvais, entre Savignies et la ville (1).

Nos Français avaient à leur tête un jeune berger, visionnaire idiot, natif du Gévaudan, et nommé Guillaume. « On ne détruit que ce qu'on remplace, » dit un adage moderne : R. de Chartres, archevêque de Reims, non content d'avoir *détruit* la Pucelle, avait osé la remplacer ainsi ! Ce malheureux enfant était probablement suborné. Il obéissait ainsi à la crédulité qui, en ces temps d'exaltation populaire, multipliait les thaumaturges. « Il chevauchoit de costé, dit le *Journal*, et monstroit de temps en autre ses mains, ses pieds et son costé ; et estoient tachés de sanc, comme saint François (2). »

Le nombre des Français s'élevait à environ six cents lances, appuyées par quatorze cents hommes d'infanterie. La cavalerie se trouva enveloppée et surprise, avant que les chefs se fussent entendus pour ordonner le plan de bataille. Une manœuvre habile de l'ennemi prit à dos la réserve elle-même. Dès le premier choc, la confusion et le désarroi se mirent parmi les Français. Poton de Saintrailles commandait environ cent hommes d'armes. Il marcha résolûment à l'ennemi et fut soutenu par l'élite de ses chevaliers. Mais le maréchal partagea la panique. Il donna le signal de la retraite et fut suivi de l'infanterie, qui se sauva à qui mieux mieux dans les bois, puis enfin à Beauvais. Poton de Saintrailles et Louis de Waucourt de-

---

(1) Jean Chartier, t. I, p. 132. *Abrégé chronologique*, dans Godefroy, p. 334. Berry, 384. S. Remy, Panthéon, p. 526.
(2) *Journal de Paris*, p. 692. Monstrelet, p. 433. Ci-dessus, p. 159, 160.

meurèrent captifs. A la journée de Patay, Saintrailles avait pris lord Talbot et l'avait libéré sur parole. Saintrailles fut conduit à Rouen après la bataille dite *du berger*. Il fit *échange* avec Talbot et ne tarda pas à recouvrer sa liberté (1).

Guillaume le Berger tomba également au pouvoir des Anglais. Sa capture avait été opérée, comme celle de Jeanne, sur le diocèse de Beauvais; Pierre Cauchon s'empara de cette nouvelle proie. Guillaume fut d'abord conduit à Rouen « ès prisons de l'évêque de Beauvais. » Quelques mois plus tard, Henri VI entra solennellement dans Paris. Parmi les chevaliers et écuyers qui lui firent cortége, figurait le Berger, captif et lié de cordes. Peu après, il disparut, probablement sans aucune forme de procès. *Toison-d'Or*, hérault et chroniqueur bourguignon, atteste avoir « ouy dire que le pauvre Bregier avoit esté gecté en la rivière de Seine et noyé (2). »

Au mois de mai 1430, Arnald Guilhem, seigneur de Barbazan, siégeait au grand conseil, à Gergeau, en présence du roi. Nous le trouvons délibérant, dans la même assemblée, entre la reine Yolande et la Trimouille, à Gien, le 15 juillet suivant. Barbazan était entré sans retard en fonctions, comme gouverneur de Champagne. Mais placé au rang des ministres, il résidait tantôt à la

---

(1) Berry. Beaurepaire, *Notes sur Ricarville*, p. 12, note 1. Ms. fr. 1968, f° 148. Le 13 août 1431, le chapitre de N. D. de Paris, sur la requête de Bedford, décide qu'une messe solennelle sera dite pour la victoire remportée près Beauvais (probablement la veille). Voy. ci-dessus, p. 246, note 3. Le 19, procession générale pour deux victoires. (L. L., 414, f° 82).

(2) Ms. 1968. *Journal*, p. 693. S. Remi, *loc. cit.*

cour, tantôt aux postes divers, que lui assignaient les affaires et les besoins de sa province (1).

Donc, au moment où le gouvernement de Charles VII perdait et mieux sacrifiait la Pucelle, le *chevalier sans reproches* entrait au conseil. Il ne lui appartint pas, vraisemblablement (non plus qu'à la reine Yolande), de changer la ligne politique adoptée. Barbazan embrassa la voie qui, seule, était ouverte à ses services. Il suivit cette route, sans regarder ailleurs, avec la droiture et l'intrépidité qui caractérisent sa vie entière.

Troyes et Châlons avaient arboré l'étendard de Charles VII. Mais ces deux villes étaient à peu près les seuls points, dans ces parages, où flottât le drapeau de l'affranchissement. Le plat pays, presque tout entier, obéissait au duc de Bourgogne, nouveau feudataire de la Champagne, et à ses vassaux ou alliés. Il s'agissait d'affermir ces deux points principaux. De là, il fallait ensuite étendre la propagande et la soumission à toute la province. Pour réussir dans cette œuvre, l'habileté du politique ou de l'administrateur n'était pas moins nécessaire que les qualités du capitaine.

On doit placer la réduction de Troyes au nombre des faits remarquables de cette période. La merveilleuse influence de la Pucelle, jointe à la fortuite coïncidence d'une amitié de collége, avait, en réalité, déterminé cet heureux événement. Mais, au lendemain de sa réduction, l'ancienne capitale d'Henri V et d'Isabeau se trouvait isolée.

(1) *Itinéraire. Conseillers. Ordonnances*, t. XIII, p. 154. Ms. Fontanieu, 115. Lettre des archives de Reims, 30 mai 1431.

Autour d'elle, s'agitaient des populations, hier ses alliées, aujourd'hui ses antagonistes.

L'évêque Jean Laiguisé était fils d'un teinturier de la ville. Depuis Urbain IV, notamment, la Champagne avait vu plus d'une fois des hommes de mérite s'élever des rangs les plus humbles aux plus hautes situations, par la carrière des lettres et de l'Église. Les Pougeoise, les Barton et d'autres, comme on l'a dit, parents et alliés de Laiguisé, occupaient à Troyes les premiers siéges : ceux-ci, dans le chapitre épiscopal ; ceux-là, dans les conseils de la cité. Or Jean Pougeoise de Nogent, et Jean Barton de Méry-sur-Seine, étaient deux serfs de l'évêché de Troyes, affranchis par l'évêque, Etienne de Givry, prédécesseur immédiat de Jean Laiguisé (1).

D'autre part, Jean Laiguisé comptait, parmi ses alliés par les femmes, les Dormans et les Jouvenel des Ursins, ces nobles de robe du quatorzième et du quinzième siècle. Car, en Champagne, le travail, sanctifié par les disciples de saint Bernard, par la règle de saint Benoît, était demeuré en honneur. Au temps des comtes Henri et Thibaut, l'agriculture et les arts utiles avaient fait la prospérité du pays. Là, sous l'empire de ces idées, plus libérales et plus saines, les priviléges aristocratiques du moyen âge dominaient avec moins de rigueur. Les femmes anoblissaient et l'industrie *ne dérogeait pas* (2).

---

(1) Ci-dessus, p. 92. Généalogies troyennes. J. J. 176, f° 278. M. M. 835, *Mémoire sur les anoblissements*, f° 190. Des Guerrois, *La Saincteté chrestienne de Troyes*, etc. 1637, in-4°, f° 385.

(2) *Archives de l'Aube*, liasse 145, p. 274, 322. Voir les recherches (si singulièrement commentées de nos jours) sur la *noblesse maternelle* ou noblesse de Champagne.

Jean Laiguisé, en 1426, avait dû sa mitre épiscopale à la libre *élection* du chapitre. Il resta évêque malgré le gouvernement anglais, qui voulait imposer au diocèse un prélat politique, à sa *nomination*. Jean occupa le siége de Troyes pendant un quart de siècle. Pasteur des âmes, il fut aussi, en ces temps difficiles et troublés, le *defensor civitatis* des anciens jours. Il avait rendu au roi Charles sa ville et le diocèse : il demeura ensuite, auprès du gouvernement légitime, le tuteur vigilant des intérêts de cette contrée (1).

A cette influence du haut clergé, de l'Église séculière, il faut joindre l'influence qu'exerçaient l'*Église militante* et le clergé régulier. La religion, comme la poésie (2), eut une part notable à l'œuvre du quinzième siècle. En général, le principal ébranlement se communiqua, non pas des rangs supérieurs de la hiérarchie ecclésiastique, mais d'en bas. Le clergé inférieur fut le confident, et souvent l'auxiliaire de cette immense aspiration vers la justice de Dieu, qui remplissait les cœurs. Entre tous les ordres de l'Église, les religieux mendiants (Augustins, Carmes, Jacobins, Cordeliers), doivent être cités au premier rang sous ce rapport. Comme institutions publiques, ces ordres, il est vrai, portaient déjà en eux-mêmes les signes de la décadence. Et pourtant, ils firent briller, avec un visible éclat, les dernières lueurs de l'esprit chrétien du moyen âge, en ce qu'il eut jamais de plus noble et de plus grand.

Prolétaires du monachisme, ils furent aussi comme

---

(1) *Gallia christiana*, t. XII, col. 514. Camusat, *Promptuarium antiquitatum Tricassensium*, 1610, in-8°, p. 234 et s. Boutiot, *Guerre des Anglais* (*passim*). Etc. — (2) Voy. ci-dessus, t. I, p. 362.

les chevaliers errants de la foi et de la fraternité chrétienne. Alors florissaient saint Vincent Ferrier, saint Bernardin de Sienne, et bien d'autres dont les légendes, exclues par les hagiographes (1), méritent une place au martyrologe de l'histoire laïque. Ces hommes pauvres, sans maison, sans patrie, combattirent moralement en faveur de la France. Par leur parole, par leurs ouailles et par leurs disciples, ils contribuèrent à fonder pour nous une patrie.

On se rappelle frère Richard et Jean de Gand. Le premier, selon toute apparence, avait précédé à Troyes le second. Devenu vieux, Jean de Gand se retira aux Jacobins de Troyes. Il y mourut le 29 septembre 1439, et fut inhumé dans le couvent de ces frères prêcheurs. Un célèbre religieux du même monastère, F. Didier, fut son admirateur et son disciple. Lorsque Didier mourut, il voulut être déposé dans la tombe aux pieds de Jean de Gand. Troyes était une étape entre Paris et Lyon, sur le chemin d'Italie. Les Jacobins de Troyes communiquaient avec les Jacobins de Lyon, la ville qui avait servi de retraite à Gerson. D'Italie, les prédicateurs qui agitaient alors cette péninsule, refluaient jusqu'à Troyes. Les couvents de Troyes fournirent une pépinière d'orateurs éloquents et populaires. Ceux-ci, depuis la venue de frère Richard, ne cessèrent de plaider la cause de la France et du roi Charles. La capitale de la Champagne une fois rendue à ce prince, les prêcheurs de Troyes ne contribuèrent pas seulement à raffermir les populations dans leur fidélité. Ils portèrent bien loin une propagande hardie au profit de cette cause, et la confes-

---

(1) Voy. notamment l'histoire de Thomas Couette, carme de Nantes, brûlé à Rome par ordre d'Eugène IV.

sèrent publiquement, jusque sur les États de Philippe le Bon (1).

Sous le commandement de Barbazan, la campagne de Champagne s'ouvrit, en 1430, avec la belle saison. La place de Chappes appartenait à Jacques d'Aumont, du parti de Bourgogne : vers le mois de mai, René de Sicile s'unit au gouverneur, pour l'assiéger. Troyes et Châlons, par les soins du capitaine général et par ordre du roi, furent mis à l'abri des attaques. L'une et l'autre pourvurent, de leurs propres ressources, à leur défense. Troyes surtout revendiquait en cela ses prérogatives communales, dont elle se glorifiait depuis des siècles. Les deux villes éloignées se préparèrent en outre à se soutenir mutuellement et à prêter secours aux points faibles (2).

Des succès importants couronnèrent les efforts du vaillant capitaine. Villeneuve-le-Roi (août 1430), Sens en Bourgogne (janvier 1431), Ervy et Saint-Florentin (avril 1431), furent soumis au roi de France. La guerre eut aussi et successivement pour théâtre les places de Bar-sur-Seine, Jully, Saint-Thiébault (nommé aujourd'hui Estissac), La Croisette, Notre-Dame de l'Epine près Châlons, Marigny-le-Châtel, Ponts-sur-Seine, Villeneuve-aux-Ri-

(1) Ci-dessus, t. I, p. 205, 336. Fontana, *Monumenta dominicana*, 1675, in f°, p. 307. Wading, *Annales Minorum*, 1642, in-f°, t. V, p. 130 et. s. Des Guerrois, *La Sainteté chrétienne*, etc., p. 385 à 407. Camusat, *Promptuarium*, p. 325. Ms. La Ravallière, *Champagne*, t. LI, f° 79 v°. Boutiot, *Guerre des Anglais*, p. 51, 56. *Bulletin de la Société de l'histoire de France*, 1853, p. 108; 1858, p. 12. *Bibl. de l'École des Chartes*, t. XXII, p. 470 et suiv.

(2) Monstrelet, p. 385. Boutiot, *Guerre des Anglais*, p. 6, 14, 15. Edouard de Barthélemy, *Histoire de Châlons-sur-Marne*, p. 63, 184. *Archives de l'Aube*, p, 373. Villeneuve-Bargemont, *Histoire de René d'Anjou*, 1825, in-8°, t, I, p. 103, 105.

ches-Hommes, Provins, Nogent-sur-Seine et Anglure. Tous ces lieux, généralement, sont situés, soit en Champagne, soit sur la frontière de Bourgogne. Les armes de Charles VII, ou de Barbazan, y subirent des fortunes diverses. Plusieurs de ces places, prises et reprises à tour de rôle par les belligérants, ne furent définitivement ralliées que plus tard à l'obéissance de la couronne. Mais, sur tous ces points, Barbazan remplit avec honneur la mission militaire dont il était chargé (1).

Dans l'ordre civil, le lieutenant du roi sut ménager les intérêts des populations et se concilier leur attachement. En 1430, il réunit à Châlons les trois états de la province, pour obtenir de leur bénévole consentement les subsides dont il avait besoin. Nos riches archives de Troyes et de Châlons-sur-Marne ont conservé les documents les plus précieux pour l'histoire de cette époque. Ici, comme à Tours, à Orléans, à la Rochelle, on ne peut qu'admirer l'intelligence, le patriotisme et la maturité, qui se manifestent dans la conduite de ces administrations municipales. Les conseillers de Troyes ne prennent pas une mesure, sans se concerter volontairement avec l'évêque et le gouverneur. Le dévouement des uns, la protection des autres ne se font jamais défaut. Dès l'époque de la réduction, Jean Laiguisé prit en main les sollicitations nécessaires auprès du roi, pour obtenir la canalisation de la Seine. Organiser la hanse de Troyes importait également

---

(1) *Chronique Antonine*, ms. fr., 1371, f° 268 v°. J. J. 177, charte, 8, f° 4 v°. Boutiot, *Guerre des Anglais*, p. 7 à 22. Barthélemy, *Histoire de Châlons*, p. 183-4. Berry, dans Godefroy, |p. 382. Monstrelet, p. 440. J. Chartier, t. I, p. 128 et s.

au commerce de cette ville. Troyes obtint satisfaction sur ces deux points. Enfin, par lettres données à Poitiers au mois de mars 1431, Jean Laiguisé fut anobli, ainsi que ses collatéraux (1).

Une telle faveur était à peu près de pure forme pour un prélat, qui, à ce titre, et de plein droit, jouissait des prérogatives féodales. Mais la même grâce (qui profitait à sa famille) ne tarda point à être accordée aux Barton, aux Pougeoise et à divers citoyens de la même contrée. Cette concession fut motivée par les services de guerre et autres, que les impétrants avaient rendus à la cause de l'indépendance (2).

C'est ainsi que le principe du mérite individuel se faisait jour et place, peu à peu, dans nos institutions, à côté du principe héréditaire, fondé sur le hasard de la naissance. Ces atteintes portées aux vieux priviléges de la noblesse de race ou d'épée, cette accession, étendue ou multipliée, des affranchis de la veille, aux supériorités civiles, constituaient autant de pas faits vers le droit commun et vers l'égalité moderne.

(1) Boutiot, *Guerre des Anglais*, p. 13, 15, 25, etc.; *Notice sur la navigation de la Seine et de la Barse*, 1856, in-8. *Ordonnances*, XIII, 157. Anoblissement de Laiguisé, bibliothèque de M. Corrard de Breban, à Troyes; Ms. Duchesne, 72, f° 127 (communication de M. G. de Beaucourt).

(2) J. J. 176, charte 418, f° 278. J. J. 177, charte 8, f° 4 v°. M. M. 835, Mémoire de D. Carpentier sur les anoblissements, f°s 190, 227 et s., Ce mémoire a servi de base à l'article *Nobilitatio* : supplément au Glossaire de la basse latinité de Du Cange.

CHAPITRE II

Batailles d'Anthon (1) et de Bulgnéville (1430-1431).

Jusqu'à la journée de Verneuil, le prince d'Orange et le duc de Savoie, Amédée VIII, avaient flotté entre le parti de France et le parti de Bourgogne. Après cette catastrophe, Louis de Chalon n'hésita plus. Le moment opportun lui sembla venu d'agrandir ses petits États, par la conquête d'une riche contrée limitrophe. Il lui fallait un port sur le Rhône, qui lui servît de clef pour entrer en Dauphiné. Bertrand de Saluces, tué au combat de Verneuil, laissait à sa veuve les terres d'Anthon, Colombier, Saint-Romain et autres, sises sur le territoire dauphinois. A défaut d'héritier direct, ces terres, tenues en fief par les Saluces, étrangers, étaient reversibles à la couronne. Louis de Chalon acquit de la veuve, Anne de la Chambre, ces tenures : elle lui céda aussi les droits ou prétentions qui pouvaient s'y rattacher; le prince se réservait de les faire valoir par la force (2).

(1) Deux documents sont les principales sources d'information que nous possédons sur cet important épisode. 1° *Fragmentum processùs super insultu guerræ Antonis contra Ludovicum principem Auraicæ*, 1430; extrait d'un registre de la chambre des comptes de Grenoble. Copie dans Fontanieu, ms. 115-6; imprimé dans Valbonnays, *Histoire du Dauphiné*, 1722, in-f°, t. 1, p. 62 et s. 2° *Extrait* du registre de Thomassin, conseiller delphinal; ms. n° 452 de la bibliothèque de Grenoble; imprimé dans la *Revue du Dauphiné*, 1837, t. II, p. 246.

(2) *Ibidem.* Ms. lat. 5456, f° 97 v°. *Souvenirs d'Amédée VIII, duc de Savoie*, etc., par M. le marquis de Costa-Beauregard; Chambéry, 1859,

Au mois d'avril 1428, Louis de Chalon, de concert avec Anne de la Chambre, envoya prendre possession du château d'Anthon. Aussitôt la veuve se retira. Deux cents hommes d'armes à la solde du prince, Anglais, Bourguignons et Savoisiens, occupèrent dès lors la forteresse. Ce lieu, dit un historien du pays, « étoit si bien fortifié sur le Rhosne, que pour peu qu'il y eust de gens, Anthon mettoit cette rivière et par elle la ville de Lyon en subjection et toutes les terres voisines en servitude. » Déjà Louis de Chalon avait conquis diverses places, appartenant à la Provence et au Languedoc, sur la rive droite du Rhône. Il s'empara de Colombier, Saint-Romain, etc., mit garnison à Auberive et prit ainsi un pied solide en Dauphiné. L'archevêque de Vienne, Jean de Norry, craignit pour la sûreté de sa ville. Il restaura les fortifications et pourvut à sa défense (1).

Vers le mois de juillet 1428, les Orléannais, se voyant menacés par les Anglais, firent appel aux Viennois et aux Dauphinois. Charles de Bourbon, inquiet pour ses possessions du Beaujolais, se joignit à ces instances (2). Le gouverneur du Dauphiné dégarnit encore sa province, afin d'envoyer des soldats au cœur du royaume. Louis de Chalon saisit cette nouvelle opportunité. Le litige pendant

---

in-8°, p. 68. **Ms.** Fontanieu 4805, f° 189. Aymari Rivalli (Aymar du Rivail) delphinatis, *De Allobrogibus*, libri IX, éd. Terrebasse ; Vienne (Isère), 1844, in-8°, p. 505 et s. Louis de Chalon comptait parmi ses ascendants en ligne féminine une fille d'Humbert, le dauphin, qui avait cédé cette province au roi de France (*ib.*, 506).

(1) Les mêmes. Du Rivail, p. 306. Chorier, *Histoire du Dauphiné*, 1672, in-f°, t. II, p. 424. Guichenon, *Histoire de Savoie*, t. I, p. 468.

(2) En 1430, il expédia un contingent de troupes au secours du Dauphiné. Voy. ci-après, p. 268.

avait été soumis à l'arbitrage du duc de Savoie, partie intéressée, puis du conseil delphinal. Impatient de ces formes judiciaires, Chalon prit les armes et ravagea le Dauphiné. Le gouverneur était alors Mathieu de Foix, comte de Comminges (1).

Dépourvu de force et probablement de toute volonté, le lieutenant du roi n'opposa aucune résistance. Il conclut avec l'envahisseur un traité. Mathieu de Foix reconnut et sanctionna vis-à-vis du prince, toutes les prétentions que revendiquait ce dernier. Chacune des terres usurpées lui fut cédée, à charge d'hommage. Pour s'absoudre des violences commises, Louis de Chalon consentit en outre à recevoir des lettres d'abolition (2).

Cependant le but du prince n'était qu'imparfaitement rempli. Il se mit en rapport avec Amédée, lui proposant de l'associer aux charges et aux profits de l'entreprise. En cas de succès, Grenoble, tout le Graisivaudan et les Montagnes, devaient être réunis aux États de Savoie. Le prince d'Orange aurait, pour sa part de conquête, le Viennois et la vallée du Rhône, jusqu'à Orange. Amédée VIII se prêta en secret à ce complot. Le duc de Bourgogne, ainsi qu'Amédée, fournit des troupes au prince, qui, en 1430, reprit la campagne. Antoine de Ferrières, capitaine d'Anthon, à la solde du prince Louis, envahit et ravagea de nouveau le Dauphiné (3).

---

(1) « Lequel estoit compagnon d'armes du dit prince. » (Thomassin, *Revue*, p. 247.)

(2) Fontanieu. Chorier. Beauregard. Valbonnays, *Histoire du Dauphiné*, Genève, 1722, in-f°, t. I, p. 62.

(3) Guichenon. Valbonnays. Paradin, *Chroniques de Savoie*, Lyon, 1602, in-f°, p. 381. Berry dans Godefroy, p. 380.

Durant cet intervalle, Mathieu de Foix avait été remplacé par Raoul de Gaucourt, le défenseur d'Orléans. Raoul, vers la fin de février 1430, se rendit à son nouveau poste. Les hostilités engagées par L. de Chalon se rouvrirent au printemps. Gaucourt envoya des députés vers le duc de Savoie, qui l'exhortèrent à désavouer Louis, et tout au moins, à ne point l'assister. C'est alors que les réponses équivoques d'Amédée ouvrirent définitivement les yeux de l'expérimenté gouverneur (1).

Au mois de mai, Raoul de Gaucourt opéra sa jonction avec le sénéchal de Lyon. Ce personnage s'appelait Humbert ou Imbert de Groslée, seigneur de Viriville (2) en Dauphiné. Imbert de Groslée, maréchal de cette province, appartenait à une antique famille de chevalerie, dévouée, depuis Philippe-Auguste, aux rois de France. Bailli de Mâcon et sénéchal de Lyon dès 1418, Charles VII avait maintes fois déjà éprouvé sa fidélité, ainsi que sa bravoure. Mais ses forces, réunies à celles du ban dauphinois, épuisé par les précédentes campagnes, étaient insuffisantes (3).

Il y avait alors, dans les montagnes du Velay, un chef d'aventuriers qui désolaient le Midi. Ce condottière, natif de Castille, se nommait Rodrigo de Villa-Andrando, comte de Ribadéo. Homme énergique, il possédait sinon

---

(1) *Le Sire de Gaucourt* (par M. le marquis de Fitz-James Gaucourt); Orléans, 1855, in-8°, p. 19. Le 24 février 1430, Raoul de Gaucourt siégeait encore à Chinon au grand conseil. *Charles VII et ses conseillers*, à la date. *Ordonnances*, XIII, 145. Fontanieu. Gaucourt, né en 1371, était âgé d'environ 60 ans.

(2) Charmant bourg du département de l'Isère (canton de Roybon), lieu originaire de la famille paternelle de l'auteur.

(3) Cabinet des titres, dossier *Groslée*. Péricaud, *Notes et document pour servir à l'histoire de Lyon*, 1839, in-8, p. 40. Ci-dessus, t. I, p. 332. t. II, p. 257, texte après la note 2. Fontanieu.

toutes les vertus, du moins tous les genres de capacité que peut comporter l'exercice de la guerre. Gaucourt avait demandé vainement des secours au roi, qui, écrasé par ses autres charges, l'abandonnait à ses ressources locales. Rodrigo fut désigné comme l'homme qu'il fallait à la situation. Le gouverneur, assisté du conseil delphinal, se rendit à la Côte-Saint-André. On y délibéra de lever un emprunt, qui serait couvert par une taille. Muni de la somme prêtée, le gouverneur passa le Rhône et se dirigea vers Annonay : là, il eut une entrevue secrète avec Rodrigo. Celui-ci, moyennant finance, consentit à servir le roi, de concert avec deux de ses lieutenants, nommés Jean Vallète et Pierre Thuron (1).

Le 26 mai 1430, Rodrigo de Villa-Andrando passa le pont de Vienne pour entrer en Dauphiné. Il était suivi de trois cents lances, commandées en partie par Jean de Salazar, l'un de ses lieutenants et compatriotes. Rodrigue joignit le maréchal et le gouverneur devant Auberive, qui fut investie et prise d'assaut le 27. Gaucourt, au nom du roi, fit démolir presque de fond en comble la forteresse. Toutefois il donna ordre qu'on laissât debout de grands pans de murailles « en signe que la place et le seigneur avoient été rebelles à leur prince et inféaux, et afin qu'il en fût grande souvenance et mémoire perpétuelle (2). »

(1) *Rodrigo de Villa-Andrando*, par M. Jules Quicherat, *Bibliothèque de l'École des Chartes*, t. II, p. 119 et s. Rodrigo fut nommé en même temps écuyer de l'écurie du roi (*ib.*). Thomassin. Du Rivail, p. 508. Le nom de Vallète ou Vallet est encore aujourd'hui très-répandu dans nos départements formés du Dauphiné. De là, comme ailleurs, la nécessité ainsi que l'usage, ancien et constant, de distinguer par quelque surnom les homonymes.

(2) Valbonnays, p. 63. Fontanieu, ms. 4805. Du Rivail, p. 508. Thomassin, p. 248. Ci-dessus, t. I, p. 212, note 1. Ms. Cord. n° 16, f° 499 v°.

Ce succès obtenu, le gouverneur et Rodrigo se présentèrent à la côte Saint-André. Les états du pays, assemblés dans cette ville, votèrent un subside de cinquante mille florins, pour couvrir les frais de la campagne. Ordre fut donné à tous les Dauphinois de s'armer pour la défense commune. Puis les états envoyèrent à Chambéry, auprès d'Amédée, une nouvelle ambassade. Le duc alors fit répondre par son chancelier Jean de Beaufort « que l'un des priviléges de la noblesse de Savoie, était de servir indifféremment ceux qu'il lui plaisait, et que la voie la plus sûre pour l'avoir de son côté, était de lui faire les offres les plus avantageuses (1). »

Les troupes dauphinoises s'emparèrent, le 7 juin, de Pusignan, sous le commandement de Rodrigue. Cette place forte, située vers l'ouest entre Anthon et Colombier, fut donnée par le roi au chef castillan, à titre de récompense. Azieu tomba, le 8, au pouvoir du gouverneur et, le 10 juin, Colombier eut le même sort (2).

Cependant le prince d'Orange, seigneur d'Arlay, accourut de la comté de Bourgogne, où il avait sa résidence. Dans la nuit du 10 au 11 juin, il arriva au château d'Anthon. Déjà une partie de ses troupes l'avait précédé. Le prince ignorait la prise de Colombier, qui, en ce moment même, venait de capituler. Agé, comme Rodrigo, d'environ 44 ans, Louis de Chalon était dans toute la force de la vie et des passions. Il avait amené de seize à dix-huit cents lances d'élite, tant Bourguignons que Suisses et

---

(1) Auteurs cités. Du Rivail, p. 509. Beauregard, p. 59, etc.
(2) Les mêmes. Azieu ou Aysieu (Heyrieux)? Quicherat, p. 153. Thomassin, *ibid*. S. Remi, *Panthéon*, p. 523.

Savoisiens. Ces chevaliers, ou écuyers, étaient suivis, chacun, de leurs coustiliers et varlets d'armes, sans compter les gens de trait et l'infanterie (1).

Aussitôt installé au château d'Anthon, Louis s'intitula dauphin de Viennois. Il distribua les offices de la province et promit à ses serviteurs des terres, ainsi que les récompenses dont la disposition appartient au souverain. Humbert de Groslée et Rodrigue ignoraient de leur côté la présence du prince. Ils envoyèrent en reconnaissance, au château d'Anthon, un hérault nommé Dauphin. Ce parlementaire, détenu par Louis de Chalon, lui apprit que Colombier venait de capituler. Le prince, à cette nouvelle, fit sonner les trompettes et son armée se mit en marche vers Colombier (2).

Un bois, qui n'existe plus, séparait la plaine d'Anthon de celle où s'élèvent encore les ruines du château de Colombier. Dans la matinée, Louis partit d'Anthon et s'engagea dans ce bois. Il s'y arrêta quelque temps, pour faire des chevaliers, suivant la coutume. Durant ce retard, les capitaines français, informés de la marche du prétendant, délibérèrent sur le parti qu'ils devaient prendre. « Si la bataille se perdoit, » rapporte un témoin oculaire, membre du conseil delphinal, « tout ce pays seroit perdu et en après Languedoc et Lyonnois. Par ainsi, le demourant du royaulme seroit en branle d'estre du tout perdu ! » Le temps pressait : Gaucourt et le maréchal résolurent de combattre (3).

(1) Du Rivail, p. 510. Thomassin, *ib. Art de vérifier les dates*, aux *Princes d'Orange*. Monstrelet-d'Arcq, t. IV, p. 408.
(2) Thomassin, p. 249. Du Rivail, p. 509, 510.
(3) *Ibidem*. Vicomte de Leusse, *Revue du Dauphiné*, 1837, t. I, p. 293.

Rodrigue, sur ses propres instances, obtint le commandement de l'avant-garde. Ce poste d'honneur appartenait de droit au maréchal, qui consentit à le lui céder. L'aile droite fut confiée au seigneur de Maubec, Dauphinois. On lui adjoignit Jean Vallète, lieutenant de Rodrigue. Bourno de Cacherano ou Caqueran et Georges Boys, capitaines milanais, eurent la direction de l'aile gauche. Gaucourt et le maréchal se placèrent au centre. Chacun des combattants, armé et monté, entendit la messe, put se confesser, et but légèrement. «Après, fut dit publiquement que s'il y eut personne qui eust point de paour, qu'il se retirast. Puis leur fut dict : « Vous serez tous riches en ceste journée... Nous avons juste et raisonnable cause. Dieu nous aidera (1) ! »

Il était midi, lorsque les éclaireurs annoncèrent que le prince d'Orange approchait pour combattre. Raoul de Gaucourt, « dévot à Dieu et à sa sainte mère, » fit le signe de la croix et se mit en marche. Durant ce temps, Rodrigue, appuyé des gens de trait, s'était embusqué dans le bois. Lorsque Louis de Chalon voulut s'y avancer, il se vit cerné de toutes parts, poursuivi et contraint de rétrograder vers la plaine. Gaucourt et le maréchal avaient prévu ce résultat. Ils tournèrent le bois et vinrent se poster à la lisière, vers Anthon. Arrivé sur le terrain et avant de livrer la bataille, Imbert de Groslée s'agenouilla. Il se désarma de son heaume, puis, tête nue et les mains tendues vers le ciel, il prononça cette prière : « Dieu, par ta sainte justice, bonté et miséricorde, » dit-il,

---

(1) Thomassin. Fontanieu, f° 192. Beauregard, p. 73. Quicherat, p. 128.

« plaise toy de faire droit en ceste présente journée (1) ! »

Harcelés par Rodrigue, les orangistes débouchèrent à la file : l'armée du prince ne put constituer ses lignes qu'à grand'peine. Au premier choc, Louis de la Chapelle et quelques autres chevaliers bourguignons, mirent pied à terre ; ils amortirent ainsi, quelques instants, l'impétuosité de l'attaque ; mais ils payèrent de leur vie une résistance inutile. Peu à peu la plaine se remplit de combattants des deux partis. La mêlée générale s'opéra bientôt avec un fracas et un acharnement effroyables. En vain le prince Louis avait-il mandé à son secours les Suisses, armés de leurs formidables épées à deux mains, et commandés par François de Neuchâtel, comte de Fribourg. Il avait aussi fait venir de Bourgogne sept mulets chargés de maillets de plomb pour son infanterie. Entre une heure et deux heures, la déroute des siens se dessina complétement. Les Dauphinois étaient maîtres du champ de bataille (2).

Deux à trois cents combattants périrent sur la place. Tous appartenaient aux plus nobles familles de Savoie et des deux Bourgognes. Le reste, poursuivi à outrance par les routiers de Rodrigue, par les nobles dauphinois, fut contraint de chercher son salut dans la fuite. De ce nombre était Jean de Neuchâtel, seigneur de Montaigu, chevalier de la Toison-d'Or. François de la Palu, sire de Warambon, conduisait les troupes savoisiennes. Il eut le nez coupé d'une taillade et porta depuis un nez d'argent. La Palu, en outre, tomba aux mains de Rodrigo. Celui-ci tira de ce seul

---

(1) Valbonnays, p. 64. Thomassin, p. 251. Chorier, p. 427. De Leusse, p. 294. Quicherat, p. 131. Beauregard, p. 74, 75.

(2) P. de Cagny, chap. cxii. Beauregard. Fontanieu. La Pise, *Histoire de la principauté d'Orange*, 1639, in-f°, p. 121. Monstrelet, p. 407.

prisonnier huit mille florins d'or. Cent vingt à cent quarante Bourguignons perdirent la liberté (1).

Louis de Chalon combattit vaillamment; il lui fallut toutefois céder au même destin. Le prince montait un grand et puissant destrier : tout rouge, lui, son harnais et son cheval, du sang qui coulait de son visage et de son corps, on ne le reconnaissait qu'à la taille de sa monture. Finalement, il tourna bride et courut, par une fuite précipitée, se jeter dans le château d'Anthon. Le prince avait réuni là de l'artillerie et des vivres pour deux ans. Mais Antoine de Ferrières, avec trente hommes de garnison, ne voulut pas y rester. Louis de Chalon prit à peine le temps de respirer et de panser ses blessures. Le cours du Rhône, au passage d'Anthon, s'accélère par le confluent de l'Ain. Vers minuit, le prince partit du château (2).

Louis craignait d'être assiégé, puis de tomber prisonnier entre les mains du vainqueur. Étant remonté sur son coursier de bataille, tout armé, sa lance à la main, il poussa le puissant animal à travers les eaux impétueuses du Rhône. Suivi d'un petit nombre des siens, il parvint ainsi à Méximieu sur la terre de Savoie. Louis de Chalon, dès qu'il se vit sauvé, descendit de cheval et baisa sur la bouche son libérateur quadrupède. Dès ce jour, il le fit nourrir, comme un cher et fidèle serviteur, sans souffrir désormais qu'il servît à aucun emploi (3).

(1) Monstrelet. S. Remi, *Panthéon*, p. 523. Le seigneur de Montaigu, cité en chapitre, fut dégradé aux termes des statuts de l'ordre, pour s'être sauvé, « sans avoir été mort ni pris. » Désespéré, il partit pour la Terre-Sainte et y mourut.

(2) Valbonnays. Berry. Jean Chartier, t. J, p. 132. Ms. Cordeliers, n° 15, f° 499 v°.

(3) Valbonnays. Fontanieu. Chorier. La Pise. Paradin. Le château de

Plus de deux cents Bourguignons s'étaient noyés en cherchant à traverser le Rhône. Les fuyards, çà et la, couraient à travers champs, se cachant dans les bois, dans les blés, comme des lièvres. Là, des paysans dauphinois, armés suivant l'édit, assommaient et tuaient ces chevaliers. Les Français étaient à peu près égaux en nombre à l'ennemi. Un seul homme, appartenant à Rodrigo, périt de leur côté. « Rodrigue, » dit un chroniqueur envieux de ses exploits, « Rodrigue, homme plein de malicieux engin, exploita merveilleusement en la défense, sans oublier son profit. » Douze cents chevaux et quantité d'armures furent vendus, trois jours après, sur la place de Crémieu. Gaucourt, le maréchal et Villandro se partagèrent cent mille florins d'or de rançons. Le reste du butin fut distribué aux vainqueurs (1).

Des chants populaires qui, dit-on, se répètent encore dans nos montagnes, célébrèrent, dès cette époque, la bataille d'Anthon.

La bannière du prince d'Orange était rouge et noire. A l'angle droit supérieur, un soleil d'or, naissant, illuminait tout le champ de ses rayons. Cette bannière, avec beaucoup d'autres, demeura parmi les trophées de sa défaite. On la vit pendant des siècles suspendue, à Grenoble, dans la chapelle delphinale de Saint-André. Louis de Cha-

---

Méximieu avait pour seigneur Imbert Maréchal, gentilhomme bressan. Ce dernier était l'un des principaux fauteurs et agents du parti orangiste. Du Rivail-Terrebasse, p. 506, 514.

(1) Fontanieu. Vicomte de Leusse, p. 297. Berry, p. 380. Quicherat, p. 132. *Chronique Martinienne*, f° cclxxvij. Suivant Thomassin, les Français étaient moins nombreux que leurs ennemis. La *Chronique Martinienne* (dictée par des rivaux de Rodrigue) renverse la proposition.

lon perdit toutes les places qu'il occupait sur le territoire du roi de France (1).

Georges de la Trimouille remportait ce triomphe, au moment où la Pucelle venait d'être livrée à l'ennemi. Par les mains d'un aventurier castillan, d'un condottieri mercenaire, le royaume avait été préservé du démembrement. Gaucourt, toujours aidé de Villa-Andrando, poursuivit le prétendant jusque dans sa capitale. Orange fut assiégée le 29 juin 1430 et se rendit après quelques jours de résistance, ou plutôt de négociation. Le 3 juillet, Gaucourt et Rodrigue y entrèrent, et les bourgeois prêtèrent serment de fidélité au roi de France. Puis Gaucourt se retira, laissant pour gouverneurs en son nom, dans la ville, le bâtard de Valence, et, dans le château, le bâtard de Poitiers (2).

Mais à peine le lieutenant était-il rentré à Grenoble, qu'une sédition éclatait à Orange. Les deux bâtards furent expulsés et les orangistes retournèrent sous la domination de leur prince. Le gouvernement de la Trimouille transigea de nouveau. Deux arbitres furent en premier lieu désignés : l'archevêque de Narbonne, légat d'Avignon (3), et l'évêque d'Orange (4), camérier du pape. Louis III, roi de Sicile, intervint ensuite, comme suzerain, à raison de son comté de Provence. Jean Louvet reparut dans cette affaire, avec le titre de commissaire arbitrateur (5).

(1) Valbonnays, p. 65. Leusse, p. 297. La Pise, p. 122. Du Rivail, p. 515.
(2) La Pise. Fontanieu, f° 195. D. Calmet, *Histoire de Lorraine, preuves*, t. II, col. 207. Du Rivail, p. 516.
(3) François de Conzié.
(4) Guillaume X, archidiacre de Laon, prélat romain.
(5) La Pise. Fontanieu. *Gallia christiana*, t. I, col. 781 ; t. VI, col. 100. Ci-dessus, t. I, p. 447, note 2. Bouche, *Histoire de Provence*, t. II, p. 450.

Le 18 mars 1431, François de Warambon se jeta sur la ville de Trévoux en Dombe. Cette place appartenait à Charles de Bourbon, comte de Clermont. Or, le sire de la Palu avait à venger sa disgrâce d'Anthon. Dans sa fougueuse animosité, il poursuivait le comte Charles d'une haine particulière. Trévoux, surpris sans défense, fut escaladé, mis au pillage. Cependant Warambon ne put réussir à s'emparer du château : chargé de butin, incendiant les villages sur sa route, il vint chercher un refuge en Bourgogne (1).

Enfin, le 22 juin 1432, le roi étant au château de Loches, un arrangement final passé entre Charles VII et le prince d'Orange, fut signé par la Trimouille et les autres membres du grand conseil (2).

Charles II, de Lorraine, en mariant sa fille Isabelle à René d'Anjou, avait appelé son gendre à lui succéder dans son duché. La Lorraine étant un fief féminin, cette dévolution se trouvait donc en harmonie avec la loi de l'État.

---

(1) Beauregard, *Souvenirs d'Amédée VIII*, p. 79 et s. Voy. ci-dessus p. 257, note 2 et p. 264.

(2) Aux termes de cet acte, le prince d'Orange rentra en grâce auprès du roi de France. Louis de Chalon s'engageait à servir Charles VII avec trois cents lances garnies et trois cents hommes de trait : il devait également s'entremettre, comme médiateur et allié, auprès du duc de Bourgogne. Une rente de 852 florins d'or est, en outre, allouée au prince Louis sur le Dauphiné ; de nouveaux juges sont nommés pour terminer judiciairement le litige. Louis de Chalon, finalement, retournait en possession de ses terres dauphinoises, à charge d'hommage envers la couronne. Il les recouvra toutes, sauf quelques places, que lui disputait le bâtard d'Orléans. Du Tillet, *Traités*, p. 225, 240. Berry, p. 380. La Pise. *Le Cabinet historique*, 1857, p. 107, sous la date du 31 juillet 1422. Ci-dessus, t. I, p. 445, note 2. Louis, après sa défaite d'Anthon, prit, à ce qu'il paraît, ces mots pour devise : *Non plus*. Alf. de Terrebasse, notes sur Du Rivail, p. 516. Orange retourna sous la domination du prince Louis en 1436. La Pise, p. 126 à 128. Ms. lat. 5456, f° 97 et s.

Cependant Charles avait un neveu nommé Antoine de Vaudémont, issu d'une branche collatérale et masculine. Antoine, dès l'époque où René s'unit à Isabelle, revendiqua ses prétentions sur la couronne ducale. Tant que Charles II vécut, son ascendant suffit à contenir l'ambition du jeune comte. Mais le duc de Lorraine mourut le 25 janvier 1431. Antoine alors renouvela ses démonstrations et prit une attitude menaçante (1).

Dès le 22 février, Antoine prit le nom et les armes de Lorraine : en mars, il se présenta devant Nancy, pour y être reconnu comme duc ; mais les bourgeois refusèrent de lui ouvrir les portes de la ville. Antoine, aussitôt, en appela, suivant le style féodal, à Dieu et à son épée. R. d'Anjou et Isabelle de Lorraine, prirent immédiatement et par voies de droit, l'offensive. Antoine fut sommé de faire hommage au duc, spécialement pour le comté de Vaudémont. Sur le refus de son vassal, R. d'Anjou, le 1er juin 1431, posa le siége devant la ville de Vaudémont (2). Durant cet intervalle, les deux princes lorrains se préparèrent à combattre. Antoine se rendit en Flandres, auprès de Philippe le Bon. Il se rencontra, près de ce duc, avec le sire de Toulonjon, maréchal de Bourgogne. Le comte Antoine avait toujours suivi le parti bourguignon. Malgré ses pressantes nécessités militaires, Philippe accorda au prétendant mille

---

(1) Ci-dessus, t. I, p. 149, 151. D. Calmet, *Histoire de Lorraine*, 1728 in-f°, t. II, col. 766 et s. Digot, *Histoire de Lorraine*, 1856, in-8°, t. II, p. 336 et s. ; t. III, p. 1 et s. Pour la compétition des lignes, masculine et féminine, au point de vue du droit féodal, cf. ci-dessus, p. 256-7, note 2 ; t. I, p. 196, 201 ; et autres exemples.

(2) Digot, p. 1 à 16. D. Calmet (*ibid.*), *Preuves*, t. III, col. xiij et s.

à douze cents de ses archers picards et quelque noblesse (1).

Le prince d'Orange (2), le comte de Fribourg ; Imbert Maréchal, seigneur de Méximieu ; le sire de la Palu, et autres vaincus d'Anthon, Comtois, Bourguignons et Savoisiens, fournirent de nouveaux contingents. Sir John Adam, capitaine de Montigny en Champagne, pour les Anglais, ceux de Nogent et de Coiffy; sir Thomas Gagaren, et autres de cette nation, prirent également les armes à la suite d'Antoine. Cette armée de secours reconnut pour chef, sous l'autorité de Philippe le Bon, le maréchal de Bourgogne (3).

De son côté, René d'Anjou, au mois de mai, vint trouver Charles VII en Touraine. Le roi accueillit son beau-frère avec bienveillance. Il donna ordre à Barbazan, gouverneur en Champagne, de secourir le nouveau duc de Lorraine. Barbazan alla rejoindre le duc à Nancy : avec son appui moral si considérable, il lui amenait deux cents lances garnies et un gros d'archers (4).

Marie d'Harcourt, comtesse de Vaudémont, pendant le voyage du comte en Flandres, venait de lui donner un fils, à Joinville. Douze jours après l'enfantement, la comtesse était debout : elle rejoignit au passage son mari, suivie d'une compagnie de soldats, qu'elle avait levée. Antoine

(1) « Et fist sa cueilloite de environ xiiij^e archiers de Picardie qu'il emmena atout heucques vermeilles et noires... » Ms. Cordeliers n° 16, f° 508.
(2) Louis de Chalon ne prit point de part en personne à la journée de Bulgnéville, « mais ses gens et son estendard » y étaient. (S. Remi, p. 526.)
(3) Monstrelet, p. 455, 457, 459. D. Calmet, col. 769. Berry, p. 383. D. Plancher, *Histoire de Bourgogne*, t. IV, p. 149. Digot, p. 17. Nogent-le-Roi, Montigny, Coiffy (Haute-Marne).
(4) D. Calmet, t. II, col. 768. *Itinéraire*. Berry, 383.

traversa la Champagne et se joignit à ses auxiliaires. Ceux-ci le rencontrèrent à Langres : les troupes marchèrent ensuite dans la direction de Vaudémont et de Nancy (1).

Le dimanche, 1ᵉʳ juillet 1431, les troupes confédérées d'Antoine étaient réunies près d'un village nommé Sandaucourt, voisin de Chatenoye (Vosges). René d'Anjou, assisté de Barbazan, le suivait à deux lieues de distance. Le duc avait rassemblé toutes les forces de Lorraine. Elles étaient composées en partie des communes ; soldats peu solides et inexpérimentés : toutes les baronnies de la province et ses alliances d'Allemagne lui valurent en outre une multitude de chevaliers (2).

Après une journée d'attente, les alliés de Vaudémont résolurent de décamper. Ils se voyaient de beaucoup les moins nombreux, et sans vivres dans ce pays ennemi. Le plan qui prévalut dans leurs conseils, fut de se retirer, en incendiant et ravageant la contrée. Au point du jour, le 2 juillet, ils approchaient de Bulgnéville : le jeune et ardent René d'Anjou décida de se jeter à leur poursuite. Barbazan, sage et expert, tenta vainement de l'en dissuader. Il conseilla de temporiser; d'observer un ennemi impuis-

---

(1) Digot, p. 17, 18. Monstrelet, p. 459. Isabelle de Lorraine, femme de René d'Anjou, ne demeura point en arrière de Marie d'Harcourt. Elle sut prêter au duc, surtout lorsque ce dernier fut trahi par la fortune, l'assistance la plus précieuse. Voy. l'opuscule intitulé *Agnès Sorel*, par Vallet de Viriville (Extrait de la *Revue de Paris*), 1855, in-8°, p. 7 et s.

(2) Le bourguignon Monstrelet évalue à quatre mille combattants le nombre des alliés d'Antoine, et celui des Lorrains, à six mille. L'assentiment du hérault Berry, chroniqueur français complétement favorable à René, ne permet pas de suspecter ce témoignage. Berry atteste en effet que « le duc de Bar avoit deux hommes contre un. » (P. 384.) Ms. Cord. n° 16 (bourguignon), f° 508 : « Six contre ung. »

sant, et de le laisser vaincre, sans coup férir, par la famine. Le jeune maréchal de Lorraine (Jean d'Haussonville), le jeune damoiseau de Commercy, accueillirent avec dérision les avis du vieux capitaine. A entendre ces pétulants jouvenceaux, « il n'y en auroit point pour leurs pages ! » L'un d'eux, pendant qu'on délibérait, fit entendre ces paroles : « Qui a paour des fœulles, si ne voise pas au bois (1) ! » — « Icelles paroles sont pour moi, » répondit Barbazan. « La merci Dieu ! j'ai vécu sans reproche et aujourd'hui l'on verra si je le dis pour lascheté, ni pour crainte d'eux ; mais le dis pour le mieux et pour les dangers qui en pouroient advenir. » Les Lorrains s'ébranlèrent, et Barbazan prit le commandement de l'avant-garde. On allait en venir aux mains, lorsqu'Antoine de Vaudémont demanda par un héraut à parlementer : René d'Anjou s'entretint quelques instants avec lui ; mais les deux prétendants ne purent s'accorder. En ce moment, un cerf vint à passer. L'animal, consacré par mainte légende, s'arrêta quelques instants entre les deux partis ; puis il fondit, tête baissée, contre l'*ost* de René. Les Lorrains tirèrent de cet incident un funeste présage (2).

Cependant, les troupes d'Antoine avaient savamment fortifié leur position. La cavalerie se précipita sur elles de toutes parts ; mais de toutes parts l'ennemi était inexpugnable. Barbazan fit enlever par ses archers l'un des chariots qui défendaient le front de bandière des Bourguignons. A ce moment, le maréchal de Toulonjon démasqua sa re-

---

(1) Monstrelet, p. 462. D. Calmet, 771. — Quand on a peur des feuilles, eh bien ! qu'on n'aille pas au bois ! — René croyait « avoir assez de monde pour combattre tout le monde en ce jour. » S. Remi, p. 525.

(2) Digot. Monstrelet. S. Remi. Bourdigné-Quatrebarbes, t. II, p. 167.

doutable artillerie. Une vigoureuse sortie repoussa, culbuta les assaillants et la bannière de Barbazan fut renversée dans la poussière. Les cavaliers lorrains commencèrent à fuir. Barbazan, intrépide et calme au milieu du désastre, fut impuissant à triompher de la panique. Robert de Sarrebruck, damoiseau de Commercy, tourna bride et quitta des premiers le champ de bataille. Barbazan rencontra le déserteur et lui reprocha sa conduite : « Tort ay, » répondit le damoiseau, « ains l'avoie promis à m'amie (1) ! »

René d'Anjou tint pied et reçut plusieurs blessures. Toutefois, entouré d'un gros d'adversaires, il fut obligé de se rendre. Le prince d'Anjou donna sa foi à un obscur écuyer picard, nommé Martin Fruiart ou Fremart. Cet homme d'armes appartenait à Pierre de Luxembourg, comte d Conversan et seigneur d'Enghien. Mais d'après les lois de la guerre, tout chef d'armée avait droit de préemption, moyennant un prix tarifé, sur les prisonniers ennemis de premier ordre. Philippe le Bon racheta le duc captif moyennant dix mille francs : René d'Anjou fut emmené en Bourgogne où il habita diverses prisons ; Martin reçut en outre cinq cents livres de rente sa vie durant et fut nommé bailli de Notre-Dame de Hal. Le même ordre avait été suivi pour Jeanne Darc (2).

---

(1) « J'ai tort ; mais je l'avais promis à ma maîtresse. » Les mêmes. « Mais debvoit le damoiseau de Commercy passer la nuitée avec certaine Agathe qui estoit sienne et qui avoit, ce dit-on, promesse de luy, que quitteroit la meslée et qu'il viendroit à tout méshui en sa chambrette et couchette..... Et de ce, n'en doutez, fut grande risée, etc. » Bournon cité par Digot, p. 24. Ms. s. fr. 1371, f° 269. Cf. Dumont, *Histoire de Commercy*, 1843, in-8°, t. I, p. 219 et s.

(2) Ms. Cordeliers n° 16, f° 508 v°. Monstrelet, IV, 474 ; V, 8. S. Remi. Berry. Ci-dessus, p. 155, 158, 170 et suiv.

Si l'on en croit le témoignage de Thomas Basin, vingt mille hommes, du côté de René, prirent part à cette bataille : huit mille *lorrains* y furent tués. Quel que soit le nombre de ces victimes, une seule suffit à illustrer l'hécatombe : Barbazan reçut la mort en combattant à Bulgnéville. On montre encore dans le pays la *côte* (ou colline) et le *pont de Barbazan*. René d'Anjou fit élever au milieu de cette plaine une chapelle, qui subsista jusqu'au dix-septième siècle. Les dépouilles mortelles de Barbazan furent d'abord inhumées en l'église de Vaucouleurs, capitainerie voisine : ce district militaire d'où était venue la Pucelle. Plus tard, Charles VII, maître de Paris, ordonna que les restes du grand capitaine fussent tirés de ce modeste asile, et ensevelis auprès des rois de France, à Saint-Denis (1).

(1) Mémoires de Th. Basin, I, 90, 93. Cf. D. Calmet, col. 770; D. Plancher, IV, 149; Digot, p. 18-19. — J. Chartier, I, 133. *Histoire de René*, 155. Robert de Baudricourt, capitaine de Vaucouleurs, combattit à Bulgnéville (et s'enfuit). D. Calmet, 769, 773. — La statue de Barbazan, œuvre du quinzième siècle, a survécu au temps, aux révolutions et aux remaniements politiques de l'antique abbaye. Elle subsiste, dès à présent replacée à côté de l'effigie funéraire de Charles VII. Guilhermy, *Description de S. Denis*, 1848, in-16, p. 47. *Magasin pittoresque*, 1858, p. 101. — Nous possédons une complainte en vers du temps sur cet événement. D. Plancher, Digot, *locc. citt. Histoire de René*, p. 153. *Revue des Sociétés savantes*, 1857, p. 710.

CHAPITRE III

Tableau de l'administration française. Suite des événements (1429-1433).

Les finances de l'État continuaient à se ressentir de la situation que nous avons précédemment esquissée. Taille annuelle et répétée, aliénations du domaine, emprunts quotidiens, engagement de fonds territoriaux, de revenus et de meubles : telles étaient les voies administratives suivies par le gouvernement de Charles VII. Ces mesures financières, attendu la crise que traversait le royaume, ne constituaient que des expédients désastreux. Les monnaies, spécialement, donnaient lieu à des sophistications étranges, tant sous le rapport moral ou légal, qu'au point de vue de l'économie politique (1).

Au quinzième siècle, le parlement était, en Angleterre, une institution pleine de vigueur : le duc de Bedford sut

---

(1) 1433, janvier, 8. G. Charrier donne reçu à Adam de Cambray, président au parlement, de 200 livres tournois par lui prêtées au roi; ledit prêt remboursable en la cession d'un pré sis près La Rochelle. Original parchemin. (J. 184, n° 3.) — 1433, mars, 2. Le roi livre en garantie à Denis de Chailly, son bailli de Meaux, la ville de Crécy en Brie, avec ses revenus pour 2,000 liv. t., avancées par ce chevalier pour ravitailler Lagny. (J. 194, n°s 57 et s.) — 1433, mars, 18. Le roi engage des terres en Dauphiné pour 12,000 florins. (*Ordon.* XIII, 185.) — 1433, avril, 4. Le roi, attendu l'insuffisance du revenu et des aides, frappe un impôt de 10 d. t. par quintal de sel vendu en Languedoc; ressource affectée à l'entretien de la maison de la reine. (Cabinet des titres : *Noyers.*) — Ms. Saint-Germain français, n° 572, p. 793 et s. P. Clément, *Charles VII et Jacques Cœur*, I, 11. *Ordon.* XIII, 164.

habilement s'inspirer de ce fait. Dans les provinces françaises soumises à sa domination, il convoqua chaque année les États des trois ordres ; jamais il ne leva de subsides sans leur concours légal. Le gouvernement de Charles VII, sur ce point de droit public, professait de tout autres doctrines. Une sorte de *concurrence*, néanmoins, l'obligea d'imiter cet exemple. Les priviléges des pays d'*États* furent maintenus et à peu près constamment respectés. Charles VII réunit même ces assemblées, dans ses provinces *de domaine*. Durant la première période de son règne, ces convocations, en général, se répétèrent au moins une fois chaque année (1).

Mais les institutions parlementaires, en France, n'ont jamais poussé les racines énergiques et profondes, qui, chez nos voisins, en assurèrent de bonne heure la solidité. Dès la fin du quatorzième siècle, nos *élus*, déjà, ne l'étaient plus que de nom : le roi nommait directement ces fonctionnaires. Nous avons dit quelques mots, ci-dessus (2), touchant les Etats généraux de 1420 et 1425. Le fragment qui suit jettera sur le caractère de ces assemblées une lumière nouvelle.

Ce fragment est tiré des œuvres de Jean Jouvenel ou Juvénal des Ursins, avocat général du roi au parlement de Poitiers, puis évêque de Beauvais, conseiller intime de Charles VII. L'auteur s'adresse (au moins fictivement) au roi :

« En 1430, » dit-il, « environ Noël, vous étiez à Chinon. Les

(1) *Journal de la paix d'Arras*, p. 84. Beaurepaire, *États, Administration*. Voy. ci-dessus, t. I, p. 238, 240.
(2) T. I, p. 237, 448 et s.

gens des trois estats de par deça, c'est-à-dire Reims, Laon, Châlons, Beauvais, Senlis, Troyes, Sens, Melun, Montargis et autres, se rendirent auprès de vous. Les plaintes du pauvre peuple vous furent humblement exposées par la bouche d'un gentilhomme de Senlis, en vous remontrant comment dussiez faire justice. Mais tout le confort qu'ils eurent fut que aucuns de vos gens disoient en vostre présence qu'il estoit un très-mauvais fol et qu'*on le debvoit jeter à la rivière* (1). »

Malgré leur dévouement et leur soumission, les populations se dégoûtaient d'une telle pratique. En 1431, le roi convoqua les Etats à Tours : les gens de Troyes ne s'y rendirent point. Peu à peu cette abstention se propagea. Charles VII, en 1439, supprima les parlements annuels ou Etats généraux du royaume. Comme assemblée *périodique*, déjà cette institution tombait d'elle-même en désuétude (2).

Les ressources limitées, que procuraient ces voies financières, avaient toujours pour destination prétendue les dépenses de la guerre. Mais il est constant que l'armée ne recevait régulièrement aucune solde (3). Ce qui n'empêchait pas des libéralités excessives, obtenues sous le bon plaisir du roi ou de ses familiers, et prodiguées à tels ou tels capitaines. Le roi, la reine surtout, vivaient dans un état modeste, souvent nécessiteux, bien éloigné du luxe et de la pompe qu'avaient tenus leurs prédécesseurs. Ce n'est pas seulement l'aliénation, qui servait d'avant-coureur à la ruine : le domaine, en cessant d'acquitter ses charges, d'entretenir et de réparer ses immeubles, tarissait lui-même les sources du revenu. Le gros des finances publi-

---

(1) Ms. fr. 4767, f° 39 v°. Cf. *ib.*, f° 38.
(2) Boutiot, *Guerre des Anglais*, p. 36 et s. Cf. Monstrelet d'Arcq, VI, 39. — (3) Basin, t. I, p. 102 ; etc.

ques s'engouffrait dans la dissipation, dans les concussions, et dans la fortune particulière de quelques favoris (1).

Les mesures utiles, qui vont suivre, nous semblent emprunter, précisément, de ces circonstances, une partie de leur intérêt.

Il existait depuis le douzième siècle, près de la capitale, une *léproserie* ou asile sanitaire, spécialement destiné aux gens de la maison du roi. Cette institution, confiée à des femmes, était le prieuré royal et privilégié de la Saussaye-lès-Villejuif. Privé de cette partie de ses états, le *roi de Bourges* dut suppléer à un tel besoin : c'est ce qu'il fit par lettres données à Chinon en février 1429. Il y avait également, près de cette résidence, une maladrerie, fondée par les rois de France. Ces lettres réunirent l'hospice à la collégiale de Saint-Mexme de Chinon. Le roi y institua en même temps une psallette. Cet établissement d'*instruction primaire* se composait du maître de chant ou écolâtre, et de quatre élèves ou enfants de chœur (2).

Charles VII, par un autre acte, daté de mars 1429, accorda cinq cents livres à la ville de Poitiers, pour l'entretien de ses fortifications. Au mois de juin suivant, il autorisa les religieux de la Prée (châtellenie d'Issoudun) à se

(1) Le 24 mars 1432, Christophe d'Harcourt, l'un des principaux conseillers du roi, est reçu grand maître des eaux et forêts de France. (Du Tillet, *Recueil*, p. 293.) Mais tout porte à croire qu'à cette époque la plupart des charges de la cour n'étaient point remplies. Tous les titulaires, certainement, n'en recevaient point les émoluments habituels. — 1432, mars. Aide de 47,000 livres, votée en Poitou : 1° pour traiter avec le duc de Bourgogne et les Anglais ; 2° pour l'hôtel du roi et de la reine. (Archives des Deux-Sèvres, communication de M. Luce.)

(2) Aux termes de l'acte, les chanoines durent célébrer en l'honneur du fondateur quatre messes aux Quatre-Temps à perpétuité. Ci-dessus, t. I, p. 354, note 1. *Gallia christiana*, t. VII, col. 636. J. 175, n° 59.

fortifier. Les gens de guerre français poussaient l'incommodité par rapport à ces moines, jusqu'à, disent les lettres, « jusqu'à faire manger leurs chevaux sur le grand autel. » La Rochelle s'était endettée pour le service et le salut du royaume. Une taxe de dix sous par tonneau de vin, chargé en Saintonge, s'y prélevait au profit du roi. Partie de cette taxe fut remise à la ville (lettres du 6 décembre 1431). Le 27 mars 1432, un nouvel et inutile édit fut rendu contre le brigandage. Les chartreux du Liget en Touraine avaient de même construit, dans l'enceinte de leur monastère, des ouvrages fortifiés. Le roi, comme suzerain, autorisa cette construction, par ordonnance du 12 juin 1432 (1).

Plusieurs diplomes, promulgués de 1429 à 1430, concernent les villes d'Orléans, de Busset, de Melun, l'île de Noirmoutiers (2), les chapitres ou monastères de Poitiers, Saint-Yrieix et Grammont en Guyenne. La plupart confèrent à ces communautés divers priviléges. Quelques actes analogues méritent d'être spécialement analysés (3).

Des habitants de Mehun-sur-Yèvre, au nombre de cent soixante environ, étaient serfs et serves du roi, ou gens de pôte (*de potestate*), c'est-à-dire de condition non libre. Cette situation, vestige de l'état légal antérieur, formait

---

(1) *Mélanges* (Champollion), in-4°, t. III, p. 240; Mémoire de M. Rede de Poitiers. Raynal, *Histoire de Berry*, t. III, p. 29 et 513. Communication de M. G. Servois. Amos Barbot, *Histoire de La Rochelle*, ms. Saint-Germain français, n° 1060 (à la date). D. Vaissète, *Histoire du Languedoc*, livre XXXIV, chap. 60. *Ordonnances*, t. XVIII, p. 335.

(2) La Trimouille en était seigneur. *Ordonnances*, XVIII, 659.

(3) *Ordonn.*, XIII, 144, 149, 167, 183 ; XV, 230, 249, 290, 420, XVI, 302 Z. n° 765, pièce 2e. — 1431, février, 24. Règlement pour le conseil souverain du Dauphiné, XIII, 162.

une sorte d'anomalie. Le servage, dès lors, était, en effet, regardé comme onéreux et impolitique, non-seulement pour les serfs, mais encore pour le roi, leur seigneur. C'était à Mehun-sur-Yèvre que Charles VII avait inauguré son règne, et ce prince y faisait sa résidence habituelle. Les serfs de Mehun, sur leur demande, acquittèrent la somme une fois payée de sept cents réaux d'or, et le roi, par lettres données à Gergeau en mai 1430, les affranchit de la servitude (1).

Dans l'état de confusion où le royaume était plongé, les seigneurs usurpaient quotidiennement sur l'autorité monarchique. Beaucoup d'entre eux soumettaient leurs sujets ou vassaux à des taxes illégales. Les antiques redevances de la féodalité avaient été aggravées ou multipliées arbitrairement. La Trimouille donnait lui-même un éclatant exemple de ce genre de méfaits : l'ordonnance que nous allons citer fut rendue sous son gouvernement ; elle tendit à réprimer cet abus, du moins *chez autrui*.

Le roi, par édit du 16 mars 1431, abolit les nouveaux péages, imposés sur la Loire et sur les autres rivières qui s'y jettent. Divers actes de l'autorité pourvurent, dans le même temps, à perfectionner les communications fluviales et commerciales. Ainsi, des lettres datées de Poitiers, le 13 janvier 1432, eurent pour objet la navigation du Clain et de la Vienne. Une autre charte du 20 septembre

---

(1) *Ordonn.* XIII, 154. — 1431, janvier, 3, Chinon. Ordonnance rendue par le roi à la sollicitation de Henri Mellein, son peintre; spécialement en faveur du bon et continuel service qu'il en a reçu dans l'exercice de son art et métier. Le roi déclare que ledit Mellein et ses confrères, peintres-vitriers, sont par leurs priviléges, exempts des taille, guet, garde, etc., (*Ibid.*, 160.)

1432 fut accordée aux sollicitations de la municipalité troyenne. Cette charte ordonne que la Barse (affluent de la Seine), qui prend sa source au château de Vendeuvre (Aube), sera rendue navigable (1).

L'université de Paris, désorganisée par la guerre civile, était devenue anglaise. Au centre de son royaume, Charles VII n'avait que deux grandes écoles pour y former de jeunes sujets : c'étaient les universités d'Orléans et d'Angers, pour le droit civil ou canonique. Nous savons la glorieuse part que prirent aux événements de 1429 les étudiants ou écoliers orléanais. Aux mois de septembre et octobre 1432, les gens d'église, l'université, ainsi que les bourgeois d'Angers, firent également preuve de patriotisme. Par l'entremise de leur dame et duchesse, Yolande, ils prêtèrent au roi 4,050 livres pour secourir la ville de Lagny-sur-Marne, que les ennemis avaient précédemment assiégée (2).

Charles VII, peu après, reconnut ces services. Sur la requête d'Yolande et de Louis III, roi de Sicile, une ordonnance fut rendue en mai 1433. Le roi y confirme et augmente les privilèges accordés à l'université d'Angers pour les facultés de droit canonique et civil. Les mêmes avantages sont étendus aux facultés de théologie, de mé-

---

(1) *Ordonnances*, XIV, 7 en note. Redet (*Mélanges* Champollion), in-4°, t. III, p. 256. Boutiot, *Notice sur la navigation de la Barse*, p. 42 à 44; *Notice sur le château de Vendeuvre*, etc., 1861, 8°. — La Trimouille, par lettres royales données à Poitiers, en mai 1431, se fit octroyer à titre spécial et en récompense, dit l'acte, de ses « vertueux services, » un droit de 15 deniers par pipe de vin et par muid de sel qui passait, soit en Loire, soit par charroi, devant son château de Rochefort-sur-Loire. Voy. sur ce point un très-curieux document inédit : X. X. 8593, f° cxj v°.

(2) K. K. 244, f° 25 v°. Voyez ci-après, p. 294.

decine et des arts (ou des lettres), nouvellement incorporées dans cette université (1).

Des liens étroits de connexion et de *fraternité* unissaient entre eux le parlement et l'université. Charles VII avait transporté à Poitiers, les grands corps de l'État. Par une conséquence nécessaire, il institua, le 16 mars 1432, l'université de Poitiers. Cet utile et considérable établissement survécut aux circonstances qui avaient présidé à sa fondation (2).

Charles VII persistait à chercher un appui dans les alliances extérieures. En 1429, lorsque la Pucelle vint à Chinon, Simon Charles, maître des requêtes, revenait d'ambassade : il arrivait de Venise, où le roi l'avait envoyé. Le duc de Bourgogne, pendant qu'il assiégeait Compiègne, au mois de mai 1430, se vit attaquer par les Liégeois. Une fraternité qui remontait à des siècles, unissait ce peuple à la France. Philippe le Bon fut obligé de détacher du siége une partie de ses forces, pour aller défendre contre eux ses états de Namur. Le 22 avril 1430, ce même Simon Charles remplissait au nom du roi une nouvelle mission diplomatique; il se trouvait à Inspruck ou près cette ville, sur la terre d'Autriche, en la chapelle de Tous-les-Saints. Frédéric, duc d'Autriche, comte de Habsbourg, s'était rendu au même lieu. Jean Frauenberg, écuyer d'écurie de la reine de France, et qui probablement servit d'interprète, accompagnait Simon Charles.

---

(1) *Ordonn.* XIII, 186.
(2) *Ordonnances*, XIII, 179. Bouchet, *Annales d'Aquitaine,* appendice : *De l'Université de Poitiers*, in-f°, Poitiers, 1643. Vallet de Viriville, *Histoire de l'Instruction publique*, 1849, in-4°, p. 186, 194, etc.

Après avoir entendu la messe, le duc s'approcha de l'ambassadeur et lui demanda pour son fils, Sigismond d'Autriche, la main de la fille aînée du roi de France. Cette princesse était madame Radegonde, née vers 1426. L'envoyé agréa, au nom de Charles VII, la demande formée par le duc. En signe de promesse, il lui remit solennellement l'anneau symbolique des fiançailles (1).

Un traité d'alliance politique ou militaire, signé le 10 août par le duc Frédéric, suivit cette cérémonie. Charles VII ratifia, le 15 septembre, à Sens, la promesse de son ambassadeur, qui fut de nouveau confirmée à Chinon, le 6 janvier 1431. Le duc d'Autriche, vers le mois de novembre 1432, arrivait, en effet, aux portes de Châlons-sur-Marne, à la tête de ses gens d'armes, comme allié du roi de France. Le 1ᵉʳ mai ou jour *du Mai* (2) de cette année, Nicolas de Ferrare, marquis d'Este, reçut à sa cour le hérault nommé Dauphin.

Ce messager royal apportait, de la part de Charles VII, au marquis, des lettres patentes datées du 1ᵉʳ janvier 1432, jour des étrennes, qui l'autorisaient à *partir* ses armes de France. Les fleurs de lis d'or en champ d'azur devaient prendre place à droite, sur l'écu du marquis, à côté de l'ancien blason, ou aigle blanc de Ferrare. Nicolas ré-

---

(1) Ci-dessus, p. 177. Quicherat, *Procès*, t. III, p. 115. S. Remi, *Panthéon*, p. 500 à 504. Monstrelet, livre II, chap. 89 et 90; éd. d'Arcq, t. IV, p. 392 et suiv. J. 409, n° 51. Ms. Brienne, n° 88, f° 316. Leibnitz, *Codex diplomaticus*, 1693, in-f°, p. 349.

(2) *Le mai*, arbre de mai. Dauphin le hérault, voy. ci-dessus, p. 262. Lettre du roi aux Rémois, 8 février 1431. Il leur annonce l'arrivée du duc de Brunswick, cousin et allié du duc d'Autriche. Brunswick amène au roi de France mille hommes d'armes, soldés pour trois mois. (L. Paris, Archives de Reims.)

pondit sans retard à cette concession d'honneur : par ses lettres du 10 mai 1432, il fit au roi serment de fidélité, ligue et confédération, promettant de le servir, lui et les rois de France, ses successeurs, dans leurs guerres et à ses dépens (1).

A l'intérieur, la reine Yolande poursuivit de tous ses efforts une réconciliation durable entre la couronne et la Bretagne. On a des lettres de Charles VII, du 4 septembre 1429, par lesquelles le roi s'engage et oblige à traiter comme son fils, François de Bretagne, fils du duc Jean et comte de Montfort. Le comte se rendait vers le roi en ambassade. Yolande d'Aragon réussit à conclure le mariage de sa fille nommée comme elle Yolande, avec ce jeune comte de Montfort ; l'union fut célébrée au mois d'août 1431, à Nantes. Mais la conduite suivie par La Trimouille à l'égard du connétable de Richemont, frappa constamment de stérilité les desseins politiques ci-dessus indiqués et les vœux les plus chers de la reine Yolande (2).

(1) J. 409, n° 52 à 56. Ms. Brienne, n° 88, f° 318 et s. Le traité de futur mariage était passé entre Sigismond, mineur, et Radegonde, également mineure. A défaut de son fils, le duc promettait son neveu. Le roi stipulait que si Radegonde venait à mourir avant la majorité de l'époux et qu'il eût une autre fille nubile, il la substituerait à l'aînée. Madame Radegonde mourut en effet à Tours, le 19 mars 1444, avant que cette union pût être accomplie (Anselme). Le même ordre et les mêmes clauses devaient être observés plus tard, lorsque Charles VII maria Louis, dauphin, à Marguerite d'Écosse. — Barthélemy, *Histoire de Châlons*, p. 184, 185. Ms. Dupuy, n° 28, f°s 204, 205. Du Tillet, *Recueil des rois de France*, p. 224. Pailliot, *La Science des armoiries* au mot *Fleur de lis*. Par lettres du 10 mai 1432, Charles VII concéda également les fleurs de lis en armes à Galéas Visconti, duc de Milan (Pailliot, *ibid.*, p. 429, 430). *Biblioth. de l'École des Chartes*, t. VIII, p. 145, 146.

(2) Fontanieu, ms. 115, 1431, fév., 22. Lettres de G. de la Trimouille : il promet au prince François foy et loyauté (*ibid.*). Gruel (Panthéon), p. 371. *Procès*, t. V, p. 264. D. Morice, *Histoire de Bretagne*, 1429 à 1431 et 1433 ; preuves, t. II, col. 1232, 1238 à 1243.

La grande négociation, toujours pendante, était celle qui devait mettre en paix le roi avec l'Angleterre et subsidiairement avec le duc de Bourgogne. Le pape Martin V, et après lui Eugène IV, ne cessèrent de s'employer à cette œuvre chrétienne (1).

Des suspensions de guerre partielles et temporaires, furent le seul résultat de ces négociations. La Champagne et la Picardie notamment, devaient être préservées par ces armistices. Le 13 décembre 1431, Charles VII consentit des trêves pour six mois avec le duc de Bourgogne; ce traité fut renouvelé à Chinon, le 10 février suivant. En avril 1433, de nouvelles conférences sur le même sujet s'ouvrirent à Seineport, entre Melun et Corbeil. Charles, duc d'Orléans, prisonnier à Londres, s'entremit aussi dans ces tentatives diplomatiques. Dix-huit ans de captivité avaient fait, pour ainsi dire, de ce prince faible un Anglais : il offrit au conseil d'Henri VI les conditions les plus onéreuses pour les intérêts et pour l'honneur de la France. Un projet de mariage fut en outre agité, dès cette époque, entre le jeune Henri VI et l'une des filles de Charles VII (2).

(1) *Proceedings*, IV, 12, 15. *Rolls of Parliament*, IV, 371. *Lettres des rois*, etc., II, 412. Monstrelet d'Arcq, V, 27. *Journal de Paris*, 695, 698, 699. D. Plancher, IV, preuves, 87. Vallet de Viriville, *Archives de l'Aube*, 7. Gachard, *Dijon*, 34, 61. Garnefeldt, *Vita beati Albergati*, etc.

(2) 1432, mai, 8. D. Grenier, t. XX *bis*, fos 11, 14 v°; t. LXXXIX, p. 277. Ms. Collection de Bourgogne a. s. fr. n° 292, t. X, p. 293 à 307; 314. Ms. Fontanieu 116, au 8 juillet 1432. Charte du 31 mai 1433, communiquée par M. L. Delisle. D. Plancher, t. IV, preuves, p. 94, 103 à 109. Sauval, *Antiquitez de Paris*, t. III, p. 590. Berry-Godefroy, p. 384. Monstrelet, t. V, 45. Du Tillet, *Traités*, p. 224. Rymer, t. IV, p. 176, 187; Charte du duc d'Orléans, 14 août 1433; *ibid.*, 197 et s. Gachard, *loc. citat*. Lettre de Charles VII, arch. de Reims, 14 déc. 1431, etc., etc.

CHAPITRE IV

Suite des événements jusqu'à la chute de La Trimouille
(1431 juillet-1433 juin).

La guerre, une fois rallumée, embrasa tout le théâtre qu'elle avait précédemment rempli. Au mois de juillet 1431, Jean de Luxembourg entrait en Champagne par le nord. Il s'établit d'abord à Rethel, traversa le Porcien et ravagea la province septentrionale, où il soumit diverses places. Le 24 juillet, Ervy au sud de Troyes, vit avec terreur arriver devant ses murs Jean de La Roche, suivi de ses routiers. Jean, duc d'Alençon, le 20 août, fit assiéger, sans succès, la ville de Sainte-Suzanne au Maine. Un différend s'était élevé dans Avignon entre les officiers du roi et ceux du pape : Charles VII, le 18 septembre, nomma des commissaires civils pour apaiser ces difficultés. Mais bientôt il fallut expédier des gens d'armes en Languedoc, en Lyonnais et en Dauphiné. La guerre civile et le brigandage des corps francs se firent spécialement sentir dans le Poitou (1).

Jean de Malétroit, évêque de Nantes, était chancelier du duc de Bretagne; le 29 septembre 1431, ce prélat re-

(1) Monstrelet d'Arcq, t. V, p. 8 à 11. Boutiot, *Guerre des Anglais*, p. 30. Cagny, chap. CXVI. D. Vaissète, *Histoire du Languedoc*, liv. XXXIV, chap. 58, 61. Dossier *Gamaches* : 22 juillet, 24 septembre 1431; 27 mars 1432; vers mai-juin 1433. Ms. Fontanieu 115, le 24 septembre 1431. Beaurepaire, *États*, p. 43.

venait d'une ambassade, pour la paix, qu'il avait remplie auprès du roi de France. Accompagné du personnel de la légation et de ses gens, il cheminait pacifiquement : l'évêque était, d'ailleurs, muni de sauf-conduits en bonne forme. Déjà, il avait atteint le territoire de son diocèse : le lieu nommé Quarquefou (1) offrait une lande ouverte ; la nuit tombait. Tout à coup, Jean, duc d'Alençon, embusqué non loin de là, fond à l'improviste sur le prélat : ce prince était accompagné d'un gros d'hommes armés, qui arrêtent l'évêque, le maltraitent, lui et ses gens, en s'emparant de la vaisselle et du bagage. L'ambassadeur et tout le cortége furent ainsi faits prisonniers. Par la pluie battante, au milieu de la nuit, on les conduisit, à douze lieues, dans un château appartenant au duc d'Alençon : l'évêque fut ensuite transféré à Pouancé, autre forteresse du prince (2).

Jean d'Alençon, par sa mère, était neveu de Jean VI, duc de Bretagne. A peine sorti de prison, il avait requis l'aide de ce duc, pour payer sa rançon et rétablir ses finances : il réclamait certaine créance qui lui appartenait, disait-il, du chef de sa mère. Mais les Anglais tenaient en respect le duc de Bretagne ; ce dernier ne condescendit qu'avec beaucoup de résistance aux sollicitations de son neveu. Jean d'Alençon, pour le contraindre, employa la voie qui vient d'être indiquée (3).

(1) Village situé à 8 kilomètres de Nantes (Loire-Inférieure).
(2) *Archives de M. le marquis du Hallay-Coëtquen*, 1851, in-8°, p. 51 et s. Biographie Didot au mot *Jean*, duc d'Alençon. Pouancé, Maine-et-Loire, arrondissement de Segré.
(3) *Ibid.* Cagny, chap. CXVII et s. *Notice sur Château-Gonthier*, par M. Bonneserre de S. Denis, dans les *Mémoires de la Société d'Agriculture* etc., d'Angers, 1860 in-8, p. 225 et s.

Jean avait en sa compagnie à Pouancé, sa mère, sa sœur et la duchesse d'Alençon, fille de Charles d'Orléans, le duc poëte. Jean VI appela les Anglais à son secours. Du 4 au 6 janvier 1432, Pouancé fut investi : le duc de Bretagne y tint le siége, accompagné de son fils, le comte de Montfort, du connétable Arthur, de la noblesse bretonne et de forces considérables. Les seigneurs de Scales et de Willoughby commandaient les troupes anglaises. Jean d'Alençon était soutenu par le gouvernement de Charles VII, qui lui envoya deux mille hommes; Raoul de Gaucourt et le bâtard d'Orléans allèrent s'enfermer dans Pouancé, où ils prirent en main la charge de la défense (1).

La duchesse d'Alençon était sur le point d'accoucher. Jean, le 4 janvier, s'esquiva par une poterne, laissant sa femme et sa famille en proie aux angoisses et aux périls de la situation. Pouancé fut attaqué et défendu pendant près d'un mois, non sans effusion de sang; mais le connétable s'interposa pour adoucir les rigueurs de ce conflit. Jean, duc d'Alençon, fut contraint de capituler et le chancelier de Bretagne recouvra sa liberté. Le prince coupable avait imploré l'intervention du légat, cardinal de Sainte-Croix : Jean, le 28 mars 1432, se rendit à l'église cathédrale de Nantes; là, dans l'une des chapelles et par-devant l'official, il souscrivit un traité, qui nous est resté. Le duc, par ce contrat, demande l'absolution de son sacrilége : il s'engage à payer une indemnité de dix mille livres de Bretagne envers l'évêque; plus deux mille écus d'or. Jean dut en outre et sur les dires ou estimation des dé-

---

(1) Gruel, p. 372. Du Tillet, *Traités*, p. 225. D. Morice, *Preuves*, t. II, col. 1233. Cabinet des titres, dossier *Gaucourt*, 12 février 1433.

troussés, leur restituer leur bagage, en s'obligeant à ne plus commettre de semblables actions dans l'avenir (1).

Le 3 février 1432, les Français tentèrent de réparer l'échec éprouvé au mois d'août précédent. Cette entreprise consistait à marcher de nouveau sur Rouen. Un cordelier du parti français avait été prisonnier dans cette ville : il y noua des intelligences avec le béarnais Pierre de Biou, *écheleur*, qui faisait partie de la garnison anglaise. Ce frère mineur vint trouver à Beauvais le maréchal de Boussac et lui soumit un plan d'invasion secrète. Le moment était favorable : Jean, duc de Bedford, se trouvait à Paris, tandis que le jeune Henri VI habitait Rouen ; une fois maîtres du château, les vainqueurs s'emparaient de la ville et faisaient prisonnier le roi d'Angleterre (2).

Ces ouvertures furent acceptées : l'expédition s'organisa, comme la précédente, à Beauvais et le corps d'avant-garde partit, sous le commandement du nommé Guillaume de Ricarville, gentilhomme du pays de Caux. Agé d'environ trente-cinq ans, Ricarville avait combattu à Orléans aux côtés de la Pucelle. Successivement écuyer, puis pannetier du roi, il possédait la confiance de La Trimouille et servait parmi les gardes du corps de Charles VII. L'intrépide capitaine accomplit avec un plein succès la mission dont il s'était chargé : arrivé sur le terrain, suivi de plus de cent

(1) Monstrelet, p. 12. J. Chartier, t. I, p. 157 et s. J. 227, n° 84 ; original scellé du duc, donné à Chinon, le 17 janvier 1432. Ms. Béthune, 9419, f° 76 v°. Fontanieu, 116. Archives du Hallay. D. Morice, *Histoire de Bretagne*, t. I, p. 515 ; *Preuves*, col. 1248-1250. — Du Tillet, *ibid.*, p. 240.

(2) Chéruel, *Histoire de Rouen*, p. 112. — Monstrelet, t. V, p. 12 et suiv.

hommes d'armes, il s'avança dans l'obscurité, sous les murs du château (1).

Pierre de Biou jeta des échelles de cordes : peu de temps suffit aux Français pour exécuter l'escalade, et, de la sorte, une grande partie du château, notamment la grosse tour, tomba au pouvoir des assiégeants. Le peu d'Anglais qu'ils rencontrèrent furent mis à mort ou en fuite. Lord John Fitz-Alan, comte d'Arundel, commandait la place : surpris dans la chambre où il couchait, au milieu de la nuit, il n'eut que le temps de se barricader. Le jour venu, il se fit descendre au fossé, par le moyen d'une corbeille attachée à une corde ; Arundel regagna ainsi la ville, et se mit en sûreté. Les assiégeants étaient venus à pied : ils avaient seulement cinq ou six chevaux, qu'ils laissèrent hors des murs (2).

Ricarville, aussitôt ce résultat obtenu, remonte à cheval : piquant des deux, il retourne en hâte à Beauvais, pour chercher les renforts promis et qui lui étaient nécessaires, afin d'achever cette importante conquête. Mais ses instances furent vaines : la discorde se mit entre les troupes destinées à ce complément d'expédition ; les hommes d'armes se disputèrent au sujet du butin, qu'ils devaient recueillir à Rouen, et qu'ils n'avaient point encore. Rien ne put triompher de cette querelle et de l'indécision du maréchal. Les cent ou cent vingt hommes, environ, entrés dans le château, furent abandonnés sans secours (3).

Ces malheureux se réfugièrent dans la grosse tour de

(1) *Ibid.* Cabinet de titres, *Ricarville;* acte du 29 avril 1431, à Poitiers. *Procès*, t. III, p. 21. J. 183, n° 142. Vitet, *Histoire de Dieppe*, 1844, in-16. — (2) Monstrelet. *Chronique de Normandie*, f° 182. Holinshed, p. 1251.
(3) Mêmes autorités.

Philippe-Auguste. Mais les Anglais étaient encore assez forts pour intimider les bourgeois : ceux-ci vinrent en aide à la garnison et le comte d'Arundel se concerta tout à loisir avec le duc de Bedford ; il fit le siége en règle de la tour, qu'il battit, à bout portant, d'artillerie. Après douze jours de combat, les assiégés se rendirent. Les 16 et 17 mars 1432, cent cinq d'entre eux furent décapités par la main de l'exécuteur, sur le Vieux-Marché, où avait péri la Pucelle. Pierre de Biou, l'écheleur, subit son sort le premier. Nous avons le compte du salaire que reçut le bourreau pour l'avoir « traîné sur une claie, au bout d'une charrette, depuis les prisons du roy, nostre sire, » jusqu'au lieu de l'exécution. Là, P. de Biou fut « décapité, écartelé, ses quatre membres pendus aux quatre portes ; le corps, au gibet, et sa tête, assise sur une lance. » G. de Ricarville retourna sain et sauf à la cour (1).

Chartres était un des points où le gouvernement anglo-bourguignon comptait les partisans les plus passionnés. Deux marchands de cette ville, qui commerçaient à Orléans et à Blois, entrèrent en relations avec les Français. Ils se prêtèrent à une conspiration, qui devait avoir pour résultat de rétablir l'autorité du roi Charles. Raoul de Gaucourt, le bâtard d'Orléans, et Florent d'Illiers, gentilhomme du pays, prirent la part la plus active à cette entreprise. L'évêque, Jean de Fétigny, bourguignon de naissance, et d'autres membres du haut clergé, tenaient

---

(1) Sources citées. Ricarville ne fut donc pas décapité, comme on le crut alors. Il assista comme témoin au procès de réhabilitation de la Pucelle. *Journal*, p. 696. Beaurepaire, *Note sur la prise du château de Rouen par Ricarville en 1432*. Godefroy-Hermand, *Histoire de Beauvais*, Ms. s. fr., n° 5, 2, t. III, f° 1332. Ms. Duchesne, n° 79, f° 348 v°.

chaudement pour le parti anglais ; mais les gens d'église étaient divisés : la cause nationale avait à Chartres, entre autres, pour défenseur, un jacobin, orateur populaire, nommé Jean Sarrasin, ainsi que divers chanoines (1).

Les deux marchands se nommaient le premier Jean Ansel, ou Le Sueur, et le second Guillaume Bouffineau, appelé aussi le petit Guillemin. Aujour dit, le 12 avril 1432, trois charrettes se présentèrent de bon matin, à la porte Saint-Michel de Chartres. Elles étaient précédées des marchands. Ceux-ci, fort connus des portiers, déclarent amener du poisson et du sel, qui faisaient disette dans la ville. L'un des portiers, gratifié d'une paire d'aloses, laisse entrer le convoi. Deux charrettes passent et la troisième verse sur le pont-levis. Au même instant, les charretiers jettent leur fouet et deviennent des soldats. Deux hommes armés sortent de chacun des tonneaux que contenaient les charrettes. Le convoi, au lieu de sel, était chargé de piques, de haches et de pertuisanes. La garde de la porte Saint-Michel est désarmée, mise à mort ou en fuite (2).

Cependant trois ou quatre mille hommes étaient échelonnés hors la ville, en diverses embuscades. Au son de la trompette, signal convenu, Florent d'Illiers pénétra dans Chartres, portant la bannière du roi. Jean Sarrasin avait convoqué, pour cette heure même, la population chartraine à un sermon public. Il eut soin de le prêcher à l'extrémité opposée de la ville. Florent d'Illiers, bientôt suivi de nombreux compagnons, pénétra, presque sans résistance, jus-

---

(1) Monstrelet, t. V, p. 21. Fontana, *Monumenta Dominicana*, 1675, in-f°, p. 326. Lépinois, *Histoire de Chartres*, t. II, p. 81 et s.

(2) Monstrelet. Lépinois. *Journal de Paris*, p. 696.

qu'à la place de la cathédrale. Toutefois l'évêque de Chartres, entouré de quelques bourguignons, se porta en armes à la rencontre des assaillants : il fut tué sur la place. Le capitaine de la ville n'avait que des forces insignifiantes ; il s'enfuit à cheval avec les cent archers municipaux : Gilles de l'Aubépin, bailli, se sauva également en escaladant les murs de la ville. Les vainqueurs se livrèrent aux excès qui accompagnaient alors toute guerre ; soixante bourgeois environ y périrent. Les capitaines et la garnison s'installèrent aux cris de *vive le roi ! la paix ! ville gagnée* (1).

N. Loyseleur, chanoine de Rouen et de Chartres, était l'ami de P. Cauchon, lequel, pendant longtemps, avait été grand archidiacre de la cathédrale de Chartres. Tous deux, promptement informés, requirent l'assistance du gouvernement anglais. Simon Morhier, gentilhomme chartrain et prévôt de Paris, fut envoyé vers son pays natal : il eut pour mission d'y renouer des intelligences et de tenter une restauration anglo-bourguignonne. Mais ses efforts demeurèrent infructueux. Le 23 avril 1432, le chapitre, investi (le siége vacant) de l'autorité épiscopale, reconnut solennellement le roi de France. Il institua dans la cathédrale une messe anniversaire, destinée à célébrer perpétuellement, au 17 juillet, le sacre de Reims. Peu de temps après, Charles VII donna, en faveur de Chartres, de nouvelles lettres d'abolition, datées de Loches, au mois de juin 1432. Le roi, par cet acte, efface les traces des discordes civiles : il maintient dans leurs bénéfices les chanoines fidèles à sa cause et confirme généralement les

---

(1) Les mêmes. Jean Chartier, t. I, p. 142. Basin, t. I, p. 78. Godefroy, *Charles VII*, p. 852, 853.

priviléges du pays ; Jean, bâtard d'Orléans, était nommé lieutenant-général. Chartres, désormais, se rallia invariablement au parti français (1).

Lagny-sur-Marne, depuis le mois d'août 1429, appartenait à Charles VII. Jeanne Darc y avait planté ou restauré le drapeau de la France : elle avait, plus récemment, illustré ce lieu par son séjour et par de nouveaux exploits ; enfin les Français, depuis lors, s'y étaient fortifiés. Située entre Paris et Melun, sur une route d'eau qui mène à la capitale, cette station armée incommodait fort les Anglais. Vers la fin de mars 1431, les Anglais bombardèrent la place et y jetèrent jusqu'à quatre cent douze pierres, ou boulets de canon, le même jour. Un coq, tué par ces projectiles, fut, dit le *journal* parisien, la seule victime que fit cette première attaque (2).

Le second siége fut posé devant Lagny le 1ᵉʳ mai 1432 et dura quatre mois. Le gouvernement anglais attachait le plus grand prix à la soumission de ce poste. Il éprouva, de la part des défenseurs, une résistance invincible. Le conseil de Charles VII fit les derniers efforts pour en assurer le succès : de nouvelles dettes, des emprunts multipliés, furent contractés au nom du roi ; La Trimouille se rangea, comme par le passé, au nombre des prêteurs. Les assiégeants avaient réussi à resserrer leurs approches. Lagny se trouvait étroitement pressé par la famine et battu immédiatement d'artillerie. Dans cette extrémité, le gou-

---

(1) *Procès*, t. II, p. 10. *Journal*, p. 697. Lépinois, t. I, p. 240. J. 46, n° 99. *Mémoires de la Société archéologique de l'Orléanais*, t. III, p. 7 à 11. 1432, juin, 9. Charles VII nomme un administrateur à l'abbaye de S. Père de Chartres (*Gall. christ.*, t. VIII. *Instrum.*, col. 391-2).

(2) Berry-Godefroy, p. 384. Monstrelet, t. V, p. 11, 27. *Journal*, p. 688.

vernement de Charles VII parvint à rassembler onze mille auxiliaires, qu'il expédia sous les murs de Lagny (1).

Ceux qui soutinrent le siége à l'intérieur se nommaient Jean Foucaut, capitaine, Ambroise de Loré, Hugh Kanedy, (écossais), etc. Du 7 juin au 10 août 1432, des secours importants leur furent amenés par Raoul de Gaucourt, Jean, bâtard d'Orléans, et Rodrigo de Villa-Andrando. Bedford, en de telles conjonctures, partit de Paris et vint placer dans la balance le poids de son commandement personnel; il était suivi de forces à peu près égales à celles de la partie adverse. Une action décisive eut lieu dans la prairie de Lagny, le 10 août 1432 : la victoire demeura du côté des Français et Bedford leva immédiatement le siége. Ses vivres, son artillerie, tout le matériel resta au pouvoir des Français; Lagny fut ainsi ravitaillé. Le 20 août, Jean, duc de Bedford, revint à Paris, le cœur navré et profondément atteint par cet échec (2).

Pendant les années 1431 à 1433, la guerre sévit continuellement en Picardie, dans le pays de Tournay, en Champagne, dans le Maine, le Poitou, l'Ile de France et le Languedoc. Rodrigue le Castillan avait rendu à la

(1) Ci-dessus, t. I, p. 483, t. II, p. 275, note 1 ; p. 281. Journal. Monstrelet, p. 31 et s. J. 183, nos 142, 144; J. 194, nos 57 et s. K. K. 244, fo 25 vo. Chronique de Tournay, dans le tome III des *Chroniques de Flandres*; collection belge, in-4o, 1856, p. 418. Holinshed, 1577, t. II, p. 1250. Catalogue Joursanvault, t. II, no 3395.

(2) Chronique de Tournay. *Journal*. Catalogue Teulet, p. 402. Basin, I, 87, 88. S. Remi, 527. J. Chartier, 1, 143 et s. *Bibl. de l'Éc. des Ch.*, VI, 135 et s. Michelin, *Essais historiques sur le département de Seine-et-Marne*, p. 780; communication de M. E. Grésy. Le 23 juin 1432, le chapitre de Notre-Dame de Paris prête sur gage au duc de Bedford trois cents saluts d'or, pour le siége de Lagny. Le 5 juillet, nouveau prêt de cinq cents saluts (L. L. 414, fo 86). Lettre de Charles VII ; arch. de Reims, 8 juillet 1432; communication de M. L. Paris.

France, devant Lagny, un nouveau et signalé service. En s'éloignant, il tourna ses armes contre la Touraine, qu'il se mit à ravager. Charles VII et ses gouverneurs déployèrent toutes leurs ressources et toute leur politique, pour se délivrer de ce terrible auxiliaire. Rodrigue, appuyé par la faveur de La Trimouille, épousa, le 24 mai 1433, Marguerite de Bourbon, fille naturelle de Jean, duc de Bourbon. Il porta ensuite dans le Midi ses redoutables exploits (1).

La Trimouille était toujours omnipotent. Sa puissance, néanmoins, ressemblait à celle des favoris qui l'avaient précédé : née de l'intrigue, elle devait périr par l'intrigue.

Pendant l'hiver de 1429 à 1430, Arthur de Bretagne revenait de Fresnay-le-Vicomte à Parthenay. Un inconnu, durant le trajet, chevauchait au plus proche du connétable et ne le quittait pas des yeux. Le connétable demanda qui était cet homme. — Quelque picard, lui dit-on. Le comte, alors, s'enquit du personnage, auprès de l'un de ses officiers, Gilles de Rouvroy Saint-Simon, gentilhomme de haut rang et du pays de Picardie. Messire Gilles répondit qu'il ne savait. Sur ce, l'inconnu fut questionné de plus près par le connétable. Enfin, dit la chronique domestique d'Arthur, cet homme avoua qu'il était envoyé par La Trimouille pour tuer le comte, moyennant une somme.

---

(1) Dossier *Gaucourt*, 28 août, 12 octobre 1431. Monstrelet, t. V, p. 16, 38 et s.; 54, 58 et s. Ms. Fontanieu, 116 : 1432, nov. 13 ; 1432-4. Boutiot, *Guerre des Anglais*, p. 43 à 63. Catalogue Teulet, p. 398, 401. Cagny, chap. CXIX. *Journal de Paris*, p. 697 à 699. Gruel, p. 372. *Bibl. Éc. ch.*, *ib.*, p. 139 et s. Barthélemy, *Histoire de Châlons*, p. 184. Janvier, *Recherches sur les Arbalétriers*, 1855, in-8º, p. 103. Catalogue Joursanvault, t. I, nº 993. Dossier *Foix* : 22 février 1433. Ms. ancien supplément français, nº 292, t. XI, p. 237 et 245. Ms. 4805, s. fr., fº 224 vº. *Proceedings*, t. IV, 178, 242, au 13 août 1433, mai, 3. Mariage de Marguerite de Valois. Voyez à la fin du présent chapitre, page 306, note A.

Arthur lui paya sa commission, en lui donnant un marc d'argent, et le congédia (1).

On n'a point oublié comment La Trimouille épousa Catherine de l'Ile-Bouchard, l'opulente héritière, veuve du sire de Giac. La Trimouille conçut, pour son fils aîné, le projet d'une alliance aussi avantageuse. A cet effet, il jeta les yeux sur Françoise d'Amboise, enfant de haut parage, née le 9 mai 1427. Françoise était fille de Louis d'Amboise, prince de Talmont, vicomte de Thouars, et baron des plus considérables du royaume ; richement possessionné de seigneuries en Touraine et en Saintonge. Marie de Rieux, bretonne, vicomtesse de Thouars, avait, ainsi que son mari, la confiance et l'accès du connétable. Georges de La Trimouille, par ces intermédiaires, voulut se rapprocher de son ennemi. Pour l'induire à ses desseins, il lui fit transmettre des offres d'accommodement (2).

Une entrevue, qui réunirait le connétable et le favori, fut proposée par Georges : ce rendez-vous devait avoir lieu entre Poitiers et Parthenay ; Arthur se méfiait, il refusa. Mais peu de temps après, Georges de La Trimouille attira dans le piége trois amis du connétable, qui pouvaient suppléer le comte en cette occasion. Antoine de Vivône, André de Beaumont et Louis d'Amboise, lui-même, répondirent à l'invitation du premier ministre. Ces faits se passaient en 1430, vers l'été ; La Trimouille mena ses hôtes à la chasse ; mais là, des compagnons apostés se saisirent traîtreusement des trois gentilshommes. Ceux-ci furent consignés

---

(1) Gruel, p. 371.
(2) Ci-dessus, t. I, p. 454. Livre d'heures de Pierre II, duc de Bretagne : Ms. 1159, latin, p. 173. Anselme : *Amboise, Rieux, La Trimouille*. Gruel, *ibid*.

dans des châteaux forts : Louis eut pour prison la geôle de son propre manoir, à Amboise ; on le transféra ensuite dans la grosse tour royale de Châtillon-sur-Indre. Puis, La Trimouille intenta immédiatement contre eux une action criminelle en parlement (1).

Le 7 mai 1431, Charles VII, La Trimouille et le grand conseil se trouvaient à Poitiers, siége de cette haute cour. A la date qu'on vient de lire, Georges de La Trimouille se fit délivrer des lettres d'abolition. Nous conservons en original ce document inédit : il contient un catalogue de méfaits commis par La Trimouille, confessés et racontés par lui-même. Cette série de concussions, d'iniquités, accompagnées de meurtres, pillages, etc., remonte à 1416 ; elle ne s'arrête qu'à environ 1430 ou 1431 : mais il n'y est fait aucune mention du guet-apens contre les trois gentilshommes. Ces lettres se terminent par une absolution, que le favori se décernait ainsi de ses propres mains (2).

Par le moyen de ces lettres, La Trimouille devenait légalement inviolable dans l'avenir. Le lendemain, 8 mai 1431, un triple arrêt de mort fut signé et prononcé au nom du roi, contre les trois prévenus. L. d'Amboise, Ant. de Vivône, André de Beaumont, étaient déclarés atteints et convaincus d'avoir voulu attenter à la personne du premier ministre ; de lui avoir tendu des embûches ; d'avoir voulu se saisir du gouvernement, etc. Ces griefs

(1) Sources indiquées. Bélisaire Ledain, *Histoire de Parthenay*, p. 235. P. P. 2298 : septembre 1434.

(2) Registre du trésor des Chartes J. J., n° 177, f° 139 et s. Les lettres du roi sont signées : *Vous* (le chancelier, R. de Chartres) ; Christophe d'Harcourt ; Sainte-Sévère (le maréchal de Boussac) ; Jehan de Wailly, premier président du parlement ; M° Junien Lefèvre, conseiller. — P. Le Picart, secrétaire.

constituaient le crime de lèse-majesté. En conséquence, les trois accusés sont condamnés à perdre leurs biens, confisqués au roi, et la vie (1).

Ant. de Vivône et André de Beaumont eurent la tête tranchée. Mais Jacqueline d'Amboise, sœur de Louis, était mariée à Jean de La Trimouille, frère de Georges. La mort de Louis n'était pas utile au ministre : bien plus, elle devenait un obstacle au mariage que celui-ci projetait toujours. Il suffisait en effet au gouverneur du roi que le futur beau-père de son fils fût en sa main comme prisonnier ; car cette captivité permettait à La Trimouille de maîtriser le vicomte de Thouars. Une clause spéciale fut donc insérée dans la sentence de Louis. Cette clause commuait la peine que le vicomte avait « encourue » : le roi lui faisait grâce de la vie. Georges de La Trimouille s'adjugea immédiatement la vicomté de Thouars. Jean de La Trimouille, son frère, eut en partage la portion héritable qui revenait à Jacqueline. Louis d'Amboise, dépouillé de ses biens, vit sa succession ouverte de son vivant et fut maintenu dans une étroite captivité (2).

Cependant Marie de Rieux, vicomtesse de Thouars et parente d'Arthur, avait été elle-même poursuivie. Elle accourut auprès du connétable, implorant aide et assis-

---

(1) Ces trois arrêts, scellés sur parchemin et inédits, subsistent également en original : J. 366, n°s 1, 2, 3. Copies dans le ms. Harlay, n° 47, f°s 16, 51 et s. « Arrests donnez, le roi présent, estant en son conseil où estoient les présidents et conseillers *laïcs* de la cour de parlement. « (*Ib.*, f° 16.) Aux termes du droit canonique, les conseillers clercs s'abstenaient d'opiner dans les arrêts *sanglants*.

(2) Sources citées. Ms. Harlay, 101, 5 ; f° 349. P. P. 118, f° 20. Anselme, art. *Montberon* (éd. 1712, t. I, p. 561 B). Monstrelet, V, 74. *Catalogue de D. Fontenau*, p. 331.

tance. Arthur de Bretagne l'accueillit avec sympathie. Il lui ouvrit pour refuge son château de Parthenay, et se mit en devoir de lui prêter main-forte. Un coup habile fut immédiatement porté, par le moyen le plus simple, à l'ennemi commun : Françoise d'Amboise devint la fiancée de Pierre de Bretagne, fils de Jean VI et neveu du connétable. Le contrat, dûment appuyé sur la volonté des pères et mères, tant du futur époux que de l'épouse, fut signé le 21 juillet 1431. En même temps, les sires de Château-Neuf, de Rostrenen et de Beaumanoir, vassaux de Bretagne, prirent les armes ; ils défendirent les places que La Trimouille voulait usurper dans la vicomté de Thouars. La guerre éclata de la sorte entre le gouverneur et le connétable du royaume ; elle ensanglanta de nouveau le Poitou, ainsi que la Saintonge (1).

Yolande d'Aragon intervint dans ce déplorable conflit. Elle présida au traité de pacification, qui fut signé le 25 mars 1432, à Rennes, sous les auspices et l'autorité de Jean VI. Le duc et son frère Arthur stipulaient, dans cet acte, vis-à-vis de Raoul de Gaucourt et du sire de Bazoges (2), « ambassadeurs du roi » ou de La Trimouille. L'une des clauses du contrat portait ce qui suit : Les villes de Gien, Montargis et Dun-le-Roi, composant le douaire de Madame de Guyenne, seront rendues à Monseigneur de

---

(1) Anselme : *Amboise; Ducs de Bretagne.* Bél. Ledain. Massiou, *Histoire de Saintonge*, 1838, in-8, t. II, p. 272, 273. Thibaudeau, *Histoire de Poitou*, t. II, p. 117 et s. D. Morice, t. I, p. 513. George de La Trimouille, toutefois, n'abandonna pas cette alliance. Le 22 août 1446, il maria son fils aîné, Louis, à Marguerite d'Amboise, sœur puînée de Françoise, duchesse de Bretagne. (Anselme, *La Trimouille*.)

(2) Regnault Girard, Rochelais, chevalier, sieur de Bazoges.

Richemont ; à moins que le roi ne préfère lui constituer des revenus en terre équivalents (1).

A peine ce contrat venait-il d'être signé, que Montargis tomba au pouvoir des Anglais. Le seigneur de Villars (2) était capitaine de la *ville* et du *château*. Son barbier entretenait auprès de lui pour concubine une damoiselle, pauvre et fort déshonnête : cette dernière s'accointa au dehors d'un gascon-anglais, nommé Le Bourg ou le Bâtard de Jardres ; des intelligences s'établirent ainsi entre la place et l'ennemi. Moyennant une somme promise, la double courtisane introduisit les Anglais dans le château, qui fut pris par escalade. La *ville* proprement dite restait aux Français. Mais peu de temps après elle subit le même sort : au mois d'août 1432, la ville fut évacuée ; les Anglo-Bourguignons y entrèrent à la suite. Tout cela ne s'opéra point sans de véhéments soupçons d'infidélité, à la charge des capitaines préposés par La Trimouille (3).

Vers la fin de septembre 1432, Jeanne de France, duchesse de Bretagne, vint à mourir. C'était une personne physiquement délicate, jeune encore, pieuse, d'une âme

---

(1) Original du traité, J. 245, n° 101. Ms. Béthune 9419, p. 189. Ms. Fontanieu 115, à la date. Ledain, p. 238. Briquet, *Histoire de Niort*, 1832, in-8, t. I ; *pièc. justificat.*, p. 434-5. D. Morice, t. I, p. 514, 516.

(2) Jean de Villars, dit *Barillet* (fils ou parent du vieux Archambauld de Villars), écuyer d'écurie du roi, avait été nommé par La Trimouille bailli de Dun-le-Roi, place nouvellement mise *en la main du roi*; lettres du 6 mars 1431 (nouveau style) ; X. X. 8593, f° c v.

(3) La prise de Montargis fut tramée de haute main par deux célèbres capitaines bourguignons. L'un se nommait Perrinet Grasset, gouverneur de La Charité. L'autre était François de Surrienne, dit l'Aragonais. Cet aventurier, oncle du pape Alexandre VI (Borgia), appartenait aux comtes de Surrienne (Aragon). Il avait épousé, en 1426, Étiennette de Gréseville, nièce et pupille de Perrinet Grasset. Il fut capitaine de Montargis et bailli de S. Pierre-le-Moutier pour les Anglais. (Cabinet des titres : *Giac* ; *Aux Épaules*. Ms. 9037, 7, f° 129.)

noble et très-française de cœur. Le connétable se rendit à Vannes, où furent célébrées les obsèques de sa belle-sœur. De nombreux prélats, seigneurs et chevaliers se réunirent à cette occasion. Tous haïssaient La Trimouille et se rattachaient à la clientèle du connétable; aux regrets qu'excitait le deuil de la princesse, se mêlait l'indignation dirigée contre le favori. La perte de Montargis lui était imputée à trahison. On se rappelle avec quel éclat cette ville était redevenue française. Déjà, par lettres données à Saumur en mars 1431, le roi, c'est-à-dire La Trimouille, avait réuni à la couronne Dun-le-Roi, autre domaine alloué au connétable. Une conspiration s'ourdit contre La Trimouille et les mécontents se rassemblèrent à Parthenay; l'entreprise fut ainsi concertée chez le connétable; on n'attendit plus que l'occasion et le moment (1).

La Trimouille, selon toute apparence, sentit la position chanceler sous ses pas. Dans les premiers jours de septembre, un conseil secret se tint à Amboise : G. de La Trimouille, R. de Chartres, Chr. de Harcourt et l'*archidiacre de Provins* (2), seuls, y assistaient. La guerre contre

(1) Ci-dessus, t. I, p. 441, 453; t. II, p. 17. Gruel, p. 373. D. Morice, t. I, p. 519. Ledain, *ibid*. Berry-Godefroy, p. 386. *Ordonnances*, XVI, 464.

(2) Ce personnage, assez problématique, apparaît ici, pour la première et dernière fois, à notre connaissance, parmi les membres du grand conseil. Il se nommait Guillaume le Breton. Né vers 1380, il mourut le 24 décembre 1456. Guillaume fut successivement chanoine de Sens, de S. Quiriace de Provins, archidiacre de Provins, chanoine de Paris, conseiller au parlement pour les Anglais. En 1432, le chapitre de Notre-Dame fit choix de lui pour représenter cette communauté au concile de Bâle. Il remplit le même emploi au congrès d'Arras (1435). Le 15 mars 1436, il prêta serment aux Anglais. (Voy. ci-après *Reddition de Paris*.) Quelques jours plus tard, il se montra des plus empressés à acclamer le gouvernement de Charles VII. Communications de MM. Quantin, archiviste de l'Yonne, et Bourquelot, auteur de l'*Histoire de Provins*. Registres de N.-D. L. L. 217, f°s 164, 204, 226, 349. L. L. 416, f° 78. X. X. 1481 (*Conseil*), f° 118, 120.

le duc de Bourgogne y fut résolue ; mais une guerre de voies tortueuses, et sans qu'une déclaration loyale et ouverte l'eût précédée. Aussitôt le hérault Guyenne fut expédié en Bourgogne : ce messager, d'abord, se rendit à Cravant. Là il se mit en rapport avec les capitaines français, qui commandaient dans cette place, ainsi qu'à Jully, Mussy-l'Evêque et dans les environs. Huit cents hommes d'armes se préparèrent à marcher sur Dijon ; la ville devait être surprise et enlevée par escalade (1).

Guyenne, ensuite, se rendit à Dijon, où il arriva le 2 octobre, et distribua aux autorités de Bourgogne des lettres officielles dont il était porteur. Il remit également une dépêche secrète à l'hôte de l'enseigne *du Heaume*. Mais ayant été dénoncé par un espion de la police ducale, Guyenne, arrêté, fut mis à la question. Les tortures progressives de l'eau froide et des cordes, le déterminèrent à tout révéler. Guyenne, dans une série d'interrogatoires qui se succédèrent du 2 au 14, dévoila, en présence du maire de Dijon et autres témoins appelés, ce qu'il savait touchant les desseins de La Trimouille (2).

Jean de La Trimouille, seigneur de Jonvelle, haïssait à mort le chancelier de France, R. de Chartres. Jonvelle, en juillet 1431, était venu trouver le roi à Chinon : il y resta jusqu'en septembre ; ce fut lui qui, au mois de décembre

---

(1) D. Plancher, t. IV, p. 165 et s. Collection de Bourgogne, Ms. ancien s. fr., n° 292, t. X, p. 309. D. Plancher, IV, 165 et s. Barante, VI, 182.

(2) *Ibid.* Philippe de Bourgogne convoitait la Champagne. Il l'avait reçue des deux rois belligérants, sans l'obtenir. D'après un passage du ms. cité (p. 312), l'évêque de Troyes (Jean Laiguisé), maître Jean Hennequin, et douze autres habitants, traitèrent avec le roi de la réduction de ladite ville (de Dijon). « Un chartreux s'est entremis de rendre la ville de Paris en l'obéissance du roi. » (*Ibid.*)

suivant, fit signer les trêves, son œuvre diplomatique, qui devaient régner entre le roi Charles et le duc de Bourgogne. Le sire de Jonvelle attribuait au chancelier de France l'insuccès final des négociations. Jonvelle entretenait à la cour, auprès du roi, le bâtard de Jonvelle, son fils, le bâtard Lobet et Monicau. Par ces créatures, il était informé de tout ce qui se passait du côté de la France. En Bourgogne, Jean de La Trimouille ne laissait rien ignorer à son frère de ce qui pouvait l'intéresser. Pour seconder l'invasion projetée, il noua des intelligences avec Lourdin de Saligny; Guy de La Trimouille, son cousin, comte de Joigny; Guillaume de Thil, seigneur de Châteauvillain, et autres capitaines bourguignons d'importance (1).

Georges de La Trimouille se fiait à ces assurances. Le grand chambellan de France, à mille réaux d'or par mois, continuait de diriger, suivant son gré, les affaires du royaume. La Trimouille avait une sœur nommée Isabeau, veuve pour la seconde fois. Vers les premiers jours de mars 1433, il maria cette dame au seigneur de Châteauvillain. Grand chambrier de France, de par Jean Sans Peur, ce seigneur avait jusque-là suivi le parti de Bour-

---

(1) Ms. fr. 292, t. X, p. 311; t. XI, 247. Labarre, *Mémoires de Bourgogne*, t. XI, p. 205, col. 2, note *d*. — Dans le même temps, d'autres intrigues s'ourdissaient contre La Trimouille. On lit dans un mémoire secret pour le roi d'Angleterre, rédigé à l'époque du congrès d'Auxerre (novembre 1432) : « .... *Item*, que pour l'entretènement et conduite de la chose, soit trouvé moyen que M. de Richemont se départe de la charge de connétable de par delà et soit pareillement mis au dit office de par deçà, par le moyen de monseigneur de Bourgogne; et avec ce lui soit donné la duchié de Touraine, la conté de Saintonge, le pays d'Aunis et la ville de La Rochelle, avecques les terres et seignories que tient le s^r de La Trimoille ès païs de Poitou et de Saintonge et autres choses, etc. » Ms. fr. 1278, f° 47. Communication de M. Paulin Paris.

gogne. La Trimouille le rallia par ce moyen à la cause du roi Charles et le compta désormais comme l'un de ses auxiliaires (1).

Cependant l'heure de sa chute approchait.

Vers la fin de juin 1433, Charles VII et son favori résidaient au château de Chinon. Georges fut surpris, nuitamment, couché dans son lit. Le sire de Gaucourt, capitaine de Chinon, adhérait à ce coup de main. Olivier Frétard, son lieutenant, ouvrit aux conjurés une poterne qui donnait accès dans le *Coudray*. Les chefs de cette entreprise, et qui l'exécutèrent, furent Pierre de Brezé, seigneur de la Varenne ; le sire de Chaumont ; Jean, sire de Bueil, et Prégent de Coëtivy, suivis d'un grand nombre de gens d'armes. La Trimouille essaya de résister. Il reçut un coup d'épée dans le ventre. Mais son extrême obésité rendit cette blessure moins grave et lui sauva la vie (2).

Jean de Bueil, neveu maternel du gouverneur, s'empara de lui et le conduisit au château de Montrésor, qui appartenait à Jean de Bueil. Georges de La Trimouille, ainsi détenu, se racheta moyennant quatre mille écus d'or, payés à son neveu. Il eut la vie sauve, mais à condition de ne plus approcher du prince et de renoncer au gouvernement. L'ex-ministre rendit au roi diverses places et Louis d'Amboise recouvra sa liberté (3).

(1) Cabinet des titres : *La Trimouille*, à la date. *Catalogue de D. Fontenau*, p. 331. *Bibl. de l'École des Ch.*, t. VI, p. 142. Beauregard, *Souvenirs du règne d'Amédée VIII*, p. 97, 101 et s. Monstrelet-d'Arcq, t. V, p. 52. Boutiot, *Guerre des Anglais*, p. 51 et s.

(2) *Itinéraire*. Cougny, *Château de Chinon*, p. 27, 69 et s. J. Chartier, t. I, p. 170. Nicole Gilles, 1557, in-f°, p. lxxxij. Anselme, *Coëtivy*. D'Argentré, *Histoire de Bretagne*, 1618, in-f°, p. 790.

(3) Les mêmes. Berry, p. 386. Monstrelet, p. 73. Dom Gillesson, *Com-*

Charles VII habitait le *logis du roi*, c'est-à-dire l'aile du château diagonalement opposée au quartier de La Trimouille. Le bruit des gens d'armes et le tumulte parvinrent jusqu'à lui. Tout d'abord, il se crut pris par l'ennemi. Mais la reine de Sicile et Charles d'Anjou, beau-frère du roi, approuvaient cet enlèvement; la pieuse et timide reine de France, elle-même, avait été initiée : Marie d'Anjou embrassa naturellement la nouvelle cause politique de son frère. Le roi, en apprenant ce qui s'était passé, commença par témoigner son ressentiment. Mais la reine, soutenue de ses proches, apaisa ce courroux momentané. Le roi demanda si le connétable en était : on lui répondit qu'il n'avait point paru. Les nouveaux venus représentèrent au prince que ce changement avait été fait pour son bien et celui de l'État. Peu à peu, le roi se persuada cette vérité. Charles d'Anjou et ses collègues lui firent bientôt oublier La Trimouille (1).

piègne, t. V, p. 31. Ms. Baluze, 7905, 2, f° 148 v°. Massiou, *Histoire de Saintonge*, p. 273. P. P. 2298 : septembre 1434. Pierre d'Amboise, seigneur de Chaumont, cousin de Louis d'Amboise, vicomte de Thouars, avait épousé, le 23 août 1428, Anne de Bueil, sœur de Jean. Les deux beaux-frères étaient unis dans l'expédition.

(1) Cougny, *Notice* et planches. Gruel, p. 372. Cagny, chap. cxx. *Abrégé chronologique* dans Godefroy, p. 337.

(A) *Mariage de Marguerite de Valois, sœur de Charles VII.* — Nous avons mentionné cette union ci-dessus, t. I, p. 461, note 1 et t. II, p. 296, note 1. La date, vaguement assignée par le père Anselme et que nous avons reproduite, t. I, p. 461, doit être précisée d'une manière plus exacte. Le contrat de mariage est du 3 mai 1433. Le 7 octobre suivant, lettres données à Tours qui ratifient ce contrat, ainsi signées : « Par le roi, le bastard d'Orléans, présent. » Confirmé par Louis XI le 12 juin 1462 (Armoires Baluze, t. XXIII, f°s 282 et s.).

CHAPITRE V

Depuis l'enlèvement de La Trimouille jusqu'à la paix d'Arras
(juin 1433-21 septembre 1435).

Sous le coup de cet événement, les États-généraux furent convoqués à Blois, puis à Tours. Ils se réunirent, aux mois de septembre et octobre, dans cette dernière ville. Comme assemblée politique, ce conseil de députés muets ne fut pas moins stérile que les précédents. Le rôle actif des Etats se bornait, de leur part, à se plaindre, lorsque toutefois les députés avaient cette hardiesse. Ce rôle était encore d'écouter les déclarations que les commissaires faisaient entendre au nom du roi et en sa présence. Il consistait enfin et surtout à voter les subsides demandés (1).

R. de Chartres avait fini par se voir lui-même en butte aux deux La Trimouille. Il survécut, dans le conseil, à Georges, et sut se conserver la faveur du roi. Devant les Etats de Tours, l'archevêque de Reims, chancelier de France, porta la parole au nom du prince. Il désavoua publiquement son ancien collègue, avouant au contraire les sires d'Anjou, de Bueil, de La Varenne et de Coëtivy. Ces quatre seigneurs étaient là présents. Le connétable et le sire de Chaumont servaient dans leurs commandements militai-

---

(1) Ms. Dupuy, 519. Ms. fr. 5038, f° 4. Ms. 500 Colbert, n° 295, f° 19. Boutiot, *Guerre*, p. 40. *Bibl. de l'Éc. des Chartes*, 4ᵉ série, t. V, p. 510. Duchesne, *Œuvres d'Alain Chartier*, 1617, in-4, p. 838.

res. Les nouveaux ministres du roi revendiquaient leur œuvre avec une franchise de bon augure. Chacun avait pris immédiatement son poste, ceux-ci au conseil, devant les Etats ; ceux-là, au péril, affrontant l'ennemi (1).

Cette courte période (1433-1435) fut témoin de quelques mesures déjà réparatrices. On peut s'en rendre un compte détaillé, si l'on veut bien recourir aux actes que nous devons nous borner à indiquer. Le recueil des ordonnances offre la série de ces mesures administratives. Nous citerons, comme dignes d'une mention particulière, les lettres données à Amboise le 24 octobre 1433. Elles portent commission pour le recouvrement des biens du roi, aliénés ou engagés dans le Dauphiné, ainsi que dans les comtés de Valentinois et de Diois. La série des hypothèques et des aliénations avait commencé par le domaine du Dauphiné : par les terres du Dauphiné, commença une série d'actes en sens inverse. L'administration, désormais, entra dans la voie de la revendication et de la restauration du patrimoine royal (2).

Le roi, à cette époque, eut pour compagnons assidus sa belle-mère Yolande, et son beau-frère Charles d'Anjou. Parmi les divers membres ou branches de la dynastie royale, les princes d'Anjou se distinguent en général de

(1) J. Chartier, t. I, p. 171. Gruel, p. 372, 373. *Preuves de Bretagne*, t. II, col. 1267.

(2) Actes administratifs de 1433 (juillet à octobre) : *Ordonn.*, XIII, 188 à 192. Lépinoy, *Hist. de Chartres*, I, 545. 1434, mars à novembre : *Ordonn.*, XIII, 191 à 204 ; XV, 166, 222, 238, 275, 575 ; XVII, 375 ; XVIII, 676 ; XIX, 340. Ms. De Camps, 49, fos 181 à 146. *Catalogue de D. Fontenau*, p. 332. *Gall. Christiana vetus*, 1656, in-fo, t. I, p. 58.— E. di Pietro, *Hist. d'Aigues-Mortes*, 1849, in-8, p. 181. 1435, mars à juillet : *Ordonn.*, XIII, 205, 210 ; XVIII, 500 ; XIX, 299. Ms. Harlay, 101, 5, fo 254. Ms. Gaignières, 649, 5, fo 39.

tous leurs parents ou alliés par leur caractère moral. A défaut de génie et d'un désintéressement exemplaire, on remarque leur conduite inoffensive, débonnaire, le plus souvent sage et affectionnée au bien de l'État. Cette heureuse influence s'enracina dès lors; elle s'exerça désormais sur l'esprit du roi, avec cette puissance qui provient de l'affection naturelle, jointe à l'habitude. Le roi avait besoin de déplacements et de spectacles. On le conduisit à Vienne (Dauphiné), où il tint, en avril 1434, de nouveaux Etats-généraux. Cette assemblée lui accorda cent soixante-dix mille moutons d'or pour la guerre, pour l'hôtel du roi, de la reine et de ses enfants; pour les ambassades et les frontières de Guyenne (1).

Le roi, durant son séjour sur les bords du Rhône, envoya en effet différentes légations vers le pape et vers ses alliés d'Italie. Aux mois de mars-avril, Charles résidait à Vienne. Le cardinal de Chypre et le cardinal d'Arles vinrent l'y trouver : ces princes de l'Église étaient aussi les députés du concile de Bâle; ils haranguèrent le roi en faveur de la paix. Charles VII les écouta volontiers; « il leur bailla bonne et douce réponse : » puis les ambassadeurs poursuivirent leur route jusqu'au concile. Marguerite de Savoie, fille d'Amédée VIII, et femme de Louis III, roi de Naples, aîné des fils d'Yolande, vint également trouver le roi à Vienne. La jeune princesse était accompagnée d'un nombreux cortège de chevaliers, écuyers, dames et damoiselles, Savoisiens, Provençaux et autres. Le roi, dans sa cour plénière, avait autour de lui Charles,

---

(1) K. K., 244, f°. 28, 29. Berry dans Godefroy, p. 388. D. Vaissète, livre xxxiv, chapitre 54. *Chronique de Flandres* citée, p. 419.

duc de Bourbon, qui venait de succéder à son père. Là, se trouvait aussi le connétable, qu'une sévère disgrâce tenait encore naguère éloigné de la présence royale (1).

Le roi accueillit sa noble hôtesse de l'accueil le plus gracieux. Après le souper, Marguerite s'approcha du prince et lui fit la révérence; le roi la choisit pour danseuse, et « tous deux dansèrent longuement. » Puis le roi de France et la reine de Naples prirent ensemble le vin et les épices. Charles, duc de Bourbon, servit le roi de vin, et le comte Arthur, connétable, le servit d'épices (2).

Cette fête terminée, la reine Marguerite s'embarqua sur le Rhône, Yolande d'Aragon, pour ses états d'Italie et dans l'intérêt du roi Charles, qui avait besoin du pape. Elle ménageait Eugène IV, en ce moment bloqué, pour ainsi dire, à Rome, par les Romains. Marguerite navigua jusqu'à cette ville, et fournit au saint-père des vaisseaux armés. Eugène IV, grâce à ce secours, trompa la vigilance des Romains : il quitta Rome, et vint s'établir, plus libre de ses mouvements, à Florence (3).

Charles VII, de son côté, se rendit à Lyon, où il fit son entrée vers le 26 juin. L'église primatiale de Saint-Jean reçut sa visite solennelle. Arrivé au porche de la cathédrale, ce prince revêtit la chape et l'aumusse de chanoine, qu'il porta jusqu'au maître-autel. De là, le roi retourna,

---

(1) Godefroy, *ibid. Amplissima Collectio*, 1733, in-f°, t. VIII, col. 719, 720. *Bibl. de l'Éc. des Chartes*, t. VIII, p. 145, 146. *Histoire de l'Église gallicane*, in-8, t. XX, p. 255, 256. *Chroniques de Flandres, ibid.*

(2) Berry cité. Monstrelet-d'Arcq, V, 89. — Les épices étaient de menus aliments qui se consommaient en dehors des repas. Elles consistaient en sucreries et conserves de fruits diversement préparées.

(3) Berry. Monstrelet.

par Aigueperse et Amboise, à Chinon, puis à Bourges (1).

La guerre sévissait toujours. Elle comprenait les régions que nous avons désignées. Les vicissitudes se succédaient. Philippe le Bon partit d'Arras le 19 juin 1433 : il fournit contre la Champagne une expédition meurtrière, qui fut marquée, au préjudice des Français, par des pertes de places et d'hommes, assez considérables. De là, il poussa en Beaujolais, désolant ces contrées, qui appartenaient à son gendre (le nouveau duc de Bourbon). Mais celui-ci, aidé de son beau-frère, Rodrigo de Villa-Andrando, du bâtard Chapelle et de Salazar, reprit avec éclat, sur le duc, le mont Saint-Vincent en Charolais (6 janvier 1434). Les journées de Saint-Céneri et Sillé-le-Guillaume (vers mars 1434) furent profitables aux Anglais; mais elles ne demeurèrent pas sans gloire pour les nouveaux conseillers du roi. Les armes à la main, ces braves serviteurs de la cause française inaugurèrent dignement la carrière qu'ils venaient d'embrasser (2).

En Picardie, et jusque sous les murs de la capitale, l'impétueux La Hire remporta des avantages signalés. Les Rochelais, en mars 1434, armèrent une flottille qui remonta la Charente, et délogèrent les Anglais de Mornac. Le 17 juin suivant, le mont Saint-Michel fut attaqué de nouveau par les ennemis, et conserva intacte sa glorieuse virginité. Un

---

(1) Péricaud, *Notes sur Lyon*, 1839, in-8, p. 50. *Itinéraire :* 1434, juillet 8, Aigueperse ; 9, Amboise ; 10, Chinon ; 25, Bourges.

(2) Monstrelet, V, 63 à 102. *Choniques de Flandres, ibid.* Saint-Remi, p. 528 à 538. Boutiot, *Guerre*, p. 61 à 64. *Bibl. de l'Éc. des Chartes*, t. VI, p. 147. Gruel, p. 372. Du Tillet, *Traités*, p. 241. Berry, p. 389. Z. Z. 765, p. 17. Ms. Collection de Bourgogne, t. X, p. 402. Beaurepaire, *États*, p. 46. Catalogue Teulet, p. 404 à 407.

grave événement militaire marqua la première semaine de mai 1435. Le comte d'Arundel, vaincu à Gerberoy, mourut peu après de ses blessures. La Hire, enfin, s'empara de Saint-Denis le 17 juin suivant (1).

La guerre, du temps de la Pucelle, avait été une lutte nationale, une guerre sainte. Cette lutte conservait le même but, mais non les mêmes moyens, ni le même rayonnement moral. La guerre traînait avec elle, sans compensation, son cortége d'atrocités, non plus modérées, mais exaspérées. D'aiguë, la barbarie militaire devenait chronique. Un chef de bandits étrangers occupait la place de Jeanne Darc. A la tête de ses huit à dix mille routiers, il était l'arbitre de la situation. Le 6 mars 1434, le concile de Bâle délibérait pour rétablir la paix au sein de la chrétienté : Rodrigo de Villa-Andrando écrivit aux pères assemblés, pour leur offrir la protection de ses services (2).

Au physique aussi bien qu'au moral, Philippe le Bon, duc de Bourgogne, ne ressemblait aucunement à son père. Grand, mince, élancé (3), ses mœurs étaient élégantes et

(1) Arcère, *Hist. de La Rochelle*, t. I, p. 272. Le ms. fr. 1278 contient au f° 73 un document inédit et sans date, qui commence par ces mots : » Pour le secours de la flotte estant présentement à La Rochelle, etc. » (Com. de M. P. Paris.) Cette pièce provient d'un secrétaire de Philippe le Bon et pourrait se rapporter à l'expédition de 1434? *Journal de Paris*, p. 700-3. Massiou, *Hist. de Saintonge*, t. II, p. 275. Monstrelet, V, 91 à 131. Gruel, 374-379, 386, 387. Janvier, *Rech. sur les Arbalétriers*, p. 13. Berry, 387-9. *Histoire de Chartres*, I, 252. *Preuves de Bretagne*, 1267. Dom Huynes, *St-Michel*; ms. cité p. 214. Cagny, ch. 124, 128, 134. Basin, I, 109. J. Chartier, I, 170, etc. « Ce jour, après mie nuit, par faulte de bon guet, entrèrent en la ville de St-Denis les capitaines de Melun et de Laigny, accompagnez comme on disoit, de trois à quatre cents combattants, gens de guerre. » (X. X. 1481, f° 101.)

(2) Quicherat, *Rodrigo*, mémoire cité. *Amplissima Collectio*, VIII, 528.

(3) Il nous est resté, de Philippe le Bon, de nombreux et excellents portraits. L'un des plus distingués, peint en miniature et d'une exécution

voluptueuses. L'orgueil, la pompe, une sorte de morgue frivole et hautaine, l'infatuaient; mais il avait plus de vanité que d'ambition. Dominé par le luxe, la sensualité, l'habitude de la mollesse et des plaisirs, il ne tenait de la nature, ni la perversité, ni l'énergie de Jean Sans Peur. Au quinzième siècle, le sentiment patriotique trouvait peu d'accès dans le cœur des princes. Philippe le Bon, toutefois, avait conscience d'appartenir à la fleur de lis. Quatorze ans d'hostilités acharnées ne s'étaient point succédé sans lui coûter plus d'une déception et d'irréparables dommages. Ces hostilités, en outre, lui semblaient impies, contre nature. Elles le condamnaient à rompre ou à trancher violemment les liens d'alliance et d'affection les plus sensibles.

Plus d'une fois, le duc de Bourgogne, traitant avec le régent anglais, avait été blessé au point vif : dans son amour-propre. Philippe et Bedford représentaient deux arrogances et deux iniquités, respectivement incompatibles. Leur alliance factice devait tôt ou tard périr et se terminer par une profonde désunion. Grâce à ses qualités personnelles, Anne de Bourgogne, duchesse de Bedford, réussit à maintenir la paix entre les deux beaux-frères. Mais l'habile et conciliante princesse mourut à Paris le 14 novembre 1432. Jean de Lancastre, né en 1389, était plus que quadragénaire : il épousa, le 20 avril 1433, à Thérouanne, Jacqueline de Luxembourg, âgée de dix-sept ans, fille du

---

exquise, se voit en tête de la *Chronique de Hainaut*, ms. 9242 de la bibliothèque de Bourgogne. Cette merveilleuse vignette est datée, par le manuscrit même, de 1449. Elle a été lithographiée pour accompagner le tome V de M. de Barante (*Ducs de Bourgogne*), éd. belge de M. de Reiffenberg.

comte de Saint-Paul. Louis de Luxembourg, chancelier de France pour les Anglais, oncle de l'épousée, avait fait ce mariage. Les Luxembourg étaient vassaux de Philippe le Bon ; à ce titre, une nouvelle obligation s'imposait au comte : en premier lieu, au nom du droit strict, et secondement, de par les lois de la courtoisie. C'était de signifier et même de déférer au suzerain cette alliance politique. Philippe n'en fut pas même prévenu. Une vive irritation pénétra, dès ce moment, dans le cœur du fier Bourguignon (1).

Cette blessure était encore saignante, lorsque, le mois suivant, Jean, duc de Bedford, se disposait à traverser le détroit : il retournait à Londres. Instruit de cette division, le cardinal d'Angleterre et d'autres médiateurs s'entremirent pour la faire cesser. Une rencontre courtoise fut préparée à Saint-Omer. Des honneurs égaux devaient réunir les deux ducs en ce point commun. Mais lorsque Bedford et Philippe eurent pris possession de leur logis, nul des deux ne consentit à visiter l'autre. Tous deux s'éloignèrent sans s'être rencontrés (2).

Cette querelle de préséance suffit pour occasionner de graves résultats historiques. Le concile ou congrès de Corbeil était encore ouvert. Des négociations, qui n'avaient jamais été complétement rompues, furent reprises avec plus de suite et d'activité. Le conseil anglais lui-même dut

---

(1) *Journal de Paris*, p. 698, 699. Monstrelet, V, 44, 55. Félibien, *Preuves*, t. II, p. 594. D. Plancher, t. IV, p. 168. K. de Lettenhove, *Histoire de Flandres*, 2ᵉ éd. 1854, in-12, t. III, p. 194.

(2) Monstrelet, p. 57, 58. Le 14 avril 1432, H. de Beaufort avait tenu sur les fonts Josse de Bourgogne, né à Gand, fils de Philippe le Bon et d'Isabelle de Portugal. Monstrelet, V, 49, 50.

prêter une oreille moins hautaine et moins évasive, qu'il ne l'avait fait jusque-là, aux médiations de la diplomatie. Le 27 décembre 1434, Philippe de Bourgogne signa une procuration pour tendre à la paix définitive et générale. En janvier 1435, le duc se rendit à Nevers. Là, il trouva sa sœur Agnès de Bourgogne, duchesse de Bourbon, et ses deux jeunes neveux, enfants de la duchesse. Les uns et les autres furent accueillis tendrement et avec fête. Bientôt arriva son beau-frère, le duc Charles de Bourbon. Les deux ducs conclurent ensemble une réconciliation qui devait être le prélude de la pacification du royaume (1).

Parmi les ambassadeurs envoyés au congrès de Nevers, se trouvaient le chancelier de France, R. de Chartres; le connétable de Richemont, Chr. de Harcourt, le maréchal de La Fayette, etc. Ces membres du grand conseil avaient pour mission expresse de poser, dans cette assemblée, les bases d'une nouvelle diète, relative à la querelle propre du roi de France. Philippe, le 18 mars, accepta la conférence fixée au lieu d'Arras. Jean, duc de Bedford, accompagné de la nouvelle régente, s'était montré dans un court séjour au sein de la capitale. Les Parisiens, abandonnés, inquiets, accueillirent, le 15 avril, parmi eux, le duc de Bourgogne (2).

(1) D. Plancher, t. IV, *Preuves*, page cxliv et s. *Journal de Paris*, p. 699. *Lettres des Rois et Reines*, t. II, p. 420. Monstrelet, p. 106. S. Remi, p. 538. Gruel, p. 376. Du Tillet, *Traités*, p. 225. *Collection de Bourgogne*, ms. ancien s. fr. n° 292, t. X, p. 348 et s.; 410. Basin, I, 96. Bréquigny, ms. 81, p. 143, 145. *Proceedings*, IV, 155, 159. Delpit, *Documents anglais*, p. 266. 1435, janvier, 31, Traité de paix et alliance, signé à Madrid entre les ambassadeurs de Charles VII et le roi de Castille. Ms. lat. 6024, f° 34. Du Mont, *Corps diplom.*, t. II, partie II, p. 298. Ms. s. fr. 4805, f° 235, v°.

(2) Le 2 avril 1435, il est donné lecture à MM. de Notre-Dame en chapitre, d'un projet d'adresse rédigé au nom des trois États pour être envoyé au duc de Bourgogne. Ce projet obtient l'approbation du chapitre (L. L., 414,

Philippe le Bon y déploya sa pompe habituelle (1).

Le duc, après avoir fait ses pâques et reçu l'Université, tint cour plénière à tout venant. Une députation de dames et damoiselles de Paris fut admise auprès de la duchesse de Bourgogne, qui habitait son hôtel d'Artois. Isabelle de Portugal, princesse très-grave, très-entendue et fort *solennelle*, accueillit les visiteuses. Celles-ci prièrent « moult piteusement la duchesse qu'elle eût la paix pour recommandée. » Isabelle, dans une réponse toute politique, agréa hautement leurs vœux. Le duc et la duchesse, en effet, ne quittèrent Paris, le 21 avril, que pour prendre le chemin d'Arras (2).

Vers les premiers jours de juillet 1435, l'assemblée s'ouvrit enfin dans cette ville. Les ambassadeurs et leur suite arrivèrent successivement. L'abbaye bénédictine de Saint-Waast fut le lieu des conférences. Vers les premiers jours d'août seulement, le congrès put commencer sa session (3).

f° 91.). Le 14, réception de ce duc. Le 29, procession afin d'obtenir la paix ; 13 mai, le chapitre nomme des députés au congrès d'Arras. (*Ibid.*, 92.)

(1) *Journal*, p. 702. Monstrelet, 109. Guill. Gruel, p. 377. *Amplissima Collectio*, VIII, 799, 800. Gachard (*Dijon*), p. 37. « Vint à Paris le duc de Bourgogne à moult noble compagnée de seigneurs et de dames. Il admena avec lui sa femme la duchesse et un bel fils qu'elle avoit eu de lui en mariage ; et avec ce admena trois jeunes jouvenceaux, qui moult beaux estoient ; qui n'estoient pas de mariage, et une belle pucelle ; et le plus vieux n'avoit pas plus de 10 ans ou environ, et avoit en sa compagnée trois chariots tous couverts de drap d'or, et une littière pour son fils de mariage, car les autres chevauchoient très bien..... » (*Journal*, p. 703.)

(2) *Journal de Paris*, p. 703. Delpit, *Documents*, p. 251. D. Plancher, t. IV, p. 196.

(3) Garnefeldt, *Vita beati Nicolai Albergati*, etc. Cologne, 1618, in-4°, p. 96 et s. Rymer, *Fœdera*, t. V, p. 18. *Journal de la paix d'Arras* (en français); *Paris*, 1651, in-12, p. 1, 118 et *passim*. « Et a esté estimée la

Le pape avait envoyé, comme légat du saint-siége, Nicolas Albergati, cardinal de Ste-Croix. Hugues de Lusignan, cardinal, fils de Janus, roi de Chypre, était le principal délégué du concile. Un grand nombre de prélats, archevêques, évêques, abbés et docteurs, l'assistaient au même titre. Ces députés appartenaient à la Suède, au Danemark, à la Pologne, à la Castille, au Portugal, aux différentes régions de l'Italie, de la France et de l'Allemagne. Philippe le Bon, duc de Bourgogne, s'y trouvait en personne, ainsi que la duchesse et son fils. Autour d'eux s'étaient réunis le chancelier (N. Rolin), le conseil et toute la cour de ce prince et grand vassal.

Les principaux diplomates anglais se nommaient Henri Beaufort, cardinal d'Angleterre; Thomas Kempf, archevêque d'York; William Alnwick, évêque de Norwich; Thomas Rodburn, évêque de Saint-David au pays de Galles; le docteur Will. Lindwood, privé-scel d'Angleterre; John Holland, comte de Huntingdon; W. Pole, comte de Suffolk; John Radcliff, chevalier, sénéchal de Guyenne; Pierre Cauchon, évêque de Lisieux, et Me Guillaume Érard, vicaire de Rouen, tous deux juges de la Pucelle; Me Guillaume Lejeune, bailli d'Amiens, pour les Anglais, etc., etc. (1).

convencion faicte audit lieu d'Arras, par Gouville, fourrier dudit duc de Bourgogne, la somme de 500 chevaliers; et en nombre l'assemblée toute estoit de neuf à dix mille, qui est la plus belle convencion c'om saiche avoir esté de longe temps. » J. Chartier, t. I, p. 207, 208.

(1) Rymer, 1741, t. V, p. 18. Sir H. Nicolas (*Journal of an Embassy to the count of Armagnac*, 1828, in-8, p. ix) mentionne comme existant dans le ms. Harléi en 1763 le *journal* d'une ambassade accomplie en *juin* 1435, à Arras, etc. Cette mention, peu exacte, s'applique exclusivement à la pièce diplomatique publiée par D. Plancher, t. IV, *Preuves*, p. cxlviij et s.

Le roi de France avait choisi pour ses mandataires Charles, duc de Bourbon; Louis de Bourbon, comte de Vendôme; le connétable de Richemont; R. de Chartres, son chancelier; Christophe d'Harcourt, le maréchal de La Fayette; Théodore de Valperga, milanais; Maîtres Adam de Cambray, premier président; Guillaume Chartier, conseiller au parlement; Jean Tudert, doyen de Paris; Robert Mallière, Jean Chastenier, secrétaires du roi ou maîtres des requêtes, et beaucoup d'autres. La reine de Sicile, le duc de Bretagne, le duc de Lorraine et de Bar, le duc d'Alençon, l'Université de Paris, l'échevinage de la capitale, et la plupart des bonnes villes comptèrent également des délégués au sein du congrès (1).

Les ambassadeurs anglais arrivèrent tout d'abord, le 1er juillet, à Arras. Ils espéraient ainsi prévenir les autres diplomates et gagner le duc par des communications isolées. Philippe, en effet, était le véritable arbitre de la situation. Des envoyés d'Henri VI présentèrent au duc une commission royale : dans cet acte, le roi d'Angleterre transmettait à Philippe ses pleins pouvoirs et le nommait son commissaire général pour la paix. Mais le duc déclina cette nomination. Il déclara se restreindre à ne stipuler que pour lui-même (2).

Le cardinal de Sainte-Croix, de l'ordre des Chartreux, homme doux, expérimenté, diplomate persévérant et délié,

---

(1) Journal français cité. Journal anglais (en latin); ms. 81 de Bréquigny, f° 151, v°. *Armorial du Congrès; Bibl. de l'Éc. des Chartes*, t. VIII, p. 118 et s. J. Chartier, t. I, p. 185 et s. Cagny, chapitre 128. C. Zantfliet, *Amplissima Collectio*, t. V, p. 437.

(2) Ms. de Bourgogne, t. X, p. 348 et s. Ms. Bréquigny, n° 81, f°s 149, 160 à 172. Ms. Fontanieu, n° 117, à la date du 16 mai 1435. D. Plancher, t. IV, p. 280. *Proceedings*, t. IV, p. 301 et s.

était assisté de son secrétaire, Énée Piccolomini, qui depuis porta la tiare sous le nom de Pie II. Albergati fut le principal agent du congrès. Il traça le programme et conduisit les négociations. Sur son initiative, le débat entre les deux couronnes royales prit le premier rang dans les délibérations. Albergati provoqua les offres respectives des ambassadeurs. Du 1ᵉʳ au 10 août, des propositions furent émises par l'archevêque d'York pour le roi d'Angleterre et par les ambassadeurs français : elles ne purent amener aucun accord. P. Cauchon arriva le 11 août dans la ville d'Arras ; dès le 12, il reprit en main les ouvertures diplomatiques. P. Cauchon et ses collègues proposèrent, au nom du roi d'Angleterre, les articles qui suivent (1) :

Henri VI prendra pour épouse, à son choix, l'une des filles de *l'adversaire de France* ou *Dauphin* (Charles VII). Des trêves longues, après cette alliance, comme de 20 à 50 ans, seront signées entre les parties. Charles VII rendra toutes les villes qu'il occupe. Moyennant cet abandon, et pour indemniser Charles des droits qu'il peut avoir en qualité de prince Dauphin, le gouvernement anglais lui constituerait de 120 à 190 mille saluts d'or de rentes assises sur les pays de Langue d'Oc. Comme *ultimatum*, les diplomates anglais offrirent de reconnaître au prince Charles ce qu'il occupait outre Loire, c'est-à-dire les pays de Langue d'Oc, moins la Guyenne (2).

Les ambassadeurs français émirent également des propositions progressives.

Ils acceptèrent d'abord la condition du mariage et des trêves, en repoussant tout le reste. Ils offrirent, comme dernier terme et à titre de contre-proposition, de laisser à Henri VI la Guyenne

---

(1) *Pii Commentarii*, 1614, in-f°, p. 3, 4, 158. Ms. 81 ; D. Plancher, *ibid*.
(2) Ms. 81, f° 172 et s. Stevenson, *Henri VI*, t. I, p. 51 et s. Basin, I, 95. *Journal de Paris*, p. 704. *Journal français d'Arras*, p. 81. Monstrelet, V, 132. *Amplissima Collectio*, VIII, 364. Etc.

et la Normandie, sauf le mont Saint-Michel et les états du duc d'Alençon. Le roi anglais devait tenir ces grands fiefs, ainsi que les avaient tenus les princes français Charles (depuis, Charles V) et Jean le Bon ; c'est-à-dire à charge d'hommage et sous la souveraineté du roi de France.

Le congrès déclara inacceptables les offres des ambassadeurs anglais. Celles des représentants de Charles VII furent déclarées, au contraire, justes et raisonnables. Les Anglais néanmoins refusèrent de se prêter à de nouvelles concessions (1).

Cependant un épisode caractéristique se produisit durant le cours même des débats. Le 25 août 1435, le duc de Bourgogne, dans son logis d'Arras, avait reçu à sa table le duc de Bourbon, le comte de Vendôme et le connétable, ambassadeurs de France. Les négociations commençaient laborieusement à se nouer ; ce jour même, un message est apporté au duc de Bourgogne : La Hire et Saintrailles venaient de passer la Somme, les armes à la main. Au mépris des trêves et du congrès, La Hire s'était emparé des faubourgs d'Amiens. Il ravageait les terres de Philippe le Bon et les terres du roi de France. Aussitôt, le duc et le connétable, de concert, envoyèrent, chacun de son côté, une division de troupes vers La Hire, avec ordre de le combattre. Divers chevaliers, préposés au commandement de ces forces, rejoignirent, en Picardie, le redoutable batailleur. A l'aide de leur autorité morale et de leurs troupes, ils le déterminèrent, non sans peine, à discontinuer son entreprise (2).

(1) Sources indiquées. Ms. 81, fos 177-186. Voyez ci-dessus, t. I, p. 338 (défense d'Henri V).

(2) Monstrelet, V, 146. Gruel, p. 378. *Journal d'Arras*, p. 64. Biographie Didot, article *La Hire*. Ms. fr. 371, fo 269.

Les Anglais rejetèrent donc toute nouvelle tentative de conciliation : ils comprirent bientôt, en effet, que le résultat du congrès ne pouvait être pour eux qu'un échec. Le 1er septembre, les ambassadeurs d'Henri VI adressèrent aux cardinaux une sorte de protestation, pour dénier aux arbitres le droit de continuer seuls, et sans le concours des Anglais, leur rôle de médiateurs entre la France et la Bourgogne. Les cardinaux, au nom du congrès, répondirent qu'ils aviseraient. Puis, le 6 septembre, le cardinal d'Angleterre quitta la ville et s'en retourna, suivi de toute l'ambassade. Le congrès, sans hésiter et sur le défaut de l'Angleterre, reprit immédiatement le fil des négociations entre la France et la Bourgogne (1).

A partir de ce jour, la cause anglaise fut perdue (2).

L'Université de Paris était enfin lasse de la domination étrangère. Dès le mois d'avril, elle avait nommé des ambassadeurs. Ceux-ci n'arrivèrent à Arras que le 1er septembre. Thomas de Courcelles, l'un de ces envoyés, prit, le lendemain 2, la parole. Il manifesta les vœux non équivoques de la Ville et de l'Université, qui faisaient cause commune en faveur de la paix. Les envoyés d'Henri VI purent reporter ce témoignage au duc de Bedford, et le ré-

---

(1) Sources citées. Relation latine de l'ambassade, écrite au nom du concile de Bâle; ms. 500 Colbert n° 64, pages 621 et s.; 634. En général, l'attitude de la papauté, dans le débat qui s'agitait entre la France et l'Angleterre, fut toujours digne et impartiale. Ainsi, dès 1420, la cour de Rome, malgré la pression du roi anglais, refusa de reconnaître le traité de Troyes. Elle ne cessa point de considérer Charles VII comme roi légitime. Voir sur ce sujet un document important : *Discussion des différends entre les roys de France et d'Angleterre*, dans Leibnitz, *Mantissa codicis juris gentium*. Hanovre, 1700, in-f°, page 76, § 67.

(2) « Ea enim dies fuit quæ regnum Franciæ Carolo restituit. » (Pie II, *loc. cit.*, p. 158.)

gent anglais en conçut un tel déplaisir que, déjà miné d'amer chagrin, il mourut au manoir de Chantereine, près Rouen, le 14 septembre 1435 (1).

Jean, duc de Bedford, périt ainsi, dans l'âge de la force et en pleine virilité. Ses talents et ses qualités méritent d'être loués par l'impartiale histoire. Pour lui, la couronne de France était plus encore que le légitime héritage d'Henri VI, son neveu : c'était un dépôt sacré que son frère, en mourant, avait légué à son honneur ; il ne se reconnaissait point le droit de la discuter, ni de l'aliéner. Un historien, compatriote de Bedford, l'a dit avant nous : Bedford, par ses mérites, était digne de servir une autre cause (2).

Le 21 septembre 1435, l'église de Saint-Waast avait été tendue et ornée magnifiquement. Hugues, cardinal de Chypre, occupait, comme célébrant, la stalle ou *chaire* de l'abbé. Ce fut lui qui dit la messe solennelle. Le duc de Bourgogne et sa cour remplissaient une partie de la collégiale. L'ambassade française, celles des puissances et du concile y assistaient également. Une multitude de peuple se pressait dans la nef, trop étroite pour contenir cette affluence. Après l'office, maître Laurent Pinon, évêque d'Auxerre, de l'ordre des Jacobins et confesseur du duc, prononça un sermon. Il prit pour *thème : Qu'il est bon et doux de fraterniser en union.* Puis maître Pierre Brunet, chanoine d'Arras, succéda au prédicateur. Il lut en chaire,

---

(1) Du Boulai, V, 429. *Chron. de Normandie*, f°s 98, 182. *Gall. christ.*, IX, 88. Dugdale, *Baronagium*, III, 102. *Journal de Paris*, 704. *Journal d'Arras*, 73. Beaurepaire, *États*, p. 49. Ms. s. f. 4805, f° 240 v°.

(2) Stevenson, préface d'*Henri VI*, p. xlj et s. — Jean de Lancastre était né le 21 juin 1387. (Livre d'heures de Bedford, ms. La Vallière, n° 82 ; au calendrier : 21 juin.)

pendant la durée d'une heure et plus, le *traité d'Arras*, qui fut signé ce jour même entre les parties (1).

Le roi de France, par l'article premier de ce contrat, demandait pardon au duc du meurtre accompli en 1419, à Montereau, sur la personne de Jean sans Peur. Neuf autres articles stipulaient des dommages et réparations envers le duc, tels que l'érection à Montereau d'une croix et d'une chartreuse expiatoire (2).

Le roi reconnaissait au duc en apanage ou en pairie le Mâconnais, l'Auxerrois, Bar-sur-Seine, la garde de Luxeuil, Péronne, Montdidier et Roye ; l'Artois ; les villes de la Somme et le Ponthieu, rachetables par le roi au prix de 400 mille écus de 64 au marc ; et le comté de Boulogne (3).

Le roi ne conservait à l'égard de ces terres que la suzeraineté : Philippe, de son vivant, était dispensé de l'hommage. Il reconnaissait le roi souverain ; mais le roi ne pouvait, à raison du passé, le rechercher judiciairement, ni le poursuivre. Le roi s'engageait envers le duc par voie de compromission entre les mains des cardinaux. Il se soumettait, en cas de violation, à l'excommunication de l'Église. Il fournissait comme plèges et à titre de garantie temporelle, le duc d'Anjou, le comte du Maine, le duc de Bourbon, le connétable de Richemont, les comtes de Vendôme, de Foix, Armagnac, Pardiac, « et autres que le dit duc voudra désigner (4). »

(1) « Et par ce que madame la duchesse (Isabelle de Portugal) vouloit voir tout ce qui se feroit au dit jour et sans être veüe, entra en la chambre de dom Jacques de Bertangle, seigneur de Moutier et Vivier (associé bénédictin de St-Waast); laquelle chambre a regard sur le chœur de l'église, où elle fut durant la messe et autres cérémonies faites en lad. église. » *Journal d'Arras*, p. 97. Berry-Godefroy, p. 392. Olivier de la Marche, p. 353.

(2) L'article 4 portait : « *Item.* Monseigneur de Bourgogne nommera ceulx, dont il en sera lors informé, qui perpétrèrent le dit mauvais cas ou en furent consentans. » Ici on lit en marge sur l'une des copies manuscrites du traité : « Nota que M. le duc a nommé T. du Chastel, J. Louvet, président de Provence, chevaliers; P. Frotier, écuyer; M. Jean Cadart, physicien. » Ms. Dupuy, 172, f° 14. Ci-dessus t. I, p. 176, 181, 183, 444-5, note 1 ; t. II, p. 111-2. D. Plancher, t. IV, p. 219. Gachard, *Dijon*, p. 68, 71, 117, 118.

(3) La Trimouille élevait des prétentions sur ce comté.

(4) J. Chartier, t. I, p. 194 et s. Monstrelet, V, 155 et s. St-Remi, p. 540 et s. Ms. 308 dans les 500 de Colbert, et beaucoup d'autres copies.

Immédiatement après la lecture de cet acte, le cardinal de Sainte-Croix exposa le saint Sacrement de l'autel. A côté, sur un coussin, il plaça une croix d'or. Puis le duc de Bourgogne, touchant de la main cette croix, jura de ne jamais rappeler la mort de son père. Il s'engagea de plus à garder inviolablement le traité. Philippe promit aussi « d'entretenir bonne paix et union, dans l'avenir, avec le roi son souverain seigneur. » Le duc de Bourbon et le connétable, au nom du roi, se présentèrent ensuite. Ils touchèrent le même symbole et demandèrent *merci* au duc, qui « pardonna pour l'amour de Dieu. » Aussitôt les deux cardinaux, imposant les mains à Philippe le Bon, le déclarèrent délié et absous du serment qu'il avait prêté aux Anglais. Le traité fut enfin juré par toute l'assistance, et proclamé au dehors en grande pompe et allégresse (1).

(1) Monstrelet, p. 183. Journal français, p. 99 et s. 1435, sept. 20. Acte du légat du pape qui délie Philippe le Bon de son serment aux Anglais. K. 64, n° 36 bis. On peut consulter encore, sur le traité d'Arras, Commynes-Dupont, t. I, p. 66 ; Olivier de la Marche, *Panthéon*, 1842, in-8, p. 353 et s.; P. de Cagny, organe des griefs de la maison d'Alençon-Orléans, chap. 130. Il y a là, dans ce dernier auteur, une critique sévère et intéressée, mais juste, toutefois, du traité d'Arras et de l'inertie personnelle manifestée jusqu'à cette époque par Charles VII.

Parmi les nombreux documents inédits que nous avons eu l'occasion de consulter, relativement à ce congrès, nous signalerons, pour terminer, un écrit curieux : c'est le livre composé en latin, sous forme de *vision*, par Jean Jouvenel des Ursins, évêque de Beauvais. Trois dames : France, Angleterre et Sainte-Église, se réunissent à Arras afin de ramener la Paix. France s'appuie sur la loi salique, édictée par les Troyens. Charles VII, en droit, y est proclamé roi de France et d'Angleterre, etc. Ms. fr. 5028, f°s 15 à 39. Voy. aussi mss. fr. n° 8354, 3, et Lancelot, n° 110.

CHAPITRE VI

Paris anglais. La France sous la domination d'Henri VI
(1422-1436).

Après la mort d'Henri V et de Charles VI, la capitale, soumise aux Anglais, portait l'empreinte visible de la désolation et de la ruine. Les loups y entraient chaque nuit. Si l'on en croit l'allégation d'un témoin oculaire, il y avait à Paris vingt-quatre mille maisons vides. Le duc de Bedford se préoccupa de faire disparaître ces signes publics de deuil et de misère. Il s'ingénia de fournir aux Parisiens du pain et des spectacles : *panem et circenses*. Les spectacles surtout ne manquèrent pas (1).

Lorsqu'il vint au chef-lieu prendre possession du gouvernement, le régent passa par la rue des Lombards. « Là joua un homme desguisé le plus habilement que on avoit oncques vu...... *Item* devant le Châtelet, avoit un moult bel mystère du vieil testament et du nouvel, que les enfans de Paris firent, etc. » En 1425, on peignit au charnier des Innocents la fameuse danse macabre. Ce sujet empruntait aux circonstances, plus encore qu'au funèbre théâtre, une amère opportunité. La Mort, de ses mâchoires décharnées, riait ; elle prenait en main tous les états à tour de rôle, et les faisait danser. Le dernier dimanche du mois d'août 1426, un « esbattement » public eut lieu en l'hôtel d'Ar-

---

(1) *Journal de Paris*, p. 664 et s.

magnac, hôtel confisqué, ainsi qu'une multitude d'autres, sur les propriétaires. Quatre aveugles, armés de bâtons et un pourceau, furent enfermés dans une lice ou petit parc. « Lequel pourcel, ils devoient *voir* s'ils le pouvoient tuer ; et quand le mieux cuidoient frapper sur le pourcel, ils se frappoient entre eux... (1) »

Le mât de cocagne, autre ébattement, fut alors inventé, par les paroissiens de Saint-Leu-Saint-Gilles, pour célébrer la fête de leur patron. Ils plantèrent dans la rue aux Oies (2) une grande perche, bien graissée. Au sommet, fut placé un panier, qui contenait une oie et six blancs. Le tout, y compris la perche, devait être le prix du vainqueur. Mais aucun champion n'atteignit le but : celui qui monta le plus haut obtint l'oie seule, à titre d'accessit. Le 16 septembre 1426, le clergé fit une belle procession à Saint-Magloire. C'était à l'occasion de certains hérétiques, qui devaient être brûlés. L'année suivante, vint à Paris Margot, excellente joueuse de paume, âgée de 28 à 30 ans et native du Hainaut. Elle jouait « devant main et derrière main, » chez le paumier de la rue Grenier-Saint-Lazare, et gagnait tous les hommes, qui vinrent lutter avec elle, en présence d'un nombreux concours de spectateurs (3).

Le 17 août 1427, arrivèrent à Paris douze pèlerins : un duc, un comte et dix hommes à cheval ; ils se disaient

---

(1) *Journal*, p. 667, 668. Sauval, *Antiquitez de Paris*, t. III, p. 270, 278, etc. Délibération du chapitre de N. D., du 23 mars 1424. Il autorise les clercs à représenter dans le cloître le mystère des *Miracles de la Vierge*, pour le jour de l'Annonciation, 25 mars. (L. L. 414, f° 65.)

(2) Nommée alors rue aux *Ouës*; aujourd'hui rue aux *Ours*. — Le nom de *mât de cocagne* paraît avoir été donné plus tard à la perche garnie de prix.

(3) *Journal*, 668-674. *Histoire de l'Université de Paris*, V, 374.

chrétiens et originaires d'Égypte. Leurs compagnons, beaucoup plus nombreux, s'étaient arrêtés à Saint-Denis, par ordre de l'autorité ; mais tout Paris les alla voir. Les hommes étaient noirs, avec des cheveux crépus. Leurs femmes, les plus laides qu'on pût considérer et les plus noires, avaient les cheveux en queue de cheval. Elles portaient pour vêtement quelque vieille flaussoie, nouée à l'épaule, d'une corde, par-dessus leurs chemises trouées. Bohémiens et bohémiennes regardaient dans la main des visiteurs. Aux maris, ils disaient : *Ta femme t'a fait coux ;* et aux femmes : *Ton mari t'a fait coulpe.* En même temps, ils soutiraient de la poche des gens les angelots ou les mailles. L'évêque de Paris intervint : un dominicain prêcha le peuple ; il excommunia ceux qui avaient cru et montré leurs mains. Les bohémiens, congédiés, prirent leur chemin par Pontoise et la Picardie (1).

Jean, duc de Bedford, avait le goût du luxe et des arts. Il habitait divers palais : entre autres celui des Tournelles ; Bedford en fit agrandir les jardins. Les Anglais, dit le *Journal de Paris,* ne plantèrent pas un arbre et ne firent point construire, pendant tout leur séjour en France, une cheminée. Mais Bedford, ajoute le chroniqueur, « faisoit toujours maçonner ; et estoit sa nature toute contraire aux Anglois. » Il enrichit de ses libéralités les églises de Rouen et de Saint-Denis. En 1422, il fit don à la cathédrale de Paris, lorsqu'il fut nommé régent, d'un petit tableau d'or émaillé. Ce bijou était orné de miniatures qui représen-

---

(1) *Journal, ib.* P. Bataillard, *De l'apparition et de la dispersion des Bohémiens en Europe; Bibliothèque de l'École des Chartes,* t. V, p. 438, etc. *Bulletin de la Société des antiquaires de Picardie,* 1859, p. 132 et s.

taient Henri V et Catherine de France. Divers manuscrits, offerts au régent par les auteurs ou confectionnés par ses ordres, nous ont conservé l'effigie de ce prince (1).

Le premier magistrat civil et politique de la capitale, après le gouvernement, était le prévôt de Paris. Simon Morhier remplit, depuis 1422, cette charge, délicate en tous les temps et particulièrement dans un pays conquis. *Bourguignon* fanatique, Morhier se fit Anglais : il déploya au service des vainqueurs une rare intelligence et des talents remarquables. La sûreté, l'ordre public de la capitale et tout le détail de la police, reposaient sur ce magistrat. Une ordonnance très-importante, en date du 5 août 1424, posa les bases de la juridiction et de la procédure du Châtelet. Le règlement, qui intervint en conséquence, fut l'œuvre de Morhier, et lui-même, par un long exercice, fonda la jurisprudence de ce tribunal. Il rouvrit successivement les portes de Paris, murées depuis 1418. Le 11 juin 1426, jour de Saint-Barnabé, les Parisiens retournè-

---

(1) Ms. Colbert, 9681, 5, f° 102. Godefroy, *Charles VI*, p. 701. *Journal*, 708. *Comptes de l'hôtel du régent*, 1427-8 ; ms. de la bq. du Louvre. Ms. fr. 7086, *Pèlerinage de l'âme*. Ms. La Vallière, 82 (réserve). P. Paris, *Les Mss. françois*, V, 131. British museum, *additionnal mss.*, n°s 18850. L. L. 215, f° 381, etc. — Après la mort de Charles VI, la succession du roi de France fut livrée à la discrétion du régent. Celui-ci dirigea sur Westminster une partie des livres qui provenaient de la bibliothèque royale de Charles V, et beaucoup de meubles précieux. Louis, duc d'Orléans, avait fait décorer de splendides vitraux son manoir de Coucy. Durant la captivité du duc Charles, Bedford acheta sous main ces vitraux, qu'il envoya en Angleterre. Il les paya, dit-on, 12,000 livres (prises sur l'impôt français), et remplaça, par des verres blancs, les vitrines peintes, aux fenêtres du château. Ainsi se justifie ce mot appliqué par un historien ou journaliste contemporain à Bedford, « qui toujours, » dit-il, « enrichissoit son pays d'aucune chose de ce royaume ; et si, n'y rapportoit rien que une taille, quand il revenoit. »—Histoires de la bibliothèque royale de Paris : Jourdain, *Catalogue des imprimés*, p. vj ; Leprince, p. 11. Le chevalier de Lépinois, *Histoire de Coucy*, p. 331. Ci-dessus, t. I, p. 395. *Journal*, p. 672 b.

rent en possession de la célèbre foire du Landit, si chère aux marchands, aux écoliers et à la jeunesse. Le collége de Seez, au quartier latin, fut construit en 1428 (1).

Les corporations d'arts et métiers, la police des femmes galantes et surtout la surveillance des malfaiteurs, absorbèrent une part considérable de son activité. En dépit de tous ses soins, une effroyable misère exerçait au sein de la capitale et dans les environs ses ravages. La spéculation de capitalistes hardis s'était portée sur les maisons vides. A son tour, le commerce des vieux habits prit une extension inusitée : il fallut réglementer cette industrie. Les fripiers et fripières, pour exercer leur commerce, affectionnaient particulièrement les vastes terrains, encore peu habités, de Saint-Martin-des-Champs, où Nicolas Flamel avait naguères élevé ses bâtisses. Depuis, ils se fixèrent dans le voisinage, au Temple, et c'est là qu'on les voit encore (2).

En 1430, de pauvres ménagers, ayant femme et enfants, sortirent de Paris, quérant fortune et se firent bandits. Une battue fut opérée dans la banlieue sous les ordres du prévôt, par les archers de la soixantaine, qui, du premier coup, arrêtèrent quatre-vingt-dix-huit individus. Onze d'entre eux furent conduits au carreau des halles ; dix de ces malheureux eurent la tête coupée. Le onzième était

(1) Vallet de Viriville, notice sur Morhier, *Mémoires de la Soc. des antiq. de France*, t. XXV. *Ordon.*, XIII, 88. *Journal*, 668-670. Guilhermy, *Itinéraire de Paris*, p. 329.

(2) *Ordonn.*, XIII, 108, 109. Félibien, t. II, p. 808, 815. Biographie Didot : *N. Flamel* et *J. Pluyette*. Sauval, t. III, p. 270 et s. *Livre noir*, aux archives de la préfecture de police, p. 41, 53. Lettres du mois d'avril 1442, qui transportent les galoises de Baillehou (rue Taillepain, sur la paroisse de St-Méry), à la cour Robert (rue du Renard). J. J. 173, acte n° 130 ; et communication de M. Ad. Berty, chef du bureau topographique à la préfecture de la Seine. Guillebert de Metz, *Descript. de Paris*, éd. Lincy, p. 58, 73.

« un très-beau jeune fils, d'environ vingt-quatre ans. » Déjà le patient avait les yeux bandés, lorsqu'une jeune fille s'approche de l'échafaud et réclame hardiment le condamné, sous promesse de mariage. Aux termes du droit ou de la coutume, il fut sursis à l'exécution et les jeunes gens s'épousèrent peu de temps après (1).

Rouen, dès l'époque du sacre, et même dès l'époque de l'invasion, fut pour les Anglais, en France, une véritable capitale. La conduite politique de Bedford, parmi les Normands, fut habile et mesurée. Il s'efforça de se concilier les diverses classes du pays, par son administration attentive, équitable et régulière. L'ordonnance rendue par Henri V, le 4 décembre 1420, réforma l'administration financière. Cet édit ouvrit avantageusement une nouvelle ère dans cette branche importante des services publics. Les progrès qu'il accomplit devancèrent les améliorations que Charles VII réalisa ultérieurement, sur une plus grande échelle (2).

Peu à peu les rois de France avaient élevé les bourgeois de la capitale au rang de la noblesse. Ils avaient accordé à l'Université parisienne de précieuses immunités. Le gou-

---

(1) *Journal,* p. 683. Voy. ci-dessus p. 60.

(2) Nous citerons encore les ordonnances relatives à la grande draperie et à la draperie foraine de Rouen ; aux poissonniers de cette ville ; à la vicomté de l'eau ou navigation commerciale de la basse Seine. On peut alléguer au même titre celles qui concernent les chaussetiers de Bernay, les chaussetiers, drapiers et bouchers d'Évreux, les bouchers de Chartres, les foires de Champagne et de Brie (1425, novembre); les tisseurs en soie de Paris ; les chandeliers de Pontoise; les pêcheurs de Bray-sur-Seine. *Mémoire sur le trésor royal,* ms. du dix-huitième siècle écrit pour les Paris de Montmartel, appartenant à M. P. Paris, de l'Institut. Cheruel, *Histoire de Rouen,* etc., p. 81. J. J., 172 à 175. *Ordonn.,* XIII p. 67 à 182. Eugène de Lépinois, *Histoire de Chartres,* I, 514 ; II, 78. *Livre noir,* f° 55, etc. Voy. ci-dessus t. I, p. 393 à 395.

vernement anglais confirma ces priviléges ; il les étendit en partie à d'autres villes, telles qu'Amiens, Abbeville, Bordeaux, Caen, Saint-Omer. Les chartreux de Paris, les religieuses de Longchamps, la Sainte-Chapelle de Vincennes, eurent part à la même sollicitude. Par lettres données à Rouen en janvier 1432, une nouvelle université fut érigée à Caen. Cette utile création ne demeura point étrangère à celle de l'université de Poitiers, que Charles VII, à l'envi de Bedford, institua le 16 mars 1432 (1).

Henri VI, « roi de France et d'Angleterre, » âgé d'environ dix ans, entra dans Paris, pour son joyeux avénement, le 2 décembre, et fut couronné le 16 à Notre-Dame. Après avoir tenu cour plénière et reçu les serments de toutes les autorités, le « roi » s'éloigna de Paris le 26 décembre 1431. Jamais, depuis lors, il ne revit cette capitale (2).

Vers le mois de mars 1431, la Pucelle respirait encore : la terreur et l'appréhension régnaient à Paris (3).

Le gouvernement anglais n'avait pour appui qu'un

---

(1) P. P. 110, f° 191. Grandmaison, *Dictionnaire héraldique*, p. 866. *Ordonn.*, XIII, p. 59 à 172. *Lettres des Rois et Reines*, II, 449. Stevenson, *Henri VI*, I, 395. Vallet de Viriville, *Histoire de l'Instruction publique*, p. 193. Du Boulai, V, 369, 426, etc. Ci-dessus p. 282.

(2) P. Cochon, p. 466. — L. L. 217. — *Journal de Paris*, p. 694 et s. Etc.

(3) Les archives de Londres conservent à cet égard un curieux monument historique. C'est une ballade française transmise par les autorités de notre capitale à la métropole de l'Angleterre. En voici seulement la première strophe ou couplet :

> Je suis Paris qui ne fais que languir,
> Loin de secours, en douleur et martyre;
> Loups ravissans me viennent assaillir
> De jour, de nuit, qui me veulent occire.
> Je perds mes gens ; mon mal toujours empire
> Et si, ne treuz qui me donne confort.
> Longtemps déjà que le duc de Bethfort

faisceau d'intérêts égoïstes, de forces factices et de sympathies subornées. Quelque cause fortuite ne pouvait manquer de rompre cette alliance : car *il n'y a d'amitié durable qu'entre les bons.* L'Université donna le signal : deux griefs lui furent particulièrement sensibles. Jalouse de son monopole, elle reprochait, en premier lieu, aux Anglais l'érection de l'université de Caen. Dans le même temps, parut l'ordonnance du 31 janvier 1432, relative aux maisons inhabitées. Cet édit, bien que d'utilité publique, à ce qu'il semble, favorisait des spéculations privilégiées. De plus, il froissait dans leurs intérêts personnels beaucoup de clercs, de bourgeois et de suppôts universitaires. Le mécontentement s'aigrit, et, du domaine particulier de l'économie, passa dans le champ de la politique. Guill. Erard, l'orateur applaudi de l'Université, plaida au parlement pour les clients de sa corporation. Il attaqua d'une manière acerbe et publique les deux ordonnances incriminées, œuvre du gouvernement anglais. Le corps de ville s'unit aux mécontents. Il confondit avec ces plaintes ses propres représentations au Conseil d'Henri VI (1).

De compte fait, dix conspirations furent tramées de 1422

> S'en est allé pour moy, en Angleterre,
> Devers son roy et le mien secours querre,
> Qui pas ne vient; dont je pers espérance.
> Seigneurs anglais, renvoiez le bon erre
> *Ou vous perdrez Paris et toute France!*

Archives de la mairie de Londres, registre K, f° 103. Delpit, *Documents anglais*, p. 238, 249. *Lettres des rois et reines*, II, 416. La situation de Paris était celle de toutes les contrées soumises à la domination anglaise. Voir dans Monstrelet la fameuse complainte ou ballade des *Hélas*, composée vers 1433, t. VI, p. 176 ; même auteur, t. V, p. 74. *Pii commentarii*, p. 158. Basin, t. I, p. 102. Etc., etc.

(1) Cicéron, *De amicitiâ*. Ordonn. XIII, 174, 176. Delpit, *Documents*, p. 248 et s. *Proceedings*, IV, 124. Bulæus, *Historia Univ. par.* V, 420-430.

à 1434, contre la domination anglaise, à Paris ou en Normandie. Sept de ces tentatives ont été mentionnées ci-dessus dans leur ordre chronologique. La huitième fut découverte vers le 1ᵉʳ septembre 1432. On en sait très-peu de chose, si ce n'est que l'abbaye royale de Saint-Antoine-des-Champs, poste situé entre Vincennes et la Bastille, y jouait un rôle. Ce monastère avait alors à sa tête une grande dame, fort vénérée de son ordre et picarde de naissance, nommée Emerance de Calonne. L'abbesse et ses religieuses comparurent en justice. Puis, selon toute apparence, elles furent rendues à leur couvent et à leurs immunités religieuses (1).

Vers le mois de février 1433, un neuvième complot se révélait à Rouen. Celui-ci comptait dans son sein, ou du moins parmi les prévenus, Jean de Saint-Avit, évêque d'Avranches, l'un des prélats considérables du royaume par son âge et ses lumières; coupable surtout d'avoir voté en faveur de la Pucelle. Il fut détenu, comme l'avait été l'héroïne, au château de Rouen, avec divers gradués de l'Université de Paris, impliqués dans la même accusation. L'Université s'unit au Parlement dont les gages n'étaient plus régulièrement payés, par suite de la pénurie des finances. Elle revendiqua, non sans succès, en faveur des prévenus, leurs prérogatives cléricales. La dixième conspiration se forma du 23 au 30 septembre 1433. Plusieurs

---

Félibien, *Preuves*, II, 594 *b*. En 1432, la nation d'*Allemagne* remplaça définitivement, dans les registres de l'Université, la nation d'*Angleterre*.

(1) 1ʳᵉ conspiration, ci-dessus, t. I, p. 327 (1422, juin); 2ᵉ, p. 367 (1422, novembre); 3ᵉ, p. 426 (1424); 4ᵉ, p. 473 (1427); 5ᵉ, t. II, p. 140 (1430, mars-avril); 6ᵉ, p. 141, note 2 (1430, mai, 1 à 7); 7ᵉ, p. 289 (février 1432). *Journal de Paris*, 698 *a*. Félibien, II, 818; IV, 594. *Gallia christiana*, VII, 903. S.S. 4384, fº 53.

bourgeois aisés de la capitale avaient conçu le dessein de livrer Paris au roi Charles. L'histoire nous a transmis les noms mutilés de Jean Chaudinne, de Jean Trotte et de Guillaume Da..., comme étant ceux des principaux conjurés. La ville devait être surprise par le moyen d'Ecossais ou faux Anglais, qui se seraient emparés des portes Saint-Denis et Saint-Antoine. Ces trois bourgeois furent condamnés à mort le 9 novembre, ainsi que plusieurs de leurs adhérents (1).

La lutte, bien loin de cesser, allait s'engager de nouveau sous une forme multiple.

Vers les premiers mois de 1434, Richard Venables conduisit en Basse-Normandie trois ou quatre cents hommes armés et à cheval. Ce Richard, écuyer d'Angleterre, était venu en 1428 à la suite de Salisbury. Il avait d'abord servi à Lagny et sous Paris, avec trois hommes d'armes et douze archers : puis il se rendit en Normandie, leva bannière et trancha du souverain. Venables avait un lieutenant nommé Waterhoo. Il recruta des troupes et signa des sauf-conduits où il s'intitulait *roi de France et d'Angleterre*. Ce « roi » et ses bandits faisaient la chasse aux paysans. Arrivés à Saint-Pierre-sur-Dives, douze ou quatorze soldats de Venables arrêtèrent quelques laboureurs normands et les mirent en pièces. Les villageois *amorcés* par ces assassinats, sonnèrent les cloches et s'ameutèrent en grand nombre, mais presque sans armes. Leur dessein était de cerner les envahisseurs et de les livrer aux autorités pour en faire

(1) Léchaudé d'Anisy, *Chartes normandes du Calvados*, 1835, in-8°, t. II, p. 394, n° 171. Beaurepaire, *Prisons de Rouen*, p. 37. Du Boulai, V, 422. *Gall. christ.* XI, 493. Ci-dessus, p. 201, 220. *Journal*, p. 700. Sauval, *Antiquitez de Paris*, t. III, p. 588.

justice. Mais Venables les laissa se former, à son gré, dans une plaine : puis, il fondit sur eux et les massacra. Douze cents hommes périrent ainsi à Vicques, près Falaise. Bedford, instruit de ces actes, fit arrêter Waterhoo. Tous deux furent décapités à Rouen, puis écartelés le 22 juin (1).

En Normandie, la classe agricole et ouvrière se composait de populations dociles et inoffensives. Stimulées par ces violences répétées, elles commencèrent peu à peu à s'aguerrir. Des seigneurs français du pays se mirent à leur tête : ils communiquèrent à ces forces inertes une impulsion politique et une conduite raisonnée. Au nombre de ces chefs, on cite Thomas du Bois, Pierre Le Flamenc et le sire de Merville. Jean Chartier désigne au-dessus d'eux « un appelé Cantepie, principal entrepreneur, et par lequel se gouvernoient iceux chevaliers normands et autres. » Ce Cantepie était, suivant Parceval, un écuyer du pays d'Auge (2).

La résistance ainsi organisée prit un caractère plus sérieux. En premier lieu, la propagande s'exerça vers la frontière méridionale de la province. Là, elle communiquait avec les parties du Maine et du Perche, demeurées françaises, ou occupées par les capitaines de Charles VII.

---

(1) Beaurepaire, *Administration*, p. 62 et s. Basin, I, 104 et s. Monstrelet, V, 105. *Chronique de Normandie*, 182. J. Chartier, I, 177. Catalogue Joursanvault, t. II, p. 228, n° 3397. *Journal de Paris*, p. 702.

(2) Les mêmes. Jean Chartier, I, 172. Cagny, chap. 122. Monstrelet, p. 113. Une autre famille noble (ou peut-être la même) s'appelait Cantepie ou Chantepie (et non *Quatre-Pieds*). Les Cantepie étaient du Taleu normand et servaient la cause française. Voy. Darsy, *Histoire du canton de Gamaches*, à la table : *Cantepie*. Jean de Cantepie, en 1421, appartenait au duc de Bourbon (Rymer, tome IV, partie VI, p. 10). Pierre Cantepie, en 1455, fut verdier de la forêt de (Lucy?), vicomté de Neuchâtel (P. P. 110, f° 294). Voyez ci-dessus, page 121, note 1.

Vers la fin de décembre 1434, un grand rassemblement se forma aux environs de Bayeux et se dirigea vers Caen. Déjà, A. de Loré, maréchal d'Alençon, était venu exécuter une course au sein de cette riche et populeuse cité. Quelques troupes réglées participaient à l'entreprise de 1434. Mais la grande majorité, composée de paysans, ne pouvait compter que par leur nombre. Tout à fait inexpérimentés jusque-là dans l'art de la guerre, la plupart étaient encore sans armes ou très-mal armés (1).

Il s'agissait de prendre d'assaut la seconde place de la Normandie. A cette époque, le principal capitaine des Anglais se nommait John Fitz-Alan Maltravers, comte d'Arundel (2).

Né d'un père fameux pour ses viols de monastères et d'églises, il continuait la tradition terrible et légendaire qui, depuis le Prince-Noir, s'attachait, dans le pays, au souvenir des Anglais. Lui-même joignait à quelques talents militaires un orgueil féroce, dont l'âge n'avait point amorti la violence.

John Fitz-Alan fut chargé de maîtriser l'insurrection (3).

---

(1) Basin, I, 106, 107. Cagny, chap. 122. Monstrelet, p. 113, évalue à 12 mille le nombre des assaillants ; Basin : plus de 30 mille ; Cagny : passé 40 mille ; J. Chartier (p. 150 à 172) : plus de 60 mille. Charles d'Orléans avait conseillé aux Anglais, pour maintenir l'*ordre* en Normandie, d'armer les paysans. Quelques piques et des épieux avaient été distribués, dans cette vue, aux Normands, par les autorités anglaises. Voy. L. Puiseux, *Insurrections populaires en Normandie*, p. 13.

(2) Il portait le titre de « lieutenant du régent, sur le fait de la guerre ès pays d'entre Seine, Loire et la mer. » Le 8 septembre 1434, il reçut en don, au nom d'Henri VI, le duché de Touraine.

(3) Les mêmes. Catalogue Teulet, p. 104. Polydori Vergilii *Anglorum Historia*, Bâle, 1555, in-f°, p. 483. Dugdale, *Baronagium*, t. I, p. 320 et s. : Arundel était né en 1365. Basin, p. 109.

Les assaillants arrivèrent, par diverses bandes, devant la ville; mais là une embuscade les attendait, vers le faubourg Vauxelles. Cantepie et quelques gentilshommes conduisaient le mouvement. Lorsque les insurgés se furent engagés dans ce village, les Anglais se précipitèrent sur eux et les taillèrent en pièces; Cantepie succomba les armes à la main. L'hiver sévissait avec une rigueur inaccoutumée: deux pieds de neige couvraient au loin les plaines, et cette multitude était sans vivres, sans munitions, sans abri. Après avoir stationné quelques jours, une partie se dispersa dans les bois. Ces hommes n'osant point retourner à leurs habitations, les seigneurs anglais eurent pitié d'eux et leur firent accorder des lettres d'abolition; ainsi, ces malheureux, vaincus et *pardonnés*, reprirent la culture de la terre (1).

Cependant l'insurrection se reforma. Des émissaires furent depêchés au duc d'Alençon, qui prit aussitôt les armes. Ce prince envoya d'abord son maréchal, avec cent lances et deux cents archers: A. de Loré rallia les débris des bandes qui avaient échoué devant Caen et s'établit à l'abbaye d'Aunay, près de Bayeux. Le duc d'Alençon vint se poster au monastère de Savigny, sur la frontière du Maine; il eut à Saint-Hilaire une entrevue avec le capitaine des insurgés. L'entreprise s'appuyait à l'ouest sur le mont Saint-Michel. De ce point, l'expédition se porta vers

---

(1) Basin. Chartier. Cagny. Berry-Godefroy, p. 338. On lit dans le Journal de Paris-Anglais (dit le *Journal d'un Bourgeois*): « Desdites communes qui furent tuées n'estoit plus parlé, fors que quand on parloit à Paris que c'étoit pitié, aucuns disoient que bien l'avoient déservi (mérité)... que les vilains vouloient destourber aux gentilshommes à faire leur volonté et que ç'avoit esté à bon droit... » P. 702 *b*.

Avranches, dont l'évêque favorisait la cause française. Le duc et le maréchal firent le siége de cette ville. Mais ils rencontrèrent les mêmes difficultés (1).

Une autre tentative eut lieu dans le val de Vire et vers le même temps. Ici, le chef, nommé Boquier ou Boscher, comptait quatre ou cinq mille hommes à sa suite. Cet effort n'eut pas plus de succès que les précédents. Il fut étouffé par le sire de Scales (2).

A peine le comte d'Arundel en avait-il fini avec les communes du midi, qu'aussitôt il fut instruit que l'agitation se manifestait dans le nord de la province. Arundel résidait à Mantes, lorsqu'il reçut cet avis. En même temps, Bedford lui manda de se rendre hâtivement à Gournay, puis vers l'embouchure de la Somme. Le comte anglais jura de ne plus se couvrir la tête jusqu'à ce qu'il eût mis ces rebelles en servitude. Sans heaume ni chaperon, Arundel partit dans la direction indiquée ; mais, arrivé à Gournay, il apprit que les Français s'étaient emparés de Gerberoy et restauraient cette forteresse délabrée. Le comte alors, changeant son itinéraire, marcha sur Gerberoy. Arundel y fut pris, et mourut vers les premiers jours de mai 1435 (3).

Dans le même temps, Jean de Brezé, lieutenant du maréchal de Rieux, conduisit une entreprise vers le confluent

---

(1) « L'hyver estoit dur et âpre ; les communes s'en aloient par chacun jour d'emblée. Le roy n'envoya point les gens, ni l'argent qu'il devoit envoyer. Par ce, ledit duc d'Alençon fut contraint à s'en venir. » (Cagny, chap. 123). Catalogue Teulet, p. 410. Le 9 février 1435, une procession générale, en présence du chancelier, a lieu dans Paris, « pour l'éloignement de certains ennemis du roi qui étoient en Normandie, etc. » (L. L. 414, f° 91.)

(2) Basin, 107. Puiseux, p. 17.

(3) *Chronique de Normandie*, f° 185. Basin, 109. Monstrelet, 118 et s. Ci-dessus, chap. V, p. 312.

de la Somme à la mer. Il était accompagné de trois cents combattants. Parmi eux se trouvait Charles Des Marais, natif de Dieppe, qui avait été, sous Charles VI, capitaine de cette ville. Le 1er mai 1435, cette troupe, guidée par Des Marais, s'empara de Rue, près de Saint-Valery, et du Crotoy, sur la mer; ils étendirent ensuite leur domination sur les villes voisines. Étaples et son port furent incendiés; Bois, Saumer et d'autres localités subirent un traitement analogue. Des courses fréquentes, pratiquées jusqu'à Boulogne, Montreuil, Calais, Guines, répandirent l'appréhension dans ces parages (1).

Du 18 au 24 août, l'alarme fut à Rouen : le bailli manda de diverses parts des renforts et se mit en campagne. On disait que La Hire marchait sur Rouen, avec l'intention de rejoindre les Français au pays de Caux. Une rencontre en effet eut lieu, entre Gerberoy et la capitale de la Normandie : La Hire était suivi de trois cents combattants, et sir Th. Kiriel commandait un millier de lances. Ce dernier ayant surpris les Français dans un grand village nommé Roys (ou Boys), remporta sur eux l'avantage. La Hire, blessé, fut démonté; mais plus heureux que beaucoup de ses compagnons, il conserva toutefois sa vie et sa liberté (2).

Vers le mois d'octobre, Rue fut rendue au duc de Bourgogne, nouvel allié du roi de France. Mais en même temps, le 28 de ce mois, Charles Des Marais s'empara de Dieppe,

---

(1) Vitet, *Histoire de Dieppe*, p. 37. Monstrelet, 117 et s. Delpit, *Documents*, p. 252. M. de Grattier, membre de la Société des Antiquaires de Picardie, a consacré à Charles Des Marais une notice intéressante, insérée dans la *Galerie Dieppoise*, publiée par M. l'abbé Cochet; Dieppe, 1862, in-8º, p. 25 et s. L'énergique Des Marais mourut plus que centenaire, dit son biographe, en 1515 (*ib.*, p. 34).

(2) Monstrelet, V, 204. Catalogue Teulet, p. 413. Holinshed, t. II, p 1256.

sa ville natale. Il y fut acclamé une seconde fois capitaine. Cette place maritime, alors habitée par une population entreprenante, hardie, habituée à la lutte contre les Anglais leurs voisins, et à l'indépendance, donna glorieusement l'exemple. Les couleurs nationales, la bannière du roi Charles flottaient donc sur un port normand. Dieppe vit bientôt affluer dans ses murs de nombreux hommes de guerre. Les uns étaient des seigneurs du pays, exilés de leurs terres par la conquête; les autres, de toute nation, servaient sous le drapeau du roi de France (1).

Deux éléments distincts s'associèrent pour cette nouvelle levée de boucliers. Le premier représentait les classes populaires; le second était formé de la noblesse. Indépendamment de Charles Des Marais, l'insurrection normande eut alors pour chef un homme du peuple nommé Le Charuyer. Celui-ci, comme l'indique son nom, quitta le char rustique ou la charrue pour la guerre de l'indépendance. Il vint rallier les seigneurs à Dieppe, suivi de quatre mille paysans. Vingt mille hommes, suivant J. Chartier, le reconnaissaient pour leur capitaine (2).

Les nobles, au nombre de trois à quatre mille combattants, avaient à leur tête le maréchal de Rieux et Gilles de

(1) Basin, 111. Vitet, *Histoire de Dieppe*, p. 35, 37. Monstrelet, V, 201. Cagny, chap. 134. Gruel, p. 378. *Chron. de Normandie*, f° 180, v°.

(2) Berry, p. 392. Monstrelet, p. 201. J. Chartier, p. 174. Basin, p. 113. D'après Th. Basin, natif du pays, Charles Des Marais était plébéien, manouvrier de terre. Cependant Cagny (également Normand) le qualifie d'*écuyer*. Le poste de capitaine de Dieppe, qu'il aurait occupé en 1420, rend plus vraisemblable cette dernière hypothèse. Sa postérité, dans tous les cas, paraît avoir été incorporée à la noblesse. Suivant M. de Grattier, allié à la descendance de cette famille par les femmes, Charles Des Marais était un gentilhomme du bailliage d'Arques. *Galerie Dieppoise*, p. 28 et s.

Saint-Simon, lieutenant du connétable. Mais parmi ces chevaliers, écuyers et aventuriers, se trouvait tout ce que l'armée de Charles VII renfermait de plus violent et de plus indiscipliné. Tels étaient La Hire, Saintrailles, Antoine de Chabannes, Bruzac, Blanchefort et autres capitaines d'*Écorcheurs*. Les paysans se méfiaient, non sans cause, de ces nobles (1).

Le Charuyer détermina cette alliance : nobles et vilains concertèrent, en premier lieu, leurs efforts. Parmi les gentilshommes, l'un des plus dévoués était le sire de Montivilliers ; il fut surnommé le père des Cauchois. Fécamp, le 24 décembre 1435, tomba au pouvoir des coalisés. Harfleur, Montivilliers, Tancarville, etc., furent également soumis au roi de France. Six semaines suffirent à l'insurrection, dans ce premier élan, pour conquérir à la cause nationale toutes les forteresses du littoral. Au mois de février 1436, le pays de Caux presque entier était redevenu français (2).

Une seule place empêchait les vainqueurs d'étendre leur

---

(1) « Et au commencement, il y en avoit plusieurs (parmi les gentilshommes) qui ne savoient si se mettroient sus contre les François ou contre les Anglois ; mais finalement, se tournèrent du parti des François. » Gruel, 378, Basin. Monstrelet. Chartier, 174, 216. D'après Monstrelet (p. 202), Arthur de Richemont aurait pris part en personne à la campagne du pays de Caux. Mais le chroniqueur bourguignon semble avoir été mal informé sur ce point. Richemont ne quitta pas les régions de la Loire ; partagé entre Parthenay, sa résidence, et celle du roi ; voy. Gruel, *loc. cit.* — Asseline, *Histoire de Dieppe*, 1682, in-folio ; ms. de la bibliothèque de Dieppe, f° 34 v° et s.

(2) Les mêmes. Le sire de Montivilliers périt au siége d'Harfleur. (*Chron. de Norm.* f° 183 v°). Le 4 janvier 1436, Berry le hérault et un poursuivant du maréchal de Rieux arrivent à Compiègne. Ils annoncent que Montivilliers, Fécamp, etc., viennent de se soumettre. (D. Grenier, t. XX bis, f° 17). Catalogue Teulet, p. 415, 416. 1436 mars 12. Lettres données à Poitiers par Charles VII : il homologue des statuts pour les drapiers de Montivilliers (*Ordon.* XV, 30).

domination sur toute la contrée qui sépare Rouen de la mer, c'était Caudebec : vers la date indiquée, nos insurgés s'en approchèrent. Les Cauchois, voulant attaquer la place, s'adressèrent aux Français, postés à Tancarville; les Français répondirent : « Ceste semaine, nous avons prins « sur nos ennemis plusieurs villes, et aujourd'huy, il est « dimanche, il nous faut louer Dieu. » « Sur quoi, les communes dirent aux gens d'armes : *Vous êtes des traistres, nous voulons y aller.* Et sans nulle délibération, chargèrent leurs lards et vivres en charrettes, et marchèrent jusqu'auprès de Caudebec (1). »

Un pont, gardé par les archers anglais, défendait l'entrée de cette ville. Se fiant à leur nombre, les Cauchois s'avancèrent, comme un troupeau, serrés, mais sans armes suffisantes et sans ordre. Talbot et Falconbridge commandaient les Anglais. Un capitaine, expédié de Rouen au secours de la garnison de Caudebec, envoya reconnaître la troupe des assiégeants : son messager lui rapporta que ce n'étaient que les communautés; sur une telle assurance, le chevalier, suivi de ses hommes d'armes, partit au galop. Il vint prendre par derrière les Cauchois : les archers de Caudebec traversèrent le pont, en refoulant les assaillants, qu'ils perçaient de leurs flèches. Culbutés dans la plaine, cernés, les paysans furent massacrés ou dispersés. Les Anglais en saisirent plusieurs et les conduisirent à la ville : là, ils les égorgèrent en diverses places, ou les noyèrent dans la Seine (2).

---

(1) *Chronique de Normandie*, f° 184. Vers le même temps, Gilles de Saint-Simon, lieutenant du connétable, fut pris par les Anglais dans une course devant Caudebec. Gruel, 379.

(2) Basin. *Chronique de Normandie.* Holinshed, p. 1256.

Cependant, à la nouvelle de la prise de Dieppe, le conseil de régence en Normandie avait conçu les plus graves appréhensions. Une ambassade, tirée des trois États de la province, fut dirigée vers Londres; Henri VI, assisté de ses conseillers, lui donna audience à Westminster, le 3 décembre 1435. Dans les premiers jours de février 1436, Thomas de Beaumont arrivait en Normandie, suivi d'une nouvelle armée. Mais déjà les choses avaient changé de face. Le désastre de Caudebec fut, pour l'insurrection, une cause de schisme : les nobles et les paysans se désunirent. Enfermés dans les forteresses, sans plan général, sans autorité, sans discipline, les premiers ne se secouraient même pas entre eux : ils pillaient les paysans et les renvoyaient à la charrue (1).

Vers le mois de mars 1436, Lillebonne retomba au pouvoir des Anglais : Floquet, célèbre capitaine du pays, occupait Tancarville; manquant de vivres, il abandonna son poste et se retira. Talbot vint assiéger Harfleur : Raoul de Gaucourt, lieutenant du roi à Beauvais, marcha, suivi de cinq à six mille hommes, au secours des assiégés. Mais, en

---

(1) Cabinet des titres, dossier *Luxembourg*, à la date. *Lettres des rois et reines*, II, 423 et s. — Dans le même temps, les côtes méridionales de la France étaient menacées d'invasions maritimes. Lettres données à Tours le 9 décembre 1435, contresignées : *par le roy*, Christophe de Harcourt, Hugues de Noyers. A l'évêque de Laon (Guillaume de Champeaux), président des finances, en Languedoc... « Pour ce que naguères nous a esté rapporté que plusieurs grans armées se mettent sus à présent ès mers de Catheloigne (Catalogne) et de Jannes (Gênes.., avons délibéré de pourveoir prestement à noz places qui sont ès marches de Languedoc et mesmement ès places et ports de mer... » Il alloue 4 mille moutons d'or à T. Duchatel, sénéchal de Beaucaire et capitaine d'*Aigues-Mortes*, pour que ce port (en're autres) soit mis en état de défense. (Dossier *Du Châtel*.) — *Parliament rolls*, IV, 481. Beaurepaire, *États*, p. 49 et s. Holinshed, 1256. Stevenson, *Henri VI*, t. I, p. 424 et s. J. Chartier, t. I, p. 174. Basin, 114, 118.

chevauchant par le pays de Caux, il fut fait prisonnier. L'expédition, arrivée devant Harfleur, capitula, moyennant finance : Harfleur redevint anglais. La France perdit en peu de temps tout ce qu'elle avait conquis dans le pays de Caux; Dieppe seule demeura sous l'autorité de Charles VII. Les soldats ou brigands anglais accoururent des diverses parties moins fertiles de la Normandie : ils dévastèrent, pour leur part, le pays de Caux. Cette contrée, naguère le théâtre de si heureux succès, devint une terre de malédiction. Les Cauchois, ainsi traités, pour prix de leurs services et de leur dévouement, s'expatrièrent par toutes les issues. A Rouen et dans les autres villes, on vit arriver des troupes faméliques de mendiants : c'étaient des familles de Cauchois. Beaucoup s'embarquèrent pour aller chercher en Bretagne, en Angleterre, même au prix de la servitude, ou du loyer de leurs bras, le pain qui leur manquait. La fatalité les poursuivit sur terre et sur mer : à bord des navires qu'ils montaient, la faim, l'épidémie, l'incendie les détruisirent par milliers (1).

Après avoir épuisé cette contrée, les gens d'armes français l'abandonnèrent. Ils vinrent alors trouver Charles VII, « pour lui requérir aide, en disant qu'ils avoient dépensé le leur à le bien servir et que plus ne povoient vivre audit pays. » De la Seine à la Somme, et de l'Oise à l'Océan, la Normandie était un désert. Pendant dix ans, la terre y redevint sauvage. Plus de chemins. Les champs couverts d'oseraies, d'arbustes divers, de buissons et d'épines, prirent la physionomie d'une vaste forêt.

(1) Deux cent mille âmes, au dire de Thomas Basin, périrent dans cette campagne, p. 117. *Chronique de Normandie*, f° 184.

P. de Cagny et Thomas Basin, chroniqueurs du pays, imputent à Charles VII la responsabilité de ces désastres. Cinq cents lances, dit l'évêque de Lisieux, conduites par des capitaines honnêtes et disciplinés, auraient suffi pour rendre la Normandie à la France (1).

(1) Cagny, chapitres 123, 129, 131. Basin, 116. Ce dernier auteur stigmatise la conduite de Charles VII par des traits d'une excessive énergie. Nous reviendrons sur ce point d'appréciation morale dans le chapitre suivant (p. 350).

Paris-Anglais. — En 1425, Regnauld Quiéret, chanoine de Reims, se trouvait dans un cabinet ou retrait contigu à la salle capitulaire de la cathédrale, en compagnie de Pierre Bourreclot, chapelain de l'église métropolitaine. Ce cabinet était orné d'un tableau, rehaussé de figures et enluminé, qui représentait la généalogie du jeune roi Henri VI. Au-dessous, se lisaient quelques vers, « sur la cruelle mort de Jean sans Peur. » A l'occasion de ce tableau, une vive discussion politique s'éleva entre Bourreclot et Quiéret. Le chanoine prétendait que « iceux vers ne devoient pas estre mis en ledit tableau, et ledit chapelain, au contraire. » La dispute s'échauffa : si bien que R. Quiéret, tirant de sa poche son couteau, effaça cette souscription, en dépit de Bourreclot et de sa résistance. Dans la chaleur de l'action, le couteau du chanoine s'égara même au delà des vers et endommagea une partie de la royale généalogie. Quiéret, dénoncé par Bourreclot, s'enfuit de Reims. Mais, appuyé de protecteurs puissants, il vint à Paris et se pourvut par-devant la chancellerie. Des lettres d'abolition lui furent accordées, attendu, entre autres considérants, que « ledit Quiéret est jeune, ignorant et povre de sens. » Il dut aussi remplacer, à ses frais, par deux tableaux neufs, celui qu'il avait endommagé. (Acte du 3 juin 1427 ; J. J. 173, f° 329.)

Le ms. latin 7443 contient un recueil de figures et de prédictions astrologiques et politiques, dressées pour la plupart en 1426, à la requête du gouvernement anglais. Elles concernent Henri VI, le régent Bedford, le comte de Salisbury, sir John Falstalf, le duc de Bourgogne ; Jean de la Trimouille, sire de Jonville ; le duc de Bretagne, le duc d'Alençon, le connétable de Richemont, et enfin Charles VII. Ce recueil paraît avoir eu pour principal auteur Jean Halbout de Troyes, personnage dont nous avons parlé ci-dessus, t. I, p. 306.

CHAPITRE VII

Paris anglais, suite et fin. Réduction de la capitale sous l'autorité de Charles VII (1435-1436 avril).

Dans la nuit du 30 mai au 1ᵉʳ juin 1435, les Français s'étaient rendus maîtres de Saint-Denis (1).

La lutte s'engagea, pied à pied, sous les murs de Paris. Saint-Denis, le 24 septembre, fut rendu par capitulation aux Anglais. Mais le même jour, les Français s'emparèrent du pont de Meulan. Le traité d'Arras, partout acclamé, signifié aux puissances, porta moralement un coup irrémédiable à la domination des Lancastres. Ce traité, comme on l'a dit, entraîna la mort accidentelle de Bedford. Un autre fait analogue mérite d'être noté (2).

(1) Le lundi 8 mars 1433 (1434 n. s.), religieuse personne, frère Robert de Balincour, célérier du monastère de St-Denis en France, a envoyé en garde à Messieurs les doyen et chapitre de Saint-Etienne de Bourges, les saintes reliques de la Couronne et du Clou. Messieurs ont promis et se sont obligés de les rendre toutes et quantes fois ils en seraient requis de la part de l'abbé et du couvent dudit monastère et du consentement du roi de France, ou de son successeur. Registre, aujourd'hui brûlé, des délibérations capitulaires (en latin) de la cathédrale de Bourges, à la date. Traduit sur un extrait copié aux archives du Cher avant l'incendie, le 18 août 1849. On voit que le couvent, dès 1434, prenait ses précautions. Ces reliques furent en effet restituées à St-Denis par Charles VII, en 1445. Raynal, *Hist. de Berry*, t. III, p. 29. Ci-dessus, p. 312, où l'on a imprimé par erreur : le 17.

(2) Ci-dessus, p. 322. *Journal de Paris*, p. 703 et s. Monstrelet, V, 125 et s. J. Chartier, I, 179 et s. Berry, 389 et s. Gruel, 378 et s. Cagny, ch. 126 et s. *Journal d'Arras*, p. 103 et s. Catalogue Teulet, 412, 418. Basin, I, 119 et s. Ab. Desjardins, *Négociations avec la Toscane*; Docu-

Isabeau de Bavière expiait, dans une longue et triste vieillesse, ses pompes, son orgueil, ses fautes du passé. Les Anglais l'avaient rationnée : ils l'humiliaient; le peuple la maudissait. Elle habitait un coin du vaste hôtel de Saint-Paul, qui était pour elle une prison plutôt qu'un palais. En passant devant cette demeure, qui avait été celle de Charles VI, chacun disait, sans daigner même nommer la veuve du roi : « Voilà la cause de tous les maux qui sont en France. » La vieille Isabeau prit, à ce qu'il semble, en pénitence, cet opprobre et ce châtiment. Lorsque Henri VI fit son entrée à Paris, Isabeau, avec quelques femmes, se tenait à une fenêtre de Saint-Paul : le jeune roi, en apercevant son aïeule, souleva son chapeau et la salua; Isabeau, émue, s'écarta aussitôt et pleura. La mère de Charles VII, déshéritée, vécut assez pour connaître l'issue du congrès d'Arras. A cette nouvelle, Isabeau versa de nouvelles larmes. Mais ce furent, dit-on, des larmes de joie, et la reine mourut de l'impression qu'elle en ressentit (1).

Les hostilités étaient quotidiennes. En janvier 1436, pendant que la frontière maritime de Normandie redevenait française, Pontoise ouvrit ses portes aux soldats du roi Charles. Le 11, Charenton fut pris. Charles VII, par lettres données à Chinon le 29, institua son beau-frère, Charles d'Anjou, capitaine et gouverneur de Paris. Le 11

---

ments inédits, in-4°. t. I, p. 56. Lettres de Charles VII, archives de Reims, 10 octobre 1435. D. Morlot, *Histoire de Reims*, 1843, in-4°, t. IV, p. 178. *Amplissima collectio*, 1733, in-f°, t. VIII, p. 861-4.

(1) Isabeau expira le 29 septembre 1435. L. L. 217, f° 174 (2e partie). Félibien, t. II, *Preuves*, p. 595 a. Vallet de Viriville, *Isabeau de Bavière*, 1859, in-8°, p. 38. Etc.

février, un soulèvement éclatait dans la capitale. Guillaume de la Haye, chevalier français, avait été emprisonné à la requête d'un Anglais : nous ignorons par quel motif; mais le peuple prit parti en faveur du prisonnier. Le gouvernement fut informé qu'un mouvement populaire avait pour but d'enlever le captif. Il prévint ou arrêta ce mouvement, en faisant transporter le détenu dans une autre prison. Le *conseil* du parlement, chargé de la régence de la ville, siégeait en permanence, livré à de perpétuelles alarmes. A Londres, le conseil étroit d'Henri VI délibéra sur la situation, chaque jour aggravée, des affaires françaises. La levée d'une nouvelle armée fut décidée pour le mois d'avril. A cet effet, comme les ressources publiques étaient épuisées, les conseillers du jeune prince ouvrirent un emprunt en son nom (1).

Le 19 février 1436, un soldat écossais, qui se faisait passer pour anglais (2), montait sa faction, la nuit, sur le donjon de Vincennes. Il y avait dans le fort un prisonnier français : par l'initiative de ce captif, le soldat avait été mis en rapport avec l'abbesse de Saint-Antoine des Champs. Madame de Calonne en écrivit à Denis de Chailly, bailli de Meaux, chevalier du roi Charles. Le duc de Bourbon, informé, dépêcha quelques gens d'armes. Guillaume de la Barre, qui était avec D. de Chailly, parut devant le donjon, suivi de ses soldats. Le 19, au signal donné, l'Écossais fit passer aux assiégeants des cordes et des échelles. Ces der-

---

(1) Basin, I, 119. *Journal de Paris*, 705. Monstrelet, 205. J. Chartier, 217. Félibien, *Histoire de Paris*, t. II, p. 822 ; t. IV, p. 595 *b*. Anselme à *Charles d'Anjou. Proceedings of the privy council*, etc., IV, p. 316 et s.
(2) Voy. ci-dessus t. 1, p. 254, note 3 ; t. II, p. 333 et 334.

niers étaient au nombre de onze, y compris la Barre : ils escaladèrent le donjon. Aidés par l'Écossais, les assaillants tuèrent ou chassèrent les Anglais : ils se rendirent ainsi maîtres de cette place forte. Beauté-sur-Marne, Brie-Comte-Robert, Corbeil et autres localités, furent également prises par les Français (1).

Charles VII, en ce temps, résidait à Poitiers. La soumission de Paris formait le sujet continuel des délibérations de son conseil. Le 28 février 1436, le roi signa des lettres d'abolition pour la capitale (2).

Philippe le Bon, sous la même date, fit sceller de son sceau un acte semblable. Le duc de Bourgogne se portait, auprès des Parisiens, garant du roi de France et lui servait de précurseur. Ces lettres ne furent criées et publiées qu'après le succès de la campagne : mais, dès lors, elles circulèrent et produisirent leur effet moral. Les dernières mesures pour consommer l'entreprise furent arrêtées avec le connétable. A. de Richemont reçut le 8 mars, à Poitiers, ses provisions royales qui le nommaient lieutenant-général du roi « dans les pays de France, Champagne, Brie, Beauvoisis, Normandie, Picardie et autres, sur et outre les rivières d'Yonne et Seine. » Cette patente conférait au con-

---

(1) « Et en eut ledit escossois pour ce faire cinq cens escus et tous les biens du capitaine anglois, qui estoit à Paris. » Berry, 392. J. Chartier, I, 178. Monstrelet, 236. Basin, 122.

(2) Autres lettres analogues du 3 mars 1436 données à Poitiers : « La reine de Sicile, les ducs de Bourbon, d'Alençon, Charles d'Anjou, le comte de Vendôme, le chancelier ; les archevêques de Vienne, de Toulouse ; les évêques de Poitiers, de Maguelonne; Christophe d'Harcourt, le maréchal de la Fayette, le grand-maître des arbalétriers; les sires de Bueil, de Trèves, de Gaucourt, de Chaumont, de Coëtivy, Th. de Valpergue, B. de Beauvau ; maîtres Geoffroy Vassal, Jean Fournier, R. de Bouligny et autres, présents. » K 949, n° 26.

nétable les pouvoirs les plus étendus, non-seulement dans l'ordre militaire, mais sous les rapports financier, civil et politique (1).

La capitale était donc cernée par une zone d'investissement, qui se resserrait de plus en plus. Sur la haute Seine, Melun, Corbeil, appartenaient à Charles VII, avec Charenton et Vincennes. En aval de Paris, le roi occupait le pont de Meulan et Poissy, sur le cours inférieur du fleuve; il tenait la Marne par Lagny; l'Oise, par Pontoise. Les routes de terre ne se pratiquaient plus. Ces divers affluents mettaient entre les mains des Français l'approvisionnement de la capitale. De telles mesures furent concertées, exécutées heureusement, avec ensemble et à point. Elles indiquent, de la part du gouvernement de Charles VII, une suite de vues, une fermeté de conduite, une discipline d'action générale, qui ne se manifestent pas, à ce degré, dans ses actes antérieurs. Avec des ressources très-limitées, ces grands résultats ne s'obtinrent point sans des efforts considérables. L'abandon, le sacrifice (peut-être raisonné), de la Normandie, mérite assurément un jugement sévère : mais tout appréciateur équitable devra faire acception, pour décider son jugement, des considérations que nous venons de rappeler (2).

De l'entrée du carême à Pâques, le blé avait quadruplé de prix. Au sein du gouvernement d'Henri VI, le désarroi

(1) *Itinéraire.* Félibien, *Preuves,* 559 *b.* Gruel, 377, 379. Ms. français n° 8405, C, f° 213. Arch. de la Préfecture de police, *livre vert vieil*; 2ᵉ pièce. K. 949, nᵒˢ 24, 27, 28. Lettres données à Poitiers par Charles VII, le 15 mars 1436 : il valide les sentences rendues par les autorités anglaises entre Français, dans les villes rebelles (*Livre vert vieil* 2ᵉ, f° 33) ; Du Tillet, *Traités,* p. 241.

(2) Voyez ci-dessus, page 345.

moral était extrême. Tout ce que l'Église et les hautes régions sociales comptaient d'âmes élevées, de caractères indépendants, avait prévu, dès le premier jour, la chute de la tyrannie, et y tendait. En avril 1436, parmi les fonctionnaires les plus *sages,* la majorité songeait à une *transition,* devenue imminente et inévitable. Les Français, ennemis des Armagnacs, s'étaient toujours déclarés *bourguignons,* mais nul, en aucun temps, n'eût osé se proclamer *anglais.* Or le duc de Bourgogne venait de se rallier au roi de France : ses lettres du 27 février 1436 dessinaient la nouvelle situation ; le maréchal de l'Ile-Adam, précédemment capitaine de Pontoise, jouissait, auprès des Parisiens, d'une grande popularité. Ainsi que son maître (Philippe le Bon), il quitta les Anglais et se déclara pour la cause du prince de Valois : l'Ile-Adam fut l'intermédiaire naturel entre Paris et les lieutenants du roi Charles (1).

Le gouvernement anglais s'appuyait, à Paris, sur quatre évêques : celui de Lisieux (P. Cauchon), celui de Térouanne (Louis de Luxembourg), celui de Paris (Jacques du Chastelier) et celui de Meaux (Jean de Briou) (2). Robert, lord Willoughby, commandait les troupes nouvelle-

---

(1) *Journal de Paris,* p. 705. Monstrelet, p. 217. Gruel, p. 380 *b.* Etc.
(2) Ces deux derniers prélats se rendirent Français immédiatement après la victoire. Jacques du Chastelier (*de Castellari*), créature de Bedford, était un gentilhomme espagnol, issu de la maison des comtes de Jaavedia (*ou Saavedra?*) Licencié en décret, il n'avait reçu que l'ordre de sous-diacre... Il fut successivement archidiacre de Bruxelles, trésorier de Reims, puis évêque de Paris, sacré par Cauchon. Il mourut de la *peste* en 1438. (*Gallia Christ.* VII, 146 et s.) Le *Journal de Paris* lui consacre ces mots pour toute oraison funèbre : « Trépassa l'évesque de Paris, nommé sire Jacques, un homme très-pompeux, convoiteux, plus mondain que son estat ne le requéroit. » (P. 714.)

ment arrivées d'Angleterre. Il avait sous ses ordres le fameux S. Morhier. Ce groupe de chefs politiques suppléait au petit nombre et au vide moral qui s'étendait autour de lui par l'audace et l'intimidation. Le 15 mars 1436, les fonctionnaires et les notables de Paris durent prêter un nouveau serment. Tous jurèrent « sur peine de damnation de leur âme, sans épargner prêtre ni religieux, qu'ils seroient bons et loyaux au roi Henri d'Angleterre ; et qui ne le vouloit faire, il perdoit ses biens et étoit banni ; où il avoit pis ; et n'estoit nul homme qui parler en osât, ni faire semblant. » Dans le même temps, des commissaires explorant la ville, s'enquéraient de ce qu'elle renfermait de vivres et d'approvisionnement (1).

Le lendemain, 16 mars, parut un nouvel édit.

Tout habitant de Paris, s'il ne voulait prêter le serment exigé la veille des fonctionnaires, était tenu de venir le dire à Justice. Moyennant cette déclaration, il pouvait obtenir, par miséricorde, le droit de s'exiler avec sa famille. Défense de proférer aucune parole « malsonnant contre et au préjudice de nous (Henri VI) ou de notre seigneurie. » Défense de porter autre signe que le nôtre, c'est-à-dire la croix rouge. En cas où la ville serait envahie d'assaut, il est enjoint que nul des habitants ne s'émeuve. Il est interdit de se porter au lieu des hostilités, à moins d'un service militaire commandé ; mais que chacun vaque à ses métier ou occupations accoutumées. — « Ainsi signé : Par le roy, à la relation du grand conseil, où vous (Louis de Luxembourg) les évesques de Lisieux et de Paris, le sire de Willughby, Mᵉ Jean le clerc, les seigneurs de Courcelles, de Clamecy, le prévost de Paris, celui des marchands... et autres, estiez. — Lu et publié en la cour du parlement le 17 (2). »

(1) Ms. fr. 2882, f° 110. Félibien, *Preuves*, *ib.*, 59 6 *a*. Le 4 avril, quatre cents soldats anglais n'étaient point payés de leur solde : ils désertèrent et se répandirent en pillards dans la banlieue. *Journal*, p. 705, 706.
(2) *Ordonnances Barbines*, X. X. 8594, fᵒˢ 32, 33. Du Tillet, *Traités*, p. 241.

Vers les premiers jours d'avril, le connétable Artus de Richemont vint se poster à Pontoise, où il fit sa jonction avec le maréchal de l'Ile-Adam. Les sires de Warambon, de Ternant, et autres lieutenants du duc de Bourgogne, accompagnaient le maréchal. Ces chevaliers, moyennant argent comptant, se mirent immédiatement en campagne. Le bâtard d'Orléans, Jean Foucault, Denis de Chailly, marquaient parmi les auxiliaires de la cause française. Le 10 avril 1436, Richemont se dirigea vers la capitale : Lord Beaumont marcha, suivi d'environ cinq cents lances, à sa rencontre. Les deux partis en vinrent aux prises entre Épinay et Saint-Denis. Thomas de Beaumont, battu et fait prisonnier, y perdit presque tous ses hommes. Les Anglais avaient récemment abattu les portes et les murailles de cette ville. Richemont s'y établit militairement. Les débris de la petite armée de lord Beaumont se réfugièrent dans la tour du Velin ou du Venin, attenante à l'abbaye (1).

Le moment décisif approchait. Les esprits étaient agités par ce fluide électrique, par cette fermentation, qui se produisent à la veille des coups d'État.

Une grande faute avait été commise par la démocratie parisienne. Dans son antagonisme contre les Armagnacs, elle s'était laissé entraîner jusqu'à sacrifier l'indépendance du pays. Frappés de stérilité, pour avoir méconnu ce principe, ses efforts aboutirent à seize années d'oppression. A la suite de cette dure expérience, une puissante réaction

---

(1) *Journal*, p. 704 à 706. Monstrelet, 187, 218. J. Chartier, 183, 222. Berry, 392, 393. Gruel, 380, 381. Basin, 120, 121. Cagny, chapitre 135.

s'était à la longue et universellement opérée dans les esprits.

Le principal acteur de la péripétie de 1436 fut Michel de Lallier. Quelques notions morcelées ne nous permettent pas de glorifier complétement ce personnage ; elles ne suffisent même point pour nous rendre un compte parfaitement clair et précis de ses évolutions politiques.

Michel ou Michaud Laillier ou de Lallier appartenait à une famille parisienne. Il fut de ces bourgeois qui, par leur intelligence, leur richesse, leur sens pratique et éclairé des affaires, occupèrent une si grande place au quinzième siècle. Dès 1404, il était familier du roi Charles VI et prenait part à ses munificences habituelles. Nous le trouvons alors qualifié « marchand et valet de chambre du roi ; » c'est-à-dire fournisseur de la cour et banquier. De là, il était passé à un emploi officiel des finances : celui de trésorier, puis maître des comptes (1409-1410) ; fonctions considérables et dont les équivalents exacts ne subsistent plus dans notre hiérarchie actuelle (1).

En 1412, on le classait dans le parti de la cour. Michel fut alors accusé d'avoir prêté son aide à l'altération des monnaies. Trésorier de France, et sans négliger le soin de sa fortune personnelle (2), il eut pour collègue Bureau de

(1) Cabinet des titres, dossier *Laillier*. Bourgneuf, *Mémoire sur les priviléges des Trésoriers de France*, etc., Orléans 1745, in-4°, p. 9. Denys, *Armorial de la chambre des Comptes*, Paris, 1789, in 4°, p. t. I, p. liij et s.

(2) En 1410, Michaud Laillier était seigneur de La Chapelle près Paris, et du Vivier-lès-Aubervilliers. Il fit édifier, en 1416, sur le pont Saint-Michel, 16 loges ou maisons, louées en bail aux vies de lui et de Jeanne, sa fille, âgée de 8 ans. Il possédait à Gonnesse un hôtel et ses dépendances avec 145 arpents de terre. En 1436, il s'enrichit des confiscations opérées après la réduction de Paris sur les partisans des Anglais. Michel de Lallier devint enfin seigneur d'Hermenonville et autres

Dammartin, dont la femme était parmi les intimes de la reine. Laillier découvrit et dénonça en 1416 la conspiration du boiteux d'Orgemont, qui devait attenter à l'autorité, si ce n'est à la vie de cette princesse. Michel fut lui-même un des familiers et confidents de la reine Isabeau de Bavière. Ambassadeur au congrès de la Tombe, il signa le traité de Troyes en 1420, avec un autre bourgeois de Paris, son compère et ami, Guillaume Sanguin. Tous deux souscrivirent cet acte comme membres du grand conseil (1).

Cependant, après l'enlèvement du dauphin, Michel de Laillier figurait encore, comme maître des comptes, parmi les officiers du prince Charles. En 1418, il fut d'abord destitué par les Bourguignons et sut, il est vrai, se faire réintégrer cette même année. Après la mort de Charles VI, Laillier, l'un de ses exécuteurs testamentaires, prit part à la conspiration de 1422. Ayant échoué, Michel courut se réfugier près de Philippe le Bon, qui n'avait point voulu quitter sa résidence de Flandres. Ce complot suivit de très-près la séance du 27 octobre, où l'ordre de succession de la couronne fut mis en délibération. Les documents ne nous ont laissé, sur ces faits, que des énigmes laconiques. Si nous en pénétrons le sens, Laillier et ses adhérents visaient à quelque combinaison dynastique, moins défavorable au dauphin qu'une exclusion pure et simple (2).

terres; toutes situées, comme les précédentes, en *France* et dans les environs de Paris. Dossier *Laillier*. P. P. 118, f° 198. Sauval, *Antiquitez de Paris*, t. III, p. 271.

(1) *Religieux de S. Denis*, IV, 763; VI, 173. Fournival, *Recueil des Trésoriers*, 1655, in-f°, p. 13. Monstrelet, III, 140. Cousinot, p. 178. J. Chartier, III, 282, 287.

(2) Denys. Dossier *Laillier*. Monstrelet, t. IV, p. 135, note 2. Ci-dessus, t. I, p. 356, 357.

Quoi qu'il en soit, Michel de Laillier rentra en grâce une seconde fois. De 1422 à 1436, il servit le gouvernement anglais, comme maître des comptes, et prêta le serment du 15 mars. Nous ne savons rien des circonstances ni des motifs personnels, qui purent, dans cette dernière période, influer sur sa ligne de conduite. Seulement, à cette époque ou vers cette époque, Michel de Laillier maria sa fille à Pierre Lorfèvre, seigneur de Montreuil-sous-le-bois-de-Vincennes, etc. Il s'allia de la sorte à la famille Cousinot, connue par ses grands services et par la fidélité de son dévouement à la cause nationale (1).

Le 13 avril 1436, de concert avec Michel de Laillier, le connétable, de très-grand matin, s'approcha de la capitale. Tout était prêt. Des communications, de plus en plus fréquentes et secrètes, régnaient, depuis quelque temps, entre la ville et les lieutenants du roi Charles. Richemont avait laissé des forces à S*t*-Denis. Il eut soin d'y laisser surtout les *routiers* ou *écorcheurs*, dont il appréhendait les excès. Le connétable avait envoyé d'avance son infanterie. Il était accompagné du maréchal de l'Ile-Adam, du bâtard d'Orléans et autres chefs de guerre. Richemont se présenta d'abord à la porte Saint-Michel, proche les Chartreux (2).

Quelques-uns des cavaliers qui suivaient se dirigèrent vers le couvent. De ce point élevé, ils voulaient explorer

---

(1) Denys. Beaurepaire, *Administration*, p. 5. Ms. Fontanieu, 115-116. X. X. 1481, f° 118. Félibien, *Histoire de Paris*, t. II, p. 822 et s. Dossier Laillier. Chronique de Cousinot, p. 21, 23.

(2) Parc. de Cagny, ch. 136. Berry, p. 393. Gruel, p. 362. Kausler, *Atlas des batailles*, Carlsruhe, 1831, grand in-folio, planche 34 : le texte, in-4°, page 151. On trouvera dans cet ouvrage un excellent précis des opérations militaires, accompagné d'un plan fort intéressant de Paris, en 1436. Les Chartreux : aujourd'hui Jardin du Luxembourg.

la ville du regard. Un homme se montra sur la porte du monastère, faisant signe du chaperon, et, comme les cavaliers approchaient, il dit : « Tirez (marchez) à l'autre porte; celle-ci n'ouvre pas; on besogne pour vous aux Halles. » Le connétable, ainsi prévenu, se rendit à la porte St-Jacques, peu éloignée. Dès le matin, Laillier était sur pied, assisté de Jean de Laillier, son fils, de Jean de la Fontaine et autres bourgeois influents. Des émissaires, répandus aux Halles et sur divers points, rassemblèrent le peuple. Des groupes se formèrent, écoutant ces orateurs improvisés, qui les appelaient aux armes. *Vive le roi de France! maudits soient les Anglais!* Ces cris retentirent et propagèrent, en se multipliant, l'enthousiasme (1).

Les Anglais, avertis par un tumulte inaccoutumé, se mirent en défense. Tout d'abord, ils voulaient courir aux portes de la ville pour s'en assurer. Mais déjà le peuple était en armes : l'insurrection se décidait; c'était contre la population même qu'ils avaient à lutter. Hommes et femmes prenaient part à cette manifestation, devenue nationale. Les pierres, bûches, tables, tréteaux et autres meubles, pleuvaient, jetés des fenêtres, par les habitants, sur les soldats d'Henri VI. Les chaînes des rues furent tendues par les bourgeois. Composée de 1,500 hommes environ, la garnison se divisa en trois corps : l'une marcha sous les ordres de Willoughby; l'évêque de Térouanne et Simon Morhier prirent le commandement de la seconde; l'autre obéissait à Jean Larcher, lieutenant du prévôt (2).

(1) Ci-dessus, p. 303, note 2. Gruel. Cagny, ch. 137. J. Chartier, I, 224. N. Gilles, 1557, t. II, f^t lxxxv.
(2) *Journal de Paris*, p. 706. X. X. 1481, f^t 120 v°. J. Chartier.

Ces détachements ne parcoururent qu'avec des peines infinies l'itinéraire qui leur était tracé. Indépendamment du peuple insurgé, la milice municipale partageait avec les Anglais le service de la force armée; or, la milice était bourguignonne et désormais française. L'Ile-Adam précédait le connétable : il parut sous les murs de la porte Saint-Jacques. Des pourparlers s'engagèrent entre lui et les bourgeois, qui montaient la garde sur les remparts. Le maréchal tenait à sa main les lettres d'abolition, scellées du sceau royal. A la demande des parlementaires, il jura solennellement que cet acte d'amnistie serait religieusement observé. En ce moment, les gardiens de la porte, Bourguignons, disputaient sur l'incident avec les Anglais. Le guichet s'ouvrit. Durant qu'on rompait les serrures du pont-levis, le connétable entra par ce guichet ou poterne. En même temps, l'Ile-Adam escalada le mur à l'aide d'une échelle, que lui tendirent les assiégés. Ceci se passait entre sept et huit heures du matin. D'un autre côté, des soldats du connétable s'introduisirent dans Paris par la rivière, embarqués sur divers esquifs (1).

L'Ile-Adam, aussitôt qu'il fut maître de la plate-forme, fit arborer la bannière aux trois fleurs de lis et cria : *Ville gagnée!* Il pénétra ensuite dans Paris, ainsi que le bâtard d'Orléans et le connétable. Partout, les bourgeois avaient revêtu la croix blanche droite, ou la croix rouge en sautoir (2). On entendait de plus en plus ces cris : *La*

---

(1) Gruel, 362. Monstrelet, 249. Basin, p. 122. J. Chartier, 226. Registre capitulaire de Notre-Dame de Paris. L. L. 217, 2ᵉ partie, fº 206. Violet le Duc, *Architecture militaire*, p. 115.

(2) La croix rouge, droite, était l'insigne des Anglais ; la croix blanche,

paix ! Vive le roi et le duc de Bourgogne ! Arrivé au pont Notre-Dame, le connétable y rencontra Michel de Laillier, l'âme de l'insurrection. Il tenait à la main une grande bannière de tapisserie, aux armes du roi Charles (1).

En se rendant à leurs emplacements assignés, les troupes anglaises tiraient, de leurs flèches, aux fenêtres des habitants, principalement aux angles des rues. Ils criaient : «Saint Georges ! Traîtres Français ! Tuez tout !» Au cœur de la ville, les grandes rues Saint-Denis et Saint-Martin, barrées par des chaînes, étaient presque vides. Deux bourgeois, inoffensifs, furent rencontrés par Jean Larcher, devant Saint-Merry. Le chef et les soldats assouvirent leur colère sur ces deux hommes, qui furent *tués plus de dix fois* sur la place. Simon Morhier reconnut, rue Saint-Denis, un riche boulanger nommé Le Vavasseur. Le prévôt paraissait ému et troublé par la gravité des circonstances ; Vavasseur essaya de le fléchir : « Monsieur mon compère (2), lui dit-il, ayez pitié de *vous ;* car je vous promets qu'il convient, à cette fois, faire la paix, ou nous sommes tous détruits ! — Comment ! es-tu tourné (3) ? » répondit le prévôt. A ces mots, Morhier, de l'arme qu'il tenait à la main, frappa Vavasseur à la tête ; celui-ci tomba sur le pavé : il fut achevé par les soldats, tandis

---

droite, celui de Charles VII, et la croix rouge en sautoir ou de St-André était l'insigne de Bourgogne.

(1) *Journal*. Gruel.

(2) Le Vavasseur et Morhier pouvaient être *compères* : 1° si tous deux avaient tenu un même enfant sur les fonts ; car un baptisé avait plusieurs parrains ; 2° si Vavasseur avait été parrain d'un enfant de Morhier ; 3° si Morhier avait donné son nom à quelque enfant de Vavasseur. Voy. ci-dessus, p. 44, (parrains et marraines).

(3) Eh quoi, traître, es-tu contre nous ?

que le prévôt poursuivait sa route vers le quartier des Halles (1).

Jean Larcher parvint à la porte Saint-Denis. Mais Laillier, dès le matin, avait fait occuper les deux étages du corps de garde. Larcher, reçu à coups de canon par la milice, se replia sur la Bastille Saint-Antoine. C'est là que Willoughby, l'évêque de Térouanne, les familles anglaises et les derniers agents du gouvernement d'Henri VI, accoururent successivement pour trouver un asile. Environ douze cents personnes, militaires, civiles, religieuses, ou de diverses professions, se réunirent dans cette forteresse. Les trois meurtres, rapportés ci-dessus, causèrent presque les seules victimes, que coûta la révolution. Ce résultat remarquable et inespéré fut dû à *l'énergique modération* du connétable. On appréhendait que la ville fût, selon la coutume, livrée aux assiégeants. Cent charrettes suivaient l'armée de Richemont, chargées de blé. Les charretiers comptaient vendre le froment à la ville affamée et remporter, à titre de loyer ou charroi, les produits du pillage. Mais le comte de Richemont défendit immédiatement, sous peine de mort, toute atteinte aux personnes ou aux biens, contre qui que ce fût, à l'exception des natifs d'Angleterre. Les Anglais, en effet poursuivis, se réfugièrent à la Bastille. Leurs biens meubles furent saisis et distribués incontinent. Leurs immeubles, confisqués, devinrent, un peu plus tard, le lot des vainqueurs (2).

L'esprit mobile et inflammable des Parisiens s'enthou-

---

(1) J. Chartier, 255. *Journal*, 706.
(2) *Journal*, p. 707. Gruel, 382. Cagny, chap. 137. Monstrelet, 220. *Livre vert vieil* 2ᵉ, f⁰ 25.

siasma d'une conduite si mesurée. Le connétable se montrait partout : au Parloir-aux-Bourgeois ; aux Halles ; devant Saint-Innocent. Il fut reçu partout avec les marques de la plus vive sympathie. En l'honneur du vendredi des fêtes de Pâques, le comte jeûnait, ce jour-là, jusqu'à midi. Près de St-Innocent, il accepta des épices et but chez un gros marchand, Jean Asselin, épicier (1), son ancien fournisseur. De là, il se rendit à N.-Dame, accompagné de l'Ile-Adam, du sire de Ternant, du bâtard d'Orléans et des capitaines. L'évêque espagnol, anglais de la veille et français du lendemain, vint les recevoir processionnellement à la grande porte. Ce prélat avait autour de lui ses chanoines en chapes de soie, précédés de la croix, des cierges et de l'eau bénite. Le connétable entendit la messe, tout armé. Messieurs du chapitre lui firent également prendre du vin et des épices. Ensuite le connétable vint à la porte Baudet. Il établit une clôture devant la Bastille, et la place fut ainsi bloquée du côté de la ville. Puis il alla dîner, vers midi, à l'hôtel du Porc-Épic, près Saint-Paul (2).

L'Université, comme les bourgeois, comme le peuple et le clergé, s'unit au mouvement national. Une réunion

---

(1) Les épiciers (aujourd'hui bien déchus) occupaient, au xve siècle, le deuxième rang parmi les six principaux corps de métier de la capitale. Sur les épices, voy. ci-dessus p. 310, note 2. «.. A Jehan Asselin, espicier, bourgeois de Paris, la somme de 22 liv. ou 3 s. t., pour avoir vendu une chandelle de cire, qui ard (brûle), jour et nuit, en l'église de N. D. de Paris, devant la représentation de ladite Vierge ; ladite chandelle pesant 110 livres de cire, présentée le 3 juin 1425. — Au sonneur des petites cloches en l'église de N. D. de Paris, et allumeur de la chandelle qui ard jour et nuit... pour ses gages d'un an, 100 s. p. » Comptes de la ville : K. K. 402, f°s 65 et 66 v°.

(2) L. L. 217, f° 206. Gruel, 387 ; ci-dessus, p. 351, note 2. L'hôtel du Porc-Épic, où logeait le connétable, avait appartenu à Louis, duc d'Orléans.

habituelle de ses comices devait avoir lieu, le 13 même, aux Mathurins. Mais l'extrême agitation fit ajourner cette assemblée. Ce fut le prieur des Jacobins qui harangua le connétable, au nom de l'Université. Arthur de Richemont reçut tour à tour la soumission et les félicitations de tous les corps de l'État (1).

Au bruit des cloches, qui sonnaient dans Paris, les routiers et les écorcheurs de Saint-Denis accoururent vers la capitale. Mais le connétable leur en défendit inexorablement l'entrée. Cette soldatesque, exaspérée, rebroussa chemin du côté de Saint-Denis. Simon Morhier s'était porté à Charenton, qui fut le théâtre d'un nouveau combat : les propres soldats du prévôt le firent prisonnier; ils le livrèrent à Denis de Chailly, qui le mit à finance, et la mule que montait le prévôt fut conduite à Saint-Denis, en signe de victoire. Le sire de Brichanteau, neveu de Morhier, commandait la tour du Venin, dernier rempart des Anglais. En apercevant cette mule, il vit que tout était perdu et prit un parti désespéré. Brichanteau, suivi de sa faible garnison, sauta dans les fossés de l'abbaye. Par l'autre bord, il regagna la plaine et s'efforça de se frayer une issue. Mais les *écorcheurs*, en retournant de Paris, rencontrèrent ces fuyards, dispersés à travers les marais (2). Ils en firent un massacre général. Le sire de Brichanteau (aïeul des marquis de Nangis), fut rapporté mort et inhumé en l'Hôtel-Dieu de Saint-Denis (3).

---

(1) Du Boulai, *Historia Univ. Paris.*, t. V, p. 435. Félibien, *Histoire de Paris,* p. 823 et les preuves citées. Ms. 2882, f° 108. Etc.
(2) Terres basses, cultivées par les *maraîchers*.
(3) J. Chartier, 225. Gruel, 382.

Dans le même temps, Chevreuse, Saint-Denis, Marcoussis, Montlhéry, le pont de Charenton, celui de Saint-Cloud et d'autres places, se rendirent au roi de France. Le 14 avril 1436, les lettres d'abolition furent publiées solennellement à Notre-Dame et au Châtelet. Ce même jour, par ordre du connétable, un marché public, fermé depuis 1418, s'ouvrit devant la Madeleine. Tout y abondait : le blé, qui la veille se vendait quarante-huit ou cinquante sous, était tombé à une livre parisis. Le connétable, au nom du roi, institua prévôt des marchands M. de Laillier, qui jouit, dès lors, moralement, d'une souveraine autorité dans la ville. Le sire de Ternant fut nommé prévôt de Paris. Divers bourgeois, auteurs de l'insurrection, entrèrent en possession des postes administratifs les plus importants (1).

Le 17 avril 1436, tous les prisonniers de la Bastille sortirent, la vie sauve, par capitulation. Afin d'éviter une commotion nouvelle du populaire, l'autorité ne laissa point les Anglais traverser la ville. Ils s'éloignèrent en dehors, côtoyant les boulevards, et vinrent gagner la Seine pour s'embarquer sur ce fleuve jusqu'à Rouen. En passant devant la porte Saint-Denis, ils furent aperçus des Parisiens. Ceux-ci poursuivirent de leurs malédictions et de leurs huées les derniers suppôts de l'oppression (2).

---

(1) *Livre vert vieil* 2º, pièce 2. Félibien, 823, 824 ; *preuves* 559, 597. *Mémorial K*, fº 1. Ms. Arsenal, *Histoire*, nº 467, fº 406, vº. Fournival, *Trésoriers*, p. 13. *Ordon.* XIII, 218. Ms. de la préfecture de Troyes VII, d, 1, fº 160 vº. Lincy, *Histoire de l'Hôtel de Ville de Paris*, 1846, in-4º, p. 156. *Journal*, p. 707 b. Godefroy, *Charles VI*, p. 527.

(2) L. L. 217, fº 206. Basin, I, 122. Berry, 394. Gruel, 382, 383. Cagny, ch. 137. *Journal*, p. 707, 708. « Et à leur département firent lesdits parisiens grant huée en criant : *A la keuwe!* (Monstrelet, 221); ... *au regnard !*

(J. Chartier 228). *La queue de renard* était l'emblème particulier de Henri V. (Voy. ci-dessus, t. I, p. 343.)

On lit dans le registre des élections municipales de Paris K. K. 1009, f° 5 v° : « Le lundi *vingt-troisième jour de juillet* 1436 (terme ou époque légale), auquel [an] la ville de Paris fut réduite et mise par les bourgeois et habitants d'icelle et par leur entreprise en l'obéissance du roy, notre sire Charles VII°, fut faicte nouvelle élection de prévost des marchands et de quatre eschevins, c'est assavoir des personnes de sire Michel de Laillier, esleu pour prévost ; et lequel avoit esté chief et conducteur desdits bourgeois et habitants, en faisant ladite réduction, en reboutant les Anglois et adversaires dudit seigneur ; — et Jehan de Belloy, Nicolas de Neufville, Pierre de Landes et Jehan de Grant-rue, esleus pour eschevins ; — tous iceulx prévost et eschevins, natifs de la ville de Paris ; et lesquels firent le serment ès mains de M. le doyen de Paris (Jean Tudert), lors tenant et gardant le petit scel du roy notre sire. »

Il s'agit ici du sceau de la prévôté ou du Châtelet de Paris. Cette élection *régularisa* les pouvoirs de Laillier, qui exerçait en fait depuis le 14 avril.

Le 20 avril 1436, les chanoines de Paris eurent besoin d'argent pour répondre aux demandes de contributions que le connétable leur adressait au nom du roi Charles. Par délibération du Chapitre, des chanoines-commissaires visitèrent l'argenterie du trésor. On résolut de sacrifier le tableau d'or émaillé donné par Bedford, présent et souvenir de la dynastie déchue. Ce tableau fut vendu à un orfèvre de Paris, moyennant 300 livres, et le prix, remis aux receveurs du roi. L. L. 217, 2° partie, f° 207. (Voy. ci-dessus, p. 327, 328).

1436 et 1437. Horoscopes politiques sur les révolutions de la nativité de Henri VI et de Charles VII. Ms. lat. 7443, f°ˢ 84, 85. « *Figura revolutionis Henrici regis Anglie pro anno* 1436. » (*Ibid.*)

LIVRE VI

MÉTAMORPHOSE DE CHARLES VII (1436-1444).

CHAPITRE I

Le roi sanctionne le traité d'Arras. Jean Darc, arpenteur. La fausse Pucelle. Le roi à Montereau. (De 1435 décembre à octobre 1437).

Charles VII ne se décida point sans peine, ni sans de longues et légitimes hésitations, à ratifier le nécessaire mais humiliant traité d'Arras. Enfin, il réunit à Saint-Martin de Tours, le 11 décembre 1435, une assemblée de seigneurs et d'évêques. L'archevêque de Crête, membre du concile de Bâle, officia pontificalement. Après la messe, le roi jura sur le texte des Évangiles d'accomplir le pacte conclu avec son cousin de Bourgogne. Charles d'Anjou, le duc de Bourbon et toute l'assistance s'engagèrent par la même promesse, à l'exception du bâtard d'Orléans. Celui-ci se récusa pour ne point compromettre Charles, duc d'Orléans et Jean, comte d'Angoulême, ses frères, toujours prisonniers des Anglais. A partir de ce jour, des rapports amiables s'établirent entre le roi de France et Philippe le Bon. Peu de temps après (4 février 1436), la reine Marie d'Anjou mit au monde un prince, à Chinon. Charles VII déféra au duc de Bourgogne le titre, accepté avec empressement, de compère du roi et de parrain de l'enfant royal, qui reçut le nom de Philippe (1).

(1) D. Plancher, t. IV, p. 220. Gruel, p. 379. S. Remi, p. 559. J. Chartier,

Aussitôt après la réduction de Paris, que Jeanne avait prédite, Jean Darc, son oncle, fut nommé « arpenteur du roi pour le département de France (Ile-de-France) et de Champagne. » Il prêta serment, comme tel, à la Chambre des comptes, avec les premiers fonctionnaires compris dans la réorganisation des pouvoirs publics. Le connétable de Richemont présidait alors à ces divers changements (1).

Ce petit fait, demeuré inconnu jusqu'ici des historiens, ne laisse pas que d'offrir une certaine importance. Charles VII, délivré de La Trimouille, entrait, pour ainsi dire progressivement, en possession de lui-même et de son libre arbitre. Le genre de réaction qui, parmi les multitudes, se produit toujours en faveur du succès, ne manqua point, d'ailleurs, à la Pucelle.

Dans le temps même où Jean Darc était nommé arpenteur du roi, une femme parut, qui disait être la Pucelle Jeanne, échappée au supplice de Rouen. Cette fille se nommait Claude. Son âge, sa personne physique, lui donnaient quelque ressemblance avec la véritable héroïne. Elle se faisait appeler Jeanne du Lis, la Pucelle de France. Claude

---

t. I, p. 190. Monstrelet, t. V, p. 216. Bourdigné, t. II, p. 186. Collection de Bourgogne, Ms. A. S. fr. 292, t. XI, p. 247. Mars-avril 1436, nouvelle ambassade de Philippe le Bon à Charles VII, pour confirmer le traité d'Arras, Gruel, p. 379 b. Labarre, *Mémoires de Bourgogne*, t. II, p. 167-8.

(1) P. P. 110, f° 238. *Mémorial 1 Bourges*, f° 3. *Nouvelles recherches sur la famille de Jeanne Darc*, p. 10, 43, etc. Quant aux fonctions des arpenteurs ou mesureurs jurés du roi, on peut consulter le *Dictionnaire historique et chronologique des officiers de France*, par M. Bertin, trésorier général des revenus casuels vers 1750, ms. in f°, cabinet des cartes géographiques, à la biblioth. impériale : R. c. n° 2938, t. I, p. 225, 227. On trouve, sous la date du 28 octobre 1429, un procès-verbal de mesurage dressé pour l'abbesse de Saint-Antoine des Champs, par Colin Olivier : « mesureur-juré du roi, en la prévôté et vicomté de Paris. » (L. L. 1595, f° 96 v°.) Ms. lat. 9848, f° 5 v° : *Chambre de France*.

se montra, le 20 mai 1436, à la Grange-aux-Ormes, près Saint-Privat, et fut présentée à des seigneurs de Metz. Les deux frères de la Pucelle, messires Pierre du Lis, chevalier, et Petit-Jean, ou Jean du Lis, écuyer, la virent en ce lieu. Soit par un degré d'ineptie peu croyable, soit par suite d'un concert intéressé moins croyable encore, les deux paysans anoblis *reconnurent* cette aventurière pour leur sœur et furent tous deux *reconnus* d'elle. Cette première mystification en produisit d'autres, et le nombre des dupes alla se multipliant. La fausse Jeanne Darc se vit accueillie, fêtée, comblée de présents. Après un pèlerinage à Notre-Dame de Liesse, elle passa en Luxembourg, chez la nouvelle duchesse, Élisabeth de Görlitz, et résida quelque temps près de cette dame, dans la ville d'Arlon (1).

Claude s'habillait constamment en homme, montait à cheval et portait l'épée, comme Jeanne. Pleine de verve, d'activité, de séduction, elle dansait, buvait et prophétisait à merveille. La fausse Pucelle se rendit à Cologne, où elle mit dans son parti, entre autres protecteurs puissants, le comte Ulrich de Wurtemberg. Au milieu d'une assemblée de nobles, elle se vanta de rétablir subitement dans son intégrité une nappe déchirée en deux parts, ou les fragments d'une vitre jetée contre le mur et toute brisée. Ces propositions magiques attirèrent sur sa tête les foudres de l'Inquisition de Cologne. Ainsi que la vraie Jeanne, elle fut citée devant le Saint-Office. Mais grâce à la protection du

---

(1) Documents sur la fausse Pucelle dans Quicherat, *Procès*, t. V, p. 321 et suiv. En 1424, une religieuse de Cologne se rendit à Gand et se fit passer pour Marguerite de Bourgogne, veuve du Dauphin, duc de Guyenne. Cette imposture obtint également un crédit passager. Voy. Lettenhove, *Histoire de Flandres*, t. III, p. 176.

du comte Ulrich, elle s'échappa de Cologne, excommuniée, puis regagna la France (1).

De retour en la ville d'Arlon, Claude séduisit un chevalier lorrain d'ancienne souche, nommé Robert des Armoises. En novembre 1436, elle était mariée légitimement à ce gentilhomme, et bientôt deux fils, nés de la dame des Armoises, continuèrent cette noble lignée. Cependant, le second frère de Jeanne, ou Petit-Jean du Lis, s'était fait le prôneur de cette intrigante et le propagateur de son succès. Il alla plaider sa cause auprès du roi et des Orléanais, de qui, par ce motif, il obtint quelques sommes d'argent. La fausse Pucelle entreprit de correspondre avec le roi et diverses autorités, telles que le magistrat d'Orléans et le bailli de Touraine. De 1437 à 1439, d'assez étranges exploits lui sont attribués. Séparée de son mari, concubine d'un prêtre, elle aurait porté la main sur une personne sacrée : soit son *père* ou sa *mère*, ou un clerc. Ce crime étant au nombre des cas réservés, elle passa les monts pour se procurer l'absolution de Rome. La pseudo-pucelle alla donc trouver en Italie le pape Eugène IV, qui guerroyait contre ses sujets, et le servit comme *soudoyer* (2).

En 1439, la guerre civile, prélude de la Praguerie, avait éclaté dans le Poitou. La dame des Armoises y figurait à titre de « capitaine de gens d'armes. » Elle avait pour fau-

---

(1) *Procès*, p. 324.
(2) *Généalogie de la maison des Armoises* dans D. Calmet, *Histoire de Lorraine*, t. V, p. CLXIV. Jacques, père de Jeanne Darc, mourut à une époque inconnue. Il succomba, dit-on, à la douleur que lui causa la mort de sa fille. Isabelle Romée, la mère de Jeanne, vint, en 1440, s'établir à Orléans, depuis le retour du duc Charles et du vivant de Claude, sa prétendue fille. Elle vécut avec une pension de la ville et y mourut, après avoir assisté à la réhabilitation, en 1458. — *Ibid.*, p. 326 et s.

teur ou partisan Gilles de Rais, ancien compagnon d'armes de la Pucelle. Gilles de Rais donna pour lieutenant à ce capitaine féminin l'un de ses gentilshommes nommé Signenville. Il s'agissait de prendre le Mans; et Claude, qui probablement combattit et triompha sous les murs de cette ville, fut appelée la *Pucelle du Mans*. Nous ne connaissons point avec précision l'issue militaire de cette campagne.

D'après les termes obscurs d'une chronique espagnole, La Rochelle fut également en butte à ces bizarres conquérants. La Pucelle du Mans écrivit au roi don Enrique IV et lui rappela, au nom de Charles VII, l'antique alliance qui unissait entre elles la France et la Castille. Une flottille de vingt-cinq nefs et de cinq caravelles fut armée dans le golfe de Biscaye, par les soins du connétable Alvaro de Luna. La Rochelle, à l'aide de ce secours maritime, fut, assure-t-on, forcée et se soumit à la fausse pucelle (1).

Ces faits auraient eu lieu vers le mois de juin 1439. En juillet et septembre de la même année, Claude des Armoises se présenta de sa personne à Orléans, où elle reçut le vin de ville et fut accueillie avec grand honneur. L'année suivante (août 1440), toujours en armes, elle vint tenir campagne aux abords de la capitale. Par ordre du Parlement et de l'Université, elle fut amenée à la Table de marbre du palais, examinée judiciairement et prêchée. Puis elle retourna en garnison et s'éloigna (2).

---

(1) *Ibid.*, p. 329, 331. Nos historiens français ne nous offrent pas de témoignages qui confirment ces assertions. Claude est appelée la *Pucelle du Mans* par Antoine Dufour (*ib.*, p. 336), et dans un texte inédit que nous rapporterons plus loin : Ms. VII de la préfecture de Troyes f° 160, v°.

(2) *Journal de Paris*, p. 718.

Encore une dernière épreuve, et rien ne manquait à la consécration de l'imposture. L'aventurière n'avait point jusque-là paru sous les yeux du roi. Charles VII, instruit du bruit qui se faisait autour de cette femme, donna ordre qu'on la lui amenât. Le roi, blessé au pied, portait de cette jambe, une botte molle en cuir fauve. Il reçut la visiteuse dans un jardin, sous une grande treille. Au moment où elle se présentait, un des familiers du roi répéta la scène de Chinon. Il se porta au-devant d'elle, feignant d'être la personne royale. Claude, avertie de cette circonstance, triompha de la difficulté. Écartant le gentilhomme, elle marcha droit au roi. Charles VII, à son tour, surpris, intimidé, lui dit avec émotion et en la saluant : « Pucelle m'amie, vous soyez la très-bien revenue, au nom de Dieu, qui sçait le secret qui est entre vous et moi. » A ces mots, Claude, éperdue, tomba aux genoux du roi, confessant sa fraude et implorant la miséricorde du prince. Cette femme comparut en justice à Tours, le 2 mai (1441 ?). Ses complices, à ce qu'il paraît, furent « justiciez trés-asprement, comme en tel cas bien appartenoit. » Quant à la principale coupable, les lambeaux de texte qui nous instruisent de ses faits et gestes donnent à penser que sa vie fut épargnée. Quelques lignes amphibologiques semblent indiquer qu'elle termina ses jours, après avoir tenu boutique de débauche, ensevelie dans le mépris public (1).

---

(1) *Procès, ibid*, p. 336. On lit parmi les articles d'une table de rubriques, cette indication d'une pièce absente : *Tituli descripti super victoriâ Puelle cenomanensis, dum fuit judicata Turonis, ij d maii* M° CCCC° LXI° (*sic* pour XLI°). Ms. VII de Troyes, cité; recueil de pièces formé par un magistrat des comptes, à la fin du quinzième siècle. Voyez aussi Ms. fr. 2899, f° 81 : *le fait de la Pucelle*. Un acte du 28 juillet 1443, rendu par Charles

L'époque de la réduction de Paris fut également celle du premier mariage du dauphin, qui se nomma depuis Louis XI. Ce projet d'union, comme on sait, avait été préparé de longue main. Marguerite Stuart, fille aînée de Jacques Ier, roi d'Écosse, et de Jeanne de Somerset, était née en 1424. Elle fut, dès l'année suivante, promise ou destinée au fils aîné du roi de France, le prince Louis, alors âgé de deux ans.

En 1435, une nouvelle ambassade fut envoyée par Charles VII à Édimbourg. Les Anglais essayèrent vainement de traverser cette alliance. Après bien des difficultés et un périlleux voyage, la princesse écossaise, à peu près saine et sauve, aborda sur la côte nord-est de l'île de Ré, dans un petit port, alors avoisiné d'un petit village, nommés l'un et l'autre La Palisse (1).

Des avaries ou fortunes de mer que nous ignorons avaient jeté sur cette plage le navire de Marguerite. La jeune fiancée, à demi morte, descendit sur cette côte et s'arrêta d'abord au village ci-dessus désigné. De grands périls

---

duc d'Orléans, en faveur de Pierre du Lis, offre cette particularité que la Pucelle Jeanne y est désignée comme une personne vivante, c'est-à-dire sans l'emploi du mot *feue* ou *défunte*, qui semble commandé par le style. Dans ce même acte, il est question, non pas de la *mort* de Jeanne, mais de son *absentement* (*Cabinet historique* 1862, p. 134 et les renvois).

(1) L'ambassade de 1435 se composait du premier maître de l'hôtel du roi (*Hugues de Noyers?*) de Regnault Girard, chevalier, de La Rochelle; de Me Aymeri Martin, licencié en théologie et de Me Pierre de Saint-Valérien, expert en médecine et en astrologie. Ms. Legrand, *Hist. de Louis XI*, t. I, p. 5, 12. Matthieu, *Hist. de Louis XI*, 1610, in-f° p. 552. Ci-dessus, t. I, p. 485 et s., t. II, p. 59, note; p. 284, note 1. Mss. Fr. N° 2899, f° 78 v° et N° 5067, f° 10. J.-B.-E. Jourdan, *Éphémérides de La Rochelle* 1861, in-8°, p. 457, et communication particulière de l'auteur. Fordun, *Scotichronicon*, éd. Goodall 1749, in-f°, t. II, p. 48 et s. Buchanan, *Rerum scoticarum Historiæ*, 1725, in-4°, t. II, p. 355. Stevenson, *Life and death of James the 1 st, king of Scotland*, 1837 in-4° (pub. par le *Maitland club*.)

s'étaient joints pour elle aux fatigues de la traversée. Des croiseurs anglais attendaient l'escadrille écossaise au passage de Bretagne. Marguerite, gouvernée à son bord par un marin de La Rochelle, n'avait dû son salut qu'à la vigueur de ce pilote et à la marche rapide du navire. Après s'être reposée quelque temps au prieuré de Nieul, la future dauphine entra le 7 mai 1436 à La Rochelle (1).

Charles VII avait envoyé, dans cette ville, au-devant de Marguerite, des personnages considérables, et à leur tête le chancelier de France. Un impôt spécial, voté par les États de Poitou, fut levé immédiatement, pour offrir aux fiancés royaux le présent accoutumé d'argenterie. De La Rochelle, où elle séjourna, Marguerite se remit en route, à petites journées, par Mauze, Niort, Saint-Maixent, le château de Lusignan, et vint prendre gîte, le 21 mai, à Poitiers. Durant ce temps, tout s'apprêtait pour célébrer le mariage du fils aîné du roi de France avec la fille du roi d'Écosse. Ni l'un ni l'autre n'avaient encore atteint l'âge légal ou canonique du mariage. L'archevêque de Tours leva cet obstacle par des lettres de dispense. Enfin les cérémonies s'accomplirent, avec une grande pompe, au riant chef-lieu de la Touraine. Marguerite fit son entrée à Tours le 24 juin 1436 et se rendit au château des Montils, où elle fut accueillie

---

(1) Les mêmes. Arcère, *Histoire de La Rochelle*, t. I, p. 274. Francisque Michel, *Les Écossais en France et les Français en Écosse*, 1862 in-8e, t. I, p. 182 et s. 1436, avril (1 à 8), lettres du roi Charles VII : Sur une enquête du procureur général et à la demande des paroissiens de Marsilly, le roi ordonne la construction immédiate d'un port commercial au lieu dit *la Queue de vache*, appelé, depuis, *Coup de vague* (J. 183, n° 147). 1436 octobre, vers les 28 : le roi, par lettres datées d'Amboise, donne aux Rochelais un terrain pour agrandir le port de La Rochelle (J. 183, n° 150). C'est le lieu appelé la Petite-Rive. Voy. Jourdan, *Éphémerides de La Rochelle*, p. 38, 298 ; et le plan de la ville.

par la reine, madame Ragonde, la reine Yolande et le jeune dauphin. Le lendemain, Marguerite et Louis reçurent la bénédiction nuptiale dans la cathédrale de Saint-Gacien. La cour et la ville déployèrent en cette circonstance tout le luxe qui leur était possible. Rien ne manquait à cette fête solennelle : rien, si ce n'est la sympathie naturelle des époux (1).

Vainement Philippe de Bourgogne, pour notifier au gouvernement anglais le traité d'Arras, employa-t-il tous les ménagements diplomatiques et toutes les formes de la courtoisie. Le duc de Bourgogne, dès lors, fut traité ou du moins considéré par le conseil de Westminster, non-seulement comme un ennemi, mais encore comme un traître. Trop faible, de jour en jour, pour rompre en visière avec un adversaire tel que le duc, le gouvernement d'Henri VI lui tendit, à partir de ce moment, des piéges détournés. Un mémoire secret, rédigé pendant l'hiver qui suivit la paix d'Arras, nous montre que de leur côté les Bourguignons ne restèrent point inactifs (2).

L'auteur de ce mémoire anonyme conseille à Philippe le Bon de veiller sur les Flandres, exposées particulièrement aux atteintes de l'Angleterre. Il lui signale Calais comme étant le point vulnérable de l'ennemi. Une alliance

(1) Les mêmes. K. 64, pièce 11. Ms. Fontanieu, 117, au 17 avril 1436. J. 409, nos 57 à 59. Duclos, *Histoire de Louis XI, Recueil de pièces*, 1746, in-12, p. 4 à 15. Du Mont, *Corps diplomatique*, 1726, in-fo, t. II, partie II, p. 224 a 226. J. Chartier, t. I, p. 229. *Chroniques de Nicole Gilles*; 1557, in-fo, 2e partie, ft LXXXV vo. Lambron de Lignim, *Congrès scientifique* de 1847, Tours 1848, in-8o, t. I, p. 123-4. Bourdigné-Quatrebarbes, t. II, p. 187. *Bibliothèque de l'École des Chartes*, 2e série, t. III, p. 138-9. Berry-Godefroy, p. 394. Hauréau, *Gallia christ.*, t. XIV, col. 127.

(2) Monstrelet-d'Arcq, V, 206. Delpit, *Documents anglais*, p. 253, 254 et *passim*. Ms. fr., 1278, fo 39 et s. Communication de M. P. Paris.

avec le roi don Henri devait fournir au duc l'appui de la marine castillane, qui viendrait au printemps inquiéter et menacer la tête du littoral britannique. Enlever aux Anglais la ville d'Eustache-Saint-Pierre et d'Édouard III, la ville où naguère Jean sans Peur conspirait, avec Henri V, l'invasion du royaume; leur arracher cette clé de la France, qu'ils tenaient dans leurs mains, à travers le détroit : c'était là sans doute une entreprise bien remarquable de la part de Philippe; c'était une éclatante expiation, propre à inaugurer avec gloire sa carrière nouvelle. Malheureusement, le succès ne répondit point à sa volonté (1).

Dès le mois de mars et antérieurement, les hostilités de l'Angleterre commencèrent contre la Bourgogne. Quelques semaines plus tard, la flotte castillane parut sur les côtes de l'Océan, entre l'Armorique et le littoral anglais. Mais elle servit uniquement à protéger l'arrivée de la dauphine Marguerite à La Rochelle. Le duc Philippe le Bon, pour attaquer Calais, s'adressa exclusivement à ses Flamands de Gand et de Bruges, qui, dans cette question d'un intérêt si large pour la France, étaient conduits par un mobile étroit et spécial. Durant les préparatifs de cette campagne, le connétable de Richemont alla trouver le duc à Saint-Omer. Il lui proposa d'associer à l'expédition trois ou quatre mille hommes, empruntés à l'occupation française de la Normandie et commandés par le maréchal de Rieux. Mais le duc, forcé de ménager les jalouses préventions de ses Flamands, refusa ce concours.

(1) Ms. 1278. L'auteur conseille aussi au duc d'entretenir en Angleterre, avec pensions raisonnables, cinq ou six personnes de divers états, qui le tiennent perpétuellement informé des desseins et des mouvements du gouvernement anglais; f° 43.

Les soldats des communes marchandes poursuivirent seuls cette entreprise (1).

Le duc Philippe avait amené de Bourgogne, entre autres engins monstrueux, trois pièces d'artillerie, dont l'une était traînée par cinquante chevaux. Le nombre de ses flamands s'élevait environ à 40,000 hommes, sans compter 3 ou 4,000 combattants de sa maison, ou chevaliers picards. Un immense charroi avait été fourni par ses villes populeuses et riches de la Flandre. L'Angleterre, de son côté, attachait à la conservation de ce point une importance capitale. Elle trouva, pour le défendre, des ressources inespérées. La place devait être investie par terre et par mer. Les flamands, en effet, s'approchèrent de la ville, sur ses limites continentales; ils enlevèrent quelques postes environnants et vinrent dresser une bastille à la porte de Calais. Mais la flotte de secours, venue de Hollande, apparut tardivement et disparut aussitôt. Le passage de Douvres à Calais resta constamment ouvert; les Anglais ne cessèrent de ravitailler cette place et d'y accumuler toutes les forces actives. Un premier échec, subi par les Gantois, suffit pour mettre le siége en déroute. Tous s'enfuirent jusqu'à leur pays de Flandre, criant qu'ils étaient trahis (2).

(1) *Proceedings*, t. IV, p. 329. Fordun, Buchanan, F. Michel, *loc. sup. cit.* S. Remi, panthéon, p. 562. Gruel, p. 383. Monstrelet, V, 233 à 239. Lettenhove, *Histoire de Flandres*, t. III, p. 197 et s. Ms. S. Fr. 292. t. XI, p. 246. Rymer, t. V, p. 31. D. Plancher, t. IV, p. 224.

(2) Les mêmes. Cagny, chapitre 141. Processions du clergé de Paris pour le succès de Philippe devant Calais et pour la santé du roi et de la reine. L. L. 414, f° 95. Chronique de Zantfliet, *Amplissima collectio*, t. V, p. 439. Basin, t. I, p. 155 et s. J. Chartier, t. I, p. 242. Godefroy (*Charles VII*), p. 341. Berry, p. 394. Wavrin-Dupont, t. I, p. 303. Delpit, p. 254.

Philippe le Bon, abandonné de ses troupes, fut obligé de se retirer le 31 juillet 1436. Bientôt le duc de Glocester débarquait à Calais et, prenant l'offensive, ravageait les terres limitrophes du duc de Bourgogne. Les Français, toutefois, s'emparèrent en même temps du Crotoy. Calais demeura, pour plus de cent ans encore, au pouvoir de l'Angleterre (1).

Charles VII, après la réduction de Paris, ne quitta point les rives de la Loire. La Hire, Saintrailles, les sires de Bueil, de Lohéac et autres lieutenants soutinrent militairement sa cause au nord de ce fleuve. Une députation solennelle des Parisiens se rendit à Bourges auprès du roi et le supplia de venir prendre possession de sa capitale reconquise. Le roi accueillit avec bonne grâce les ambassadeurs. Il leur donna satisfaction sur la plupart des points qui firent l'objet de leurs diverses requêtes. Les cours souveraines furent rétablies dans leur siége accoutumé. Du sein de sa résidence, le roi pourvut à tous les besoins de l'administration parisienne, comme au gouvernement du royaume. Mais il se refusa résolûment à exaucer le vœu des habitants qui réclamaient parmi eux sa présence (2).

---

(1) Monstrelet, p. 250 et s. Gruel, p. 383. Janvier, *Recherches sur les arbalètriers de Picardie*, p. 103. Bonfils, *Histoire du Crotoy*, p. 123.

(2) Gruel, p. 383. Catalogue Joursanvault, n°s 3179, 3399. Catalogue Teulet, p. 418 à 421. Monstrelet, t. V, p. 222 et s. J. Chartier, 1, 228 et suiv. Cagny, chapitres 137, 140, 143, 144. *Ordon.* XIII, 218 à 227; XV, 676. K. 950, n°s 26, 32. X.X. 8593, f°s vj^{xx}vij et vj^{xx}viij. Félibien, *Preuves*, t. II, p. 560; t. III, p. 269 et s. *Livre vert vieil deuxième* (préfecture de police), f°s 7 et s.; 23 et s. L.L. 217, 2° partie, f° 215. L. L, 414, f° 96. D. Grenier, t. XX *bis*, *Comptes*, f° 17. Ambassade à Bourges, 8 juin 1436. Ms. Brienne, 197, f° 346. Etc., etc. — 1436 août 16, Yolande de France, fille de Charles VII, est fiancée, à Tours, avec le prince Amédée de Savoie : J. 409, n°s 60, 61; Ms. Brienne 80, f° 129.

Le 28 octobre 1436, une nouvelle ambassade vint trouver Charles VII à Amboise, en lui adressant les mêmes instances. Elle trouva le roi dans les mêmes sentiments. Peu de temps après, Charles quitta le Berri et se dirigea vers le Languedoc. Il emmenait avec lui le dauphin et ses principaux conseillers. Le roi, en partant, sanctionna diverses mesures de haute administration. Le chancelier de France et le connétable, munis de ses instructions et de pouvoirs *ad hoc*, retournèrent à Paris. Ils s'employèrent ainsi pour le roi, au gouvernement direct de la France septentrionale. Les conseillers qui accompagnaient Charles VII, et qu'il écoutait alors le plus volontiers, étaient Charles d'Anjou, le comte de Vendôme ; Bernard d'Armagnac, comte de Pardiac et de la Marche; Denis du Moulin, archevêque de Toulouse; Martin de Charpaignes, évêque de Clermont; Robert de Rouvres, évêque de Maguelonne ; Thibaut de Lucé, évêque de Maillesais ; Christophe d'Harcourt, les seigneurs de Chaumont, de Bueil et de Coëtivy. Le duc de Bourbon et d'autres seigneurs, tenus à l'écart, voyaient d'un mauvais œil la prédominance de ces conseillers. Le 6 décembre 1436, Charles VII se trouvait à Clermont, en Auvergne (1).

On connaît les sentiments personnels d'antipathie que le nom seul de Paris éveillait dans l'âme de Charles VII. Mais ce motif, intime et privé, ne saurait suffire pour expliquer la ligne de conduite que suivait, à cette heure, le roi de

---

(1) X.X. 8593, f° vij ˣˣ viij. Cagny, chap. CXLV. Ms. latin 9848 f° 63 v° (Richemont). Félibien, II, *Preuves*, p. 598 ; III, p. 271. *Ordonn.* XIII, 229; XVI, 154. L.L. 217, 2ᵉ partie, f° 265 et s. Mémorial K, f° 9. Mˡˡᵉ Denys, *Armorial de la Chambre des comptes*, t. I, p. LX et *passim*. P. P. 110, f° 198 et s. Berry, Godefroy, p. 396. Ed. de Barthélemy, *Histoire de Châlons*, p. 185. Vallet de Viriville, *Charles VII et ses conseillers*, p. 17 ; *Itinéraire*.

France. D'une part, la réduction de Paris, et de l'autre, la pénurie constante des finances, avaient déterminé le roi à licencier une partie des gens d'armes. Le Languedoc, cette vice-royauté, qui nourrissait le royaume, appelait en quelque sorte par diverses causes la présence du roi. Des abus déplorables continuaient à régner dans l'administration de cette province. Jean de Foix, gouverneur du Languedoc, mourut le 4 mai 1436. Ce décès offrait une précieuse opportunité pour remettre la charge, qu'il laissait vacante, à des mains plus fidèles et plus sûres. Enfin Rodrigue et son armée avaient fait dans le midi élection de domicile (1).

Le roi, en quittant l'Auvergne, se rendit à Lyon, qui fut agité, vers ce temps, par une émeute survenue à l'occasion des impôts. Il passa de là en Dauphiné, traversa Montélimart, Bagnols, Uzès, Nîmes, et séjourna, durant les mois de mars et d'avril, à Montpellier. Le roi célébra dans cette ville les fêtes de Pâques et présida les états de la province. Rodrigue et ses routiers, au moment où le roi quittait le Berry, se disposaient à ravager le Languedoc. L'arrivée du roi concourut sans doute à écondure ce redouté personnage, qui dirigea ses bandes vers le Quercy. L'administration financière de la province réclamait une réforme radicale et, tout d'abord, la destitution de G. de Champeaux. Mais le conseil royal crut devoir ajourner

---

(1) *Livre vert vieil* 2e, fo 29. D. Vaissète in-fo, t. IV, p. 483 et s. Notice sur Guillaume de Champeaux, *Bulletin de la société de l'Histoire de France*, 1859, p. 59 et s. *Bibliothèque de l'École des Chartes*, t. VI, p. 201 et s. Ms. Gaignières, no 649, I, pièce 38. Sur l'état des finances, L. L. 217, 2e partie, fo 207 et s. X. X. 1482, fo 20 vo. *Ordon.* XIII, préface, p. xxxij. La lutte des deux compétiteurs qui se disputaient le siége d'Alby avait pris également les proportions d'une affaire d'état. Voy. *Bib. Éc. Ch.*, citée, *ibid.*, et E. d'Auriac, *Histoire de l'ancienne cathédrale et des évêques d'Alby*, Paris, imprimerie impériale, 1858, in-8o, p. 34.

ces mesures difficiles. Le gouverneur ne fut point immédiatement remplacé. Charles VII abolit divers subsides, qui avaient été imposés sur la province depuis 1417 et qui avaient suscité beaucoup d'abus. Il rétablit en outre le Parlement de Languedoc et créa enfin à Montpellier une Cour des aides, appelée à connaître des litiges auxquels donnait lieu la perception de l'impôt (1).

Au mois de mai, le roi s'arrêta quelque temps à Pézenas et regagna l'Auvergne par Milhau. Durant le cours de son voyage, Charles VII accorda des priviléges aux monnayeurs de Romans ; il réduisit la taxe sur les marchandises qui entraient dans le port d'Aigues-Mortes ; autorisa l'usage des monnaies étrangères et méridionales ; renouvela les immunités de l'université de Montpellier ; confirma les foires de Pézenas, de Montagnac, et distribua d'autres faveurs locales (2).

Le 27 avril 1437, une troisième députation partit de Paris, ayant à sa tête l'évêque de cette capitale, et se dirigea vers le roi qui séjournait en Languedoc. Charles VII, peu de temps après, retourna vers le nord. Le jour même où le roi quittait le midi (8 juin), un conciliabule des princes se tenait à Angers. Le duc de Bourbon, ambitieux et remuant,

---

(1) *Itinéraire*. Monstrelet, V, 219. Vaissète 487. *Bibliothèque de l'École des Chartes*, t. VI, p. 201 et s. Berry, p. 394. *Ordonnances* XIII, 230 et suiv. Avril 20, ordonnance sur les aides ; sont nommés membres de la cour : Du Moulin, archevêque de Toulouse, Guillaume de Champeaux, évêque de Laon ; G. de Montjoie, évêque de Béziers, M⁰ˢ Arnault de Marle, maître des requêtes, P. Du Moulin et Jean d'Acy, licencié *in utroque jure*. K, 64, n° 13. Ms. Fontanieu, 117, à la date.

(2) Vaissète, *ibid.*, *Ordon.* XIII, 233, 234 ; XV, 131 ; XIX, 343 ; XX, 163, 406. Greffeuille *Histoire de Montpellier*, 1739, in-f°, p. 363-4. Germain. *Histoire de la commune de Montpellier*, 1851, in-8°, t. III, p. 404. Le roi était à Milhau le 8 mai. *Itinéraire*.

présidait à ces intrigues. Il avait rallié le duc d'Alençon, mécontent, le duc de Bretagne et le roi René, homme faible, que son cousin de Bourbon poussait à l'ingratitude. Le duc Charles s'était entremis à la délivrance de René, prisonnier de Philippe le Bon. Pour cimenter cette alliance, Marie de Bourbon, âgée au plus de dix ans, fut mariée, par traité du 2 avril 1437, à Jean d'Anjou (fils de René), duc de Calabre et du même âge à peu près que sa fiancée. Durant ce temps, Rodrigo de Villa-Andrando suivait une route parallèle à celle du roi. Du Limousin, où il avait hiverné, le capitaine castillan marchait vers la Loire. Rodrigue venait faire sa jonction avec son beau-frère Charles, duc de Bourbon, et mettre son épée au service de la ligue (1).

Charles VII, sur ses gardes, avait, en Languedoc, préparé une levée de milice. Du 19 mai au 8 juin, le roi se porta successivement de Saint-Flour à Clermont, Aigueperse, Montmarault et Saint-Pourçain, cheminant vers le Berry. Pendant que le roi était à Montmarault, Rodrigue arrivait à Saint-Amand. Ses éclaireurs rencontrèrent à Hérisson les fourriers qui préparaient les logis du prince. Sans respect pour la livrée du roi de France, ils fondirent sur ces officiers et les détroussèrent. Charles VII indigné réunit ses troupes et les lança à la poursuite de Rodrigo.

Celui-ci, obligé de fuir, traversa les états du duc de Bourbon. Passant la Loire à Roanne, puis la Saône à Tré-

---

(1) L. L. 217, 2ᵉ partie, fᵒ 208, Cagny, chapitre 149 : (mai pour juin). K. 64, nᵒ 14. J. Chartier, t. I, p. 229, 233. Anselme *Anjou, Bourbon.* Berry-Godefroy, 396. Villeneuve-Bargemont, *Histoire de René d'Anjou,* t. I, p. 237, 431.

voux, il vint chercher un refuge dans la principauté de Dombes, fief impérial indépendant de la France et qui appartenait également au duc Charles. Le roi ne tarda pas à faire sentir aux princes le juste courroux dont il était rempli. Charles de Bourbon, notamment, sollicita en vain, pendant deux mois, l'audience royale. Il finit par s'humilier devant le roi. Rodrigue fut banni du royaume, et Charles VII condamna les lieutenants de cet aventurier, féaux du duc Charles, tels que Jacq. de Chabannes et le bâtard de Bourbon, à le servir immédiatement contre les Anglais (1).

Le gouvernement d'Henri VI fléchissait, à cette époque, sous le poids de ses difficultés, tant intérieures qu'extérieures. Le duc d'York avait succédé, comme lieutenant en France, à Bedford. Il eut pour successeur (16 juillet 1437) le comte de Warwick. Après la perte de Paris, des propositions de paix furent offertes, à diverses reprises, par les conseillers du jeune roi, à Charles VII; mais ces offres tardives n'obtinrent aucun succès. Les Anglais, indépendamment de la Normandie, bloquaient encore, pour ainsi dire, la capitale. Ils détenaient, en effet, la Seine, l'Yonne et la Marne, par divers postes riverains et une multitude de places continentales. *L'armée de Paris,* réduite à ses seules forces, avait à lutter ainsi contre d'imposants obstacles. Creil et quelques autres points furent emportés par les Français peu de temps après l'affranchissement de la capitale (2).

(1) D. Vaissète. Berry. Cagny. *Bibl. éc. Ch.*, p. 205 et s. *Itinéraire.*
(2) J. Chartier, t. I, p. 228 et s. *Journal,* p. 709 et s. Monstrelet, V, 229 et s. Basin, I, 123 et s. Gruel, p. 383. Cagny, ch. 137 et s. Rymer,

Le moment était venu de pousser énergiquement la guerre et d'avancer dans cette voie de succès que la Providence ouvrait à Charles VII. Le roi, avant de partir pour le midi, avait reconnu les créances de La Trimouille. Il lui avait même alloué une nouvelle somme, en le nommant capitaine de Montereau et de Montargis, mais à condition de reconquérir militairement ces deux places, qui étaient encore entre les mains des Anglais. La Trimouille, au lieu d'accomplir ce noble marché, s'affilia aux manœuvres de la ligue des princes. Le roi ne recueillait toujours de ce côté que lâcheté ou trahison. Il prit enfin dans ses mains sa propre cause (1).

Les princes mis en demeure, Rodrigo expulsé, Charles VII fit assiéger Château-Landon, Nemours et Charny. Ces trois places, vers le mois d'août, tombèrent successivement en son pouvoir; lui-même alla mettre le siége devant Montereau. Cette ville n'était pas seulement un poste militaire considérable, un point important à recouvrer : il y avait là un souvenir funeste, une tache fatale à effacer. On vit alors paraître dans Charles VII comme un homme nouveau. Ce prince, jusque-là timide, éloigné du péril et même de l'activité, conduisit en personne toutes les opérations : le jour, la nuit, il visitait les endroits faibles, dirigeant l'ensemble, se faisant rendre compte des moindres détails et s'épargnant individuellement moins que nul autre. Le jour de l'assaut (10 octobre 1437), Charles des-

---

t. V, p. 30. Delpit, *Documents*, p. 234. Catalogue Teulet, p. 423 et s. Ms. Fontanieu, 117. Berry, p. 391. L. L. 217, f° 292. *Proceedings*, t. V, p. 6 et s. Archives municipales de Compiègne : c. c. 14; communication de M. Henri de Lépinois.

(1) Anselme, *La Trimouille*. Catalogue de D. Fontenau, p. 333, au 11 novembre 1436.

cendit aux fossés, baigné dans l'eau, tout armé, jusqu'à la ceinture. De là, il monta par l'échelle, l'épée à la main, et le roi de France fut au nombre des premiers assaillants qui parvinrent sur la crête des murs et qui pénétrèrent, victorieux, dans la place (1).

L'exemple du roi, dès qu'il se manifesta, exerça sur les populations un puissant effet moral. Les villes de Tournay, Troyes, Reims, Châlons, Paris, contribuèrent au siége par des contingents d'hommes et de munitions; le clergé lui-même, le clergé de Paris, bien que légalement exempt par ses priviléges, vendit une partie des joyaux de son trésor, qui furent convertis en finances pour le siége. Le roi reconnut par des récompenses honorifiques et perpétuelles et par des actes, datés de l'*ost* (ou camp) *devant Montereau*, ces patriotiques sacrifices. Le 22 octobre, le *château* se rendit comme l'avait fait la *ville*. Charles avait gagné ses éperons de chevalier et s'était conduit en roi. Le vainqueur de Montereau se dirigea sur Paris : le 12 novembre 1437, il fit son entrée solennelle au sein de sa capitale (2).

(1) Cagny, ch. 151 et s. Auteurs cités; suites, à la date. Catalogue Joursanvault, t. II, p. 229. D. Plancher, t. IV, p. 232. X. X. 1482, f° 38.
(2) Les mêmes. Boutiot, *Compte des dépenses faites par la ville de Troyes à l'occasion du siége de Montereau*, Troyes, 1855 in-8°. Lettre de Charles VII : archives de Reims, 21 septembre 1437. Barthélemy, *Histoire de Châlons*, p. 65, 66, 118. (Les gens d'Église refusèrent la contribution) *ib.*, p. 185. *Ordonnances* XIII, 240-2. *Livre vert vieil* 2e, fos 17, 20. Barbat, *Histoire de Châlons*, in-4°, 1860; t. I, p. 114. Ms. Duchesne 79, *Chronique normande*, f° 348 v°. L. L. 217. L. L. 415, fos 333, 338, 343, à 357. K. 64, n° 15. X. X. 1482, f° 38 v°. Actes administratifs promulgués par Charles VII de juin à novembre 1437 : *Ordonnances* XIII, 236 à 241 ; XVI, 304 ; XIX, 203, 518. — Par suite des diverses instances faites par les parisiens auprès de Charles VII, ce prince était sans doute attendu, pour son joyeux avénement, vers le 15 juillet 1437. Nous trouvons en en effet sous cette date, dans le grimoire de J. Halboud : *Figura revolutionis intronasitionis regis*. K [aroli]. Ms. latin 7443 f° 83 v°.

CHAPITRE II

Nouveau règne de Charles VII. Inauguration des réformes.
(Du 12 novembre 1437 au 2 novembre 1439).

Le 12 novembre 1437, Charles VII partit de Saint-Denis et prit en grand cortége le chemin de sa capitale. Le prévôt de Paris, celui des marchands et les échevins, le parlement, la chambre des comptes, l'archevêque de Sens (métropolitain), l'évêque de Paris, les abbés de Saint-Denis, de Saint-Germain des Prés, Sainte-Geneviève, Saint-Maur des Fossés, Saint-Magloire ; les ordres mendiants, le recteur de l'université, se portèrent au-devant de lui, jusqu'à Saint-Ladre, proche La Chapelle. A la suite des maîtres des requêtes, chevauchaient quatorze personnages représentant les *sept péchés capitaux* et *les sept vertus*. Tous firent leurs hommages ou soumissions au roi et le prévôt des marchands lui présenta les clés de la ville, que le roi transmit au connétable (1).

Les bourgeois placèrent un dais sur la tête du roi, et les deux cortéges réunis se mirent en marche vers la porte Saint-Denis. La grande rue de ce nom avait été tendue à ciel ; dans tout le parcours, la population entière se tenait sur la voie ou aux fenêtres. D'un jet de pierre à l'autre, les stations ou *mystères* se succédaient. Il y avait au Pon-

---

(1) Cagny chapitre 158. Berry-Godefroy, p. 498. L. L. 217, p. 357. Monstrelet, V, 301 et s. Félibien, II ; *Preuves,* p. 598 *b*.

ceau, un bassin où s'ébattaient deux dauphins et d'où s'élevait un grand lis, qui jetait hypocras, vin et eau. A la Trinité, la Passion de Jésus-Christ était figurée par des personnages muets; au Sépulcre, la Résurrection; au Châtelet, l'Annonciation, etc., etc. (1).

Le cortége royal s'ouvrait par les archers et arbalétriers, troupes d'élite qui venaient de se signaler et que le roi avait récompensées en leur accordant de notables priviléges. On distinguait parmi les archers, ceux de la ville de Paris, vêtus de robes uniformes, vertes et rouges, à la devise du roi; les archers de Tournay, qui partageaient, avec les Ecossais, la garde du corps; les archers de Châlons-sur-Marne, associés à la même prérogative et dont les hoquetons étaient brodés de myosotis, ou fleurs de *ne m'oubliez mie*, en souvenir de leur belle conduite à Montereau. Le comte Charles d'Anjou et le grand maître de Graville commandaient cette valeureuse infanterie (2).

Venaient ensuite les hérauts du roi, ainsi que des seigneurs, suivis de *Berry* roi d'armes, vêtu du blason royal. Quatre écuyers étaient montés sur des coursiers houssés de fin blanchet, brodé de cerfs ailés d'or, à la devise du roi. Poton de Saintrailles, l'un d'eux, premier écuyer d'écurie, portait sur un bâton le heaume du roi, à la double fleur de lis d'or pour cimier : les autres soutenaient l'épée et les divers attributs du souverain militaire. Charles VII et le dauphin, armés de pied en cap, sauf la tête, s'avançaient après eux, l'un et l'autre à cheval, habillés de drap d'or sur le harnois d'acier. A côté du roi

---

(1) Monstrelet. *Journal de Paris*, p. 712. Histoires de Châlons.
(2) Les mêmes. Sources citées.

chevauchant le pas sous son dais, marchait à pied, Jean d'Aulon, écuyer du roi, ancien maître d'hôtel de la Pucelle. Il tenait par la bride le chanfrein d'acier de la monture royale (1).

Le roi était accompagné du connétable, des comtes de Vendôme, de la Marche, de Tancarville, du sire d'Albret, de La Hire, Jacques de Chabannes, etc. Le bâtard d'Orléans, capitaine de Montereau, se faisait remarquer par le luxe de sa parure militaire. Il était armé de plein harnois, son cheval houssé de drap d'or jusqu'à terre; cheval et cavalier tout chargés d'orfévrerie. Le bâtard portait un collier d'or, formé de grandes feuilles de chêne, pesant cinquante marcs. Il était ceint, en outre, d'une écharpe ou baudrier d'orfévrerie, qui se repliait en croupe sur le dos de son cheval. Jean d'Orléans avait à sa main, de même que le connétable, un gros bâton de bois, en signe de commandement. Il conduisait le principal corps de l'armée victorieuse, composé d'un millier de lances, et qui venait hiverner à Paris (2).

Le roi, suivant sa coutume, se rendit à la cathédrale. Arrivé à la place Notre-Dame, il trouva le clergé réuni, ainsi que l'Université. Il fut harangué par Nicolas Midi, le docteur qui, sur le Vieux-Marché, avait prêché la Pucelle. La porte principale de la cathédrale fut d'abord fer-

---

(1) Berry. Monstrelet. Mandement du roi à ses trésoriers, le 30 septembre 1438 : « Faites payer à notre amé Raoul de Gaucourt, gouverneur du Dauphiné, 500 royaux d'or, en quoy lui sommes tenu pour ung drap d'or que feismes prendre et acheter de luy, au mois de novembre 1437, dont nous eusmes une robe longue à notre entrée en nostre bonne ville de Paris. » (Cabinet des titres, dossier *Gaucourt*.) Ms. fr. 4985, f°s 13 et 199, figure 3. (*Fac-simile* par M. Pilinski, pour l'École des Chartes.)

(2) Berry. Monstrelet. Cagny. Gruel, p. 385.

mée. Ensuite l'évêque, sortant par le guichet, se présenta au-devant du souverain, qui venait de mettre pied à terre. Le roi, à genoux, baisa le texte et la croix, puis il prêta serment d'observer les libertés de l'Eglise, et « jura comme roy, qu'il tiendroit loyalement et bonnement tout ce que bon roy faire debvoit. » Les cloches, alors, s'ébranlèrent et les portes s'ouvrirent. Les trois arcades ou nefs de Notre-Dame étaient illuminées de cierges, comme dans la nuit de l'Epiphanie. Charles VII pénétra jusqu'au chœur richement orné; tandis que le cri de *Noël* se propageait, en de longs échos, au sein de la multitude. Quatre heures sonnaient ; le *Te Deum laudamus* fut célébré en grande pompe ; et le roi, ce même soir, alla souper, puis coucher au Palais (1).

Charles VII marqua son séjour à Paris par divers actes de haute administration. Il confirma définitivement les priviléges de l'Université ainsi que ceux de la Ville et installa les nouvelles autorités. Saint-Denis, Rueil et autres localités du Parisis obtinrent des concessions gracieuses de la couronne. Il régla le service des monnayers du *serment de l'Empire* et la valeur de la monnaye ; l'exercice de la pharmacie et de la médecine ; la tenue de registres de minutes par les notaires, et autres questions d'ordre ou de service public. La charge d'historiographe était demeurée vacante depuis 1418. Mais Charles VII rouvrait, pour la monarchie, le livre de l'histoire : il rendit, le 18 novembre 1437, à l'abbaye de Saint-Denis son antique préro-

---

(1) Les mêmes. *Journal*, p. 712. L. L. 415, fos 347, 350, 357. *Gallia christiana*, t. VIII, col. 148. Du Boulai, V, 441. Voy. ci-dessus, p. 98.

gative et nomma le chantre de ce monastère, Jean Chartier, au poste de chroniqueur royal (1).

Jusqu'à ce jour, le parlement fidèle avait fonctionné à Poitiers. Charles VII ne brisa point entièrement le parlement de Paris ; il conserva les membres *bourguignons :* les *anglais* seuls furent cassés. Le 23 novembre, R. de Chartres, chancelier de France, ramena au Palais, dans leur antique demeure, les magistrats de Poitiers. Les deux compagnies furent réunies ; mais de manière à ce que la majorité, ainsi que la prépondérance, demeurât acquise aux conseillers de Poitiers. Le 25, Bernard, comte de Pardiac, fit exhumer les restes mortels de son père, le connétable d'Armagnac. Un service religieux fut célébré en présence du roi et de la cour, dans l'église priorale de Saint-Martin des Champs. De là, ces dépouilles furent envoyées en Armagnac, pour recevoir, à côté de celles de ses ancêtres, les honneurs de la sépulture. Mais en dehors de ces pieuses et légitimes réparations, Charles VII, à ce qu'il semble, s'abstint de toute représaille politique (2).

Le 3 décembre, Charles, après ce court séjour, quitta la capitale et se rendit à Orléans. Il ne tarda pas de retourner à Bourges et publia, dans cette ville, un des actes les plus importants de son règne et de la législation du moyen âge (3).

(1) Berry, 399. Monstrelet, 306, 307. J. J. 176, acte 288. Renouvellement des priviléges des dames de la Saussaye (voy. ci-dessus, t. I, p. 354, note 1.) *Gallia christiana,* t. VII, col. 637. Archives de Seine-et-Oise ; communication de M. Mévil. N. de Wailly, *Recherches sur les monnaies,* etc., 1857, in-4°, p. 76. Ordonn. XIII, 242 et s.; XV, 26, 296. J. Chartier, t. I, p. 2.

(2) X. X. 8593, f° vj^{xx} vij et s. K. 949, n° 25. *Journal de Paris,* p. 710, 713. Cagny, chap. 156. Gruel, p. 386.

(3) *Journal,* 713. *Itinéraire.* Actes administratifs de décembre 1437 à

Une sorte de crise intime, au quinzième siècle, agitait jusque dans ses fondements la société religieuse. Le schisme pontifical durait depuis 1378. En France, le schisme politique avait aggravé cet état de choses : l'ordre civil, déjà fortement atteint, était menacé de subversion. La chrétienté, pour guérir ce mal, avait eu recours aux conciles. Les grandes assemblées de Pise, de Constance et de Bâle, se succédèrent sans achever cette tâche difficile. Trois principaux objets composaient le programme tracé à leurs longues délibérations : 1° *pacifier les princes chrétiens* ; 2° *extirper les hérésies* ; 3° *réformer l'Église dans son chef et dans ses membres* (1).

Les conciles, et, en dernier lieu, Martin V, puis Eugène IV, s'employèrent avec succès à résoudre le premier de ces problèmes (2).

Sur le second point, les rigueurs prononcées contre Jean Wiclef et J. Hus eurent, en effet, raison, au moins momentanément, des novateurs. Mais ce second point se liait étroitement au troisième. Or la réforme de l'Eglise avait rencontré, surtout de la part de la papauté, une résistance inerte et des difficultés jusqu'alors invincibles. De graves abus régnaient autour du trône pontifical. Des régions les plus élevées de l'Église, cette influence funeste se répandait, de plus en plus largement, en descendant les

---

juillet 1438 : courtiers de vin à Paris : K. 950, n° 27. Priviléges d'Orléans : *Ordon*. XIII, 251. *Id*. pour Marmoutiers : D. Housseau, t. IX, n° 3887. Finances : Cagny, chap. 160; Ms. Gaignières, 649, 5, f°s 12, 42; *Ordonn*. XV, 351. Nominations judiciaires : X. X. 1482, f° 7.

(1) Baronius, *Annales ecclesiastici*, 1752, in-f°, t. IX, p. 242 et s. *Histoire de l'Église gallicane*, t. XX, édition in-8.

(2) Baronius, *ibid*, p. 274. Etc., etc.

degrés de la hiérarchie. Des enfants à peine pubères, de jeunes sous-diacres, étaient investis de l'épiscopat, entraient au sacré collége et revêtaient la pourpre des cardinaux. L'orgueil temporel, le goût de la sensualité, si opposés au christianisme, envahissaient la cour romaine. Le souffle de l'antiquité païenne ou de la Renaissance, en ouvrant à des esprits plus cultivés de nouveaux horizons dans l'art, dans la littérature, la philosophie, y introduisait aussi le scepticisme et refroidissait la foi des anciens jours (1).

Tandis que les bûchers s'allumaient à Constance et ailleurs, les docteurs mêmes qui condamnaient ces hérétiques tonnaient contre les vices de l'Église. Appelant à haute voix la réforme, ils faisaient entendre à leur tour des nouveautés tout aussi hardies que celles de Wiclef et de Jean Hus (2).

Cette situation générale eut en France un retentissement notable et spécial. Les grands dignitaires ecclésiastiques y donnaient l'exemple du relâchement des mœurs. Les premiers siéges métropolitains, les pairies spirituelles et beau-

---

(1) Voir les biographies de Jean de Bavière, dit *sans pitié*, évêque de Liége; J. du Chasteller, évêque de Paris; des cardinaux, P. de Luxembourg, Bessarion, etc. Les écrits de Philelphe, d'Énéa Silvio Piccolomini, (*Lucrèce*); de Poggio; importés et imités en France par Ant. de la Sale ; etc., etc. Le concile avait été transféré par Eugène IV, de Bâle, en Italie, « pour faciliter l'accession des Grecs, » qu'il s'agissait de rallier du schisme à l'unité. Cette assemblée fut convoquée à Florence, le 14 octobre 1439. Gémiste Pléthòn, principal docteur et envoyé de l'empereur de Constantinople, prit part au concile, avec un plan de *religion nouvelle*, emprunté à l'*antiquité payenne*. Voy. l'ouvrage si curieux, publié par MM. Vincent et Alexandre, de l'Institut : Πληθῶνος Νόμων συγγραφῆς κ. τ. λ. 1858, in-8, p. 15 et *passim*.

(2) Voir les écrits de S. Vincent Ferrier, de saint Bernardin de Sienne, de Gerson, de Pie II, sur le concile de Bâle, etc.

coup d'évêchés avaient pour titulaires des prélats de cour, qui, tout entiers à la politique et à l'ambition des partis, ne connurent jamais les devoirs du ministère sacré. L'anarchie la plus complète régnait, quant à la nomination des prélats. Non-seulement le droit d'élire était disputé aux chapitres; mais les deux *rois* de France, les deux ou trois pape ou antipapes, nommaient respectivement, aux mêmes siéges, autant de compétiteurs. Enfin la cour de Rome pour alimenter le luxe, la puissance du pape temporel et des cardinaux, multipliait les exactions : la vente des indulgences, la collation des bénéfices vacants et futurs, étaient devenues entre leurs mains un vaste trafic simoniaque (1).

Le concile de Bâle, après avoir donné à la chrétienté la paix d'Arras, pressait le pape d'accéder à la réforme. Eugène IV, pour échapper à ces instances, prorogea le concile de Bâle à Ferrare, sous la main du S. Père. Charles VII, par une ordonnance rendue à Tours le 23 janvier 1438, défendit aux évêques français d'obéir à ce mandement. L'Église de France et l'Université de Paris s'étaient toujours distinguées, par leur zèle, en faveur des principes que violaient ces abus. La doctrine que professaient notre Eglise et l'Université, les maximes qu'elles défendaient, portaient le nom de maximes et libertés gallicanes. Elles formaient un corps ou dépôt de traditions nationales. Charles VII, ainsi que les docteurs de son parti, se mon-

---

(1) Voir dans la biographie Didot et ailleurs les noms suivants : Winchester, Estouteville, Rolin, Louis de Luxembourg, R. de Chartres, G. de Champeaux, etc., etc., cardinaux, archevêques et évêques. Le port et l'exhibition des reliques était aussi une source de lucre commercial et de supercheries intéressées.

trèrent inébranlablement fidèles à ces doctrines. Même dans les plus mauvais jours, et sauf quelque défaillance exceptionnelle, le gouvernement de Charles VII les maintint avec courage et avec honneur (1).

Charles VII, « fils aîné de l'Église, » montra dans cette conjoncture un esprit d'initiative et une décision remarquables. Il convoqua lui-même une assemblée gallicane, qui achevât pour ainsi dire, du moins en ce qui concernait ce royaume, l'œuvre interrompue et menacée des conciles. Cette assemblée, après avoir commencé, à Orléans, ses travaux, se réunit dans la Sainte-Chapelle de Bourges, le 1ᵉʳ mai 1438. Eugène IV et le concile de Bâle y députèrent des légats ou représentants. Cinq archevêques, vingt-cinq évêques, une multitude de docteurs et de personnages religieux, prirent part au synode national (2).

A partir du 5 juin, le roi en personne présida les délibérations. Il était assisté de son conseil, dans lequel figuraient, aux premiers rangs, le chancelier de France, archevêque de Rheims, puis le confesseur et aumônier du roi, Gérard Machet. Ce dernier, au titre de sa charge, remplissait les fonctions de ministre des affaires ecclésiastiques. Gérard Machet, évêque de Castres, ouvrit la séance royale par un discours, dans lequel il proclama la suprématie des

---

(1) Au contraire, le gouvernement anglo-bourguignon transigea facilement sur ces questions, au gré des conseils ou des intérêts momentanés de la politique. Monstrelet-d'Arcq, V, 343. Lenfant, *Histoire des conciles de Constance et de Bâle*, 1724, 1731, 4 vol. in-4°. Ci-dessus, t. I, p. 365, 446. *Ordonn.*, XIII, 255.

(2) Deux théologiens *de Rouen*, Th. de Courcelles et Robert Ciboule, juges de la Pucelle, se distinguèrent à l'assemblée de Bourges. Du Boulai, t. V, p. 442 et s. *Amplissima collectio*, t. VIII, col. 945 et s. *Histoire de l'Église gallicane*, éd. in-8, t. XX, p. 321 et s. Ms. lat. 6020, f° 89 v°.

conciles relativement au pape, en matière d'hérésie, de schisme et de réformation générale.

La *Pragmatique-sanction* de Charles VII, fruit de ces délibérations, est d'abord une sorte de manifeste, à la fois politique et religieux. Elle contient la déclaration des principes adoptés par le roi de France, dans le grand litige, qui tenait en suspens la chrétienté. Sous son aspect le plus strict, c'est un édit du souverain temporel, réglant, dans ses domaines, les principaux points qui touchent aux rapports de l'État et de l'Église. La doctrine qui en forme la base ou la substance se fonde sur le Décret de Gratien, sur les décisions des conciles, sur le droit national, sur les ordonnances antérieures des rois de France et nommément sur les ordonnances de Saint-Louis et de Philippe le Bel (1).

Le préambule de la Pragmatique-Sanction commence par exposer la situation générale, et les considérants de l'édit. Elle indique, comme premier remède à ces maux, la réunion périodique et perpétuelle des conciles. Ces assemblées, dans l'avenir, doivent avoir lieu de dix ans en dix ans. Toute puissance religieuse, de quelque ordre qu'elle soit, « même de l'ordre *papal* », est soumise à ce contrôle. Le pape ne peut ni récuser, ni dissoudre, ni empêcher, ni même différer le concile, si ce n'est par des motifs prévus et spécifiés. Le concile désigne lui-

---

(1) Procès-verbal de la session royale à Bourges, *Amplissima collectio*, t. VIII, col. 950. Cf. Basin, t. IV, p. 83. Edg. Boutaric, *La France sous Philippe le Bel*, 1861, in-8°, p. 60. Quant à la Pragmatique-Sanction de saint Louis, je me bornerai à indiquer sur ce point controversé : 1° R. Thomassy, *De la Pragmatique sanction attribuée à saint Louis*, 1844, Paris et Montpellier, brochure in-8°; 2° *Études sur la Pragmatique sanction de saint Louis*, par M. l'abbé J. F. Berleur. Cet article remarquable, que j'ai lu dans un exemplaire sans titre général, paraît être tiré de la *Revue de l'Université catholique de Louvain,* in-8° (vers 1850?), p. 123 à 220 (communiqué par M. Rathery, de la Bibliothèque impériale).

même, en se prorogeant, le lieu et le terme de sa future prorogation (1).

La Pragmatique-Sanction rétablit ensuite le principe des élections capitulaires, comme la source, en général, de toute dignité ou promotion religieuse. Les électeurs doivent avoir en vue de choisir exclusivement le plus digne, sans acception d'influences ni d'intérêt privés. Toutefois le roi et les princes peuvent écrire aux chapitres, mais sans intimidation ni menaces, pour leur recommander des sujets qui méritent cette faveur.

Il sera établi, non-seulement dans chaque métropole, mais dans chaque cathédrale, une prébende de théologal, ou écolâtre supérieur. Cette charge doit être dévolue à un gradué de théologie, docteur, licencié, ou bachelier au besoin, ayant dix années d'études universitaires en divinité. Les autres prébendes des chapitres ou collégiales sont attribuées, dans une notable proportion, aux gradués des autres facultés : l'un et l'autre droit, médecine, arts. Les grâces expectatives, les réserves, (ou survivances d'offices ecclésiastiques), objets de trafic, cause de haines, de procès et d'immoralités, sont abolies, ainsi que les annates, *premiers fruits*, ou tributs de tout genre et de toute dénomination, perçus antérieurement par le fisc pontifical. Une légère rétribution est seulement due pour rémunérer les scribes et dataires de la chancellerie romaine, auteurs du travail de plume et d'expédition graphique. Une taxe, calculée au 5ᵉ d'une année de revenu, sauf quelques dispositions transitoires, constitue le seul droit pécuniaire, que fixe la loi nouvelle, au profit du trésor pontifical.

Le nombre et la qualité des cardinaux sont également réglementés par le législateur. Ces princes de l'Église ne doivent pas s'élever en nombre au-dessus de vingt-quatre. L'âge de trente ans, des conditions de science, de lumière, de moralité leur sont imposés. Les diverses nations doivent être représentées dans le sacré collége, qui demeurera fermé aux bâtards, aux infirmes, aux hommes diffamés. La pourpre romaine ne peut être que rarement accordée aux fils de rois ou de princes, et jamais aux *neveux* des papes, nés de leurs frères, ou de leurs... sœurs.

Les derniers articles de la Pragmatique-Sanction prescrivent

---

(1) Au moment où Charles VII préconisait la perpétuité des conciles, ces parlements de la société chrétienne, ce même prince, il faut le dire, abolissait dans son royaume la périodicité des États généraux. Nous reviendrons prochainement sur ce grave sujet.

l'ordre et la décence dans la célébration du culte. Ils interdisent les spectacles à l'intérieur des églises, notamment, la fête des Fous et autres saturnales des temps anciens, qui s'y chômaient encore. Ils édictent des peines contre les prêtres concubinaires, et règlent enfin divers points secondaires d'ordre et de discipline. Donné à Bourges le 7 juillet 1438 (1).

A peu de temps de là, Charles VII promulgua un autre acte très-important. Par ordonnance du 15 décembre 1438, il révoqua, moyennant indemnité, toutes les donations, aliénations et pensions extraordinaires, créées au nom du roi depuis 1418, sauf les dispositions stipulées dans le traité d'Arras. Des commissaires furent immédiatement nommés pour vérifier, dans les provinces, l'état du domaine. Cette ordonnance fermait le gouffre des hypothèques et donnait le signal de la restauration financière. Elle fut le prélude de la grande ordonnance du 25 septembre 1443 (2).

L'année suivante, au printemps, Charles VII visita de nouveau les provinces qui séparent le centre du midi de la

---

(1) *Pragmatica sanctio cum notis Cosme Guymier*, etc., Paris, André Bocard et G. Eustace, 1507, in-8°, goth. *Ordonnances des rois de France*, t. XIII, p. 267 et s. Pithou et Dupuy, *Commentaires sur les libertez gallicanes*, etc., 1715, in-4, t. II. Isambert et Decrusy, *Anciennes lois*, t. IX, p. 3. Pii *Commentarii*, 1614, in-f°, p. 160. Berry dans Godefroy, p. 400. Etc., etc. — A l'instar de Charles VII, Albert d'Autriche, empereur d'Allemagne, convoqua, en 1438 et 1439, diverses diètes où se réunirent les Électeurs et les prélats de l'empire. Les affaires de l'Église y furent également débattues et en partie réglementées sous les auspices des seigneurs temporels. Charles VII suivit avec sollicitude ces travaux, qui contribuaient à l'ordre général de l'Église et des états. Il s'y fit assidûment représenter par ses ambassadeurs. *Hist. gall.*, p. 335 et s. *Concil.* Hardouin, t. IX, p. 1146 et s. Ms. latin, 5456, f°s 95, 98 et s. Ms. Blancs-Manteaux, t. VIII, f° 108. Voigt, *Enea Silvio Piccolomini, als Bapst, Pio II*, Berlin, 1856, in-8°, t. I, p. 161 : *Die Pragmatische Sanction der Deutschen*.

(2) P. P. 2298. *Ordon.* XIII, 293 ; Cf. 258, 299. Chronique de Cousinot, p. 24.

France. Il se rendit de Tours à Limoges, où il parvint le 2 mars 1439. Le roi, toujours fort obéré dans ses finances, était accompagné du dauphin Louis, dont la précoce et inquiète activité se faisait déjà sentir au sein des affaires publiques (1).

Charles VII avait également à ses côtés le duc de Bourbon, les comtes du Maine, de Vendôme, de Tancarville, le bâtard d'Orléans, le maréchal de La Fayette ; les sires de Coëtivy (gouverneur de La Rochelle), de Chaumont et de la Tour d'Auvergne. Son conseil ecclésiastique se composait de l'archevêque de Toulouse et de l'évêque de Paris (Pierre et Denis Du Moulin); des évêques de Maguelonne, chancelier de France, par intérim; de Poitiers, de Maillesais, de Limoges, d'Angoulême, de Tulle et de Castres (Gérard Machet).

Le roi convoqua pour la forme les états du Limousin. Il visita la cathédrale (où sa chapelle, qui suivait le roi, célébra le service), ainsi que l'église de Saint-Martial. Il honora de ses dévotions le chef de saint Martial et la chemise de sainte Valérie. Le roi, pendant son séjour, taxa d'autorité la province du Limousin à 20,000 fr. et se fit remettre comptant 3,000 écus par la ville. Le 11 mars, « avant le dîner », un chevalier du pays, nommé Bertrand d'Azat, qui s'était fait anglais, eut la tête tranchée en haut

---

(1) *Bibliothèque de l'École des Chartes*, t. VI, p. 217. K. 65, nos 8 et s. Ms. Fontanieu, 118, au 13 octobre 1439. Legrand, *Hist. de Louis XI*, ms., t. I, p. 11. T. Duchatel, sénéchal de Provence, envoya, de Marseille, au Dauphin une lionne de huit mois. Cette bête était liée par une corde, près d'une fenêtre, dans la chambre contiguë à celle du jeune prince. Pendant la nuit, elle sauta par la fenêtre et s'étrangla. Le jeune Louis en eut grand regret : l'ayant fait écorcher, il en garda la peau, avec sa crinière et sa queue (Relation, etc., citée ci-après).

lieu, près le pilori de la ville. Après le dîner, le roi quitta Limoges et se dirigea vers Riom en Auvergne (1).

Le 28, Charles VII rendit en cette ville un mandement financier. Ce prince y déclare qu'en présence des charges que lui causent ses affaires, il avait eu l'intention de convoquer les États généraux, suivant la coutume. Mais, ajoute-t-il, nous n'avons pas le temps de remplir cette formalité. Nous imposons de notre chef les pays de Languedoil, par deçà la Seine, à 300 mille livres. Les Etats provinciaux de Limousin et d'Auvergne se sont assemblés. Nous leur avons notifié cette imposition et nous avons taxé le pays de la Marche, à quatre mille livres (2).

En ce qui concerne les provinces héréditaires du royaume ou pays du domaine, le roi de France, on le voit, tenait peu de cas des assemblées des trois ordres ou Etats généraux. Mais il dut agir autrement à l'égard des *pays d'Etats*. Charles VII, par lettres données au Puy, convoqua ceux du Dauphiné, pour comparaître et se réunir en sa présence, le 12 mai à Vienne. Cependant, la peste étant à Vienne, le roi manda l'assemblée à Lyon, son nouveau séjour. Les députés, délibérant sur ce fait, déléguèrent immédiatement deux commissaires, qui se rendirent auprès du roi. Admis en sa présence, au couvent des Cordeliers,

---

(1) *Relation du chambrier de Saint-Martial*, témoin occulaire; dans les *Mémoires de la Société des Antiquaires de France*, t. XI, 1835, article de M. Allou, p. 357 et s. *Revue anglo-française*, 1839, p. 205. *Bulletin de la Société historique, etc., du Limousin*, 1854, p. 55 et s. Peu après ce voyage, Charles VII accorda, pour blason, à la ville de Limoges, les armes de France. Ms. fr. 5909, f° 322 v°. Le même procédé de taxe arbitraire avait été appliqué en Limousin pour les années 1436 et 1437. Cabinet des titres : dossier *Saintrailles*; actes de 1438.

(2) Ms. Fontanieu, 117, à la date. D. Vaissète, t. IV, p. 490.

dans une grande salle, ils lui représentèrent qu'aux termes de leurs priviléges, les Etats du Dauphiné ne devaient point être convoqués hors des limites de la province. Le roi consentit alors à ce que la réunion se tînt à Saint-Symphorien d'Auzon, sur la terre delphinale. Après avoir entendu les commissaires royaux et la demande motivée de subsides, qui leur fut adressée, les trois ordres de la province accordèrent au roi une aide de 28 mille florins ; plus à la reine, sur sa requête, mille florins et à son fils le dauphin Louis, mille florins. Cet octroi était subordonné à certaines conditions et notamment à celle-ci : « que si le Dauphiné venait à être envahi par les ennemis du roi ou d'autres gens d'armes, il serait prélevé de plein droit sur ces 28 mille florins, de quoi pourvoir à la défense de la province (1). »

Le roi, après avoir visité de nouveau Paris, en septembre, se rendit à Orléans. Il termina dans cette ville une série de grandes affaires, qui eut pour couronnement l'ordonnance célèbre dite d'Orléans, concernant *les gens de guerre* (2).

(1) K. 687, n° 2, acte original sur parchemin. Gratification de 200 florins alloués à P. d'Amboise, sire de Chaumont, comme membre du grand conseil, par lettres du roi données le 21 mai, sur les 28,000 fl. votés à Saint Symphorien d'Auzon. Quittance originale de *Pierre d'Amboise*, signature autographe; Cab. des titres, dossier *Amboise*. Cf. ms. s. fr. 4805, f° 227 v° et ses renvois (en 1434); et D. Vaissète, in-f°, t. IV, p. 500 (en 1443).

(2) Les États généraux devaient être réunis à Paris. Mais le roi changea d'avis et l'assemblée eut lieu à Orléans. Lettre de Charles VII ; archives de Reims, 25 août 1439. Ms. fr. 4767 f° 38. L'état désastreux de la capitale, sous divers rapports, paraît avoir été cause de cette translation. Voy. *Journal de Paris*, p. 714, 716. X. X. 1482, f° 81. Ms. 4767, f° 61. *Ordon*. XIII, 261. *Livre vert vieil*, 2°, f° 29. — Charles VII arriva, le 9 sept., à Paris. Marie de France, religieuse de Poissy (*solue* par bulle du pape), était morte au palais royal à Paris, le 19 août 1438. Le 10 sept. 1439,

Ce sujet formait, pour ainsi dire le nœud des difficultés qui entravaient la prospérité de Charles VII et de son gouvernement. La sollicitude royale, depuis quelques années, et celle de ses conseillers les plus fidèles, ou les mieux inspirés, s'étaient mûrement appesanties sur ce problème. Jusque-là, des expédients partiels et locaux, de simples palliatifs, avaient pu, seuls, être appliqués à cette plaie funeste. Après la soumission de Paris, le connétable de Richemont déploya toute l'énergie de sa sévérité, pour ramener à la discipline le brigandage des gens d'armes. L'ordonnance publiée sur son initiative, au nom du roi, le 5 avril 1438, constitua le prévôt de Paris (capitaine Ambroise de Loré), « juge et réformateur sur les malfaiteurs du royaume, *en quelque juridiction qu'ils se retirent* (1). »

A partir de ce moment, les désordres militaires furent l'objet d'une répression plus suivie (2). Mais les évène-

le roi se rendit à Saint-Denis et fit célébrer un service en l'honneur de sa sœur. Anselme. *Journal, ibid.* Charles VII, durant son séjour à Paris, fut témoin d'un duel judiciaire entre Anglais et Français. Gruel, p. 389. Ms. fr., 194, f° 223 et s. Paris, *Manuscrits françois*, t. II, p. 174. La Colombière, *Théâtre d'honneur*, etc., 1648, in-f°, t. II, p. 311.

(1) 1438, mai 17. Ordine di Carlo re di Francia a tutti li capitani gente d'arme, che alcuno dei loro soldati entri ad invadere li stati del duca di Savoia. *Archives de Gênes.* Communiqué par M. Ch. Casati. *Journal*, p. 716. Gruel, p. 386. Registres-bannière : *Livre vert vieil* 2e, f°s 67, 72. *Livre noir*, f° 119. *Ordonn.*, XIII, 260, 291, 295, 303 ; XIX, 526. J. Chartier, I, 245. Monstrelet, V, 319, 339. Lottin, *Essais sur Orléans*, t. I, p. 288.

(2) 29 septembre 1438. Ordonnance inédite contre les malfaiteurs, *Archives de Reims.* L'un des faits les plus remarquables d'indiscipline est l'arrestation du maréchal de Rochefort, qui paraît avoir coïncidé avec l'ordonnance du 5 avril 1438. G. de Flavy était en guerre avec le connétable. A cette époque, le maréchal, ami de Richemont et mêlé antérieurement aux différends qu'avait eus G. de Flavy, passait à Pont-Sainte-Maxence. Le capitaine de Compiègne tendit au maréchal une embuscade et le prit comme otage, afin de contraindre le connétable de lui donner à lui, Flavy, satisfaction. Voy. Archives municipales de Compiègne, série A. A *Procès* V, 370. J. Chartier, t I, p. 243. Anselme à Pierre de Rieux

ments ne devaient que trop montrer combien cette réforme était périlleuse, et combien, même pour triompher de ce mal, si urgent, il fallait, unissant la prudence à la fermeté, savoir se hâter lentement.

Les hostilités, de la part de l'Angleterre, s'étaient ralenties, grâce aux troubles intérieurs de la Grande-Bretagne et grâce aux succès de Charles VII. Une suite de négociations pour la paix s'engagea sur les demandes réitérées d'Henri VI. Le comte d'Eu sortit de captivité en 1438. Catherine de France, fille de Charles VII, fut accordée le 12 octobre à Charles le Téméraire, comte de Charolais (1). Le 9 juin 1439, un congrès préparé de longue main, se réunit entre Guine et Calais, pour traiter de la paix des deux royaumes, et de la délivrance de Charles, duc d'Orléans. Isabelle de Portugal, duchesse de Bourgogne, princesse très-entendue et très-habile en fait de négociations diplomatiques, s'entremit au succès de cette affaire, avec tout le zèle que comportait la gravité naturelle de son caractère. Le duc Charles lui-même prit part, comme ambassadeur, à ce congrès, qui lui rendit en effet la liberté (2).

maréchal. Berry, p. 403, etc. Un autre événement de l'ordre politique, contribua, sans doute, également à la publication de cette ordonnance. Le 26 mars 1438, deux individus, coupables d'intelligences avec l'ennemi, subirent, à Paris, le dernier supplice, par ordre du prévôt, Ambroise de Loré. Mais bientôt on acquit la preuve que cette conspiration, qui avait pour but de livrer diverses places aux Anglais, étendait ses ramifications hors de la capitale. Miles de Saux, l'un de ces affiliés, fut arrêté à Beauvais, et exécuté à mort le 20 avril 1438. *Journal de Paris*, 711. Cagny chap. CXLVIII. Monstrelet, V, 279.

(1) Leur mariage, célébré en 1440 : J. Chartier, t. II, p. 8. Monstrelet, V, 344, 400. Berry-Godefroy, p. 400. *Les honneurs de la cour*, éd. in-12, t. II, p. 202.

(2) Ms. Brienne 311, f° 157 et s. K. 65, n°s 11 et s. K. 687, n° 2. P. P.

Charles VII, alors, réunit à Orléans les *États généraux du royaume*. Des députés furent envoyés par les diverses provinces et par les grands vassaux de Bourgogne, de Bretagne et d'Armagnac. Le comte de Dunois représenta son frère Ch. d'Orléans, et Jean Jouvenel des Ursins, évêque de Beauvais, conservateur des priviléges de l'Université, y porta la parole comme député de la ville et vicomté de Paris. Le roi était assisté de sa belle-mère Yolande d'Aragon, du duc de Bourbon, des comtes Ch. d'Anjou, de Vendôme, d'Eu, de la Marche; du connétable, des maréchaux, du président du parlement, etc. Par l'organe de son chancelier, R. de Chartres, il soumit aux délibérations de l'assemblée les hautes questions pendantes, et, tout d'abord, celle de la paix ou de la guerre avec les Anglais. Cette question, débattue pour et contre, par les conseillers du roi, fut résolue en faveur de la paix (1).

La session se termina par la publication de l'ordonnance du 2 novembre 1439.

Aucun remède, jusque-là, n'avait réussi à refréner efficacement l'indiscipline militaire. L'ordonnance dont nous parlons fut le premier acte qui toucha la plaie au vif et qui réagit puissamment dans le domaine des faits. Cet acte, dénommé par le texte même, *pragmatique-sanction*,

---

110, f. 246. Ms. Bréquigny, 81, (Moreau, 705,) f° 230, etc. Rymer, t. V, p. 44, 55 à 94. *Proceedings*, t. V, p. 95 et 334. Champollion-Figeac, *Lettres des rois et reines*, t. II, p. 456, 461; *Mélanges*, t. II, p. 185, 187. Catalogue Joursanvault, t. I, p. 22, n. 150. Plancher, IV, 233, 235; *Preuves*, clxiij, clxx et s. Lettenhove, *Hist. de Fland.*, III, 246 et s. Cagny, chap. 166. Monstrelet, V, 206, 352. Biographie Didot, article *Orléans* (Charles d'). Monstrelet, V, 346, etc. Ms. Brienne 311, f°. 157 et s. Delort, *Essai*, p. 178 et s. 1439 août 8. Charles VII confirme les priviléges du Mont-Saint-Michel. D. Huynes, cité, f°s 570, 575.

(1) Berry, p. 404. Ms. 4767, f° 38. Barthélemy, *Hist. de Châlons*, 186.

(comme celui du 7 juillet 1438), fut rendu avec une solennité particulière. Le principal auteur de cette mesure, à certain point de vue, n'est autre que le maréchal de La Fayette. Ses méditations, les desseins qu'il nourrissait à cet égard depuis longtemps, étaient diamétralement opposés aux sentiments de La Trimouille. Une telle opposition de vues (parmi d'autres causes, que l'on a dites ci-dessus) avait entraîné la disgrâce absolue du maréchal. Après la chute de La Trimouille, La Fayette, dit un historien du temps, « fut rappelé en cour et restitué en son office pour les siennes vertus et subtilitez. Par luy fut trouvé l'expédient de mettre par *stations* et *garnisons*, la gendarmerie de France, pour éviter les pilleries accoutumées (1). »

Le roi même allait se séparer pour toujours des États généraux. Néanmoins, selon la teneur même de l'acte, c'est à la requête des États généraux que fut rendue la pragmatique du 2 novembre 1439. Après les articles liminaires, cette ordonnance contient une longue énumération des méfaits les plus graves, des abus les plus intolérables auxquels se livraient les gens de guerre. Chaque article énonciatif est lié à une clause inhibitive. Ainsi :

« Art. 6 *Item*. Défend le roi à tous capitaines, gens de guerre, etc.

---

(1) Sous le rapport pratique, toute la réforme de 1439 est renfermée dans cette heureuse et bien simple innovation. Cette réforme contenait elle-même en germe et comme disent les mathématiciens, en puissance, le système actuel de nos divisions ou circonscriptions militaires. La *Garnison* moderne, et surtout le casernement, appartiennent à des perfectionnements ultérieurs. L'emploi de cette expression toutefois nous paraît digne d'être signalée dans les textes du quinzième siècle. — X. X. 1482, f° 104. Ms. Fontanieu 117-8, au 10 avril 1438 et 5 mai 1439. Cagny, ch. 164. Cousinot, p. 9. *Bibliothèque de l'École des Chartes*, 2e série, t. III, p. 122 et s. Catalogue Joursanvault, t. I, n° 137. Ms. Legrand, *Histoire de Louis XI*, t. VI, p. 136 v°.

« que ils ne aucuns d'eux ne pillent, robent, ne destroussent nulles
« gens en voie, chemin, ne en leurs hostels ou ailleurs, etc. »

Nul à l'avenir, si ce n'est le roi seul, n'a le droit de lever une troupe armée ou force publique. Toutes compagnies existant jusqu'à ce jour, sous les ordres des barons, ou chefs quelconques non agréés par le roi, auront à se dissoudre. Il sera conservé un certain nombre de compagnies, formées d'hommes d'élite, commandées par un certain nombre de capitaines ; le tout à la nomination et sous l'autorité exclusive du roi. La force effective de chaque compagnie est fixée : aucun soldat ne peut passer d'une première compagnie à une autre sans l'agrément du premier des deux capitaines.

Les infractions à la présente sont déclarées crimes de lèse-Majesté. Applicables aux cavaliers seulement, c'est-à-dire aux nobles, ces articles édictent contre les infracteurs, pour sanction pénale, la perte, à perpétuité, des priviléges de noblesse. Chaque compagnie a *sa station et garnison déterminée par le roi, et ne peut s'en éloigner.* Sous prétexte de frais de guerre, les seigneurs se sont arrogé le droit d'impôt. Ils ont accru arbitrairement les travers, barrages et autres anciennes taxes féodales (1). Ils ont levé sur leurs terres, à l'instar du roi, des suppléments de tailles, ou se sont appliqué, sous couleur de dettes et autrement, les tailles royales ; ou en ont empêché la perception. Tous ces actes sont interdits, pour l'avenir, sous les mêmes peines. Les délinquants seront, à la requête et sur l'initiative des parties lésées, traduits et jugés devant le juge civil royal. En cas de résistance de la part du transgresseur, la partie lésée est autorisée à employer la force ouverte. Le capitaine est responsable de ses hommes et ne peut leur prêter sa connivence, même en fermant les yeux. Tout acte abusif, commis par ses soldats, le rend solidaire, depuis la plainte dénoncée jusqu'à répression, etc., etc. (2).

---

(1) Le 30 juin 1438, Ordonnance qui abolit les nouveaux péages imposés sur la rivière de Loire et autres rivières qui s'y jettent. *Ordonn.* XIV, 7. Voy. ci-dessus, p. 281, note 1.

(2) *Ordonnances* XIII, 306. Ms. Sorbonne, 435, à la fin. Lottin, *Essais sur Orléans*, I, 288. Académie des sciences morales et politiques : *Séances et travaux*, t. LIII, 1860, 7ᵉ livraison ; mémoire de M. La Ferrière, p. 129. Les archives de Reims contiennent le texte inédit d'une *première* ordonnance sur les gens de guerre. J'appelle ainsi une ébauche d'organisation, sous mandement adressé au bailli de Vermandois. La pièce est datée du 19 septembre 1438, et contre-signée *La Fayette* (l'un des conseillers pré-

Ainsi fut organisée la cavalerie, premier fond de la milice française. L'assemblée des États généraux d'Orléans fut donc la dernière qui eut lieu sous le règne de Charles VII : le roi seul, désormais, taxa les contribuables. L'impôt ne fut plus annuellement consenti et délibéré, que dans les pays d'États. L'auteur de l'ordonnance rendue le 2 novembre 1439 frappa deux grands coups à la fois, qui se résument en ces mots : armée unique et permanente ; impôt unique et permanent ; le tout dans la main du roi.

---

sents). Il est à remarquer qu'à cette date le bailli de Vermandois n'était autre que La Hire, l'un des capitaines les plus contraires à la réforme.

Quittance inédite, donnée à Toulouse par Jean, dit Poton, *de Saintrailles, capitaine de gens d'armes et premier maître de l'écurie du Roi, le 8 août* 1438.

« Saichent tuit que Je, Poton, seigneur de Santaraille, premier escuier de corps et maistre de l'escurie du roy notre sire et son baillif de Berry, confesse avoir eu et receu de Benoist Huault, receveur général en la séneschaucie de Thoulouse et particulier au diocèse d'illec, de l'octroy de xiiij m. livres tournois mis sus en la dicte séneschaucie par les gens des trois estaz d'icelle, tant pour la vuide de Sainte-Gavelle, comme pour la délivrance de Clermont-Soubiran, détenu et occupé par ung capitaine nommé *le baron*, tenant le parti des Anglois, la somme de deux mille escuz d'or, en deux mille sept cens cinquante liv. t., à moy donnée, promise et accordée par les gens des trois estaz de la dite séneschaucie, pour aider à vivre, conduire et soustenir et faire plus toust et hastivement passer de toute la dite séneschaucie, certaine grant compaignie de gens d'armes et de trait, dont le roy nostre dit seigneur m'avoit donné la charge soubz son estendart, pour aller faire guerre en Guienne, à l'encontre des Anglois, enciens ennemis de cest royaulme. De la quelle somme de ij mille sept cens liv. t. je suis content et en quicte le dit Benoist Huault et tous autres qu'il appartiendra. En tesmoignage de ce, j'ay signé ceste présente quictance de ma main et scellée du seel en mes armes, à Thoulouse le huitième jour d'aoust l'an mil quatre cens trente et huit.

« POTON. »

Signature autographe. Le sceau manque : original sur parchemin ; cabinet des titres, dossier *Xaintrailles*.

CHAPITRE III

Suite des réformes. Réaction féodale. Praguerie. Gilles de Rais. Écorcheurs. Succès militaires : Creil. Pontoise. (Du 2 novembre 1439 au 31 décembre 1441.)

Malgré la décision d'Orléans, la guerre avec les Anglais avait immédiatement recommencé par le siége d'Avranches. Aux fêtes de Noël (25 décembre), le connétable, le duc d'Alençon et d'autres capitaines se trouvaient devant cette place, à la tête d'environ six mille hommes. Grand nombre de ces soldats se composaient de routiers et de gens d'armes sans solde. Charles VII, mécontent de leur insuccès, manda immédiatement, auprès de lui à Angers, les commandants généraux, pour lui rendre compte des opérations. Le roi, à la suite de cette enquête, se plaignit de ce que les combattants, suivant leur coutume, traînaient après eux, jusqu'à dix personnes de « séquelle » (et dix chevaux), « telles que pages, femmes, varlets et toute telle manière de coquinaille, qui n'étoit bon qu'à détruire le peuple. » Il compléta donc les prescriptions de la nouvelle ordonnance, en y ajoutant que chaque cavalier servi n'aurait, dorénavant, que trois chevaux par lance, ou homme d'armes ; et les archers, trois chevaux pour deux archers ; soit un coustilier pour servir deux combattants de l'arc. Des mesures furent prises afin d'organiser sur-le-champ ce nouvel ordre (1).

(1) Lettre de Charles VII ; archives de Reims, le 25 septembre 1440.

Cependant l'ordonnance du 2 novembre avait été le signal d'une recrudescence d'indiscipline. La féodalité tout entière se sentait blessée au vif par cette réforme. Dans le Poitou, La Trimouille, depuis sa disgrâce, n'avait cessé d'entretenir et d'attiser la guerre civile. Chacun des articles de l'ordonnance s'appliquait si exactement à sa conduite, qu'ils semblent, aujourd'hui encore, avoir été dictés et dirigés personnellement contre lui. Ses châteaux, ceux de Jacques, sire de Pons, son neveu, ceux de Guy de La Rochefoucault, et de plusieurs autres barons, alliés à l'ancien ministre, étaient devenus des repaires de partisans et de bandits. Bien loin de se soumettre à l'ordonnance, ils battirent ou menacèrent les commissaires du roi, et se livrèrent à de nouvelles violences, accompagnées d'outrages et de moqueries. Le roi, par lettres patentes, données à Angers le 12 décembre 1439, envoya son fils le Dauphin, commissaire royal et extraordinaire en Poitou, pour réprimer ces désordres. Le prince était accompagné de quelques troupes et de trois conseillers au Parlement, chargés de procéder juridiquement contre les coupables (1).

Arrivé à Niort, le jeune prince fut circonvenu par le

J. Chartier, t. I, p. 250. Berry, 405. Gruel, 389. D. Morice, t. I, p. 522. K. 65, n° 15, pièce 23. La Thaumassière, *Hist. du Berry,* p. 162.

(1) Massiou, *Histoire de Saintonge,* t. II, p. 278. K. 65, n° 11. Thibaudeau, *Histoire de Poitou,* 1840, t. II, p. 469. Redet, *Catal. de D. Fontenau,* p. 336. Jourdan, *Éphémérides de La Rochelle,* p. 479. Ms. Legrand, *Histoire de Louis XI,* t. I, p. 11 et s. La ville d'Angers avait pour évêque Jean Michel, d'abord secrétaire de la reine Yolande, qui s'éleva, par son mérite et la protection de la reine, à ce poste éminent. J. Michel, récemment élu conformément à la pragmatique, avait vu son élection contestée par un compétiteur ultramontain et sanctionnée par le concile de Bâle. Il reçut solennellement Charles VII en l'église de St-Maurice. Le roi fit présent d'une tapisserie à cette cathédrale. Bourdigné, II, 188. Moréri et biographie Didot : *Michel. Vie de J. Michel,* 1739, in-12.

duc d'Alençon, gouverneur engagiste de cette ville. Ce duc lui persuada de se détacher de l'autorité de son père ainsi que de Charles d'Anjou, et de prendre, lui-même, le gouvernement des affaires publiques. Louis XI, âgé de 17 ans, se révéla dès lors. Le comte de La Marche son gouverneur et les officiers de sa maison, que le roi avait préposés auprès de lui, furent expulsés et changés. La guerre civile s'organisa sous les auspices du dauphin et l'héritier présomptif, envoyé par son père pour assurer l'exécution de la loi, leva le drapeau de la révolte (1).

Dans le même temps, un conciliabule des princes se tenait à Blois, chez le duc d'Orléans. Le bâtard d'Orléans, amphitryon de la ligue, en l'absence de son frère, venait d'être fait comte de Dunois, par Charles VII. Mais le bâtard, homme très-personnel, préférait la cause de sa famille à celle du roi ; la cause du roi à celle de l'État, et la sienne à toute autre. Charles, duc de Bourbon, vaniteux et médiocre, comblé de faveurs imméritées, était le chef des mécontents. Le duc d'Alençon, le comte de Vendôme, les seigneurs de Chaumont et de Prie, Antoine de Chabannes, le bâtard de Bourbon, capitaines d'écorcheurs, s'étaient ralliés à cette conspiration d'ingrats. Au mépris de l'ordonnance, ils avaient quitté leurs frontières et déserté en quelque sorte devant l'ennemi, pour venir comploter la guerre civile. De là, ils devaient fondre sur le Berry et la Sologne. La Trimouille, de son côté, opérait en Poitou. Il écrivit à Blois pour se concerter avec le duc de

---

(1) La ville de Niort avait été engagée à J. d'Alençon pour quelque créance. Basin, t. I, ch. xii. Berry. p. 407. J. Chartier, t. I, p. 25. Monstrelet, t. V, p. 410 *Procès*, t. V, p. 333. Briquet, *Hist. de Niort*, 1832, t. I, p. 109. Odolant Desnos, *Mém. sur Alençon*, 1787, t. II, p. 59.

Bourbon, et pour réunir les deux tronçons de la révolte (1).

Ainsi s'allumait l'incendie de la *Praguerie*, qui menaçait de gagner jusqu'aux extrémités du royaume. Ainsi le schisme dynastique se réveillait. Après un demi-siècle de catastrophes, de désastres et de sacrifices, la France retombait dans le même péril, que du temps où Charles VI avait été atteint de démence (2).

Le roi, « qui pas ne dormoit », appela auprès de lui le connétable. L'attitude ferme et fidèle de ce dernier, le rassura. « Sire, lui dit Richemont, qu'il vous souvienne du roi Richard ! Ne vous enfermez point en ville, ni en place. » Charles VII (février 1440), recevait cet avis au château d'Amboise. Il prit immédiatement le large et se porta en Poitou, au-devant du principal foyer de la rébellion. Aussitôt, il écrivit à Reims, à Narbonne, à Toulouse, à Grenoble, pour défendre aux bonnes villes de reconnaître l'usurpation de son fils. Le 3 avril, après avoir fait ses pâques, Charles VII était à Poitiers. Le duc d'Alençon et le dauphin venaient de suborner Jean de la Roche (3), sénéchal de Poitou, créature de La Trimouille. Le duc et le

(1) Berry. Chartier. Documents biographiques sur Dunois; *Cabinet historique*, 1857, p. 3 et s. Bourdigné, II, 187. Madeleine d'Amboise, sœur de Pierre d'Amboise, sire de Chaumont, était femme d'Antoine de Prie, grand queux (cuisinier) de France (Anselme). Les deux conjurés appartenaient au grand conseil. Voy. ci-dessus, p. 368, 369.

(2) *Journal de Paris*, p. 716, 717, et les sources alléguées ci-après. — *Praguerie* est un mot qui paraît venir de *Prague*, principal théâtre de la guerre civile des Hussites. — D. Vaissète, t. IV, p. 494.

(3) Jean de la Roche, seigneur de Barbézieux, prête serment comme sénéchal de Poitou, le 23 novembre 1431. X. X. 8593, f° 111. Il ne faut pas confondre ce J. de la Roche avec les membres de plusieurs autres familles homonymes, et notamment avec les Roche-Guyon, qui prirent part à ces mêmes événements. Voy. Anselme, t. VIII, p. 622, et ci-dessus, p. 285.

sénéchal, assistés d'auxiliaires anglais, avaient ensuite attaqué Saint-Maixent et violemment pénétré dans cette ville. Charles VII dînait lorsqu'il en reçut la nouvelle : incontinent, le roi se lève de table, et, montant à cheval, il part avec quatre cents lances. Ses forces étaient commandées, sous les ordres du connétable, par l'amiral Prégent de Coëtivy, le maréchal de Lohéac et par un nouveau venu, qui marqua ainsi le premier pas de sa grande carrière : Pierre de Brezé, seigneur de la Varenne, sénéchal d'Anjou, puis bientôt de Poitou (1).

Les habitants de la ville, bravement soutenus par l'abbé de Saint-Maixent, occupaient encore une porte au nom de Charles VII. A sept heures du soir, le roi était devant Saint-Maixent. L'autorité souveraine fut rétablie et les insurgés, qui s'étaient retirés dans le château, tombèrent au pouvoir du vainqueur. Jean de la Roche, le duc d'Alençon, etc., s'enfuirent à Niort, qui, également, ne tarda pas de se soumettre. Le bâtard d'Orléans vint alors implorer son pardon et se détacher de la ligue. Mais la campagne se poursuivit en Ile-de-France, en Berry, en Touraine, en Auvergne et en Bourbonnais, où le duc de Bourbon avait préparé les

---

(1) En remplacement de J. de la Roche. — Gruel, p. 390 : Richemont faisait allusion à Richard II d'Angleterre, qui laissa ses parents usurper son pouvoir et fut supplanté par Henri de Lancastre, père d'Henri V. Charles VII, « historien grand, » comme l'appelle Chastelain, chargea son hérault Berry de recueillir la chronique de ce prince (Richard II), chronique si importante pour décider la cause de droit pendante entre la France et l'Angleterre. Voy. biographie Didot, article *Le Bouvier*, col. 116. Conf. ci-dessus, t. I, p. 129, note 1. Cet avis, donné au roi par l'évêque de Beauvais, J. J. des Ursins, se trouve dans un écrit de 1440; (nous avions dit : vers 1434). Ms. Saint-Germain, fr., n° 251, f° 75. *Itinéraire.* Varin, *Archives de Reims*, t. VIII, p. 570, col. 1. *Archives municipales de Narbonne*, caisson 1, pièce 106. D. Vaissète, *Hist. de Languedoc*, in-f°, t. IV; *Preuves*, p. 455. Ms. Fontanieu 118, au 2 mai 1440. Berry, p. 407.

logis de la sédition. Charles VII, obligé de marcher contre son fils, débusqua ses ennemis, de poste en poste et d'embûche en embûche. Il les battit successivement à Loches, à Montrichard, à Chambon, à Evaux, à Ebreuille, Aigueperse, Vichy, etc., etc. Le roi, après avoir traversé La Souterraine, Guéret, Montaigu en Combraille, Aigueperse, Clermont-Ferrand, Vichy, La Palisse, Saint-Haon et Roanne, vint s'établir à Cusset (1).

Des négociations, que dirigea le comte d'Eu, de concert avec le duc de Bourgogne, s'engagèrent entre le roi et les princes rebelles. Charles avait étouffé l'incendie par son énergique conduite : il tenait à merci les coupables. La Trimouille était réduit à l'impuissance ; le duc de Bourbon, humilié. Charles VII, le 3 juillet, écrivit aux autorités de la capitale, pour leur annoncer la fin de cette guerre intestine. Le 5, il nomma Charles d'Anjou son lieutenant en Languedoc et en Guyenne, province qui venait d'être le théâtre de l'insurrection. Cependant le 13 juillet, Louis dauphin, signait un traité, dans lequel « il engageait sa parole de fils de roi, d'aimer et de protéger pendant toute sa vie, le sire de La Trimouille et de le faire jouir de la pension de neuf mille livres, ainsi que de la gabelle du grenier à sel de Sully, dont le roi l'avait gratifié (2). »

---

(1) J. Chartier. Berry. Gruel. *Journal de Paris*. Monstrelet d'Arcq, t. V, p. 410, ch. ccxlvj. *Itinéraire*. Priviléges accordés à la ville et à l'abbaye de Saint-Maixent : Redet, Catalogue Fontenau, p. 337. Pierres, *Tablettes de Loches*, 1843, in-4º, p. 78. *Archives de Narbonne*, pièce 107. Ordon., XVI, 530. *Art de vérifier les dates*, article de Bertrand IV de La Tour-d'Auvergne, 1818, t. X, p. 152 de la 2e partie.

(2) Archives de la préfecture de police, *livre noir*, fº 5 ; *livre vert vieil* 2e, fº 91. Ms. Fontanieu 117 au 5 juillet. D. Vaissète, IV, 495. Catalogue Fontenau, p. 337. Anselme (*Aubusson*), t. V, 1730, p. 339 c.

Le 19, Charles, duc de Bourbon, conduisant le dauphin, se dirigea de Moulins vers Cusset, où résidait le roi de France. Les princes étaient accompagnés des seigneurs de La Trimouille, de Chaumont et de Prie. Ces derniers sollicitèrent une audience, mais le roi refusa de les voir. Le duc et le dauphin parvinrent seuls auprès du souverain, qui les accueillit sévèrement. Le lendemain, après la messe du roi, tous deux réclamèrent la grâce de La Trimouille et de ses complices. Charles VII répondit qu'il n'en ferait rien. « *Monseigneur*, dit alors à son père le dauphin, *il faut donc que je m'en revoise* (que je m'en retourne avec eux); *car ainsy leur ay promis.* » — Et lors le roy, non content de cette parolle, respondit à ce et luy dit : « *Loys, les portes sont ouvertes, et si elles ne sont assez grandes, je vous en feray abatre seize ou vingt toises du mur, pour passer où mieulx vous semblera* (1) !... »

Cependant les princes achevèrent leur soumission, en rendant leurs places fortes et en implorant la miséricorde du roi. Charles VII destitua les nouveaux officiers du dauphin, et accorda des lettres d'abolition pour les coupables. Un acte solennel, donné à Cusset le 24 juillet 1440 et publié à Paris le 28, fut notifié dans toute la France. Cet acte proclamait la réconciliation des rebelles, et de la part du roi, oubli et pardon. Louis dauphin reprit en cour son hôtel auprès de son père, qui lui transporta immédiatement la possession du dauphiné (2).

L'année 1440, avant de finir, fut signalée pas un épi-

---

(1) Monstrelet, p. 413, 414. — (2) Monstrelet, *ibid*. Catalogue Leber, t. III, n° 5695. Catalogue Joursanvault, t. I, p. 20, n° 140. *Livre vert vieil* 2e, f° 89. *Journal de Paris*, p. 717 b. Ms. Résidu S. G., pièce 15. *Ordonn.* XIII, 315, 318. J. Paquet, *Institutions provinciales*, 1835, in-8°, p. 77.

sode qui jette, sur l'histoire morale de cette époque, un jour bien sinistre et bien étrange.

Gilles de Rais, le triste héros de ce drame, était né, probablement en 1406, de Guy de Laval, seigneur de Rais, et de Marie de Craon. Dès qu'il fut *en âge*, à quatorze ans, il épousa Catherine de Thouars, l'une des plus riches héritières de Poitou. Gilles embrassa tout jeune la carrière des armes. Craon par sa mère, il était le proche parent de La Trimouille, favori tout-puissant du roi. Georges l'introduisit à la cour et chassa La Fayette pour faire place à Gilles, qui, à l'âge de vingt-trois ans, supplanta ce dernier dans sa charge de maréchal de France. Gilles de Rais, sous les ordres de La Trimouille, avait déjà exercé des commandements militaires importants. Son principal emploi fut d'être, auprès de la Pucelle, l'homme de La Trimouille. Il accompagna l'héroïne jusqu'au 13 septembre 1429 : docile aux ordres supérieurs, il l'abandonna, lors de l'échec devant Paris et de la retraite du roi vers la Loire (1).

A cette époque, le jeune maréchal rentra dans ses foyers et négligea sa carrière militaire. Il eut une fille en 1430, puis s'éloigna de sa femme. Orphelin dès 1416, il se vit, lorsqu'il eut atteint dix-huit ans, maître et administrateur d'une fortune considérable. Ses revenus, en 1432, s'élevaient à cinquante mille livres, monnaie du temps ; soit, pour la puissance de l'argent, deux millions de francs, en rentes, de nos jours. C'était un beau jeune homme, gracieux, pétulant, d'un esprit vif et enjoué, mais faible et frivole. Depuis son enfance, Gilles avait vu ses caprices et ses

(1) Anselme. Marchegay, *Cartulaire de Rais*, 1857, in-8. Biographie Didot, article *Rais*. Ci-dessus, p. 66, 97, 99, 115, 369, etc. Catal. Fontenau, p. 329. C. de Launay, *Histoire de Laval*, 1856, in-8°, p. 175 et s.

vices respectés et obéis par des complaisants, ses domestiques. Les parasites et les intrigants pullulèrent autour de lui ; ils trouvèrent, par la flatterie, le chemin de sa confiance. Des plaisirs prématurés, des succès et un rang sans rapport avec ses œuvres ou son mérite, amenèrent pour lui une hâtive satiété. Vieux à vingt ans, blasé, il avait épuisé les jouissances de la vie. Gilles de Rais ne connut jamais le devoir. L'ardeur de ses sens, le vide de ses loisirs, l'activité de son imagination, ouvrirent à son intelligence le champ d'une dépravation infinie. Il chercha au delà du réel, au delà de la nature et du possible, un monde de voluptés atroces et insensées (1).

Gilles avait, pour sa garde, deux cents hommes à cheval. Les meubles les plus riches, les tentures les plus somptueuses décoraient ses manoirs de Machecoul, de Châteaucé, de Tiffauges. Son hôtel de la Suze, à Nantes, éclipsait le palais ducal. Au quinzième siècle, la pompe du culte intérieur et la musique religieuse, étaient l'orgueil des grandes existences. Gilles de Rais eut une chapelle de vingt-cinq à trente clercs, chapelains et enfants de chœur, suivis de leurs pages. Tous ensemble formaient un train de cinquante personnes et cinquante chevaux, qui accompagnaient le seigneur dans ses déplacements. Le primicier ou chef de sa chapelle, portait, de l'autorité de G. de Rais, le titre d'évêque ; puis venaient les dignités capitulaires : écolâtre, chantres, archidiacres, etc. Gilles écrivit à Rome pour régulariser canoniquement cet état de choses et mettre ses chanoines sur le pied des comtes de Lyon (2).

---

(1) *Preuves de Bretagne*, t. II, col. 1337 et s.
(2) *Ibid.* Arm. Guéraud, *Notice sur G. de Rais*, 1855, in-8.

Lui-même était chanoine de saint Hilaire-le-Grand, de Poitiers. Dans cette ville, il entendit un jeune chantre ou enfant de chœur, nommé *Rossignol*, de La Rochelle. Le père fut comblé de présents ; et, pour engager le fils dans sa maison, Rais lui donna une terre et deux cents livres de rente. Il aimait avec passion le spectacle des danses ou morisques, et surtout les mystères par personnages, dont les dispendieuses représentations exigeaient un déploiement de ressources immenses. Il présida vers 1436 (1) à l'exécution du *Mystère de la Pucelle*, qui fut célébré à Orléans et dans lequel il était glorifié par un rôle spécial. Il dépensa cette année de quatre-vingts à cent mille écus, durant son séjour en cette ville (2).

Gilles de Rais ne comptait pas. D'avides *factotum*, qui l'entouraient, faisant lucre de sa ruine, s'interposèrent pour les moindres actes, achats ou ventes, dans l'administration de sa fortune. Il payait toute chose au triple, et, pièce à pièce, il commença d'aliéner, à vil prix, ses nombreuses seigneuries. Rais, orphelin, avait pour *père* Jean de Craon, chevalier, son aïeul. Ce vieillard, déjà brisé par l'âge, lorsque Gilles fut émancipé, aimait tendrement ce petit-fils. Jean mourut le 14 décembre 1432 : aucun frein n'arrêta plus désormais le dissipateur et son entourage. Gilles, pour subvenir à ses prodigalités, invoqua l'aide fantastique de l'alchimie et de la sorcellerie (3).

Il alluma des fourneaux sur lesquels son propre or se

---

(1) Peut-être en septembre ou novembre 1439, en présence du roi.
(2) *Preuves* citées, colonne 1337. *Mémoires de la Société des antiquaires de l'Ouest*, t. XV, p. 91 et s. Guessard et de Certain, *Mystère de la Pucelle*, 1862, in-4 ; (collection des *Documents inédits*.)
(3) *Cartulaire de Rais*, p. 78. Anselme : *Craon*. Ms. fr. 4771, f° 51.

fondait, tandis que le *grand-œuvre* lui échappait également et s'évaporait en fumée. Gilles consulta les nécromants des deux sexes, qu'il choisit d'abord sous sa main ; en Bretagne, puis à Paris. Puis il fit venir à grands frais Francesco Prelati, docteur en l'art secret et prêtre, de Florence. Par leurs conseils, il consentit à se donner au diable, espérant en retour obtenir de lui « *science, richesse et puissance* ». Prelati, nonce du diable et son interprète, fit en faveur de Rais plusieurs évocations. Plusieurs tentatives échouèrent. Il fallait choisir le lieu, l'heure, tracer des cernes ou cercles et des figures ; appeler Belzébut, Astaroth, Barron, lire un grimoire écrit en rouge ; outrager Dieu, la nature ; offrir au Maître, du sang... quelque membre de jeune enfant. Gilles se plongea de plus en plus dans cet abîme de stupides turpitudes, où la rage de l'impuissance devenait le délire de la férocité (1).

Une nuit, entre autres, Gilles se présenta au sabbat avec les deux yeux d'un enfant, qu'il avait fait arracher devant lui et mettre dans un verre. Peu à peu, l'on apprit que de petites filles, de petits garçons entraient au service du baron de Rais, et disparaissaient. Les plus gracieux étaient choisis, demandés à leurs parents ; emmenés avec dons et promesses ; quelquefois dérobés : puis les mères ne les revoyaient plus. De Nantes à La Rochelle, on répétait sur ce thème de sinistres propos, accompagnés de plaintes, de réclamations sans résultats, de murmures. La notoriété publique grandissait, faisait entendre sa voix ; mais le sei-

---

(1) Procès original, à Nantes ; minute latine ; fac-simile Girardot ; *Bibliothèque de l'École des Chartes*, 1862, t. XXIII, p. 371. Ms. fr. 4771, f° 51 et s. Autre relation française, au château de Serrant.

gneur de Rais, haut baron, haut justicier sur ses terres, était-il accessible à ces bourdonnements (1) ?

Une impunité, qui dura huit ans, l'aurait sans doute protégé toute sa vie, si diverses conjonctures politiques ou accessoires, n'eussent en quelque sorte *trahi* le coupable.

Gilles de Rais avait reparu militairement au siége de Lagny (1432), à Sillé-le-Guillaume, à Conlie dans le Maine (1434-5); mais seulement par intervalles. Il accompagna, lors de sa disgrâce, G. de La Trimouille; et La Fayette reprit, avec le gouvernement de Charles d'Anjou, son bâton de maréchal (2). Les parents de Gilles de Rais s'adressèrent au roi de France, qui, sur leur requête, prononça l'interdiction civile du dissipateur. Charles VII manda cette déclaration au duc de Bretagne, pour qu'elle fût légalement signifiée et exécutée dans le pays. Mais Jean VI, parmi les grands vassaux de la couronne, était celui qui revendiquait le plus haut son indépendance. Anglais par sa mère, le successeur des anciens *rois* d'Armorique avouait relever de France pour son duché de Bretagne, comme la maison de Montfort relevait d'Henri VI pour le comté de Richemont : mais il refusait à Charles VII l'hommage-lige et ne lui reconnaissait que l'hommage simple. Jean VI avait une porte constamment ouverte à l'Angleterre. Lui-même, d'ailleurs, ainsi que La Trimouille,

---

(1) *Ibid.* Sur les pratiques de sorcellerie, voy. *Malleus maleficarum*, édition de Francfort, 1608, in-8, p. 345, part. II, quest. I, chap. xiij: *Unguenta ex carnibus infantium ; cur maleficæ offerant infantes diabolo*, etc. (*Ibid.*, p. 347).

(2) Sous Charles VII, le cadre légal des maréchaux de France était encore de deux titulaires seulement.

s'étaient rendus acquéreurs, par contrats léonins, des biens qu'avait aliénés Gilles de Rais. Jean VI refusa d'homologuer l'acte judiciaire et d'annuler par ce fait les marchés avantageux qu'il avait souscrits (1).

Loin de là, contre la défense du roi, le duc acquit de Rais, aux mêmes conditions, de nouvelles terres et mit en sa main les forteresses du vendeur. Prégent de Coëtivy, amiral de Charles VII, aspirait à la main de Marie de Rais, fille de Gilles, héritière du patrimoine compromis. Une ligue de barons s'organisa en Bretagne contre le duc. La Trimouille, qui guerroyait toujours dans le Poitou, renouvela ses alliances avec le maréchal. Enfin, parmi les méfaits de Gilles de Rais, celui-ci, en commettant quelque acte de violence très-secondaire, avait enfreint les immunités ecclésiastiques. A l'aide de ce nouveau grief, les adversaires de Gilles s'acquirent le concours de l'évêque de Nantes, chancelier de Bretagne. Le duc, comme justicier, fut mis, par les dénonciations de la rumeur publique, en demeure de sévir. La foi et les priviléges de l'Église étant intéressés dans la cause, l'Inquisition s'adjoignit au juge séculier. Gilles de Rais fut ainsi déféré au grand juge de Bretagne, assisté de l'évêque diocésain et du vicaire du Saint-Office (2).

L'information trouva, aux domiciles du prévenu, des

(1) *Preuves*, col. 1340. J. Chartier, t. I, p. 144, 166. Berry-Godefroy, p. 387. Ms. Blancs-Manteaux, n° 36, f° 323 et s. *Cartulaire de Rais*, p. 81.
(2) D. Morice, t. I, p. 527, 528; *Preuves*, t. II, col. 1270-1294, 1314. Ms. Bl.-Mant. n° 36, p. 324 à 332. D'Argentré, *Hist. de Bretagne*, 1618, p. 795. *Procès*, t. V, p. 332 et s. — 11 juillet 1440, Jean, duc de Bretagne, traite avec les Anglais (D. Morice, t. I, p. 534). 30 juillet, l'évêque de Nantes ouvre les poursuites contre Gilles de Rais (fac-simile Girardot, p. 1). 18 septembre, information des témoins contre Gilles (Ms. 4771, f° 2). 13 octobre, traité d'alliance entre le duc de Bretagne et le comte de

appareils alchimiques et tout le matériel de la sorcellerie :
un pied de fer, une main de cire ; une estrapade, qui servait à asphyxier les jeunes victimes ; une immense lame
où braquemart, pour les décapiter. A Machecoul, l'un de
ses châteaux, on découvrit les cadavres réunis de quatre-
vingts enfants. Leurs têtes étaient séparées des troncs ; les
corps en partie brûlés ; tous, horriblement mutilés. Des
témoins, complices de Gilles, furent entendus. Lui-même
subit la torture ; les uns et les autres racontèrent, dans le
plus petit détail, la série des violences et des actes d'une
barbarie lubrique et folle, auxquels se livrait Gilles de
Rais. Des textes authentiques évaluent de cent quarante à
deux cents, le nombre des enfants, dont la vie fut sacrifiée
dans ses féroces débauches (1).

Après avoir un moment essayé de l'arrogance et de l'intimidation, Gilles s'humilia, demanda pardon à Dieu et aux hommes, en s'offrant à l'expiation du supplice. Lui et deux de ses serviteurs furent condamnés à une amende pécuniaire envers le duc et à perdre la vie. Le 27 octobre 1440, une procession générale du clergé, moines et prêtres, se rendit de la ville à la prairie de Nantes. Là, trois échafauds, pour les patients, avaient été dressés. Gilles, en présence d'un immense concours de spectateurs, fut attaché, par le cou, au poteau, les pieds posés sur un escabeau qui surmontait son bûcher. Il demanda et obtint de mourir le premier, à la vue de ses compagnons, qui subirent, après lui, la peine du feu. Le bourreau ayant enlevé l'escabelle,

---

Somerset, lieutenant d'Henri VI en France et en Normandie (Delpit, *Documents*, p. 260).

(1) Ms. fr. 4771. D. Morice, t. I, p. 535 et s.

Gilles mourut par strangulation. On alluma ensuite le bûcher pour la forme. Le corps de Gilles fut transmis à des dames de sa famille, qui le firent inhumer à Nantes, en l'église de Notre-Dame des Carmes (1).

Charles VII, après la Praguerie, résida successivement à Bourges, à Orléans, puis à Chartres, où il séjourna durant les trois derniers mois de l'année. Le roi promulgua dans cette ville divers actes importants. L'un de ces édits, s'autorisant *ad hoc* du synode tenu à Bourges, levait sur le clergé un subside et faisait participer ce corps de l'État aux contributions ou charges publiques du royaume. Le concile de Bâle, entraîné par les ardeurs de la lutte, avait rallumé le schisme et créé de nouveau un antipape, en la personne du duc Amédée de Savoie (2). Ce dernier, sous le nom de Félix V, fut reconnu, avec acclamation, par les suffrages intéressés de l'université de Paris. Amédée était l'allié intime et l'ami du roi de France. Mais Charles VII fit taire ses penchants et ces considérations personnelles : il tint la balance, en ces questions si délicates, d'une main élevée, ferme et équitable. Par un second diplôme, daté de Chartres, 21 novembre 1440, il déclara demeurer sous l'obédience d'Eugène IV (3).

Le roi, accompagné du Dauphin, se dirigea ensuite, par

---

(1) Jean Chartier, t. II, p. 5. Monstrelet, t. V, p. 425. D. Morice, t. I, p. 536-537. Marchegay, *Revue des provinces de l'Ouest*, novembre 1857, p. 177 et s., d'après une relation, Ms. du château de Serrant.

(2) 1439 juillet, Charles VII envoie R. de Gaucourt en ambassade vers l'empereur, pour prévenir ou étouffer le nouveau schisme. Baronius, à la date, p. 809.

(3) *Ordonnances* XIII, 278, 319 à 326. Dévotions du roi ; fondations à Chartres ; actes administratifs : J. 463, n° 63 ; Lépinois, *Histoire de Chartres*, t. II, p. 93. Subsides sur le clergé : Ms. latin 6020, f°s 76, 77,

Sens, vers la Champagne. Charles VII, depuis le voyage du sacre, n'avait pour ainsi dire jamais vu de près les provinces situées au nord de l'Yonne et de la Seine. Et pourtant ces pays, ralliés à l'unité politique, appelaient, en quelque sorte, par leur état de souffrance, toute la sollicitude royale. La ruine, les maladies, la famine, désolaient incessamment la capitale et beaucoup d'autres villes. A la suite du traité d'Arras, un nouveau fléau, si l'on peut l'appeler ainsi, s'était, après tant de maux, déchaîné sur ces contrées. Des milliers de soldats, licenciés par suite de la paix, s'étaient mis à errer, les armes à la main, sans aucun autre but, ni emploi, que le meurtre et le pillage. Les excès auxquels ils se livrèrent leur valurent le surnom, expressif et trop mérité, d'*Écorcheurs* (1).

Ces bandits avaient pour principaux capitaines La Hire, Blancheflor, Brisach, Antoine de Chabannes, les deux bâtards Guy et Alexandre de Bourbon ; les bâtards d'Armagnac, de Neuchâtel, de Vergy ; le bâtard Chapelle, etc. En 1438, une nombreuse multitude, formée de ces com-

---

103. Affaires générales de l'Église : *Lettres des rois et reines*, t. II, p. 454. Voigt, *Enea Silvio dei Piccolomini*, etc., t. I, p. 169. *Vie des saints de Franche-Comté*, 1855, in-8, t. IV, p. 331. *Histoire de l'Église gallicane*, t. XX, p. 367. *Livre vert vieil* 2º, fº 79. Bosio, *Istoria della religione di Gierusolima*, 1630, in-fº, t. II, p. 215. Armoires Baluze, Ms. t. XI, p. 28 ; XIII, 351. J. Chartier, t. II, p. 8. Ms. fr. 1278, fºs 127-138. *Protestation de Charles VII sur la détermination du concile de Bâle*, Paris, 1560, in-8. Labbe, *Alliance chronologique*, etc., t. II, p. 708 et s. Du Tillet, *Libertés gallicanes*, p. 138. Etc., etc.

(1) Lettre de Charles VII ; archives de Reims, le 25 juillet 1436. Monstrelet, V, 119, 350-1. J. Chartier, t. I, p. 216, 245. *Journal de Paris*, p. 714. Gruel, p. 386 et s. Cagny, ch. CLXIII. D. Plancher, t. IV, p. 233. Bulliot, *Essai historique sur saint Martin d'Autun*, 1849, in-8, p. 314, 315. Canat de Chisy, *les Écorcheurs dans le Lyonnais*, 1861, in-8. Quantin, *Avallon au quinzième siècle*, dans *Bulletin de la Société des sciences historiques de l'Yonne*, 1853, in-8, t. VIII, p. 194.

pagnies, s'était ruée, en sortant par la Lorraine, sur le pays allemand, le long du Rhin, et avait étendu ses ravages jusqu'à Francfort. Puis, ils étaient rentrés en France. Le connétable avait essayé vainement de les employer dans sa guerre réglée contre les Anglais. Pour assiéger une place forte, ou pour combattre en ligne, les écorcheurs s'étaient montrés peu utiles. Ils triomphaient, au contraire, dans les coups de main, dans les invasions nocturnes, accompagnées d'incendie, de meurtre et de pillage. La lutte s'était rallumée entre le comte de Vaudémont et le duc de Lorraine. Les écorcheurs tenaient sous leur domination beaucoup de localités et de forteresses dans le pays de Metz, la Lorraine, la Champagne, sur la lisière de Bourgogne et aux environs de la capitale (1).

Charles VII, suivant un itinéraire qui mérite toute l'attention de l'historien, résidait à Sens le 14 janvier 1441 ; du 24 au 31, il habita Troyes ; 1-9 février, Bar-sur-Aube ; du 9 au 22, Langres ; vers le 25, *Montéclair, près Andelot;* le 28, *Vaucouleurs.* Nous suivons ce prince le 1er mars, à Commercy ; le 15, à Châlons-sur-Marne ; le 27, à Reims et le 1er avril à Laon, en Picardie (2).

Alexandre de Bourbon, à la tête d'une colonne d'écorcheurs, osa se présenter devant le roi, à Bar-sur-Aube. Mais, en même temps, des paysans, qui avaient eu personnellement à souffrir de ses outrages et de ses excès,

---

(1) Les mêmes. Basin, 1, 123 et s. *Journal*, 717. Berry-Godefroy, 401. Olivier de la Marche, éd. du Panthéon, p. 366. Barthélemy, *Histoire de Châlons*, p. 186. Monstrelet, 336, 359, 402, 431. Archives de la Meurthe, à Nancy : Compte de Otin d'Amance, publié par M. Lepage, *Recueil de documents sur l'histoire de Lorraine*, Nancy, 1855, in-8, t. I, p. 129 à 162.

(2) *Itinéraire.*

vinrent, avec d'autres plaignants, réclamer justice, conformément à l'ordonnance. Le roi fit arrêter ce bâtard par le prévôt de la maréchaussée. Jugé et condamné à mort, Alexandre de Bourbon fut noyé dans la rivière (1).

Le bâtard, soutenu par ses frères et beau-frère, Guy, bâtard de Bourbon, Charles, duc de Bourbon, et Rodrigue, s'était signalé, dans la Praguerie, par son audace et ses violences. Cet exemple de sévérité produisit un effet moral en rapport avec la témérité des rebelles. Le roi, assisté du connétable de Richemont et de ses nouvelles compagnies d'ordonnance, balaya ces divers points, fit rentrer les forteresses sous l'autorité royale et rétablit l'ordre troublé. A Vaucouleurs et à Commercy, il soumit à un traité de réparation le sire de Commercy, Robert de Sarrebruck, l'un des alliés d'Alexandre et des écorcheurs. Il termina en même temps la lutte armée dirigée contre son beau-frère René d'Anjou (2).

(1) Ms. Sorbonne 435; f° 212 v° et s. J. Chartier, t. II, p. 12. Monstrelet, V, 457. Gruel, 391. Canat de Chisy, *Écorcheurs*. Le 24 janvier 1441, Charles VII accorde certains revenus à l'Hôtel-Dieu de Troyes, ruiné par les guerres. *Mémoires de la Société d'Agriculture*, etc., *de l'Aube*, 1853, p. 25-6. Cf. ci-dess., p. 92, note 2. Le 27 mars, il adjuge à René la possession de la Lorraine. La Roque, *Hist. de la mais. d'Harcourt*, in-f°, 1, 641.

(2) Les mêmes. Labarre, *Mémoires de Bourgogne*, t. II, p. 189. Dumont, *Histoire de Commercy*, t. I, p. 244. P. P. 110, f° 253. Anselme, aux *Damoiseaux de Commercy*. Ms. Fontanieu 117, au 19 mars 1441. Contribution de Verdun : P. P. 110, f° 251. Montéclair, place occupée par les Écorcheurs, était, avec Andelot, son annexe, le chef-lieu nominal de la prévôté, à laquelle ressortissait Domremy, pour la juridiction civile. Vaucouleurs était le siège de la châtellenie ou ressort militaire. L'époque où Charles VII visita ces deux points, ne fut point éloignée, selon toute apparence, du moment où la fausse pucelle Claude fut présentée au roi et convaincue d'imposture. Le roi, en visitant ces deux localités, ne put manquer de s'éclairer par une enquête spéciale qui, nécessairement, concernait à la fois notre héroïne et son indigne rivale. Voyez ci-dessus p. 370 et ci-après p. 456. (*Notes additionnelles.*)

A Laon, Charles VII prit son domicile en l'hôtel de l'évêque-duc. Il y séjourna pendant le mois d'avril. Le vin de ville, blanc et rouge, du cru de Beaune, fut offert par les Laonnais au roi, au dauphin, au connétable, etc. Toute la cour fut défrayée, au titre du droit de gîte royal, par des prestations de divers genres en nature (1).

Jean de Luxembourg, premier lieutenant de Philippe le Bon, était mort le 5 janvier 1441, sans avoir voulu souscrire au traité d'Arras, et constamment engagé dans la cause anglaise. Mais Jeanne de Béthune, sa femme, avait toujours eu le cœur français. Cette veuve était un grand parti, comme héritière du comte et, de son chef, comme dame de seigneuries importantes. Il fut question de la remarier à Charles d'Artois, comte d'Eu, proche parent du roi. Jeanne vint à Laon trouver Charles VII, qui lui fit l'accueil le plus gracieux. Elle répondit à ces démonstrations de courtoisie. La douairière de Luxembourg releva féodalement toutes ses terres qui mouvaient de la couronne ; elle en fit l'hommage et prêta serment de fidélité. Mais elle n'accepta pas la main du comte d'Eu (2).

(1) *Itinéraire.* Monstrelet, V, 368 ; VI, 1 et s. Comptes de l'hospice de Laon : consulté sur place en 1858, avec les notes et communications de M. Matton, archiviste de l'Aisne. Guillaume de Champeaux, évêque-duc de Laon, commissaire général des finances en Languedoc, ne parut point devant le roi. Il était dès lors en pleine disgrâce. Par lettres données à Laon le 14 avril, Étienne de Cambray et Mathieu Savary, clercs des comptes, sont envoyés en Languedoc et en Guyenne, pour ouïr et clore les comptes de cette contrée. P. P. 110, f° 250. Nous reviendrons spécialement sur la gestion et la fin de ce financier.

(2) Peut-être la cause de ce refus se rattachait-elle aux sentiments que Jeanne éprouvait pour son cousin R. de Longueval? Voy. ci-dessus, p. 172, note 2. — 1441, avril 10, Lettres données à Laon, par lesquelles le roi accorde aux habitants de Narbonne la continuation, pendant vingt ans, d'un droit sur le sel et d'un droit de barrage, pour l'entretien des ponts et chaussées sur la rivière d'Aude. *Ordonn.* XIII, 329. — Voy. aussi *Commission royale d'histoire*, etc., de Bruxelles, t. XI, in-8°, p. 188.

Isabelle de Portugal, duchesse de Bourgogne, se rendit également auprès du roi Charles. L'habile princesse avait accepté la charge de négociations difficiles.

Son nouveau protégé, Charles, duc d'Orléans, venait de recouvrer sa liberté. Il avait épousé en troisièmes noces une fille de Clèves, nièce du duc de Bourgogne. Mais le duc Charles, prince faible, avait été aigri et démoralisé par l'infortune. En mettant le pied sur le sol de sa patrie, il affecta immédiatement une ligne de conduite, peu propre à satisfaire le roi de France. Ch. d'Orléans reprit aussitôt les allures que suivaient les princes aux temps de Charles VI. Il commença par *mettre sus* un nouvel ordre de chevalerie, l'ordre du *Camail*, auquel il affilia les princes mécontents, héros naguère vaincus de la Praguerie.

Philippe le Bon, à son tour, donna la Toison-d'Or au duc d'Orléans, puis aux ducs d'Alençon et de Bretagne. Charles d'Orléans, pour sortir de captivité, s'était engagé par serment à ne pas reprendre les armes contre les Anglais. Bien que peu guerrier, il leva immédiatement bannière; et, suivi d'une véritable armée, il s'avança vers le roi... pour le saluer et lui faire hommage! Charles VII et son conseil désapprouvèrent cet appareil, au moins inopportun. Le roi fit savoir à son cousin, qu'il le recevrait volontiers, mais à simple et « privée mesgnie (1). »

(1) J. Chartier, t. I, p. 260. Monstrelet, V, 430-449. *Les honneurs de la cour*, in-12, t. II, p. 204. A. Favyn, *Théâtre d'honneur*, etc., 1620, in-4°, t. I, p. 833. Fenn's *Paston letters*, Londres, 1787, in-4, t. I, p. 4 et s. D. Morice, t. I, p. 537. Ms. Blancs-Manteaux, t. XLVIII b, p. 6. Du Tillet *Recueil*, etc., p. 157. Voir dans Monstrelet, V, 470, l'histoire d'un écuyer de la maison d'Orléans, supplicié pour le soupçon d'avoir voulu empoisonner ce duc. Biographie Didot : *Orléans* (Charles d') et *Clèves* (Marie de —).

La situation était donc de nouveau délicate ou *tendue* entre le roi et les princes, qui trouvaient auprès du *grand duc d'Occident*, si ce n'est une ouverte complicité, du moins un appui complaisant et pompeux. Divers autres griefs, ou affaires analogues, avaient été confiés au talent diplomatique de la duchesse. Isabelle déploya, auprès du roi de France et de son conseil, toutes les ressources de son esprit, de son adresse féminine, et plaida les causes épineuses dont elle s'était chargée. Elle ne put toutefois que charmer ses juges, sans les convaincre. Charles VII finit par congédier la noble solliciteuse, en la comblant des marques royales de sa déférence ; mais il s'excusa de ne pouvoir accéder à aucune des requêtes qu'elle lui avait présentées (1).

Charles VII, avant de quitter Laon, signa un acte de très-grave conséquence, sous le rapport administratif ou financier. Les ministres précédents avaient, au plus haut degré, abusé des *blancs-seings*, (fatalement connus, plus tard, dans notre histoire, sous le nom de *lettres de cachet*). Le roi, par un édit solennel daté de Laon, le 28 avril 1441, corroboré depuis par des garanties nouvelles et plus expresses encore, déclara publiquement qu'il renonçait à autoriser de pareils actes dans l'avenir (2).

De Laon, Charles VII, au mois de mai 1441, se porta successivement à Soissons, Noyon, Compiègne, Pont-Saint-Maxence et Senlis, où il se trouvait le 23. Quelques places environnantes se soumirent à lui. Creil et Pontoise, qui étaient retombés au pouvoir des Anglais, donnèrent lieu à

---

(1) Monstrelet, V, 469. Berry, 413. Gruel. 391.
(2) Du Tillet, *Recueil des traitez*, etc., p. 212.

deux expéditions réglées. Creil, assiégé ou approché le 19 mai, fut assailli le 25 et se rendit par composition le 24 juin suivant. Mais Pontoise, place d'une importance supérieure, opposa une résistance beaucoup plus considérable (1).

Cette ville commandait, sur un point nécessaire, la route de Normandie. Les Anglais l'avaient fortifiée avec sollicitude. Du 3 au 6 juin, le roi fit investir Pontoise. Après avoir touché Paris, pour y réunir des secours pécuniaires et autres, Charles VII était venu s'établir à Saint-Denis, puis en l'abbaye de Maubuisson. De là, il suivit et dirigea personnellement les opérations militaires qui eurent lieu devant Pontoise. Le siége de cette villette doit marquer certainement parmi les notables épisodes de la période que nous retraçons. Charles VII finit par apprendre à vaincre à l'école même de ses longs revers. Cette expédition fut pour lui une nouvelle et pénible épreuve. Le roi avait autour de sa personne le dauphin, Charles d'Anjou, le connétable, les maréchaux de Culant (ou de Jaloignes) et de Lohéac, le comte de Tancarville, l'amiral Prégent de Coëtivy et son frère Olivier, les deux Brezé (Pierre et Jean), c'est-à-dire l'élite des hommes de guerre. Il rallia également et sut employer dans cet effort La Hire, Chabannes, Pannessac et autres des plus turbulents (2).

De leur côté, les Anglais lui opposèrent leurs principaux

---

(1) Legrand, *Histoire de Louis XI*, Ms. s. fr. 3075, t. I, f° 30. *Itinéraire.* Lettre de Charles VII, Archives de Reims, 27 mai 1441. *Journal de Paris*, p. 720. J. Chartier, t. II, p. 15. Gruel, p. 391. Monstrelet, VI, 5, 6. Berry-Godefroy, p. 413. Basin, t. I, p. 138. Ms. D. Grenier, t. LXXXIX, p. 282. Janvier, *Recherches sur les arbalétriers de Picardie*, p. 104.

(2) Ms. Fontanieu 117, au 22 août 1440. Mallet-Bernier, *Chron. de Senlis*, 1835, p. 23. *Itinéraire. Journal*, p. 720 b. Ms. fr. 1968, f° 150. *Notice*

capitaines. L'infatigable Morhier était l'administrateur ou l'intendant général de leur milice. W. Peyton ou Poitou, Clifton, Falconbridge, Scales, N. Burdett, Standish, le duc d'York, et enfin le grand Talbot, comte de Shrewsbury et maréchal de France pour Henri VI, parurent brillamment sur ce théâtre. Le roi ne parvint, qu'avec des peines infinies, à investir complétement une place, qui trouvait par terre et par eau des issues. Cinq fois, en dépit de tous les efforts des assiégeants, les Anglais de Normandie ravitaillèrent cette ville. Charles VII, pendant qu'il séjournait en l'abbaye de Poissy, vers la fin du mois de juillet, fut en danger d'être pris. Il n'échappa que par miracle à une manœuvre qui devait le saisir au gîte, pendant la nuit, et le faire tomber aux mains de Talbot ou du duc d'York (2).

Au milieu de ces périls, de ces sacrifices incessants, le siége traînait en longueur. Les propres ressources des assiégeants s'épuisaient. Antoine de Vaudémont, le comte de S. Paul, le comte de Joigny, Philippe de Vienne, évêque-duc de Langres, tous Bourguignons ralliés, avaient jusque-là servi militairement devant Pontoise. Fatigués de la campagne, et découragés, ils prirent congé du prince et se retirèrent. Charles VII, abandonné, redoubla d'énergie.

---

sur S. Morhier. Barthélemy, *Hist. de Châlons*, p. 187. L. L. 218, fos 110, 116. L. L. 416, fos 112, 116. Ms. s. fr. 2875, t. 1, fo 30 vo. 1441 juillet 2. Par acte passé devant Pontoise, Saintrailles, assiégeant, cède au dauphin Louis, moyennant 6,000 écus d'or, la place de Château-Thierry, dont Saintrailles était capitaine. Quittance le 22 décembre suivant, Cabinet des titres, dossier *Xaintrailles*.

(1) Gruel, p. 391. Berry, 414 et s. Basin, 142, 143. Juillet 1441, la ville de Compiègne s'impose une taille pour subvenir aux dépenses du siége de Pontoise. Archives municipales de Compiègne : C. C. 15. Communication de M. H. de Lépinois.

Enfin, le 29 septembre, il commanda l'assaut général de la place : le roi distribua les rôles, en se réservant le poste décisif et le plus périlleux. Il attaqua l'église de Notre-Dame qui dominait Pontoise. Après un combat opiniâtre, les assiégés, réduits et exténués, se rendirent. Charles VII, comme il avait fait à Montereau, pénétra l'un des premiers dans la ville (1).

Le roi, après avoir bombardé l'église de Notre-Dame, y entra pour faire ses dévotions et remercier Dieu de la victoire. Il intervint de toute son autorité afin de modérer, à l'égard des habitants inoffensifs, la violence de ses soldats triomphants. Un Anglais, isolé sur une place, courut se réfugier, pour sauver sa vie, entre les jambes du cheval que montait le roi. Charles VII prescrivit en vain la miséricorde, et les soldats, en massacrant cet Anglais, blessèrent l'animal sur lequel ce prince était en selle. Le lendemain, une enquête fut ouverte à l'effet de reconnaître quels étaient, parmi les assaillants, ceux qui avaient le mieux fait. Charles VII anoblit un petit nombre des combattants qui n'étaient point *nobles*, et notamment celui qui le premier avait franchi la brèche (2).

Une ordonnance récente venait de régulariser la cava-

(1) Monstrelet, t. VI, p. 7 à 24. Wavrin-Dupont, p. 313 et s. J. Chartier, t. II, p. 27. Berry, 414 et s. Ordonnance datée de Pontoise, *Ordonn.*, XVI, 173. Lettre du roi, archives de Reims, 29 juin et 2 août 1441. Ms. Fontanieu 117, au 27 août. *Journal de Paris*, p. 721. Basin, p. 142, rapporte que les Anglais exténués se reconnaissaient à la pâleur et à l'amaigrissement de leur visage, *comme quelqu'un qui revient de Pontoise;* locution demeurée proverbiale.

(2) Les Anglais et les Français, au siége de Pontoise, firent également assaut de poésie. J. Chartier, dans sa chronique, nous a conservé un spécimen historique de ce genre. Voy. *Ballade envoyée par les Anglois aux François*, juillet 1441, suivie de la *Response des François* (t. II, p. 27 et s.).

lerie. L'artillerie à feu, dans ces deux siéges, mit en lumière les progrès signalés qu'elle avait accomplis, depuis le temps où Henri V conquérait la France à l'aide d'engins encore mécaniques. Les améliorations introduites dans cette arme allaient lui acquérir une prépondérance décisive, et cette substitution devait changer la face des armées, ainsi que l'art de la guerre. Ces progrès eurent en grande partie pour auteur le chef habile qui commandait l'artillerie, sous le titre de grand maître, aux siéges de Creil et de Pontoise. Ce haut dignitaire de la couronne, membre du conseil privé, se nommait Jean Bureau, de petite bourgeoisie parisienne. Il fut une de ces capacités que Charles VII, devenu connaisseur en hommes, sut distinguer et choisir (1).

Le roi, après ce triomphe de Pontoise, retourna pendant quelque temps à Paris et donna ses soins à diverses branches administratives du gouvernement. Par lettres datées du 17 octobre 1441, et de cette capitale, il accorda une dernière faveur à ses fidèles défenseurs du Mont-Saint-Michel. Ces lettres plaçaient la ville et le Mont sous la

(1) Les mêmes ; notamment J. Chartier, Basin, Monstrelet, Berry, *loc? citt.* « Artillerie et appointement de nouvel. » Mémoire original et autographe de Jean Bureau, vers novembre 1441. Archives du château de Thouars ; document découvert et mis en lumière par M. Marchegay. Communication du comité impérial historique. Charles d'Anjou avait alors la grande faveur du roi : J. 177, n° 14 ; Ms. Harlay, 101, 5, f° 135 ; J. Chartier, t. II, p. 33 ; Bourdigné, II, 189. Il la justifia spécialement par sa brave conduite dans ce siége, où il fut blessé d'une flèche (Monstrelet, p. 19). — Ms. Gaignières, n° 649, 5, f° 29. L. L. 416, f°s 165, 166. Lettres du 26 octobre 1441, pour récompenser les arbalétriers de Tournay, qui avaient combattu à Pontoise. Saint-Genois, *Monuments anciens*, etc. (sur Tournay), Paris 1782 in f°, page MXXVj (1026). Lettres données à Paris en novembre 1441, par lesquelles le roi confirme les exemptions accordées aux artilleurs. Voy. *Ordonn.* XIII, 348, 356.

protection spéciale du roi de France, avec toutes les prérogatives de la *sauve-garde* royale, accompagnée de *garde-gardienne*. Le roi, sans interrompre le cours des affaires, regagna ensuite les bords de la Loire, qu'il affectionnait particulièrement (1).

Le 31 décembre 1441, Charles VII résidant à Saumur, établit, dans le royaume, deux généraux des finances, comme réformateurs des monnaies : matière fort délicate et très-compromise dans le passé. Ces lettres révoquaient toute commission analogue, antérieurement instituée. Le roi, ce même jour, frappa un autre coup, de rigueur, mais des plus mérités et des plus nécessaires. Guillaume de Champeaux, commissaire général des finances en Languedoc, avait marqué sa longue administration par d'intolérables abus. Arrivé au pouvoir dans les temps orageux de la régence, il s'était fait en ce pays lointain, au second rang et à l'abri de son muable gouverneur, comme un proconsulat inamovible. Sa robe ecclésiastique, avec la distance, lui garantit longtemps l'impunité. G. de Champeaux battait monnaie, sans permission du roi. Il disposait de l'impôt. Des plaintes successives étaient parvenues jusqu'à la cour ; mais le tout-puissant financier, duc et pair, réussit à les neutraliser (2).

---

(1) D. Huynes, *Histoire du mont Saint-Michel*, Ms. St-G. fr. 934, 3, fos 678 et s. Le 22 septembre 1441, le roi était à Pontoise ; le 25, à Paris, où il demeura jusque vers la fin d'octobre. Le 16 novembre et jours suivants, à Amboise ; du 2 au 9 décembre, Chinon ; le 17 et jours suivants, à Saumur (*Itinéraire*).

(2) *Ordonn.*, XIII, 349. *Bulletin de la Société de l'histoire de France*, 1859, p. 57 et s. Capmany, *Memorias historicas sobre la marina, comercio, y artes de Barcelona*; Madrid, 1779, in-4, t. II, p. 226. Ms. Fontanieu 117, au 29 décembre 1439. Ms. latin 6020, f° 102.

Le roi, sur ces plaintes renouvelées, prit successivement diverses mesures, pour limiter et contrôler l'autorité du commissaire général. Il envoya des délégués considérables, puis un prince du sang, le comte de Vendôme, qui lui intimèrent, au nom du roi, l'ordre de suspendre l'exercice de ses fonctions. Guillaume de Champeaux éconduisit, l'un après l'autre, tous les commissaires, y compris le prince, en les jouant, ou en les bravant face à face. Enfin la mesure était comble et le véritable roi de France succédait au pupille couronné des Giac et des La Trimouille. Les lettres patentes qui révoquent G. de Champeaux, estiment à la somme de six à sept cent mille écus le dommage causé au roi par ces malversations. De plus, le produit des concussions que l'évêque de Laon avait accumulées pour son profit personnel, y est évalué à « environ trois millions de livres, » valeur du temps. Charles d'Anjou venait d'être nommé gouverneur de Languedoc et T. Duchâtel, son lieutenant. Deux maîtres des requêtes, hommes énergiques, furent envoyés à Montpellier, afin de prêter main-forte à l'exécution de l'ordonnance. Charles VII, en destituant l'évêque financier, saisit son temporel, et remplaça l'intendant par des commissaires. Guillaume de Champeaux, cette fois, obéit à l'autorité souveraine et disparut au sein d'une obscure, mais opulente retraite (1).

---

(1) K. 65, n° 30. P. P. 110, f° 256. D. Vaissète, *Histoire du Languedoc*, in-f°, t. IV, p. 496 et s.; *Preuves*, col. 459 à 463. *Ordonn.*, t. XIII, p. 230 à 233, 257. T. Duchatel ne paraît pas, lui-même, être demeuré très-pur, avant et après la destitution de Champeaux. Collection Fontanieu, vol. 118, Lettres du 28 février 1443; nouveau style : Voyez ci-dessus t. I, p. 1, note 1.

CHAPITRE IV

Suite de la Praguerie. Assemblée de Nevers. Période fortunée de Charles VII. Voyage de Tartas. Campagne de Guyenne. Comminges. Armagnac. Siége de Dieppe. Traité de Tours. (Du 19 juin 1441 au 1ᵉʳ juin 1444).

Cependant les princes intriguaient toujours. Un premier échec n'avait pu suffire pour déraciner du sol cette oligarchie, si vivace depuis Charles VI, et que favorisait la vieille constitution féodale du royaume. L'arrivée de Charles, duc d'Orléans, fut saluée comme un événement, par les membres vaincus de la Praguerie. Pendant que de vrais Français combattaient à Creil et à Pontoise, Charles d'Orléans, au lieu de se présenter devant le roi, voyageait en Perche et en Bretagne. Les tronçons de la guerre civile s'agitaient et se cherchaient. Le 16 juin 1441, Henri VI accorde « à Jean duc d'Alençon et à Marie d'Armagnac, sa duchesse, un sauf-conduit pour aller, venir, tant en France qu'en Normandie, voler (chasser), etc. avec *deux cents personnes* de compagnie... » Dans le même temps, une lettre de *Garter, king-at-arms* (roi d'armes de la Jarretière), était interceptée et traduite, en présence d'un secrétaire du roi Charles VII, par l'Écossais Nicol Chamber. De cette dépêche, qui subsiste en original, il résulte la preuve que dès lors le duc d'Alençon trahissait la France, et révélait à l'ennemi des faits de guerre préparés en Normandie contre les Anglais (1).

Philippe le Bon prêtait, à ces manœuvres, une condescendance, dans laquelle l'abandon de la courtoisie, ou l'imprudence de sa vanité, avaient plutôt part que la perfidie. Le 24 décembre 1441, à Dijon, il dicta les instructions d'un nouveau congrès des princes et désigna pour cet objet ses ambassadeurs. Peu après, Philippe reçut et festoya dans cette ville, à l'hôtel du Maire, son gendre et sa fille, duc et duchesse de Bourbon. Le congrès s'ouvrit enfin à Nevers, en Bourgogne, au mois de février 1442 (2).

Le prétexte de cette réunion était de procurer la paix du royaume. Charles VII avait repoussé victorieusement la force par la force. Lorsque ses parents eurent recours à la voie parlementaire, le roi, sans approuver ces conciliabules tenus hors de son autorité et hors de son domaine, condescendit toutefois à les tolérer. Il y envoya même l'évêque de Clermont, vice-chancelier de France, et des commissaires. Les ducs de Bourgogne, de Bretagne, de Bourbon, d'Orléans, d'Alençon, les comtes de Dunois, de Nevers, d'Étampes et autres, participèrent à ce congrès, soit en personne, soit par délégués. Quelques vues générales, dépourvues de toute nouveauté, accompagnées de lieux communs sur les malheurs publics, furent mises en

---

(1) Biographie : *Orléans* (Charles). Ms. 82 Bréquigny (Moreau 706), p. 12 et s. Ms. Baluze 9037, 7, pièce 13. A. Champollion-Figeac, *Louis et Charles d'Orléans*, p. 339, 341. D. Morice, t. I, p. 538, 539.

(2) A Dijon, Hue de Boulogne, qui succédait à J. Van Eick, peignit les bannières destinées à la décoration de l'hôtel. « La moitié de ces bannières était à la devise de Philippe : *un fuzil* (briquet à pierre) *noir, emply de flambes de rouge cler, et la pierre d'azur*. L'autre moitié était à la devise du duc de Bourbon : *ung pot d'azur, emply de feu grégeois, fait de rouge cler.* » (De la Fons-Melicoq, *La Picardie*, 1857, p. 27.) Ms. Collection de Bourgogne, citée, t. X, p. 448.

avant; puis réfutées par les commissaires royaux. Les récriminations personnelles, les griefs et les intérêts particuliers des princes, fournirent la principale matière de leurs aigres et égoïstes motions. Cette assemblée enfin n'eut point d'autres fruits immédiats que des messages auprès du roi absent, des discussions et des négociations stériles (1).

Durant ce temps, en effet, le roi prêchait d'exemple : il marchait contre la guerre civile et les Anglais. Les princes revendiquaient ce qui leur était dû à raison de leur naissance. Charles VII s'entourait de tous les Français, princes, gentilshommes et autres, qui aimaient leur pays et qui le servaient de leur cœur, de leurs bras et de leur esprit. Vers mars-avril, Simon Charles, président des comptes, et Guichard de Chissé, furent nommés commissaires royaux, pour garder en l'absence du roi, les pays de la rivière de Seine et Ile de France. Le roi mit également provision, vis-à-vis de la Normandie, et dans les autres régions, à la sûreté du royaume. Pour lui, dès le mois de janvier, il quitta Saumur, ses quartiers d'hiver, confins de la Touraine, et passa en Poitou (2).

Le roi, chemin faisant, subjugua les restes de la ligue que n'avait cessé de fomenter La Trimouille. Il mit successivement dans sa main les places de Palluau et des Essarts en Poitou ; Mareil et Sainte-Hermine, que tenait La Tri-

(1) D. Morice, *ibid*. D. Plancher, t. IV, p. 250. *Collection de Bourgogne*, vol. cité, p. 440. Ms. Bl.-Manteaux, t. XLVIII *b*, p. 10. Titres inclassés, Bibliothèque impériale, carton n° 1300 bis. Gachard, *Dijon*, p. 75, 76.

(2) Berry, Godefroy, p. 418. P. P. 119, f° 254. *Artillerie et appointement nouvel*, cité. 1442 Janvier : 1 à 7, le roi à Saumur ; 9 à 19, Bressuire. Février, Saint Jean d'Angély, Saintes. Mars-avril, Lusignan. Mai, Limoges. Juin, Toulouse et le Toulousain. (*Itinéraire*.)

mouille ; puis Taillebourg ; les îles d'Oléron, Maremnes ; les forts de Mornac, Broue et Royan. Le sire de Pons, neveu de La Trimouille, vint faire sa soumission au roi. Maurice de Pluscallet, autre ligueur, fut envoyé captif à La Rochelle. Puis le roi visita cette place fidèle, qu'il enrichit de nouveaux priviléges. Il se rendit ensuite à Limoges et célébra la Pentecôte (20 mai) dans cette ville (1).

Après divers pourparlers, les ducs de Bourbon, d'Alençon, le duc, la duchesse d'Orléans et autres princes mécontents, vinrent trouver le roi à Limoges. Des instructions, des mémoires écrits, avaient été rédigés. Le duc d'Orléans porta auprès du roi la parole. Charles VII écouta longuement et patiemment les doléances des requérants. Il leur répondit de bouche, puis selon l'usage, par le chancelier de France. Les requêtes furent lues, examinées et contrôlées. Chacun des articles (dont nous possédons le texte), reçut au nom du roi, par apostille, soit une gracieuse et raisonnable adhésion, soit une réfutation péremptoire. Charles d'Orléans se sentait chargé du poids de l'âge, besogneux, impuissant. Ce prince expia au prix d'un insuccès final ce premier essai de vie politique.

Le duc avait souscrit envers Henri VI une rançon de quatre cent mille écus, sans compter celle de son frère (2) Charles VII, après l'avoir vaincu moralement et désarmé,

---

(1) Berry, 417, 418, Ms. Bruneau, bibliothèque de La Rochelle ; communication de M. Jourdan, de La Rochelle. *Mém. de la Soc. des Antiquaires de France*, t. XI, p. 311. Le roi, étant à Limoges, rendit aux Niortais la mairie, ou gouvernement municipal, qu'il leur avait retiré lors de la Praguerie. Briquet, *Hist. de Niort*, t. I, p. 441. Ms. Fontanieu, 117, aux 26 et 28 mai 1442. Lettre de Charles VII, archives de Reims, 26 mai 1442 ; communiqué par M. L. Paris.

(2) Jean, comte d'Angoulême.

l'enchaîna de ses bienfaits. Il lui donna cent soixante mille livres comptant, et leva une taille dans tout le royaume, à l'effet de subvenir aux nécessités financières de son cousin. Il lui assigna pour l'avenir et dès lors, une pension de dix mille livres tournois, qui fut bientôt portée à dix-huit mille. Le duc-poëte renonça au rôle, trop lourd pour ses forces, qu'il s'était laissé imposer; et, dès ce jour, il disparut à peu près complétement de la scène, ou de la vie publique (1).

Charles VII, dans la fleur de son âge viril, touchait au terme le plus brillant de sa carrière. La fortune le favorisait, mais il donnait à la fortune cette noble réplique, qu'inspirent aux généreux l'intelligence et le courage. Les deux Brezé, assistés d'un hardi capitaine nommé Robert de Floques, dit Floquet, et de Dunois, remportaient pour le roi des avantages marqués sur les marches de Normandie. Evreux, le 15 septembre 1441, était tombé au pouvoir des Français. La bravoure, qui sait entreprendre, avait pour modérateurs l'esprit de suite, le coup d'œil du politique, habile à temporiser et à féconder les fruits de la victoire. Peu à peu, les Anglais étaient refoulés aux deux extrémités maritimes du royaume (2). Divers succès appuyèrent cet effet moral sur d'autres points du territoire (3).

(1) Monstrelet-d'Arcq, VI, 27 et s. Isambert, *Anciennes lois françaises*, t. IX, p. 99. *Ordon.* XIII, 350. Biographie Didot : *Orléans. Livre vert vieil* 2e, fo 119. Berry, 418, 423. A. Champollion, p. 347. K. 690, ann. 1443.
(2) En Normandie et en Guyenne.
(3) Dossier *Xaintrailles*, au 18 décembre 1441. Mss. Gaignières, nos 649, 1; 649, 3; 649, 5; du 4 août 1441 au 3 janvier 1442. Ms. Fontanieu 119 : mai et 30 octobre 1442. *Cabinet historique*, 1860, p. 27, no 16; p. 28, no 19. J. Chartier, t. II, p. 18, 19, 32. *Journal*, p. 721 a. Basin I, 147. Berry, 417. Monstrelet, VI, 57. Wavrin, I, 323 et s. Du Tillet, *Recueil des traités*, p. 242. *Ord.* XIII, 351; XVI, 571. *Proceedings*, t. V, p. 147 et s.

Le théâtre le plus important de la lutte, indiqué par les conjonctures présentes, était la Guyenne. Charles VII s'y dirigea personnellement. Vers le mois de juillet 1441, les Anglais de Bordeaux avaient assiégé Tartas. Cette petite place, située entre Dax et Mont-de-Marsan, appartenait au sire d'Albret, vassal et allié du roi de France. Tartas se rendit, après six mois de siége, par capitulation. Un gouvernement mixte et provisoire y fut institué. Le fils puîné d'Albret demeura pour ôtage. Après la Saint-Jean (24 juin) 1442, il devait rester anglais, comme la ville, à moins que, dans cet intervalle, Charles VII ne se fût montré le plus fort devant la place. En ce même temps (juin à décembre 1441), les princes ligués donnaient suite à leurs menées vis-à-vis de l'Angleterre. Les ducs de Bretagne, d'Orléans et d'Alençon, négociaient un traité entre leur allié le comte d'Armagnac, Jean IV, et le roi d'Angleterre Henri VI (1).

(1) Ms. s. fr. 2875, t. I, f° 32. J. Chartier, t. II, p. 10. Monstrelet, VI, 24. Wavrin, I, 320. D. Morice, t. I, p. 538. *A Journal by one of the suite of Thomas Beckington, during an ambassy to negotiate*, etc.; with notes and illustrations by N. H. Nicolas esq. Londres 1828, in-8°. *Journal d'une ambassade,* etc. (traduction française abrégée du précédent), par M. G. Brunet de Bordeaux. Bordeaux, 1842, in-8°. Jean IV, comte d'Armagnac, avait épousé en 1407, Blanche de Bretagne, sœur de Jean VI, duc de Bretagne (mort le 29 août 1442). La seconde femme de Charles, duc d'Orléans (1410-1415), fut Bonne d'Armagnac, sœur de Jean IV. Enfin Jean, duc d'Alençon, était le gendre de Jean IV, ayant épousé, le 30 avril 1437, Marie d'Armagnac, fille aînée de ce comte. Jean d'Alençon n'avait point eu d'enfants de Jeanne d'Orléans, sa première femme. La préoccupation de sa postérité joua, dans l'esprit superstitieux de ce prince, et durant toute sa vie, un rôle considérable. Nous avons la figure et le thème de l'horoscope qu'il se fit tirer à Paris, par un astrologue célèbre, lors de son mariage avec Marie d'Armagnac. « Figura revolutionis nativitatis... Johannis de Alençonio, anno 1437 (1438) incompleto V^a marcii... Iste annus debet esse aptus matrimonio quia... Venus est domina orbis revolutionis. » Ms. lat. 7443, f° 83.

Nous avons peint ailleurs, pour n'y point revenir, le caractère politique et moral de ces grands vassaux du midi. Jean IV, en cette circonstance, déploya une rare audace, pour soutenir son rôle traditionnel de duplicité, entre les rois de France et d'Angleterre. Son frère Bernard, comte de la Marche (dont les vertus contrastaient avec la déplorable renommée des Armagnacs), servait au premier rang, parmi les conseillers de Charles VII. Son fils aîné le vicomte de Lomagne, secondait également le roi dans cette expédition militaire. Durant le même temps, Jean IV envoyait à Londres, son chancelier, Jean de la Batut ou de Batute, archidiacre de Rhodez, suivi d'une ambassade, pour traiter de paix, alliance, confédération et amitié avec Henri VI. Le comte enfin, comme gage de cette union, offrait au jeune roi anglais, l'une de ses filles en mariage (1).

L'ambassade d'Armagnac fut reçue à Londres en mai 1442. Le 10 juillet, lord Roos, Th. Beckington, secrétaire du roi, etc., s'embarquaient à Plymouth pour Bordeaux et parurent en Gironde le 14. Cette légation était chargée de convertir en réalités les ouvertures faites par Jean IV, et ces projets d'alliance. Cependant Charles VII quittait Limoges à la fin de mai, et, passant par Villefranche de Rouergue, il parvenait, vers le 8 juin, à Toulouse. Le roi avait réuni pour cette expédition tout ce que ses finances lui permettaient d'assembler de gens d'armes. Le connétable, mandé de Paris, se dirigea par une autre route : celle de Cler-

(1) Ci-dessus, t. I, p. 64, etc. Nicolas et Brunet, *ibidem.* Rymer, t. V, p. 112. 1441, septembre 1, traité d'alliance entre la cité de Bayonne et celle de Londres, renouvelé 15 juin 1442 ; Delpit, *Documents* anglais, p. 260, 262. D. Vaissète, t. IV, p. 496.

mont en Auvergne, afin de ménager le pays. Les forces militaires et leurs chefs se concentrèrent à Toulouse (1).

Arrivé dans cette ville, le roi, ayant reçu les hommages des autorités, fit venir auprès de lui les comtes d'Armagnac, de Foix, d'Albret, de Comminges et d'Astarac. Charles VII conduisait, autour de sa personne, environ trente-deux mille hommes, bien montés ; de l'artillerie ; et tout un appareil imposant de campagne. C'étaient là des arguments décisifs : les grands vassaux du midi prêtèrent serment de fidélité au roi. La plupart, mis en demeure, acquittèrent immédiatement le devoir de leurs fiefs, en prenant *hic et nunc* du service sous la bannière de France (2).

A l'annonce de ces événements, l'Angleterre se mit en devoir d'expédier de nouvelles troupes. Mais le gouvernement anglais, sous la minorité d'un prince faible d'esprit, était livré aux rivalités qui accompagnent ordinairement

---

(1) Nicolas, p. 10 et 11. Brunet, p. 3. *Itinéraire*. Gruel, p. 393. Monstrelet, *ib.* p. 50 et s. Ms. s. fr. 2875, t. I, fo 33 et s.; t. VI, p. 160 à 202. Ms. latin 6020, fo 85 et s. Berry, p. 419 et s. *Ord.* XIII, 354. D. Vaissète, t. IV, p. 497. Montlezun, *Histoire de Gascogne*, 1847, in-8o, t. IV, p. 264 et s.

(2) *Ibid.* Le roi, (dit Berry), « avoit en sa compaignée quatre mille lances ; » (4,000 × 3 coustilliers). . . . . . . = 12,000
« et huict mille archers ; » (8,000 × 1,1/2 coustilliers) = 12,000
« et aultres huict mille combattants, tant arbalétriers que coustilliers ». 8,000

Total des combattants, calcul moderne. . . . . . . 32,000 h.
Les divers éditeurs de Monstrelet, y compris le ms. fr. 2,682, fo 229 vo, font dire à ce choniqueur : « le roi povoit bien avoir le nombre de .IIII. .xx. .M. chevaulx » ; *Panthéon*, p. 830 : « quatre-vingt mille. » Mais c'est là sans aucun doute une erreur de copiste, que réfute suffisamment le texte de Berry. — *Arguments décisifs :* cf. Brunet, p. 16. — Séjour du roi à Toulouse : Bertrandi, *Les gestes des Tholosains*, etc., 1517, in-4o, gothique, non paginé, feuillet marqué *n*.

les régences. Au jour dit, le roi Charles parut devant Tartas, escorté de seize mille combattants. Les anglo-gascons qui détenaient la place n'essayèrent même pas de résister. Charles VII y rétablit immédiatement sa puissance. De là, le roi se porta successivement à Saint-Sever, Dax, Condom, Agen, Marmande, La Réole et Montauban.

Les lieux qu'on vient de nommer, à l'exception de Montauban, étaient au pouvoir des Anglais. Charles VII les réduisit sous son autorité, ainsi que les places de Tonneins, Millan, Malvesin, Roquetaillade et beaucoup d'autres. Le roi et le dauphin prirent part en général à toutes les opérations militaires. Cette brillante campagne se termina par le siége de La Réole, qui se rendit le 8 décembre 1442. Le roi, accompagné de la reine et de toute sa cour, vint prendre ses quartiers d'hiver à Toulouse et à Montauban (1).

Pendant que Charles VII reprenait aux Anglais ses villes de Guyenne, Jean d'Armagnac, de son château de Lectoure, entretenait une correspondance clandestine, par l'organe de Jean Batute, avec les ambassadeurs anglais de Bordeaux. Le comte avait auprès de lui deux filles en âge d'être mariées. Tout d'abord, les ambassadeurs eurent

(1) Stevenson, *Henri VI*, t. I, p. 430, 431. Sharon Turner, *History of England*, 1823, in-4°, t. III, p. 135. Berry, 419 et s. *Itinéraire*. Monstrelet VI, 53. Brunet, p. 6. Gruel, p. 394. Ms. Gaignières 754, au 11 août 1442; *apud* Lebeurier, *Arrière-ban du bailliage d'Evreux*, 1861, in-8°, p. 30. *Ordonnances* XV, 562 (octroi à la ville d'Aurillac). Le 10 septembre à Agen, lettres de grâces données par le roi à la cathédrale de Mende. Il y fonde un anniversaire au jour de sa mort. J. 463, n° 64. Septembre : Aide mis sus par le roi sur les pays de Languedoïl. Ms. Fontanieu 118 au 1er décembre 1442. *Bibliothèque de l'École des Chartes*, 4e série, t. V, p. 511. Montlezun, *Histoire de Gascogne*, vol. cité, p. 273 et s.

pour instructions, de se rendre, ou de dépêcher quelqu'un à Lectoure, chargé de voir et d'observer ces princesses, puis d'expédier immédiatement un courrier à Londres. Ce courrier devait porter au jeune roi une description, ou portrait écrit, de ces deux damoiselles, de manière à le renseigner exactement : touchant la tenue ordinaire de chacune d'elles; leur physionomie, leur stature, leur beauté, la couleur de leur peau, leurs manières, et tous leurs traits physiques. Sur cet état, précis et certifié conforme, Henri VI devait prendre et faire connaître ultérieurement sa détermination (1).

Le 3 novembre 1442, un peintre portraitiste, envoyé par la cour de Westminster, débarquait à Bordeaux. Cet artiste, choisi sur la renommée qu'il s'était acquise, s'appelait maître Hans, nom qui semble désigner un sujet des États de Bourgogne. Maître Hans se rendit auprès du comte, porteur d'un message secret, renfermé dans l'intérieur de son bâton de voyage. Il dut exécuter, pendant l'hiver, le portrait réel et *diplomatique* de la princesse élue.

En effet, durant cet intervalle (juillet à décembre), Charles VII soumettait presque tout le pays des Landes jusqu'à Bayonne. Son armée avait pénétré entre la rive droite de la Garonne et la Dordogne, jusqu'au sud du Médoc. Plus de vingt villes, sises sur cette rive du fleuve,

---

(1) Nicolas, p. 10 et *passim*. MM. Nicolas et Brunet se sont trompés en donnant à Jean IV trois filles à marier en 1442. Jean n'en avait plus que deux : l'aînée ayant épousé le duc d'Alençon en 1437. (Anselme, Berry, p. 425, et ci-dessus p. 432 et 437, note 1). Ces deux écrivains ont commis aussi, je crois, quelque erreur dans l'interprétation de ces mots *three likenesses*. Il s'agit sans doute de trois portraits de la même personne? Cette triple expédition s'explique par les périls multipliés que l'envoi devait courir, tant par terre, en pays ennemis, que par mer.

avaient reconnu son autorité. Jean IV était donc comme bloqué ou gardé à vue dans son château de Lectoure : et les soldats du roi, qui tenaient la campagne, surveillaient attentivement les communications de l'ennemi. Thomas Ramston, sénéchal de Bordeaux, avait été pris au début de l'expédition. Peu après, cent trente marins français, descendus de Talmont, ainsi que de Royan, et armés en course, venaient donner la chasse, jusque sous la vue de Bordeaux, à des navires anglais. Le 26 septembre, Robert Clifton, connétable de Bordeaux, mourut dans cette ville. L'archevêque de cette métropole (le célèbre Pey Berland), se rendit en Angleterre, pour certifier aux conseillers d'Henri VI la détresse intime et l'état désespéré de la Guyenne anglaise, investie et menacée de toute part (1).

Le moment, toutefois, n'était point venu encore. La Guyenne, pendant longtemps sevrée de ce qu'on pourrait appeler le courant de l'esprit français ou national, s'était façonnée, au joug des Lancastres. Des intérêts locaux, matériels, y prédominaient sur l'idéal politique. La féodalité conservait toutes ses racines, dans ces provinces, où le patriotisme commençait seulement à germer. Par les travaux ultérieurs de Charles VII, le lecteur pourra juger, combien une tentative plus hardie eût été, en 1442, téméraire et prématurée. Cet énergique et premier déploiement de force atteignait lui-même à un effet moral.

Maître Hans, s'il remplit jusqu'au bout l'objet de sa

---

(1) Nicolas et Brunet, *passim*. Portraits diplomatiques : ils étaient, au moins depuis le quatorzième siècle, en usage. Nous possédons, au Louvre, l'un des spécimens historiques les plus intéressants en ce genre. C'est le portrait diplomatique d'Isabeau de Bavière, peint à Ingoldstat vers 1385, par un peintre, envoyé de Charles VI. Voy. ci-dessus t. I, p. 29, note 2.
— Dépêche secrète dans un bâton creux : cf. Cousinot p. 83, 84.

mission, peignit les trois portraits, sans profit pour le jeune roi qui les avait commandés. Les ambassadeurs anglais s'aperçurent enfin qu'ils étaient dupes de leur attente, et se rembarquèrent en janvier 1443. Ainsi, le projet d'alliance, conçu par les princes, était entièrement déjoué. Le roi, au contraire, grâce au concours de Bernard d'Armagnac, comte de la Marche, maria son connétable, avec une fille d'Albret. Cette union fut célébrée à Nérac près de Mont-de-Marsan, le 29 août 1442. Jean IV d'Armagnac et le roi d'Angleterre, chacun de leur côté, adressèrent des propositions de paix au roi de France (1).

Charles VII, pendant le cours de cette campagne, subit un deuil, plus grave que celui dont il fut atteint le jour où il perdit sa propre mère. Yolande d'Aragon, dont la vie et l'éloge ont été particulièrement signalés dans le tome I du présent ouvrage, mourut au château de Saumur le 14 novembre 1442. La *reine des quatre royaumes*, comme on l'appelait, était âgée de 62 ans. Souveraine nominale d'Aragon, Naples, Sicile et Jérusalem, l'histoire peut ajouter le nom de la France à cette énumération de ses titres honorifiques. Si le regard des patriarches et des politiques est donné aux femmes, Yolande d'Aragon, en fermant ses yeux, put emporter dans la tombe une haute et légitime satisfaction de son œuvre. Le judicieux Berry lui consacre cette concise et juste mention : « elle fut une fort bonne et sage dame (2). »

(1) Nicolas. Brunet, p. 17, etc. *Art de vérifier les dates*, 1784, t. I, p. 276. Gruel, p. 394. D. Morice, t. I, p. 541. Rymer, V, 118. A la date du 3 janvier 1443, l'un des trois portraits était exécuté (Nicolas, p. 94).

(2) Heures de René d'Anjou, Ms. Lavallière 285, au calendrier. Auselme. Berry, p. 422. Hiret, *Antiquités d'Anjou*, 1618, in-12, p. 190. Bourdigné-Quatrebarbes, t. II, p. 189. Suivant cet éditeur, Yolande mourut au

Le roi séjourna près d'un an dans ce voyage du midi. En mai 1443, il reprit le chemin du Poitou et résida le reste de cette année sur les bords de la Loire, sa demeure de prédilection. Charles, durant cette période, donna ses soins aux affaires administratives ou civiles de son royaume. Son séjour à Toulouse et à Montauban fut signalé par divers édits, relatifs aux intérêts des villes du Languedoc. Telles sont les lettres données le 10 mars pour protéger les marchands de cette province contre les arrestations arbitraires, et d'autres lettres, du même jour, contre la *piraterie*.

Le roi intervint aussi, comme haut justicier, dans un litige très-notable. La comtesse de Comminges, âgée de quatre-vingts ans, était détenue prisonnière par son mari, prince de la maison de Foix, et de connivence avec les barons de sa parenté. Charles VII, après avoir mis ses panonceaux sur les tours des comtés de Foix et d'Armagnac, ajourna les partis à comparaître devant les juges de son parlement, à Toulouse. Il manda également les trois états de Comminges en sa présence. Là, il fit juger le débat selon les formes du droit, et mit en liberté la comtesse, qui vint terminer ses jours à la cour, sous la protection du roi (1).

château de Tucé, près Saumur. (*Ibid.*) Charles VII, à Montauban, perdit aussi La Hire, qui mourut dans cette ville le 11 janvier 1443. Le roi appréciait ses grands faits de guerre et renta sa veuve, après avoir souvent doté le prodigue capitaine. Mais il ne put jamais se résoudre à lui confier une grande charge, ni de grand commandement. Monstrelet VI, 57. Biographie : *La Hire*.

(1) *Itinéraire*. J. 334, nos 49, 3 ; 51 ; 52. Cabinet des titres, dossiers *Foix*, 24 février 1443 ; *Jambes*, 6 juillet. Ms. s. fr. 1496, fos 1 et 2. Ms. Doat 127, fos 255 à 258. Ms. Fontanieu, 118, 119, aux 17 mars, 27 mai, 8 août 1443 et 26 février 1444. Ms. s. fr. 2875, t. VI, fo 174. *Ordonn.* XIII. 358 à 378 ; XV, 441, 636 ; XVI, 20, 86 ; XVII, 183 ; XX, 58. Germain, *Commerce de Montpellier*, 1861, in-8o, t. II, p. 361-4. Lépinois, *Histoire de Chartres*, II, 95. Berry-Godefroy, p. 422-3. Marguerite de Comminges,

Nous ne pouvons indiquer que sommairement plusieurs autres règlements civils, édictés par ce prince dans la seconde moitié de l'année. Mais une attention profonde est due à l'ordonnance promulguée le 25 septembre à Saumur, touchant le gouvernement des deniers publics (1).

Cet édit posa les grands principes qui devaient introduire l'ordre, la lumière et l'équité au sein de l'administration du trésor royal. Il débute par un bref exposé de la situation, dans laquelle étaient tombées les Finances du royaume. Les ressources ordinaires (ou domaine) et les ressources extraordinaires (impôt) y sont clairement distinguées. Cette séparation était ancienne; mais le fait nouveau et saillant consiste dans le programme des mesures qui devaient assurer, pour l'avenir, une meilleure gestion et des unes et des autres. En ce qui concerne le domaine, des aliénations abusives l'avaient singulièrement amoindri. Depuis longtemps, les officiers chargés de présider au péage des ponts, de percevoir les divers revenus de la couronne, négligeaient de réparer les immeubles et les laissaient tomber en ruine. Les cens et rentes avaient cessé d'être perçus. Des fondations pieuses attachées à ces mêmes tenures royales et connues sous le nom de *fiefs et aumônes*, n'étaient plus acquittées. Le roi rétablit l'ordre; prescrit la revendication des revenus arrié-

---

mariée en troisièmes noces, sans enfants, à Mathieu de Foix. Ce comté, après le comte et la comtesse, devait faire retour à la couronne. D. Vaissète, t. IV, p. 497 à 501. P. P. 119, f° 257. Séjour du roi à Toulouse et à Montauban : N. Bertrandi, *Les Gestes des Tholosains*, etc., ft n. *Gallia Christiana*, t. XIII, colonne 242. Montlezun, *Hist. de Gascogne*, t. IV, f° 257, p. 274. 1443 avril 25 à 30 : le roi à Limoges; les États de Limousin lui octroyent 11,672 livres. Dossier *Xaintrailles*, au 21 novembre 1443.

(1) *Ordonnances*, t. XIII, 1443, octobre 5 : draperie de Bourges, p. 378; — 11, parlement de Toulouse, p. 384; —19, monnaies, p. 386; — novembre 19, généraux et clercs des monnaies, p. 388; — décembre, prohibition de la draperie anglaise, p. 389; — Université d'Angers, p. 390; — talmeliers de Bourges, p. 393. Poursuites contre des malfaiteurs à Avignon : Catalogue Joursanvault, t. I, n° 128. Réforme de la fête des fous à Troyes; Bouliot, *Recherches sur le théâtre* au quinzième siècle, p. 423. Passaporto (3 agusto 1443) per gli ambasciatori del duca di Savoia nel loro ritorno di Poitiers. Archives de Gênes. (Extrait communiqué par M. Charles Casati, archiviste paléographe.)

rés, ordonne les réparations et remet en valeur le domaine (1).

Pour ce qui est de l'impôt, la comptabilité reçoit des règlements d'une sagesse et d'une précision toutes nouvelles. Antérieurement, les libéralités accordées au nom du roi consistaient dans les *mandements* ou bons isolés, que l'importunité des ministres et des favoris dérobait pour ainsi dire, quelquefois *en blanc*, à l'inexpérience ou à la faiblesse confiante du monarque (2). Désormais tous les dons, pour être valables, doivent figurer collectivement sur des tableaux, signés de la main du roi, sous la forme de rôles ou *états* d'ensemble. De même aussi, les trésoriers et receveurs sont tenus de fournir trois fois par an des résumés généraux de leur situation ; savoir : le premier, par prévision, au début de l'exercice ; le deuxième, au milieu de l'année financière ; le troisième, à la fin de cette période. Il est ordonné aux autres comptables de fournir des états analogues, à des intervalles plus rapprochés et même mensuellement. Les quittances en blanc sont formellement abolies et interdites, par un article spécial.

Telles sont les dispositions principales contenues dans cette ordonnance (3).

Marguerite de Comminges mourut à Poitiers, peu de temps après son arrivée à la cour. Jean IV d'Armagnac, instruit de son décès, s'empara aussitôt des places qui constituaient l'héritage de la comtesse. De plus, il détourna de ses devoirs et prit sous ses gages un capitaine espagnol, nommé Salazar, qui obéissait au roi Charles.

---

(1) Ces mesures, relatives à la restauration du domaine royal, avaient été préparées par les ordonnances des 20 février 1438, n. s. et 16 juillet 1439 ; *q. vid. : Ord.* XIII, p. 258 etc. et 299. Ce dernier acte dispose que le dénombrement des fiefs mouvants du roi (dénombrement qui n'avait point eu lieu à Paris depuis 1391), sera donné, à l'avenir, *tous les trois mois.*

(2) Au mois de juin 1426, quelque temps après la bataille de Verneuil, Charles VII, par une ordonnance expresse, révoqua tous les dons qu'il avait faits jusqu'à ce jour. Il déclara en outre retenir pour un an tous les gages de ses officiers. (*Ordon.* XIII, 117.) Les offices furent désertés. Mais les dons et mandements recommencèrent comme par le passé.

(3) *Ord.* XIII, 372. *Mémoire concernant le trésor royal.* Ms. du dix-huitième siècle ; communiqué par M. P. Paris.

Salazar, institué par Jean dans le Rouergue et l'Armagnac, y causa mille pilleries et désordres. Jean IV avait violé les sauve-gardes royales. Charles VII lui envoya successivement des mandements nouveaux; puis, le sénéchal de Toulouse; puis, le sire de Trainel, bailli de Sens. Jean, se fiant à la distance et à ses manœuvres, désobéit à toutes les sommations. Il poursuivait toujours les négociations relatives au mariage de sa fille avec le roi d'Angleterre (1).

Charles VII, au printemps de l'année suivante, dirigea vers le midi son fils le Dauphin, suivi de quelques milliers de combattants. Louis, accompagné de Bernard, comte de la Marche, du maréchal de Culant, du sire d'Estissac, etc., investit la ville et le château de l'Ile-Jourdain, où s'était enfermé le comte. Salazar fut expulsé. Le dauphin s'empara au nom du roi, son père, de toutes les places du Commingeois, de Rouergue et de l'Armagnac, détenues jusque-là par les officiers du comte. L'Ile-Jourdain prise d'assaut, Jean IV devint prisonnier du roi, avec la comtesse d'Armagnac et ses deux filles. Louis dauphin retourna, vers le mois de mai 1444, à Tours, près de son père, chargé des dépouilles et des biens meubles les plus précieux enlevés au vaincu (2).

(1) J. J. 176, f° 163 à 165. J. J. 177, acte 222. Berry 424 et s. Monstrelet, VI, 82. Wavrin, I, 337. D. Vaissète, t. IV, p. 498. Legrand, *Histoire de Louis XI*, Ms. s. fr. 2875, t. I, f° 45 ; t. V, f°ˢ 160 à 176, 203. Ms. Gaignières 286, f° 69 v°. D. Housseau, t. IX, n° 3946. *Bibliothèque de l'École des Chartes*, 3ᵉ série, t. I. p. 307 et s. Ms. Fontanieu 119, aux 10 février, 25 mars 1444. Montlezun, 277, 279.

(2) *Ibid*. Divers actes administratifs de janvier à juin 1444; commerce, parlement, finances, immunités ecclésiastiques, priviléges de villes; foires du Lendit, etc. Ms. Gaignières 649, 5. *Livre vert vieil* 2ᵉ, f° 147 ; (préfecture de police). J. J, 177, f° 4 v°. *Ordonn*. XIII, 395 à 405; XV, 5.8 et

Depuis la Pucelle et surtout depuis le traité d'Arras, les affaires de l'Angleterre en France n'avaient point cessé de décliner. Les Anglais tenaient toujours la campagne et remportaient, de temps à autre, quelques avantages. Ainsi, vers la fin de 1437. Le Crotoy, Longueville (après mars 1438), Gerberoy (10 novembre), tombèrent en leur pouvoir. Philippe le Bon renouvela vainement des tentatives aux environs de Calais et de Guisnes. Des efforts infructueux furent également essayés par les Français devant Avranches (1440 vers janvier) et devant Harfleur (avril et mois suivants). Mais le champ des hostilités se circonscrivait de plus en plus. La défense marchait en avant contre l'invasion, qui rétrogradait et s'acculait de jour en jour (1).

Montargis, Chevreuse, Dreux, Orville, etc., aux environs de Paris, furent rendus par composition en 1438. La ville de Meaux, qui avait coûté neuf mois de siége à Henri V, fut reprise en quinze jours, au mois d'oût 1439, grâce à l'artillerie de Jean Bureau, sous les ordres du connétable. A la fin de 1440, les Français s'établirent fortement à Louviers et à Conches. Saint-Germain en Laye fut recouvré par Richemont. Enfin le siége mémorable de Dieppe termina favorablement cette période militaire (2).

585 ; XVI, 666 ; XVII, 228. Charles, comte du Maine, épouse par contrat du 6 mars 1441, passé à Tours, Isabeau de Luxembourg : Portefeuille Fontanieu (*originaux*), n° 255 ; pièce 124. Lecourvaisier, p. 724.

(1) Ms. Gaignières 649, I, pièce 34. Cagny, ch. 165, 167. Rymer, V, 46. *Proceedings*, V, 90. Catalogue Teulet, p. 433. Catalogue Joursanvault, t. II, p. 229, n°s 3401 et s. Cheruel, *Hist. de Rouen*, etc., p. 120 et s. Lépinois, *Hist. de Chartres*, t. II, p. 91 et s. Monstrelet, V, 308 à 351. Berry, 399. J. Chartier, t. I, p. 245. D. Plancher, IV, 231. D. Morice *Preuves*, t. II, col. 1324, etc. On trouve, pour la dernière fois, à la date du 9 mars 1438, sur les registres de l'Université de Paris, le nom de nation d'*Angleterre* devenue, depuis 1432, nation d'Allemagne (registre 8, f° 56).

(2) Faits cités et autres actions militaires : Ms. Fontanieu 117 au 27 oc-

En novembre 1442, lord Talbot, accompagné de son fils, le bâtard de Talbot et de W. Peyto, l'un de ses lieutenants, vint s'établir sur la montée ou falaise du Polet. Il construisit en ce point une forte bastille de bois, armée de deux cents pièces d'artillerie qui battaient de feux plongeants la tour du Polet et les murailles de la ville. Pendant ce temps, la place était investie par mer à l'aide d'une flottille d'attaque. Charles des Marets, avec une poignée de combattants et soutenu de la population civile, résista d'abord seul à cette entreprise (1).

Il fut ensuite secouru par le bâtard d'Orléans, Tugdual le Bourgeois et Guillaume de Ricarville. Charles VII, en dernier lieu, nomma son fils Louis au commandement de cette expédition. Le dauphin se rendit à Dieppe, accompagné de forces, de munitions considérables, et assisté des meilleurs capitaines. Le 15 août 1443, le siège de Dieppe fut levé en présence et à l'honneur du jeune prince (2).

---

tobre 1439 ; 11 juillet, 10 nov. 1440. Dossier *Xaintrailles*, au 18 décembre 1441. Ms. fr. 4767, f° 88 v°. Cagny, ch. 161, 169. *Journ. de Paris*, p. 713 à 719. *Biblioth. de l'Écol. des Chart.*, t. VI, p. 202-3. J. Chartier, t. I, p. 236, 250, 261 ; t. II, p. 7, 33-37, etc. Berry, p. 400 à 405. Le connétable se rend au siège de Meaux sur la révélation d'un chartreux breton du couvent de Paris, frère Hervé du Pont : Gruel, p. 387 et 391. Voy. ci-dessus, p. 303, note 2, et p. 356, 357. Monstrelet, V, 334, 418 à 470. Wavrin-Dupont, I, 326. Basin, I, 123, 138, 152. *Proceedings*, V, 112. Stevenson, *Henri VI*, I, 442. D. Morice, t. I, p. 530. *Notice sur Morhier*, p. 31.

(1) Legrand, *Histoire de Louis XI*, Ms. s. fr. 2875, t. I, f°s 38 à 43, et *Preuves* citées. Asseline, *Histoire de Dieppe*, p. 35. Desmarquets, *Mémoires chronologiques*, etc., *sur Dieppe*, 1785, in-8°, t. I, p. 55 et s. Les positions sont encore aujourd'hui très-visibles à Dieppe, en montant au sommet des rues du Polet, dites de *la Bastille*, du *Petit-Fort* et de *Quiqu'en-Grogne*.

(2) *Ibid.* Suite des faits militaires, 1442-3 : Ms. D. Grenier, t. XX bis, f° 20 (comptes). Archives de Reims, lettre du roi, 26 novembre 1443.

De sérieuses négociations s'entamèrent en février 1444, de la part du gouvernement anglais, pour traiter de paix, ou pour le moins de trêves, avec la France. Villiam Pole, comte de Suffolk, l'un des chefs du parti qui dominait alors à la cour de Westminster, fut accrédité, à cet effet, comme ambassadeur. Le comte avait entretenu précédemment des rapports assez étroits avec le duc d'Orléans, durant sa captivité. Suffolk était accompagné de M° Adam Moleyns, évêque de Chichester et garde du sceau privé ; de Robert Roos, chevalier, et de Thomas Hoo, chancelier de France pour le roi d'Angleterre. Les conférences diplomatiques durent primitivement se tenir à Compiègne. En conséquence, le chancelier de France, R. de Chartres, se rendit à Paris dans le mois de mars. Il fit réunir, au Trésor des Chartes, les actes officiels qui témoignaient des rapports établis entre les deux royaumes depuis un siècle. Muni de ces documents, le chancelier retourna promptement auprès du roi, qui résidait à Tours. Mais, arrivé dans cette ville, il mourut subitement le 8 avril 1444 (1).

Ms. Fontanieu 119, aux 16 et 17 décembre 1443 et 26 février 1444. J. Chartier, II, 36, 41. Berry, 422, 424. Monstrelet, VI, 60 à 83 : « Après la quelle besongne, le dit dauphin se fist déchaucier et ala à pieds nuds, jusques en l'église Saint-Jaque de Dieppe, où il remercia très-humblement Dieu son créateur et le beneoit baron Saint-Jaque de la bonne fortune qu'il avoit obtenue contre les Anglois ; » p. 80. Wavrin, I, 326 et s. Basin, I, 149, 152. Olivier de la Marche (*Panthéon*), p. 377. Vitet, *Hist. de Dieppe*, 1844, p. 38. Le 27 juillet 1443, Louis dauphin, se rendant à Dieppe, passa par Compiègne. Cette ville, pour lui faire honneur, lui offrit une pièce de vin blanc. Le 3 septembre, Louis victorieux passa de nouveau par Compiègne. Les atournés lui présentèrent « trois septiers de vin vermeil. » Une procession fut faite à Royallieu, en l'honneur de cette victoire. Archives de Compiègne : C. 17. Communication de M. H. de Lépinois, archiviste-paléographe.

(1) Rymer, t. V, p. 130 et s. Ms. Brienne, n° 30, f° 83. Ms. Fontanieu

Les premières conférences s'ouvrirent à Vendôme les 8 et 9 avril. Pierre de Brezé, seigneur de la Varenne, ministre influent du nouveau conseil, dirigea ces négociations. Toutefois, le comte de Vendôme, et surtout le duc d'Orléans, furent nominalement préposés pour traiter au nom du roi. Suffolk ne tarda point à visiter en son château de Blois le duc Charles, son ancien hôte de captivité. Le 16 avril 1444, l'ambassade descendit la Loire dans des barques, depuis Blois jusqu'à Tours, accompagnée du duc Charles et de son frère le comte de Dunois. Arrivés aux portes de la ville, les envoyés d'Angleterre furent accueillis en grande pompe par le roi de Sicile; par le duc de Calabre, son fils; les ducs de Bretagne et d'Alençon, les comtes du Maine, de Vendôme, de Richemont, Saint-Paul, Étampes, Tancarville, etc., etc. William Pole et ses compagnons pénétrèrent le lendemain auprès du roi, qui résidait au château de Montils, lès Tours. Charles VII reçut en audience solennelle, avec beaucoup de grâce, les envoyés de son neveu, qui lui présentèrent leurs lettres de créance. Les bases du traité étaient dès lors arrêtées (1).

119, au 26 février 1444. K. n° 16. P. P. 110, f° 259. Mss. fr. n° 2899, f° 78, et n° 4054, f° 14. Dessalles, *Notice sur le trésor des Chartes*, 1844, in-4° p. 78. Stevenson, *Henri VI*, t. I, p. 67 et s. Monstrelet-d'Arcq, t. VI, p. 94. *Itinéraire*. D. Gillesson, *Compiègne*, Ms. 75, t. V, p. 180. Warin, *Archives de Reims*, t. VII, p. 75, col. 2. Dans les usages suivis au quinzième siècle par le roi de France et par les grands barons, le chancelier, chef du conseil et de la magistrature, était moralement, plus encore que légalement, un personnage essentiellement *inamovible*. R. de Chartres avait servi Charles VII depuis la naissance de ce prince et mourut au service du roi. Il faut tenir compte de ces notions pour apprécier la persistance de R. de Chartres dans le conseil, *après* la rénovation qui suivit la chute de La Trimouille.

(1) Relation inédite de l'ambassade, tirée du Ms. Digby 196, f° 151 et s.; bibliothèque Bodléienne d'Oxford; transcrit et communiqué par le R.

Plusieurs semaines, cependant, s'écoulèrent encore en pourparlers, en actes de chancellerie et en préparatifs. Le 3 mai, Philippe le Bon, duc de Bourgogne, et ses ambassadeurs ou officiers vinrent prendre part au congrès. Le lendemain 4, Isabelle de Lorraine, reine de Sicile, quitta la ville d'Angers, où elle faisait sa demeure habituelle. La reine-duchesse vint prendre son gîte à une lieue de Tours, dans une abbaye de religieuses (1). Elle était accompagnée de sa fille, qui fut, depuis, la célèbre Marguerite d'Anjou, destinée comme épouse au roi d'Angleterre. Durant ce temps, on faisait à Paris, pour rendre le ciel propice à cette alliance, une procession solennelle, accompagnée d'un *mystère* qui représentait l'histoire du *Juif et de la sainte hostie*, jadis poignardée par cet infidèle en l'église des Billettes (2).

Le roi de France avait plusieurs filles à marier. Mais une renommée fatale et impopulaire s'attachait dans l'opinion

Stevenson, archiviste au *general Record office* d'Angleterre. Ms. fr. 4054, *ibid.* et f° 23. Catalogue Joursanvault, t. II, n°s 3408, 3409. Basin, t. I, p. 154 et s. Berry, p. 425. G. Gruel, p. 395. Monstrelet, VI, 96 et s.

(1) Très-probablement l'abbaye de Beaumont-lès-Tours. Indication de M. Mabille, de Tours, archiviste-paléographe. Voy. Carte de Cassini : Tours, Montils, Saint-Martin, Beaumont, etc., et les plans de Tours : Saint-Martin, Saint-Julien ; cabinet des Estampes, *topographie*.

(2) Les ambassadeurs furent présentés à la reine et à la dauphine, au château de Montils-lès-Tours. Marie d'Anjou était assistée de quarante dames, parmi lesquelles ou avec lesquelles se trouvait Agnès Sorel, qui fut attachée dès lors à la *reine d'Angleterre* Marguerite d'Anjou. Peu après, Suffolk et Brezé firent exécuter à Tours, une joute à l'arc, entre les archers de l'ambassade et ceux de France. Le prix de mille écus fut gagné par les Écossais de la garde royale. Le 1er mai, après dîner, la reine et la dauphine Marguerite d'Écosse montèrent à cheval, suivies de nombreux valentins et de valentines. Trois cents *galants*, nobles et hommes d'armes, avaient été admis à faire partie du royal cortége ; tous ensemble se rendirent aux champs, pour cueillir le Mai et le rapporter en ville. Ms. s. fr. 2340, f° 697. Ms. Digby, *ibid.* Ci-dessus, p. 283, note 2. *Journal de Paris*, p. 724. A. Duchesne, *Histoire d'Angleterre*, 1614, in-f°, p. 1099.

publique, et non sans cause, aux alliances de princesses françaises avec des princes anglais. Charles VII n'avait que trop éprouvé l'effet des prétentions qui étaient résultées de ces mariages. Docile aux leçons de l'expérience et de l'histoire, il ne voulut accorder que l'une de ses nièces, presque sans dot et sans apanage, au roi d'Angleterre (1).

Le 20 mai 1444, fut signé à Tours un traité de trêves entre les deux royaumes, accepté par les parties comme devant servir de prélude à un traité de paix. Cette abstinence de guerre, destinée à être renouvelée, devait être signifiée et mise à exécution dans le délai de quelques jours. Le premier terme assigné provisoirement à la convention, s'étendait jusqu'au 1er avril, avant Pâques, de l'année suivante, 1445 suivant la teneur de l'acte; c'est-à-dire 1446, selon le comput moderne. Marguerite d'Anjou fut fiancée par le légat du pape (2), dans l'église de Saint-Martin de Tours, le 24 mai. William Pole, comte de Suffolk, l'épousa au nom du roi d'Angleterre, en présence des rois de France et de Sicile, de leur cour et des autres envoyés britanniques. Le 29 mai, l'ambassade prit congé de la cour de France pour retourner auprès du roi Henri. Les trêves avec l'Angleterre furent publiées successivement sur terre et sur mer, puis signifiées aux puissances étrangères ou alliées, à partir du 1er juin 1444 (3).

---

(1) Voy. Basin, p. 155, 156. Biographie Didot : *Marguerite d'Anjou*.

(2) Ce légat était sans doute Robert du Mont, qui fit restituer (lettres du 6 mai 1444), par Marmoutiers à Guillaume de la Saugère, abbé de Saint-Julien, certains biens appartenant à Saint-Julien. Barth. Hauréau, *Gall. Christ.*, t. XIV, col. 251.

(3) Monstrelet. Ms. Digby. Rymer. Ms. 5414, A, f° 77. *Ordonn*. XV, 243, 268. J. Chartier, t. II, p. 43. *Journal de Paris*, p. 724.

Mariage de Marguerite d'Anjou. — « *Item*, le 24e jour de ce mois, le dit seigneur de Suffolk (Southfolke) et tous les ambassadeurs chevauchèrent jusqu'à l'église cathédrale(*) de Saint-Martin, en la dite cité de Tours, pour faire la fiançaille entre très-révérend et puissant prince le roi d'Angleterre et de France, et la dite Marguerite, fille du roi et de la reine de Sicile et de Jérusalem. Après une brève attente, entra le roi Charles avec ledit roi de Sicile, se touchant ensemble par les mains, suivis des ducs de Bretagne, d'Alençon et autres. Aussitôt après [survinrent semblablement la reine de France et] la reine de Sicile, de même que les dits rois, avec la dauphine et la duchesse de Calabre, qui les suivirent. Puis, à peu de distance, le dauphin et Charles d'Anjou, amenant entre eux la dite Marguerite, la présentèrent au roi Charles. Ce prince alors, retirant son chaperon (**), la conduisit au légat du pape, qui fiança monseigneur de Suffolk, au nom du roi de France et d'Angleterre, avec la dite dame, qui l'accompagnait. Ces cérémonies faites et achevées, tout le peuple, rempli d'allégresse, cria *Noël!* en frappant des mains l'une contre l'autre. La reine de France donc s'approcha de l'épousée et la plaça à la main droite de la reine de Sicile sa mère [qui elle-même occupait la droite]. Ainsi sortirent les rois et reines pour se rendre à l'abbaye de Saint-Julien, dans la dite ville, où un grand souper avait été préparé.

« La reine d'Angleterre y garda son état, avec la reine de France, sur le côté droit ou main droite, et le légat prit la gauche. La dauphine, la duchesse de Calabre, s'assirent avec monseigneur de Suffolk aux tables latérales de la salle. Ainsi les deux reines étaient servies en même temps, de chaque tour de service (*cursus*), l'un après l'autre. Il y eut en effet diverses subtilités et travestissements (*entremets*). Tels étaient deux géants qui entrèrent, ayant deux grands arbres dans leurs mains. Après eux, venaient deux chameaux portant leurs tours sur leurs dos et la semblance de gens d'armes combattant, qui s'escrimaient mutuellement et l'un contre l'autre, de leurs lances. Aussitôt après le souper, les reines, les seigneurs et les dames dansèrent jusqu'à une heure avancée (*intempestivum*). Puis, tous montèrent à cheval et se retirèrent à leurs hôtels. »
(Ms. Digby. Traduit sur l'extrait latin communiqué par M. Stevenson.)

(*) L'église de Saint-Martin (où officia le légat et non l'archevêque) n'était point métropolitaine. Mais l'insigne rang de cette collégiale, avec son chapitre de rois et de princes, immédiatement soumise au Saint-Siège, a pu lui faire donner, surtout par un étranger, le titre de cathédrale.

(**) Le roi était donc entré dans l'église, coiffé de son chaperon. Relativement à cette particularité de mœurs, voyez *Bulletin de la Société impériale des antiquaires de France*, 1862, *Note sur un ancien portrait de Charles VII, conservé au Louvre*, p. 67 et s.

NOTES ADDITIONNELLES.

I. Sur le siége de Compiègne. — *Voyez ci-dessus*, p. 158.

J'ai reçu de M. A. de Marsy, mais trop tard pour en faire un usage opportun, la communication suivante :

« Compiègne, le 25 septembre 1862... Registre des comptes de la ville : 1429 à 1432. On voit parmi les *mises et dépenses* la mention qui suit:

« A Jehan Le Borgne, tonnellier, pour lui et ses aides, pour « trente-deux pavais » (pavois, manteaux de bois), « par lui fais « et ses dits aides, ou mois de mai 1430, quand la Pucelle fut « prinse, pour la deffense d'icelle ville (1), dont, pour leurs « paines, ils devoient avoir XX sous parisis. »

Aux mois d'août et septembre 1862, un autre de mes élèves, M. H. de Lépinois, archiviste-paléographe, a été chargé de mettre en ordre les archives municipales de Compiègne. Ce jeune confrère a bien voulu me faire part également du fruit de ses savantes recherches. J'ai pris connaissance en manuscrit d'un travail plein d'intérêt, rédigé par M. de Lépinois à la suite de sa mission, et qui doit paraître prochainement dans la *Bibliothèque de l'École des Chartes*. Pour l'époque de la Pucelle, le travail de M. de Lépinois ne m'a fourni que peu de notions que je n'eusse déjà recueillies par d'autres voies. Mais pour la période ultérieure, je lui dois de précieux renseignements, que j'ai mis en œuvre dans les derniers chapitres de ce volume.

(1) Ces mots: *pour la deffense d'icelle ville,* ne se rapportent pas grammaticalement à la Pucelle. Le cours de la phrase les rattache, sauf l'incise, à la mention ou à l'objet de la dépense.

II. **La Pucelle du Mans**. — *Voyez ci-dessus*, p. 369 et s.)

Vers 1459, une fille du Mans, âgée de 18 ans, se donna pour sainte et pour inspirée. En signe de sa mission, « elle fit plusieurs folies et grandes merveilles, et disoit que le diable la tourmentoit ; et sailloit en l'air, crioit et escumoit... » Cette fille se nommait Jeanne La Féronne. Elle capta la confiance de l'évêque du Mans, qu'elle sut rendre complétement dupe, en affectant de grands dehors de piété, puis en lui révélant diverses particularités fort secrètes. Le prélat, émerveillé, écrivit sur ce sujet à plusieurs princes et communautés du royaume. Il contribua ainsi à propager la renommée de cette fille, qui devint célèbre sous la désignation de *la Pucelle du Mans* (1).

Le prélat qui occupait alors le siége du Mans, s'appelait Martin Berruyer. Né au plus tard vers 1390, il était, en 1459, affaibli par l'âge et les infirmités. Dès 1413, élève de l'Université de Paris, il régentait ès-arts comme bachelier. Bientôt il entra dans la société de Navarre, à titre de théologien, et se lia d'une vive amitié, dans cette maison, avec Gérard Machet, dont nous avons si souvent parlé. Martin Berruyer, quand il fut consulté, embrassa très-chaleureusement la cause de Jeanne Darc. En avril 1456, il rédigea et signa un mémoire justificatif qui concourut au procès de réhabilitation. Peu de mois après, dans son zèle, le vieillard infirme se transporta du Mans ou de Vannes, à Rouen, où il assista comme témoin, à la sentence définitive prononcée le 7 juillet de la même année, en faveur de l'héroïne (2).

Il était de retour dans son diocèse lorsque, l'année suivante, en 1457, quatre filles ou femmes furent arrêtées, comme sorcières, par le bailli de Beaumont-le-Vicomte. Ces femmes furent traduites par devant l'évêque du Mans, qui se trouvait alors (les 17 et 18 juin) au prieuré de Vivoin. L'évêque les jugea durant ces deux jours et, à ce qu'il semble, d'après le silence des textes, sans s'adjoindre d'inquisiteur. Ces femmes étaient accusées de sortilége, de maléfice ; d'avoir idolâtré, nié la foi, invoqué les démons et servi aux diables de succubes. Deux d'entre elles de-

(1) Chronique de Bourdigné, éd. Quatrebarbes, t. II, p. 370. Chronique de Jean de Troyes, Panthéon, p. 239. *Histoire de l'Église du Mans, par le R. P. Dom Paul Piolin*, Paris, 1861, in-8°, t. V, p. 163.

(2) D. Piolin. *Procès*, III, 314, 316. Collection Michaud et Poujoulat, *Mémoires sur la Pucelle*, t. III, p. 179.

vaient répondre en même temps à la prévention d'*homicide* (1).

L'évêque, après avoir interrogé ces femmes, les déclara coupables et leur fit d'abord raser la chevelure. « Le lendemain dimanche, on conduisit ces malheureuses à Beaumont, » dit l'historien moderne de l'église du Mans, « où plus de vingt mille personnes étaient accourues pour être témoins du spectacle, et on les plaça devant les Halles, sur un lieu élevé, d'où la multitude pouvait les apercevoir. Le prélat, revêtu de ses habits pontificaux et la mitre en tête, adressa un discours à ces infortunées, les fit renoncer au démon, leur enjoignit d'implorer le secours de Dieu, de faire un acte de foi, de demander publiquement pardon de leur crime, et de promettre de n'y plus retomber. Puis il les bannit de son diocèse, les condamnant, cependant, à subir préalablement la pénitence qui leur serait imposée par des prêtres désignés à cet effet (2). »

Après ce jugement, où l'évêque du Mans avait montré une indulgence relative et une humanité remarquable pour son siècle, Martin Berruyer vint à se désabuser, deux ou trois ans plus tard, sur le compte de Jeanne La Féronne. Cette fille, en effet, n'était qu'une prostituée. D'indignes familiers, prêtres et domestiques de l'évêque, entretenaient commerce avec elle. Ils abusaient des secrets de la confession et suggéraient à La Féronne les notions nécessaires pour duper l'évêque et le rendre victime de cette audacieuse mystification (3).

Le vénérable prélat, convaincu par l'évidence, tourna en quelque sorte contre lui-même la sévérité que méritaient les coupables. Il demeura frappé de confusion et voulut résigner son siége épiscopal. Jeanne La Féronne, toutefois, « fut condamnée à être liée au pilori par la main du bourreau, en signe d'infamie. Jean Bernard, archevêque de Tours (métropolitain), confirma la sentence le 24 décembre 1460 (4). »

---

(1) D. Piolin, *ibid*. Procès sommaire des quatre sorcières, archives municipales du Mans, *apud eumdem*, p. 687. Le mot *homicide* doit être pris sans doute au figuré; comme par exemple l'*homicide* par *envoultement*.

(2) « ...Ipsas tondere fecit cum rasorio... » D.Piolin, p. 163, 687. Cf. ci-dessus, p. 224 : « le jeudi 24 mai, » etc.; et p. 234, note finale : *Augustins rasés*.

(3) Les mêmes. Echard, *Scriptores ord. Prædicatorum*, 1719, in-f°, t. I, col. 854 a.

(4) Piolin, *ibid.;* cet historien ne cite point ici ses autorités.

Les renseignements qui précèdent ne nous étaient pas connus lorsque nous avons rédigé et imprimé le livre VI, chapitre I, du présent ouvrage. Trompé nous-même par cet indice que Claude, mariée à Robert des Armoises, avait été, dit-on, mêlée à une expédition *du Mans*, nous avions conjecturé que Claude avait été surnommée *la Pucelle du Mans*, de même que ce surnom : *la Pucelle d'Orléans*, avait été donné à Jeanne Darc. Il est manifeste pour nous, aujourd'hui, que Claude des Armoises et Jeanne La Féronne sont deux personnages parfaitement distincts. Nous perdons les traces de la première vers 1441 : l'autre paraît sur la scène vers 1459, âgée de dix-huit ans. Le passage d'Antoine Dufour, allégué p. 370, note 1, ainsi que la cote portant la date de *Tours,* 2 *mai* 1461, appartiennent, selon toute apparence, à Jeanne La Féronne et doivent lui être restitués. Il doit en être ainsi, vraisemblablement, pour ce qui concerne ces mots cités dans la même note : *le fait de la Pucelle* (1).

(1) Cette dernière mention ne saurait convenir au procès de Jeanne Darc, ainsi qu'on pourrait le croire très-naturellement. Les écritures de son procès, soit de condamnation, soit d'absolution (et à plus forte raison des deux), devaient être trop volumineuses pour tenir dans « ung sac » (voir la source indiquée) avec *d'autres affaires communes*. Cette cote s'assortit beaucoup mieux à une affaire sommaire et jugée à Tours, l'année même de la rédaction de l'inventaire, comme le fut (une seconde fois le 2 mai 1461 ?), à ce qu'il semble, l'affaire de Jeanne La Féronne. Quant à ces mots : « Tituli descripti semper victoria Puelle, etc., » nous proposons par conjecture de les traduire ainsi : *Louanges chantées* (peut-être : *titres produits en justice ?*) *à l'occasion de la victoire* (judiciaire) *remportée par la Pucelle du Mans lorsqu'elle fut jugée à Tours*, etc. Notre but, en exposant longuement ces doutes et ces obscurités, est de provoquer sur ce point de nouvelles recherches locales et d'appeler sur des faits intéressants les lumières ainsi que de nouveaux efforts de la critique.

ERREURS ET RECTIFICATIONS.

Malgré tous nos soins, plusieurs fautes typographiques se sont glissées dans l'exécution de cet ouvrage. Quelques-unes ont complétement défiguré la pensée de l'auteur. Nous ne voulons pas tarder davantage à signaler les principales. Ainsi :

Page 61, ligne 6, au lieu de *née*, lisez : *né*.

— 246, — 8, — *Nantes*, lisez : *Mantes*.

— 310, — 11, — *Cette fête*, etc. L'alinéa qui commence par ces mots doit être restitué comme il suit :

Cette fête terminée, la reine Marguerite s'embarqua sur le Rhône. Dans l'intérêt du roi Charles et pour ses propres États d'Italie, Yolande avait besoin du pape. Elle ménageait, etc.

Page 347, ligne 15, au lieu de : La mère de Charles VII, *déshéritée*, vécut, etc.; lisez : La mère de Charles VII *déshérité*, etc.

Un errata général, placé à la fin du troisième volume, contiendra le relevé de toutes les fautes que nous aurons pu découvrir, soit de nous-même, soit avec l'assistance de la critique.

DIVISION DE L'OUVRAGE

TOME IIe

AVANT-PROPOS v

LIVRE III (SUITE).

Période critique du règne de Charles VII (1424-1429)... 1
CHAPITRE VI. Deuxième partie : Événements militaires (de 1424 août à 1427 septembre)........................ 4
— VII. Événements militaires. — Suite et fin (1427-1429)... 23

LIVRE IV.

Jeanne Darc (1429-1431)..
CHAPITRE I. Carrière de Jeanne Darc, depuis sa naissance jusqu'à la levée du siége d'Orléans (6 janvier 1412 — 8 mai 1429)... 42
— II. Du 8 mai au sacre de Charles VII (17 juillet 1429)... 77
— III. Campagne de Picardie et de Paris (du 17 juillet au 13 septembre 1429)................................. 101
— IV. Du 13 septembre 1429 au 24 mai 1430 : Prise de la Pucelle.. 121
— V. Depuis la prise de la Pucelle, jusqu'à l'ouverture des débats (24 mai 1430 — 3 janvier 1431).......... 159
— VI. Procès de condamnation. — Première partie : Depuis l'arrivée de la Pucelle à Rouen (décembre 1430, jusqu'au 21 février 1431)......................... 183
— VII. Procès : Suite et fin (du 21 février au 30 mai 1431). — Mort de la Pucelle................................ 204

LIVRE V.

Depuis la venue de la Pucelle jusqu'à la réduction de Paris sous l'autorité de Charles VII (1429-1436). 235

Chapitre I. Reprise des événements en dehors de l'action personnelle de Jeanne Darc (1429-1431).................. 235
— II. Batailles d'Anthon et de Bulgnéville (1430-1431)..... 256
— III. Tableau de l'administration française. — Suite des événements (1429-1433)....................... 275
— IV. Suite des événements, jusqu'à la chute de La Trimouille (1431 juillet — 1433 juin)............... 286
— V. Depuis l'enlèvement de La Trimouille, jusqu'à la paix d'Arras (juin 1433 — 21 septembre 1435)........ 307
— VI Paris anglais. — La France sous la domination d'Henri VI (1422-1436). — Première partie...... 325
— VII Paris anglais. — Suite et fin. — Réduction de la capitale sous l'autorité de Charles VII (1435-1436 avril). 346

LIVRE VI.

Métamorphose de Charles VII (1436-1444).......... 365

Chapitre I. Le roi sanctionne le traité d'Arras. — Jean Darc, arpenteur. — La fausse Pucelle. — Le roi à Montereau. — Son entrée à Paris (1435 décembre — octobre 1437)..................... 365
— II. Nouveau règne de Charles VII. — Inauguration des réformes (du 12 novembre 1437 au 2 novembre 1439)........................ 381
— III. Suite des réformes. — Réaction féodale : Praguerie, Gilles de Rais, Écorcheurs. — Succès militaires : Creil, Pontoise (du 2 novembre 1439 au 31 décembre 1441)....................... 405
— IV. Suite de la Praguerie; assemblée de Nevers. — Période fortunée de Charles VII. — Campagne de Guyenne. — Tartas. — Comminges. — Armagnac. — Siége de Dieppe. — Traité de Tours (du 19 juin 1441 au 1er juin 1444)................. 432

Notes additionnelles 455
Sur le siége de Compiègne.......................... 455
La Pucelle du Mans................................ 456
Erreurs et rectifications............................ 459

FIN DU DEUXIÈME VOLUME.

Corbeil. — Typ. et stér. de Crété.

CHEZ LE MÊME LIBRAIRE.

PUBLICATIONS DE LA SOCIÉTÉ DE L'HISTOIRE DE FRANCE.

Bulletin de la Société de l'Histoire de France. 1834 et 1835. 4 vol. grand in-8.. 18 fr.
Bulletin de la Société, 1836, 1838, 1843, 1844, 1848 à 1863. Chaque année, 1 vol. in-8... 3 fr.
Table générale des Bulletins (1834-1856). 1 vol. in-8........... 3 fr.
Annuaires de la Société de l'Histoire de France, années 1837 à 1844, 1849 à 1852, et 1854 à 1863. *Les années 1845 à 1848, et 1853 sont épuisées.* Chaque annuaire, 1 vol. in-18.. 3 fr.

PRIX DE CHAQUE VOLUME GRAND IN-8... 9 fr.

L'YSTOIRE DE LI NORMANT; 1835. 1 vol.
HISTOIRE ECCLÉSIASTIQUE DES FRANCS, par Grégoire de Tours; 1836-1838, *texte latin.* 2 vol.
— Le même, *traduction française.* 2 vol.
LETTRES DU CARDINAL MAZARIN A LA REINE, etc.; 1836. 1 vol.
MÉMOIRES DE PIERRE DE FENIN; 1837. 1 vol.
LA CONQUESTE DE CONSTANTINOPLE, par Villehardoin; 1838. 1 vol.
ORDERICI VITALIS HISTORIA ECCLESIASTICA; 1838-1855. 5 vol.
CORRESPONDANCE DE L'EMPEREUR MAXIMILIEN ET DE SA FILLE MARGUERITE; 1830. 2 vol.
HISTOIRE DES DUCS DE NORMANDIE ET DES ROIS D'ANGLETERRE; 1840. 1 vol.
ŒUVRES COMPLÈTES D'ÉGINARD; 1840-1843. 2 vol.
MÉMOIRES DE PHILIPPE DE COMMYNES; 1840-1847. 3 vol.
LETTRES DE MARGUERITE D'ANGOULÊME, sœur de François Ier, reine de Navarre; 1841. 1 vol.
PROCÈS DE JEANNE D'ARC; 1841-1849. 5 vol.
LES COUTUMES DE BEAUVOISIS, par Philippe de Beaumanoir; 1832. 2 vol.
MÉMOIRES ET LETTRES DE MARGUERITE DE VALOIS; 1842. 1 vol.
CHRONIQUE DE GUILLAUME DE NANGIS; 1843. 2 vol.
MÉMOIRES DE COLIGNY ET DU MARQUIS DE VILLETTE; 1844. 1 vol.
RICHER. Histoire de son temps (*texte et trad.*); 1845. 2 vol.

REGISTRES DE L'HOTEL-DE-VILLE DE PARIS pendant la Fronde; 1847-1848. 3 vol.
JOURNAL HISTORIQUE ET ANECDOTIQUE DU RÈGNE DE LOUIS XV, par E. J. F. Barbier, t. III et IV. 1851-1856. (*Les tomes Ier et II sont épuisés.*)
VIE DE SAINT LOUIS, par Le Nain de Tillemont; 1847-1851. 6 vol.
BIBLIOGRAPHIE DES MAZARINADES; 1850-1851. 3 vol.
EXTRAITS DES COMPTES DE L'ARGENTERIE DES ROIS DE FRANCE; 1851. 1 vol. (*Épuisé.*)
MÉMOIRES DE DANIEL DE COSNAC; 1852. 2 vol.
CHOIX DE MAZARINADES; 1853. 2 vol.
JOURNAL D'UN BOURGEOIS DE PARIS SOUS LE RÈGNE DE FRANÇOIS Ier; 1853. 1 vol. (*Épuisé.*)
MÉMOIRES DE MATHIEU MOLÉ; 1854-1857. 4 vol.
HISTOIRE DES RÈGNES DE CHARLES VII ET DE LOUIS XI, par Thomas Bazin; 1855-1859. 4 vol.
CHRONIQUES D'ANJOU, 1856. T. I.
ŒUVRES DIVERSES DE GRÉGOIRE DE TOURS; 1857-1862. T. I, II (*épuisés*), et III.
LA CHRONIQUE D'ENGUERRAN DE MONSTRELET; 1857-1862. T. I, II, III (*épuisés*), IV, V et VI.
ANCIENNES CRONICQUES D'ENGLETERRE, par Jehan de Wavrin; 1858-1862. T. I, II et III.
JOURNAL ET MÉMOIRES DU MARQUIS D'ARGENSON; 1859-1862. T. I, II, III, IV et V.
CHRONIQUE DES QUATRE PREMIERS VALOIS (1327-1393); 1862. 1 vol.
MÉMOIRES DU MARQUIS DE BEAUVAIS-NANGIS, et Journal du procès du marquis de la Boulaye; 1862. 1 vol.
CHRONIQUE DE MATHIEU D'ESCOUCHY; 1863. T. I.

Publication recommandée par la Société de l'Histoire de France.
Relations politiques de la France et de l'Espagne avec l'Écosse au seizième siècle; papiers d'État, pièces et documents inédits ou peu connus, tirés des bibliothèques et des archives de France, publiés par M. Alex. TEULET, archiviste aux Archives de l'Empire. 5 vol. in-8................................. 50 fr.

Cronique du roy Françoys premier de ce nom, publiée pour la première fois, d'après un manuscrit de la Bibliothèque impériale, avec une Introduction et des notes, par M. Georges GUIFFREY. 1 beau vol. in-8............ 9 fr.
Ouvrage imprimé dans le format, sur le même papier et avec les mêmes caractères que ceux des publications de la Société de l'Histoire de France.

Histoire du règne de Louis XVI pendant les années où l'on pouvait prévenir ou diriger la Révolution française, par J. DROZ, de l'Académie française. Ouvrage adopté par l'Université. Nouvelle édition. 3 vol. in-18 jésus........ 10 fr. 50

www.ingramcontent.com/pod-product-compliance
Lightning Source LLC
Chambersburg PA
CBHW051619230426
43669CB00013B/2109